北京版权蓝皮书
BLUE BOOK OF
BEIJING'S COPYRIGHT

U0740152

北京版权发展报告
（2016~2017）

ANNUAL REPORT ON THE DEVELOPMENT OF BEIJING'S COPYRIGHT
INDUSTRY (2016-2017)

主　编／王　志
副主编／蔡　玫
北京市新闻出版研究中心

社会科学文献出版社
SOCIAL SCIENCES ACADEMIC PRESS（CHINA）

图书在版编目（CIP）数据

北京版权发展报告. 2016~2017 / 王志主编. －－北
京：社会科学文献出版社，2017.12
（北京版权蓝皮书）
ISBN 978 - 7 - 5201 - 1756 - 2

Ⅰ.①北…　Ⅱ.①王…　Ⅲ.①版权 - 产业发展 - 研究
报告 - 北京 - 2016~2017　Ⅳ.①G239.2

中国版本图书馆 CIP 数据核字（2017）第 273327 号

北京版权蓝皮书
北京版权发展报告（2016~2017）

主　　编 / 王　志
副 主 编 / 蔡　玫

出 版 人 / 谢寿光
项目统筹 / 邓泳红
责任编辑 / 吴　敏

出　　版 / 社会科学文献出版社·皮书出版分社 （010）59367127
　　　　　　地址：北京市北三环中路甲 29 号院华龙大厦　邮编：100029
　　　　　　网址：www. ssap. com. cn
发　　行 / 市场营销中心（010）59367081　59367018
印　　装 / 北京季蜂印刷有限公司

规　　格 / 开　本：787mm×1092mm　1/16
　　　　　　印　张：23　字　数：348 千字
版　　次 / 2017 年 12 月第 1 版　2017 年 12 月第 1 次印刷
书　　号 / ISBN 978 - 7 - 5201 - 1756 - 2
定　　价 / 89.00 元

皮书序列号 / PSN B - 2017 - 680 - 1/1

本书如有印装质量问题，请与读者服务中心（010 - 59367028）联系

《北京版权发展报告（2016～2017）》
编 委 会

《北京版权发展报告（2016～2017）》
课 题 组

课 题 组 组 长 王 志

课 题 组 副 组 长 蔡 玫

课 题 组 成 员 李文宇 毕春丽 冯 哲 徐家力

韩志宇 丛立先 林子英 赵 威

杨奇虎 张军强 刘 仁 窦新颖

杨天娲 唐 亮 郑 南 李明德

张 鹏 杨祝顺 李菊丹 王若婧

课 题 合 作 单 位 中国信息通信研究院知识产权中心

北京科技大学知识产权研究中心

中国社会科学院知识产权中心

北京字节跳动科技有限公司

北京市新闻出版研究中心简介

北京市新闻出版研究中心为北京市新闻出版广电局（北京市版权局）全额拨款事业单位，承担本市新闻出版、著作权等方面发展战略、规划、体制改革、政策法规的研究工作；承担研究项目、课题相关工作；组织推广应用科技成果，开展学术交流与合作，为新闻出版广电行业单位提供咨询服务。

主要编撰者简介

王　志　北京市新闻出版研究中心主任。毕业于中国人民大学法学院，法学硕士，长期从事新闻出版广电及版权行业研究工作。任《北京传媒蓝皮书：北京新闻出版广电发展报告（2015～2016）》主编。《版权前沿动态》总编辑。曾主持"北京市全民阅读评估体系研究""数字化冲击下的北京新闻出版产业""北京市新闻出版产业发展报告（2014）""北京市新闻出版公共服务体系评价研究""北京市数字出版产业发展研究""全媒体时代出版物消费市场研究""北京市版权相关产业评估研究""首都公共阅读服务体系建设对策研究""北京市新闻出版广电产业发展状况分析""出版产业链协同模式与集群治理研究""北京市新闻出版业企业社会责任建设研究""精品图书传播推广研究""网络版权保护新机制研究""网络版权案例分析"等课题研究，曾参与《首都全面深化改革政策研究》《中国全民阅读蓝皮书》等图书的编写工作。

蔡　玫　北京市新闻出版研究中心研究人员，副编审。毕业于中国政法大学法学院，法学硕士，主要从事版权及新闻出版广电行业研究工作。主持并参与多个研究课题。担任《中外网络版权经典案例评析》一书副主编（人民出版社，2016年版）。编辑出版《版权前沿动态》，任副总编辑。先后在《中国版权》《中国出版》《出版科学》《中外网络版权经典案例评析》等期刊和图书上发表版权与出版编辑方面的论文、译文多篇。

摘　要

《北京版权发展报告（2016～2017）》是由北京市新闻出版研究中心牵头，联合国内学术界、产业界众多专家学者共同编撰的首部北京版权发展年度报告。全书由总报告、分报告、专题篇、案例篇和附录（大事记）构成。

总报告以北京版权产业发展概况、北京版权保护状况、北京版权社会服务体系建设等为主要内容，全面介绍了北京版权领域的现状、保护与发展情况。

分报告及专题篇采用定性、定量与实地调研相结合的方法，通过对音乐、影视、文字作品等核心和重点版权领域及聚合平台、云空间等新技术发展引发的热点问题的专题研究，梳理了当前北京版权产业发展取得的重要突破和面临的挑战，并针对存在问题提出了建议。

案例篇则选取具有典型意义的版权行政、民事、刑事案件进行了分析和评论，既有理论高度，又有实践意义。

目　录

Ⅰ　总报告

Ⅱ　分报告

Ⅲ 专题篇

Ⅳ 案例篇

Ⅴ 附录

皮书数据库阅读 **使用指南**

总 报 告

General Report

B.1

2016~2017年北京版权
发展报告

摘　要：　　版权产业被视为知识经济时代最有发展前景的产业，目前，
我国版权产业已初具规模，形成了较为完整的产业体系。通
过与新技术、互联网产业融合发展，版权产业成为新常态下
我国经济增长的强力助推器，对创新型国家的建设起着巨大
促进作用。版权产业也是北京市的重要支柱性产业，大力发
展版权产业，是新形势下加快落实首都城市战略定位的内在
要求。

　　2016年，北京版权产业发展持续向好，支柱地位更加稳
固，发展质量有效提升，空间布局更加优化，市场体系不断
完善，在拉动首都经济增长、推动经济转型升级、加快全国
文化中心建设中的作用进一步凸显。本报告旨在客观反映
2016年北京版权产业发展的总体情况，分析研判版权产业发

展的新特点、新趋势，并针对"十三五"时期的发展目标提出未来一段时间北京版权产业的发展思路。

关键词： 北京 版权 知识经济

版权产业被视为 21 世纪最有发展前景的产业之一，伴随着知识经济的到来，与文化内容、科技发展密切相关的版权产业日益成为新常态下我国经济增长的强力助推器。目前，我国版权产业已初具规模，形成了较为完整的版权产业体系，通过与新技术、互联网产业融合发展，版权产业对国民经济的贡献保持了连年增长的态势，成为经济发展的新引擎，对创新型国家的建设起着巨大促进作用。[①] 版权产业是北京市的重要支柱性产业，大力发展版权产业，是新形势下加快落实首都城市战略定位、推进非首都功能疏解、构建"高精尖"经济结构、建设国际一流和谐宜居之都的内在要求和重要抓手。

2016 年是"十三五"开局之年，也是全面贯彻落实《国务院关于新形势下加快知识产权强国建设的若干意见》关键之年。北京版权产业发展持续向好，支柱地位更加稳固，发展质量有效提升，空间布局更加优化，市场体系不断完善，在拉动首都经济增长、推动经济转型升级、加快全国文化中心建设中的作用进一步凸显。在中央推进供给侧结构性改革、大众创业万众创新、京津冀协同发展、"一带一路"建设等重大战略以及"互联网＋"、"文化＋"等新形势、新环境下，北京版权产业迎来了新的战略机遇期，发展前景更加广阔。

《北京版权发展报告（2016～2017）》旨在客观反映 2016 年北京版权产业发展的总体情况，分析研判版权产业发展的新特点、新趋势，并针对"十三五"时期的发展目标提出未来一段时间北京版权产业的发展思路。

---

① 根据中国新闻出版研究院最新发布的"中国版权产业经济贡献调研结果"，2015 年中国版权产业的行业增加值突破 5 万亿元，占全国 GDP 的 7.30%。行业增加值翻两番、年均增长率超过 15%、为城镇单位就业提供了 9.23% 的岗位。

一 北京版权产业发展概况

（一）产业整体态势

在加强全国文化中心建设、疏解非首都功能、构建"高精尖"经济结构的宏观背景下，2016年，北京版权产业发展成效显著，产业规模不断扩大，对经济的贡献作用进一步提升，增加值占比、文化消费指数、对外文化贸易等多项指标[①]在全国领先；产业发展稳中有进，文化科技融合业态发展强劲；文化与资本接轨深度推进，助力文化创意产业发展态势良好。

2016年，北京市版权产业实现增加值2008亿元，占地区生产总值的比重达到8%（见表1），按照国家文化及相关产业统计标准，2016年北京版权相关产业增加值占地区生产总值的比重为全国最高。

表1 2015~2016年北京市地区生产总值

单位：亿元

项目	2015年	2016年
地区生产总值	22968.6	24899.3
第三产业总值	18302	19995.3

资料来源：北京统计信息网，查阅数据时间截至2017年9月30日，下同。

五年来，北京市版权产业保持较快发展势头，产业增加值由2011年的1989.9亿元增长到2016年的2008亿元，按现价计算，年均增长4%，高于地区生产总值现价增速3.1个百分点，版权产业作为战略性支柱产业的地位更加突出，对首都经济增长的拉动作用更为显著。

北京市统计局的统计数据显示（见表2），北京市版权产业的整体实力持续增强，核心版权产业、部分版权产业在产业增加值、占当年GDP的比

---

① 根据北京市统计局相关数据测算。

重两项数据上，均保持了 5 年持续增长水平。2016 年全市版权产业收入合计 17885.8 亿元，版权产业实现增加值 2008 亿元，比上年增长 12.6%，占地区生产总值的比重为 8%。资产总计 37921.3 亿元，同比增长 18.9%。从业人员 198.1 万人，同比减少 2%，版权产业的从业人数和从业人数占全社会从业人数的比重均大幅下降，呈现出北京市版权产业从业人员结构逐步向更高端的方向发展。其中，软件和信息技术服务业是吸纳就业的最大行业，从业人员数高达 98.3 万，占比 49.6%。此外，在文化消费、对外文化贸易、文化企业竞争力等多项指标方面，北京在全国均处于领先地位。

表 2　2015~2016 年北京市版权产业收入

单位：亿元，%

项目	2015 年	2016 年	增速
总体版权产业	15877.8	17885.8	12.6
核心版权产业	11549.8	12745.2	10.3

资料来源：《北京文化创意产业发展白皮书（2016）》、北京市 2016 年国民经济和社会发展统计公报、《北京市统计年鉴（2016）》。

（二）重点领域发展状况

版权产业的核心资源是受法律保护的智力成果，根据 WIPO 对版权产业的划分标准，文化艺术，新闻出版，广播影视，软件、网络及计算机服务，广告会展，设计服务可划归为核心版权产业。核心版权产业具有很高的智力密度，与创新的关系也最为密切。数据显示，2006 年以来的 10 年内，北京市核心版权产业实现了年均 17% 的增长。

从各子产业占核心版权产业的比重来看（见表 3），2016 年占比最高的是软件、网络及计算机服务，其后依次是广告会展、广播影视、新闻出版、设计服务和文化艺术。

表3　北京市核心版权产业收入情况

单位：亿元，%

年份	2006	2015	2016
核心版权产业			
文化艺术	69.3	421.8	502.8
新闻出版	426.2	1026.4	923
广播影视	243.4	917.4	1002.8
广告会展	390.8	2178.4	2548.3
软件、网络及计算机服务	1183.4	6442.2	7010.7
设计服务	328.4	563.6	757.6
占核心版权产业比重			
文化艺术	2.6	3.6	3.9
新闻出版	16.1	8.8	7.2
广播影视	9.2	7.9	7.8
广告会展	14.8	18.8	18.5
软件、网络及计算机服务	44.8	55.7	55
设计服务	12.4	4.8	5.9

资料来源：北京统计信息网，《北京市统计年鉴（2016）》《北京市统计年鉴（2006）》。

从收入增长来看，核心版权产业中产值增长最快的是文化艺术，从2006年到2016年，该行业的总体收入增长了6倍，其次是广告会展，软件、网络及计算机服务，广播影视，十年间这些行业的总体收入增长3倍以上。

与2015年相比，从各子产业所占比重的变化幅度来看，2016年变化幅度较大的是新闻出版，下降1.6个百分点，不到十年前比重的1/2；其次是设计服务，增长1.1个百分点。除上述产业之外，其他产业与上年同期相比变化不大，发展较为均衡。

（三）版权交易情况

2016年，全国共输出版权11133种（其中，输出出版物版权9811种），较2015年增长6.3%（其中，输出出版物版权增长10.7%）；共引进版权

17252 种（其中，引进出版物版权 17174 种），增长 4.8%（其中，引进出版物版权增长 7.5%）。2016 年，出版引进版图书 16587 种。2016 年，北京共输出版权 5347 种，占全国的 48.03%，较 2015 年增长 15.21%，增速超全国约 9 个百分点；共引进版权 10185 种，占全国的 59.04%，增长 18.73%。

表4　2016年北京地区版权贸易情况对比

单位：种，%

项目	2016 年	2015 年	同比增加
版权引进	10185	8578	18.73
版权输出	5347	4641	15.21

资料来源：北京市版权局。

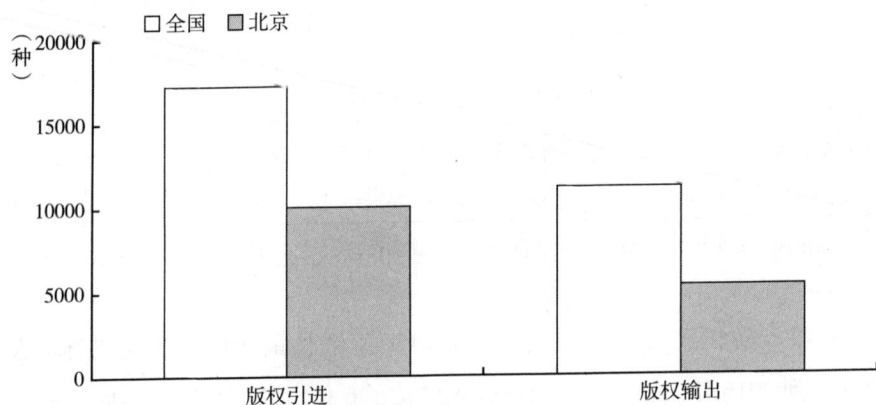

图1　全国和北京版权贸易情况

资料来源：《2016 年新闻出版产业分析报告》。

二　北京版权保护状况

（一）立法保护

2016 年，党中央、国务院高度重视知识产权保护工作，国家知识产权战略持续深入推进，版权领域的立法呈现出精细化、专门化的特点，突出了对重点问题的规制。

1. 全国人大常委会通过《电影产业促进法》，对电影知识产权保护相关问题予以法律规制

随着电影市场的高速成长和国产电影创作力量的不断壮大，电影已经成为我国网络文化创意产业链中最活跃的领域之一，2016年11月7日，全国人大常委会第二十四次会议表决通过《电影产业促进法》，明确规定与电影有关的知识产权受法律保护，任何组织和个人不得侵犯，同时对涉及信息网络传播的公映电影进行规范，该法体现出网络版权保护在电影产业中的重要地位。

2. 国家版权局出台专门规范性文件，重点规范网络文学版权秩序

近年来，我国网络文学产业发展迅猛，但网络文学作品侵权盗版问题仍很严重，给产业良性发展造成巨大冲击。针对这一现状，2016年11月14日，国家版权局出台了《关于加强网络文学作品版权管理的通知》（下文简称《通知》）。《通知》按照不同类型网络服务商在传播文学作品时的特点、功能和作用，提出相应的工作要求以及应当履行的义务，要求网络服务商建立侵权处理机制、版权投诉机制、通知删除机制和上传审核机制四项工作机制，有效规范了网络文学作品版权秩序。

3. 国家互联网信息办公室、北京市版权局出台规范性文件，着力规范应用程序市场版权秩序

APP在提供民生服务、促进经济社会发展的同时，为违法违规信息和侵权盗版作品的传播提供了新的途径。为此，2016年6月28日，国家互联网信息办公室发布了《移动互联网应用程序信息服务管理规定》（下文简称《规定》），明确要求"移动互联网应用程序提供者"和"互联网应用商店服务提供者"应依法严格履行相关义务和管理责任，尊重和保护知识产权。

2016年11月30日，北京市版权局发布《规范软件应用市场版权秩序的通知》。该通知对落实上述国家网信办《规定》和国家版权局"剑网2016"专项行动工作部署作出了详细规定，明确了软件应用市场经营者应履行的"未经授权不得提供软件上架、预装和下载服务"等各项法定义务。

4. 北京市高院发布审理指南，对网络版权案件的审理进行指导

新业态、新领域的迅速发展催生了诸多有别于传统领域的新现象，对我国网络版权司法保护工作提出了新的挑战。为此，2016 年 4 月 13 日，北京市高级人民法院发布了《涉及网络知识产权案件审理指南》（下文简称《审理指南》）。在网络版权部分，《审理指南》重点针对权利人和网络服务提供者举证证明责任的分配、网络服务提供者行为性质的认定、"分工合作"的判定方式、侵权要件与免责要件的适用关系、网页"快照"的合理使用、网络实时转播行为的法律适用六大类问题进行了规定，加强了对司法实践的指引。

（二）行政保护

1. 监管状况

（1）着力抓好版权普法宣传活动，形式多样

在"4·26"世界知识产权周期间，北京市版权局结合年度热点问题和北京市版权产业的实际情况，广泛开展形式多样的宣传活动。2016 年 4 月 20 日，北京市版权局启动中国版权师培养计划。该计划采用线上线下一体化的新型学习培训方式，组织国内外一流专家学者线上线下双线授课，面向各级党政机关、企事业单位招生，为各行各业培养版权领域专业人才和领军人物，助推我国版权产业和文化创意产业发展。为响应国务院"大众创业，万众创新"号召，北京市版权局联合中国人民大学与中国下一代教育基金会青年创业基金于 4 月 25 日举办了以"加强版权保护 鼓励校园双创"为主题的世界知识产权日版权系列宣传活动暨 2016 年北京文化创作嘉年华启动仪式。来自不同领域的专家学者围绕"数字世界中的版权 保护与创新创业"展开精彩探讨，丰富多样的版权进校园活动，吸引了广大青年学子的广泛关注。2016 年 4 月 26 日，北京市版权局组织开展了以"使命感、大局观、新起点"为主题的第六届音乐版权保护与产业发展论坛。来自行业协会、唱片公司、音乐网站、法律服务机构、学术研究机构的专家学者以及音乐人代表共同探讨了如何加大数字音乐版权保护力度、推动付费下载、建立音乐产业发展的新模式和新机制等产业发展新形势下面临的新问题，达成了全行业的版权保护共识。

（2）稳步推进软件正版化工作

2016年是深入巩固和扩大全市国家机关软件正版化工作成果、促进北京市机关软件正版化工作向新常态转变的关键之年，也是深入开展市属国有三级以上企业使用正版软件工作、全面完成市属国有企业软件正版化四年工作规划的收官之年，北京市版权局始终坚持"机制制度为核心，宣传培训为引导，创新服务为措施"的基本原则，确保年度各项工作任务有序推进、圆满完成。2016年的软件正版化工作呈现出五个新突破。

①推进覆盖范围逐渐拓展

在实现全市市、区、乡镇（街道）三级机关软件正版化常态化的基础上，联席会议有关成员单位密切联合，经过四年的逐级深入、不断总结、探索创新，基本实现了全市市属国有企业（三级以上）软件正版化，并联合行业相关主管单位，于2016年下半年启动了全市卫生计生系统软件正版化工作。

②政策制度保障细化落地

市政府办公厅、联席会议办公室先后印发了《北京市政府机关使用正版软件管理办法》《关于明确我市垂直管理机关软件正版化工作机制的通知》等多项制度文件，有效解决国务院、部委级正版化工作政策文件相对宏观、落地困难等问题，为全市软件正版化工作提供了明确的政策依据和行动指南。

③考核评议机制操作性强

联席会议办公室通过分解相关管理办法和国务院工作要求，结合工作实际，研究建立了一套真正具有可操作性的软件正版化工作考评体系，分门别类、权衡轻重、明确依据，精细化检查考核评分项目、客观化检查考核评分结果，既实现了考核工作的公平公正，又推进了工作，同时按年度开展了认真严格的检查考核工作，并将结果以市政府办公厅的名义在全市范围进行通报，实现了考核评议的标准化和制度化，相关工作标准和工作机制被许多省市借鉴和采用。

④工作推进模式规范标准

针对部分单位和区县正版化工作人力、物力及知识技能缺乏和不足的问题，将软件正版化工作与政府购买服务相结合，在部分地区和单位采用政府购买服务的方式，委托首都版权产业联盟等第三方专业机构开展软件正版化相关服务，使软件正版化各项基础性工作更趋规范化和标准化，使相关单位或辖区的软件正版化工作迈上了新的台阶。

⑤国产软件占主导地位

北京市紧扣国家政策要求，广泛推广以场地授权形式，全市80%以上的地区及10余个大型机关和企事业系统，均采取了此种工作模式，节约了大量采购资金并有效促进了民族软件产业的快速发展，彻底提升了办公软件在北京市软件正版化工作中所占比例。

2. 执法状况

（1）开展打击APP侵权盗版专项整治行动

北京市版权局发布《北京市版权局关于规范软件应用市场版权秩序的通知》，结合软件正版化工作对软件应用市场的经营活动进行监测并依法监管，从源头上治理APP侵权盗版行为，规范了软件应用市场版权秩序。在"一点资讯"客户端软件侵犯著作权案中，北京市版权行政执法部门对侵权人做出罚款5万元的行政处罚。

（2）加强重点案件的监管与治理

北京市版权局按月选取具有代表性的重点热门电影17部、电视剧22部、音乐和综艺节目类作品15部，参照网站权重排名，有针对性地对20家主流视频网站和12家音乐网站开展监测工作。在调取、核实各重点作品权利人权属授权和分销置换的基础上，实现了对各网站的播放和授权情况的完整性监测分析，并将授权播放情况与国家版权局重点预警名单进行了详细对比，较为准确地掌握了北京市版权总体情况。

为推动金曲版权工程深入发展，增强网络音乐平台自律意识，7月13日，北京市新闻出版广电局（市版权局）召开"金曲版权工程"培训会议，阿里音乐、网易云音乐、酷我音乐等15个音乐网站以及首都版权产业联盟、北京版权监测中心、北京版权资源信息中心等单位参会。本次会议主要是贯彻落实"金曲版权工程"相关工作要求，交流音乐版权工作中遇到的实际问题，解读国家对音乐版权授权使用的规定和要求，重点介绍金曲版权工程在规范网络传播秩序中的积极作用，联手音乐网站共同探索解决网络音乐版权中的突出问题，加大首都音乐版权保护力度，推进首都音乐版权产业发展。

（3）创新工作机制

北京市版权局对侵权和盗版链接较为严重的网站采取了"线上通知""线下约谈"的工作模式，约谈了网易、腾讯、乐视等企业，有效净化了首都地区版权市场环境。

北京市文化执法总队对社会关注、盗版行为频发的网络视频领域试行版权保护预警机制，受理搜狐、乐视、腾讯等企业的版权保护申请，开通版权保护绿色通道。预警工作机制在减少网络侵权盗版方面发挥了重要作用。

（4）及时跟进侵权下线处理

在对各网站重点作品授权播放监测评估的基础上，对涉及侵权盗播的网站的盗版侵权情况进行详细的跟踪调查，并及时发送下线通知和违规警示。为及时整治盗版侵权违法行为、保护权利人合法权益、净化网络版权空间，在有效监测的基础上，按照《信息网络传播权保护指导条例》的规定向侵权链接所在的网络服务提供者发布了5000多条侵权下线通知，要求其在24小时之内删除侵权链接，同时加强了对侵权下线通知履行情况的跟踪监察，绝大多数网络服务提供者能够及时履行通知删除义务。

（5）加大版权行政调解力度

2016年共受理著作权纠纷调解案件225起，其中，行政调解52起，民事调解173起，涉及的范围包括图书出版物、信息网络传播、软件等。经调解，现已结案并成功化解矛盾纠纷的案件118起，调解成功率在52%以上。行政调解工作有效化解了权利人和使用单位的矛盾，并促成了双方良好的合作关系。

（三）司法保护

根据最高人民法院主办的"中国知识产权裁判文书网"、"中国裁判文书网"，以及知产宝数据库、北大法宝数据库中对于侵犯著作权的民事裁判文书的检索查询，2016 年北京地区著作权案件的文书数量有 6707 份，其中判决书 2281 份，裁定书 4425 份，调解书 1 份，共涉及案件数量 6213 件，占全国著作权民事案件总量的近 20%。通过对这些案件状况进行分析和统计，总结出北京市版权司法保护在 2016 年所呈现的一些特点。

作品类型方面，一审案件主要涉及计算机软件，占一审案件总数的 96.9%，其中有三分之二为侵权纠纷。其中，侵害信息网络传播权案件比重逐渐增大，占全部著作权民事案件的 60% 以上。如图 2 所示，在文学作品、音乐作品、摄影作品中，涉及侵害信息网络传播权的案件超过九成，据数据统计，2016 年北京市信息、软件和信息技术服务业总产值占地区生产总值的 10.8%，仅次于金融业（17.1%）和工业（15.6%）[1]，集中反映了北京地区互联网企业集聚、蓬勃发展的互联网经济。

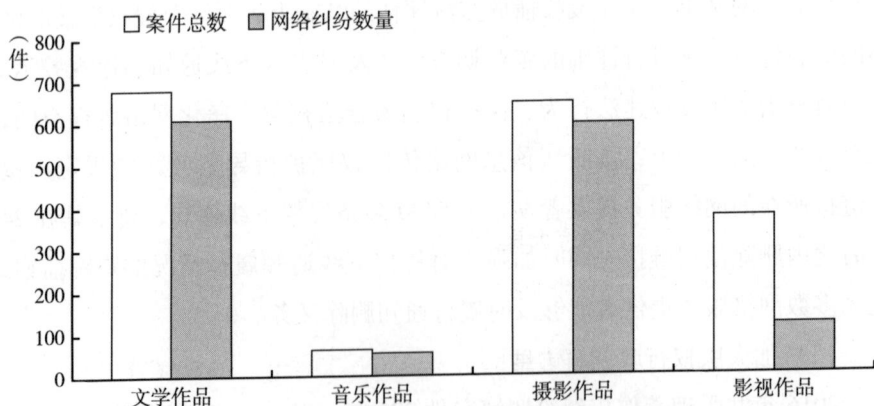

图 2　2016 年北京地区著作权纠纷案件作品类型

资料来源：中国信息通信研究院。

---

[1]　数据源自《北京市 2016 年国民经济和社会发展统计公报》。

　　就作品类型而言，文字作品数量众多，占著作权案件数量的近四成，与 2016 年国家版权局对网络文学领域的重点监管和治理工作相呼应。其次是摄影和图片作品，占比 37%，在图片类案件中，以美术作品、摄影作品的著作权人起诉被告在网站、APP、微博账号中将这些图片用于宣传广告、文章配图或点缀装饰居多。影视作品占比 21%，其中，相当一部分案件的侵权作品为社会影响力较大的作品，如《宫锁连城》《来自星星的你》《捉妖记》等。音乐作品占比 3%，体现出音乐版权环境的明显好转。总体来说，2016 年北京地区著作权案件涉诉作品类型丰富多样，数量较为均衡，反映出版权产业各细分领域的全面发展。

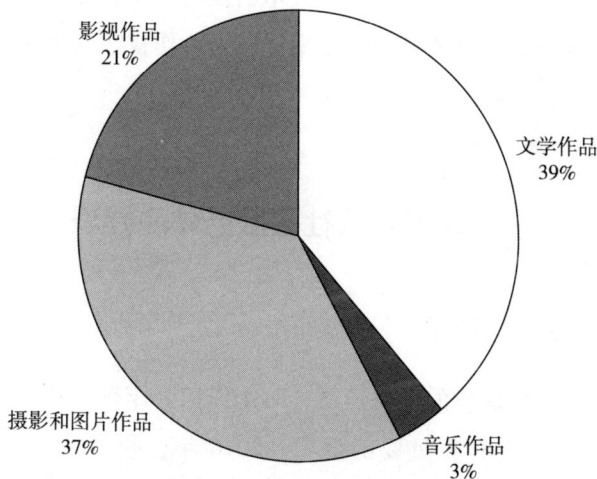

图3　2016 年北京地区著作权案件类型分布情况

资料来源：中国信息通信研究院。

　　判赔数额方面，在法院审结的一审案件中，2016 年北京地区著作权侵权案件一审的平均判赔额为 25627 元，同比减少 5%，一审支持判赔率为 23.8%；在二审案件中，涉及著作权纠纷案件的平均判赔额为 31973 元，同比增长 23.3%，二审支持判赔率为 29.8%。由基层法院上诉到北京知识产权法院的各类案件无论是平均判赔额还是判赔率均有所提高。这一方面意味着当前版权环境的好转，另一方面也说明北京知识产权法院倾向于对著作权进行高额保护。

总体来说，目前北京市法院审理的著作权案件呈现以下三个特点。一是案件数量大，案件增长快。著作权案件占全部知识产权民事一审案件的80%以上，年增长率达到24%。二是案件种类齐全，涉网络案件突出，涵盖了最高人民法院民事案件规定中的全部著作权案件类型，同时包括以国家版权局等为被告的行政案件及部分刑事案件。其中，侵害信息网络传播权案件比重逐渐增大，占全部著作权民事案件的60%以上。三是技术与法律交织，新类型案件不断出现。近年来北京市法院先后审理了涉及聚合视频平台提供商侵权责任、手机 APP 经营者侵权责任、网络游戏要素著作权保护以及体育赛事网络直播著作权等新传播技术引发的纠纷，北京法院依法审理了一批具有较高理论研究价值的新类型案件，为著作权法的进一步修改和完善积累了丰富的实践经验。

三 北京版权社会服务体系建设

（一）版权登记状况

版权登记是版权保护的重要依据，对于保护著作权人基本权益、推进版权社会服务体系建设有着重要的意义。2016 年，我国著作权登记总量达2007698 件，突破了 200 万件大关，其中，作品登记 1599597 件、计算机软件著作权登记 407774 件、著作权质权登记 327 件，相比 2015 年的 1641166件，同比增长 22.33%。北京市作为我国创新及发展的领头羊，版权登记的数量在全国处于前列。国家版权局公布的数据显示，2016 年，北京市作品登记数量为 693421 件，占全国登记总量（1599597 件）的 43.35%；计算机软件登记数量则位居全国第二，仅次于广东省。在北京市自愿登记的版权作品中，摄影作品登记数量 335933 件，[①] 占所有登记作品数量的近一半，紧

---

① 数据来源于中国版权保护中心的统计。

随其后的是文字作品，登记数量为 306643 件，美术作品登记量为 20584 件，音乐作品登记量为 12801 件，影视作品登记量较少，仅有 49 件。这些数据一方面显示了北京市在文化创新和科技创新方面的活力，但另一方面也向从事版权登记工作的相关部门提出了巨大的挑战。

（二）行业协会自律状况

1. 依托服务平台，保障行业自律生态

近两年来，在北京市版权局的指导和推动下，首都版权行业积极依托已有行业服务平台开展工作，在版权保护、版权服务、版权运营、版权监测方面创新性构建系列平台，为版权行业社会服务体系建设提供有力支撑和保障。

2016 年 8 月 26 日，为充分展示首都版权保护和产业发展的最新成果，加强与国内外新闻出版机构的交流与合作，北京市版权局指导北京版权资源信息中心、北京版权云计算服务平台、首都版权产业联盟联合 20 多家企业，先后推出了"全国作家、作者版权保护平台""教育版权公共服务平台"两大平台，以促进版权行业自律。其中"全国作家、作者版权保护平台"是在国家"剑网 2016"专项行动的东风下创立的行业自律平台。该平台不仅服务北京，而且为全国的作家、作者提供作品管理、版权登记代理、授权合同备案、版权声明、版权预警、版权监测、侵权清除和作品维权等一站式、专业化的版权综合业务服务。目前，仅作为平台协办单位的新浪阅读便已签约 10000 多部作品。"教育版权公共服务平台"是由北京版权云计算服务平台联合十余家优秀的教育机构、智能电视厂商和 IPTV 厂商，共同打造的教育版权服务平台。该平台将针对现阶段互联网教育资源质量参差不齐、用户判断力匮乏以及盗版侵权等行业问题展开行动。目前，平台已覆盖了 8000 万个智能电视用户，优质教育内容超过 100 万分钟，包括学前教育、K12、职业教育、公务员考试、艺术培训、外语学习、出国留学等各个领域。

2. 强化版权意识，营造良好发展环境

2016 年 9 月 19 日，"网络文学版权保护研讨会"在京举行。本次研讨会不仅邀请了司法、版权行政机关的执法人员，还邀请了有关著作权集体管

理组织负责人、网络文学企业和部分专家学者。研讨会上，30 余家单位共同发起的中国网络文学版权联盟宣布成立。联盟发布了《中国网络文学版权联盟自律公约》（以下简称《公约》）。《公约》强调了增强版权保护意识，坚持"先授权、后使用"的版权保护原则，切实尊重网络文学著作权人的合法权利，并承诺积极配合政府部门开展网络反盗维权活动，努力营造良好的网络文学版权保护社会氛围。《公约》还对规范网络文学服务提供者和网络文学从业者的行为做出明确规定，如果"中国网络文学版权联盟成员违反本公约的，将受到联盟成员的共同谴责，并向社会道歉。情节严重，并造成社会不良影响的，将取消其联盟成员资格"。这无疑是针对网络侵权盗版行为的集体亮剑，更是对"剑网2016"重点治理网络文学侵权盗版的积极回应。

2016 年 9 月 21 日，由北京市新闻出版广电局主办的 2016 年北京市优秀网络视听节目征集评选总结大会在京隆重举行。会议期间京城百家持证机构发起"共促网络视听文化繁荣发展"倡议。倡议提出积极响应中央号召，创作和传播积极向上的网络视听新媒体作品；全面深入学习，生产和传播人民群众喜闻乐见、贴近时代的好作品；通过技术与平台创新，持续拉动从内容、设备到生态的全产业链升级和进步；严格遵守国家法律法规，坚守信息安全与网民隐私保护的底线；合法经营、健康竞争，保护版权、杜绝盗版。该倡议对增强行业政治意识、导向意识和自律意识，进一步激发"网络视听看北京"的行业荣誉感起到了积极的作用。

2016 年 11 月，首都版权产业联盟联合百度、奇虎 360、阿里、腾讯等国内主要网络广告联盟共同发布《网络广告联盟版权自律倡议》，号召网络广告联盟建立健全内部版权管理制度，严格规范广告投放程序。对被国家版权局列入侵权盗版"黑名单"的网站，终止向其投放广告，并解除其会员资格，切断专门从事侵权盗版的小网站的非法利益链条，从根本上遏制小网站侵权盗版势头，有效净化网络版权环境。

（三）对外合作与交流情况

版权保护体系是一个跨越行政区域的开放性体系。北京市版权局作为版权社会服务体系的一个重要职能部门，为切实履行职责，在2016年的工作中，不仅强化了对辖区内版权市场的管理及引导，更制定了积极"走出去"的战略，实现区域联动和国家化接轨，加强了对外交流与合作，在改革开放的大形势下发挥自己的积极作用。

1. 立足首都定位，推进交流合作

2016年4月16～23日，第六届北京国际电影节在北京成功举办。据统计，本届国际电影节共有来自50余个国家和地区的300余家中外电影机构、1.5万名中外嘉宾参加；500余部中外佳作参加展映，放映1000余场次，票房突破1000万元；电影节期间，电影市场签约金额163.31亿元，比上年增长约18%，创历史新高。在电影节期间，北京市版权局在电影节的筹备、各项活动的组织等工作中发挥了不可替代的作用。

2016年7月21～22日，"一带一路"沿线数十个国家代表汇聚北京，举行知识产权高级别会议，并就《视听表演北京条约》召开专门会议，呼吁各国携手推进《视听表演北京条约》早日生效，为建立公正合理的国际版权制度不懈努力。到2016年底，已有15个国家批准或加入《视听表演北京条约》，推进条约生效工作取得重大进展。

2016年8月25日，以"深化出版合作实现文化共赢"为主题的第十四届北京国际图书节"一带一路"高峰合作论坛在京举行。本次活动由北京市委宣传部、北京市版权局、顺义区人民政府联合主办。论坛邀请了意大利、斯里兰卡等国大使、文化参赞和30余家国内外出版企业出席，共同探讨了如何建立合作机制、拓宽合作渠道、丰富合作内容等问题，加深了中外出版业发展战略交流。活动还签订版权输出协议116种，实现多版本国家语言翻译成果合作互换。

2016年10月26日，由北京市新闻出版广电局和北京电影学院联合主办的第十一届中国北京国际文化创意产业博览会国际电影产业发展研讨会召开。来自北京理工大学、AMD中国、The Foundry、乐视、派华文化等研究机构和企业的十余位行业专家共同研讨了VR虚拟现实技术与电影工业艺术形式之间的结合、虚拟现实技术对中国电影产业未来发展的影响等问题。

2. 面向全国市场，促进多方共赢

2016 年 12 月 5 ~ 7 日，由国家版权局主办，广州市人民政府、广东省版权局承办的第六届中国国际版权博览会在广州召开。本次会议中，北京市版权局准备了大批重点项目和优秀企业进行了集中展示，取得了丰硕的成果：为配合国家版权局规范网络音乐版权的专项整治行动，首都版权产业联盟与中国音乐著作权协会等已达成深入合作协议；为了支持国内 VR 产业在激烈的全球化竞争中抢占市场先机，12 月 5 日下午，首都版权产业联盟在博览会上组织了中外 IP 项目签约仪式，促成了本次博览会最大的 VR 合作项目，真正推进了优质 IP 产业式孵化等方面的深度合作，增强了国内外优质版权的交流，达到了产业合作共赢的目标。为促进优质版权项目"走出去"，首都版权产业联盟还推出了"恐龙大王"全版权全产业链示范项目。作为首都版权走向世界的重点项目，该项目在博览会现场得到了国家新闻出版广电总局（国家版权局）副局长阎晓宏、世界知识产权组织副总干事西尔维·福尔班的高度认可。除此之外，北京市版权局为促进文创领域产业升级，还组织了多项系列展示，真正向全社会乃至全世界展出了北京华彩。

3. 放眼国际格局，谋求长远发展

2016 年 5 月，为配合摩洛哥国王穆罕默德六世的访华接待工作，北京市版权局协同瑞特影视贸易公司在其下榻的钓鱼台国宾馆临时开通 5 套非平台境外电视节目，并进行境外卫星电视服务保障。

2016 年 6 月 13 日，中英版权研讨会在京召开。来自中英两国的版权管理者、专家、学者，共同分享了数字环境下中英版权保护经验，探讨了版权制度建设、权利管理、国际合作等重要问题。研讨会上，与会嘉宾分别就"数字环境下的版权执法和司法保护""数字环境下的广播组织版权问题"两个议题展开讨论。英国知识产权局版权与行政执法司司长罗斯·林奇高度评价了中国政府在打击侵权盗版方面取得的成绩，并向与会嘉宾介绍了英国在网络侵权执法方面开展的工作情况。

2016 年 9 ~ 12 月，北京市版权局与四达时代集团精心筹备了"2016 北京影视剧非洲展播季"，其间精选了北京出品的反映中国和北京精神风貌的都市情感、青春励志、家庭伦理，以及展现中国古典文化的功夫和神话剧目等影视片目在非洲进行展播。展播季电视信号覆盖撒哈拉以南46个国家，展播影视剧被译制成英、法等7个语种，在文化出口的同时向非洲国家展示了新时代国人的精神风貌。切实推动了北京影视剧和中国文化"走出去"战略。

2016年11月，为落实习近平总书记提出的举办2016年中拉文化交流年的倡议。当地时间11月29日，由北京市版权局主办的"2016北京优秀影视剧南美展播季活动"在哥伦比亚首都波哥大启幕。版权局在了解拉美收视习惯和媒体关注点后，遴选翻译了《空中看北京》《超级工程——北京地铁》等反映当代北京建设发展的优秀纪录片，在哥伦比亚Cablenoticias电视台展播，并举办北京影视推介会，推介《北京时间》《北京爱情故事》等反映当代北京生活题材的优秀影视剧，为中拉文化交流年增光添彩。

2016年3月，北京市新闻出版广电局设立北京市提升出版业传播力奖励扶持专项资金，随后，《北京市提升出版业传播力奖励扶持专项资金管理办法（试行）》和《北京市提升出版业国际传播力奖励扶持专项资金评审办法（试行）》陆续发布。这是全国省级单位中首家新闻出版"走出去"专项资金，对发挥首都全国文化中心的示范引领作用，促进出版业"走出去"提质增效，具有重要意义。专项资金对新闻出版"走出去"取得良好社会效益与经济效益的北京地区企业和项目进行扶持，分为原创出版物版权贸易、国外经营业绩、国外优秀出版物输出、优秀版权输出、版权代理、数字出版产品"走出去"和优秀版权出版物翻译费等奖励项目，共计3000万元。

四　趋势与建议

（一）整体态势

1. 政策环境不断优化，带动产业快速发展

2016年北京市版权产业发展势头强劲，成为北京市举足轻重的支柱产

业。这些成绩的取得离不开国家、北京市及各区版权产业政策的推动。在《加快发展首都知识产权服务业的实施意见》、《北京市文化创意产业发展指导目录（2016年版）》、《北京市关于积极推进"互联网＋"行动的实施意见》、"大众创业、万众创新"等政策指导下，版权行业和文化创新行业成为多数创业者的切入点，催生了一批IP创新人才，带动了大量资本投入，使版权相关产业的股权投资、整体收入与2016年同期相比有了大幅增长。

2. "互联网＋文化"深度融合，促进产业转型升级

随着互联网产业的发展以及"互联网＋"与文化产业的深度融合，互联网对文创经济的贡献能力持续提升，带动了版权产业整体结构向网络化以及信息化转型，激活版权产业实体经济向新业态转型。2016年，北京市软件、网络及计算机服务业发展强劲，行业总收入占全市文化创意产业总收入的比重为55%，行业从业人员数占全市文化创意产业从业人员总数的49.5%，充分体现出文化科技融合类业态，特别是"互联网＋文化"发展的主导趋势。

3. 创新保护双管齐下，营造产业良好生态

在"知识产权强国"与"完善产权保护"的政策推动下，北京市版权保护制度日趋严格，版权保护体系不断完善。良好的版权产业秩序也称为版权领域商业模式创新的催化剂，"IP化"、数字出版全产业链运营、大数据精准营销等新型商业模式不断涌现，有效刺激和释放了首都版权消费潜力，为北京版权产业的创新发展提供了重要支撑，成为增强实体经济发展的强大动力。

（二）未来发展思路

1. 提升版权产业战略地位

鉴于版权相关产业在国民经济中的重要作用，作为"文化之都"，北京市应将版权相关产业的发展列为城市的战略主导产业，以打造国内首善、国际上有重大影响力的"版权之都"为目标，加强对版权相关产业创新的支持，利用现代科技手段提高版权相关产业的科技含量，增强版权相关产业与其他新兴产业的联动。同时，应鼓励创新，增强居民文化消费的自主性和提升消费层次。

2. 创新版权保护机制

抓住 IP 运营的切入点，推动出版 IP 与游戏、影视的跨界发展；继续加强北京市版权保护体系建设，加大版权保护力度，维护著作权人合法权益；创新版权监管模式和技术保护手段，完善集版权登记、代理、保护于一体的综合服务模式，鼓励著作权人进行自愿登记；加大支持版权进出口贸易的力度，推动版权产业实现持续、健康、跨越式发展，提升版权支撑经济发展和文化建设的能力。

3. 推动版权产业与信息、金融等行业的有机融合

制定并实施北京市推进媒体融合战略规划，积极推动设立北京市媒体融合发展项目，推动基金运作的市场化发展；推动优秀原创音乐作品生产和出版；充分发挥首都互联网企业集中的优势，加快发展移动阅读、在线教育、网络文学、动漫游戏、知识服务、按需印刷、电子商务等新兴业态；采取有效措施，鼓励建设第三方数字传播云平台，切实帮助中小型新闻出版单位解决数字化转型升级过程中普遍面临的技术不足、人才匮乏等问题；深入开展数字化转型升级标准化推广与应用工作，支持市属新闻出版企业参与相关国家和行业标准制定，鼓励企业面向数字化转型升级，开展企业标准研制，积极采用国际和国内标准，提高企业的标准化水平。

分 报 告

Category Reports

B.2
2016年北京文学版权发展报告

丛立先　杨天娲[*]

摘　要：　北京市文学版权产业呈现出健康发展态势，新兴文学在与传统文学融合、政策与资金支持、产业结构优化、作品质量数量等方面明显提升。今后需要在明确的政策与评价体系指引下，注重内容的质量及正版化，通过完整产业链全面支撑精品版权。

关键词：　文学版权　网络文学　版权产业

文学，是一种将语言文字用于表达社会生活和心理活动的学科，以语言

---

* 丛立先，华东政法大学教授、博士生导师；杨天娲，北京外国语大学法学院博士研究生。

文字为工具，比较形象化地反映客观现实、表现作家心灵世界的艺术，拥有多种表达方式，包括诗歌、散文、小说、剧本、寓言、童话等体裁。从法律角度看文学版权，为了保护文学作品作者的权利，我国制定了《中华人民共和国著作权法》，明确规定了文学作品的版权权利、权利归属、权利限制、权利许可与转让、侵权的法律责任与执法措施等。

随着经济发展，人们的物质文化生活水平得到了极大提高，特别是对文学、艺术等文化领域的需求显著提升。互联网作为新兴的传播载体，催生了网络文学并迅速"捧红"网络文学版权产业。2016年的文学版权产业界，文学作品版权的价值持续大幅提升，其衍生出的游戏、电影、电视、动漫等更是"吸金"能力十足，版权市场整体价格持续走高，天价IP[①]不断涌现，2016年改编影游、动画等市场规模达4696亿元[②]。

一 2016年文学版权发展的新趋势

（一）传统文学版权

从传统的文学载体角度来看，文学版权呈现出疲弱的发展态势。国家新闻出版广电总局发布的《2016年新闻出版产业分析报告》[③]显示，图书类文学作品方面，虽然2016年图书出版结构进一步优化，本土原创文学表现抢眼，但是仅有《平凡的世界》等5种文学图书当年累计印数均超过100万册；期刊类文学方面，2016年文学、艺术类期刊2.6亿册，较2015年降低20.3%，占期刊总印数的9.6%，减少1.7个百分点，文学、艺术类期刊占比持续减少。

---

① 这里的IP虽为知识产权的英文Intellectual Property的缩写，但在文学产业界中主要为版权的含义，突出体现在版权交易以及版权开发所带来的巨大价值。

② 《网络文学资本局：顶级IP标价5000万》，新京报网站，最后访问日期：2017年7月21日。

③ 详见国家新闻出版广电总局《2016年新闻出版产业分析报告》。

（二）新兴文学版权

2016 年，以互联网为载体的文学版权产业表现出众，新兴的网络文学版权产业发展迅猛，文学版权呈现出新特点。截至 2016 年年底，我国网络文学用户数达到了 3.33 亿名。2016 年 2 月速途研究院[①]发布的数据表明，2012 年中国网络文学市场规模为 27.7 亿元，2013 年市场规模增长至 46.3 亿元，环比上涨 67.1%；2014 年市场规模 56 亿元，环比上涨 21.0%，2015 年增长至 70 亿元，2016 年国内网络文学产值达到 90 亿元。据统计，40 家重点网络文学网站驻站作者数超过 1760 万名，作品总量达 1454.8 万部，作品数达到 175 万种。[②]

仅以腾讯旗下的阅文集团为例，阅文集团在其招股书中称，截至 2016 年末，其拥有 530 万位作家，840 万部文学作品。2016 年 1 月的月活跃用户总数为 1.75 亿名。按照百度排名，2016 年，中国的十大最高搜索率网络文学作品中的 9 本来自其内容库。上市时，公司的预期市值将超过 100 亿港元。2016 年，阅文集团营收约 26 亿元，并实现盈利，净利润为 3040 万元，而 2015 年则是亏损 3.5 亿元。[③]

（三）传统文学的数字化

越来越多的读者开始抛弃纸质图书，取而代之的是在电脑或手机屏幕上进行阅读。而相对于纸质图书越来越昂贵的售价，电子书成本十分低廉。以最近火爆热销的《余罪》为例，亚马逊网站推出电子书包月活动，包年价相当于每天仅需 0.3 元，可以无限任意阅读万种好书；而《余罪》三部实体书售价是 75.1 元。并且，纸质书籍还具有笨重、不方便携带的特性，而平板电脑、手机、电子书阅读器不仅易于存储，而且随着技术发展也变得越来越轻，随身携带十分方便。

[①] 《2015 年网络文学市场年度综合报告》，速途研究院网站，最后访问日期：2017 年 6 月 6 日。
[②] 《网络文学年产值已达 90 亿元》，人民网，最后访问日期：2017 年 4 月 13 日。
[③] 《网络文学资本局：顶级 IP 标价 5000 万》，新京报网站，最后访问日期：2017 年 7 月 21 日。

基于以上原因，纸质书籍的销售受到很大影响。曾经拥有大量忠实读者的热门杂志，如《读者》《青年文摘》《故事会》也是苦苦支撑。只有高校设立的出版社，如北京大学出版社、外语教学与研究出版社等由于教材类书籍的工具性，可以在教师和学生群体中保持销量，依然欣欣向荣。以网络文学出版为主要业务的出版公司，却是繁荣景象。具有强劲势头的网络文学逼迫传统出版社进行数字化的转型，包括编辑排版印刷技术数字化、出版资源数字化等。

（四）新兴文学的实体化

相比传统文学，网络文学在传播速度、读者与作者的互动程度、受众群体的数量方面具有极大的优势，以新媒体为载体的网络文学所具有的优势是传统文学不能比拟的。除了媒介的优势之外，知名网络作家具有广泛的粉丝和不菲的收入，更是让传统网络文学作家望尘莫及。现实中可以看到一个普遍的现象，在网络上具有广泛人气的作品，几乎都有实体书的出版，如《鬼吹灯》《诛仙》等。这也是网络文学发展早期，网络文学作者、网络文学平台增加经济效益的途径。精品网络文学版权早期的转化方式，基本上是通过纸媒大量出版，并寻求主流文学界认同，这种现象也被学者称为"印刷认同"。对于大多数网络写手来讲，网络只是一个平台，获得纸质实体的出版才是最终目的。更多的写手愿意通过网络大平台增加阅读量、笼络粉丝，向社会和公众推销自己的作品，使其积聚大量人气和点击率从而获得出版商的关注，进而跻身纸质媒体世界畅销书行列。

就目前来看，网络文学似乎在向影视、游戏等衍生产品方向发展。但是，传统出版的优势不可忽视，这是因为网络文学作品的媒介具有天然缺陷——无法永久收藏。虽然网站和移动 APP 是用户阅读网络文学作品最主要的两大渠道，但是实体书也占到 17.2% 的比例，网络文学出版前景较好。此外，调查显示购买出版的实体书籍用户占比达40.3%。[1] 网络技术

---

① 《2016 年中国网络文学行业研究报告》，艾瑞咨询，最后访问日期：2017 年 2 月 5 日。

发展迅速，每天都在更新换代，通过网络平台发布作品可以吸引大量粉丝，但作品也可能变得昙花一现。网络世界纷繁复杂，作者一天没有更新，就会淹没在大海之中；而一本纸质好书可以永久收藏在书架之上，成为经典的收藏品。

（五）文学版权发展的新趋势

传播技术的发展催生了新媒体，同时为传统媒体提供了发展和变革的可能性。互联网的出现，极大地改变了传统出版的业态，在经历了电子出版、数字出版、网络出版等一系列新兴出版概念的演变后，传统出版与新兴出版的深度融合已经成为必然趋势。新兴出版具有的交互、海量、快捷和低成本优势能够带动传统出版因势利导地作出调整以提高效率，传统出版的内容资源和专业优势可以为新兴出版全面开发出版业态提供可能并创造机会。传统出版与新兴出版的融合是出版产业共融发展的基本态势。当下以及未来相当长一段时期内，出版的正常表现形态应该就是传统出版与新兴出版的融合业态。

国家出版行政管理机构正在各种政策和制度层面大力倡导传统出版与新兴出版的有效融合。在传统出版和新兴出版相互融合的出版业态下，出版业态已经不是原来的基于出版物的线型编辑、印刷、发行模式，而是以采集、提供为主要形态的平台式传播运作模式，在这种更为现代、高效的出版模式下，出版已经不是出版物的简单经营，而是版权资源的综合经营。2016年12月，国内40家重点网站出版图书6443部，改编电影900多部，改编电视剧1056部，改编游戏511部，改编动漫440部。[①]

传统文学与新兴文学的融合已经成为近年来文学版权产业界的一大发展趋势，并逐渐萌生了网络文学作品的实体化以及传统作品的数字化。此外，网络文学已经在文学版权业界处于绝对优势，在产值、用户数量、作品数量

---

① 《程晓龙：关于网络文学发展形势的三点判断》，中国作家网，最后访问日期：2017年4月16日。

等各个方面均处于领先地位。网络文学在传播速度、读者与作者的互动程度、受众群体的数量方面具有极大的优势，以新媒体为载体的网络文学所具有的优势是传统文学不能比拟的。因此，本报告将以网络文学为代表，分析北京市文学版权的年度状况及挑战。

作为文化之都、国际化大城市的北京，具有深厚的文化先天优势，文艺创作活跃、新型文学人才丰富，网络文学产业呈现出健康的发展态势，并开始辐射到海外市场。据媒体报道，约六成的重点文学网站设立在北京，一大批知名网络作家生活在北京，大量脍炙人口的网络文学故事创作在北京。①但是，互联网是一把双刃剑，在促进网络文学产业快速发展的同时，也为网络文学产业的发展带来了困难与挑战。

二　2016年北京市网络文学版权的基本情况

（一）网络文学的定义与特点

1. 网络文学的定义

2016年3月，《网络出版服务管理规定》正式施行，其中规定"网络出版物，是指通过信息网络向公众提供的，具有编辑、制作、加工等出版特征的数字化作品，范围主要包括：

（一）文学、艺术、科学等领域内具有知识性、思想性的文字、图片、地图、游戏、动漫、音视频读物等原创数字化作品；

（二）与已出版的图书、报纸、期刊、音像制品、电子出版物等内容相一致的数字化作品；

（三）将上述作品通过选择、编排、汇集等方式形成的网络文献数据库等数字化作品；

---

① 《杜飞进：集聚网络正能量，攀登文学新高峰》，中国"网络文学＋"大会官方网站，最后访问日期：2017年8月11日。

（四）国家新闻出版广电总局认定的其他类型的数字化作品。"

可见，网络出版物首先需要具备一定的知识性和思想性，是网络出版物的最低标准。2014 年，习总书记在文艺工作座谈会上的讲话妙语连珠、振聋发聩，"文艺不能当市场的奴隶，不要沾满了铜臭气。优秀的文艺作品，最好是既能在思想上、艺术上取得成功，又能在市场上受到欢迎"。这既表明传统文艺作品应具有的优秀品质，在虚幻复杂的网络世界里，更需要多多发掘网络出版精品，拒绝单纯商业化、忽视艺术性的网络作品，正如习总书记所讲"低俗不是通俗，欲望不代表希望，单纯感官娱乐不等于精神快乐"。

网络文学，是通过互联网写作，以网络为传播载体的一种极为自由的文学活动。目前学界普遍接受的对其的分层定义为通过网络传播的文学（广义）、首发于网络的原创性文学（本义）、通过网络链接与多媒体融合而依赖网络存在的文学（狭义）。[1]

北京知识产权法院将网络文学分三种状态：第一种是已存在的经过电子扫描技术或人工输入等方式进入互联网络的文学作品；第二种是直接在互联网络上发表的文学作品；第三种是通过计算机创作或通过有关计算机软件生成的进入互联网络的文学作品，以及几位作家或者几十位作家甚至数百位网民共同创作的具有互联网络开放性特点的接力小说。[2]

本报告中的网络文学作品是指通过互联网进行写作、以网络传播为载体的一种极为自由的文学活动，并不包括已有文学作品的网络化。

2. 网络文学的特点

（1）作品内容类型化、娱乐化

传统文学的类型偏向于文体类型的区分，如诗歌、散文、小说等；而网络文学更多的是注重作品内容的类型化，如玄幻、奇幻、武侠、仙侠、都市、军事、历史、游戏、体育、科幻、灵异、二次元等。

---

[1] 欧阳友权：《网络文学概论》，北京大学出版社，2008，第 3 页。

[2] 《张玲玲：2016 年中国网络版权保护大会发言〈网络文学版权保护的司法视角〉》，2016 年4 月 26 日。

　　互联网经济具有迅速、及时的特点，为了节省时间成本，网络写作也变成了快餐式文学的创作形式。从作者角度讲，虽然他们定期更新作品，但每次更新篇幅短小、句式简洁，随便敲打键盘便可吸引大量的读者。从受众角度讲，人们在阅读网络文学时通常抱有游戏态度，追求轻松或者刺激性的娱乐。特别是在电子阅读的模式下，读者多采用粗略式的阅读方法，对于作品中不吸引人的部分就会快速略去。网络文学的语言是鲜明的例子，电子语言在新媒体技术的影响下诞生，它是口语和书面用语的融合，外语、方言和普通话的融合，古代汉语和现代汉语的融合，有的网络文学作品中甚至用符号来表达作者的思想。相比于传统文学作品的字斟句酌，网络文学作品充斥了大量的娱乐化的垃圾文字。

　　传统文学一直十分注重对人的教化作用，作者通过创作的作品表达对社会的态度和见解，以期求得改造社会、推进人类文明进步；读者通过阅读时潜移默化的熏陶，明确人生观、价值观。相比而言，网络文学读者不再是为了接受教化而阅读，而是为了游戏和消遣，消磨时间，享受阅读带来的快感，所以网络读者更倾向于超现实、虚构、夸张的作品，并甘愿沉浸在虚拟世界中。人们需要快餐文学，也正是网络文学的快餐性、娱乐性特质，导致网络文学缺少了对人文精神的追求。为了在短时间内吸引更多的眼球和经济利益，网络文学作品更加关注娱乐化的内容，与传统文学相比，缺少了深入的理性思考和人生思考。

　　（2）创作、阅读门槛低

　　传统文学需要作者具备良好的文学修养和学识背景，然而在网络上读者似乎对作者和作品并没有太多硬性要求。只要想写并坚持不懈，任何人都可能成为职业写手。在网络空间发表个人言论、发布文学作品十分简单，轻轻一点鼠标，无须通过复杂的审查程序，就可以公布给公众。低门槛，甚至是零门槛的网络文学也因此变得鱼龙混杂。在市场经济的大环境中，网络文学创作受到市场经济规律的影响和制约。无论作者是否具备基本的写作素养，只要可以赚取点击率就是"好作者"。

　　阅读门槛低导致受众对作品具有一定的制约影响。互联网时代，人人都是读者，只要连接互联网，就可以获取大量的网络文学作品。网络文学读者会根据自己的喜好不断地对作品进行评价，甚至可以影响故事的发展方向。如果具有文学素养的作者在创作过程中，为了艺术固执己见，读者就会失去耐心从而离开。这就导致网络文学创作本是期望在创作过程中通过交流进而改进作品，却因"读者是上帝"的经济追求而变了味道。为了能够拥有源源不断的读者群和点击率，作者只能根据受众的喜好和兴趣来创作。然而，网络用户具有广泛却参差不齐的特性，如果按照受众低俗兴趣来创作，就会导致作品失去本应具备的人文关怀和文学审美价值。

（3）作者与读者互动性强

在网络文学的创作过程中，主客体便开始进行互动。网络文学与传统文学不同，它是在共同的、开放的信息平台写书过程中，多数人在共识性地把握文本的走向。然而，在创作传统作品时，作者在写作过程中处于封闭的状态，是自己在抒写胸怀和价值观。

同样，在阅读传统作品时，读者处于完全自我的状态，读者沉浸在自己与自己内心的交流中；而在阅读网络文学作品时，人们将其称作"读屏"时代，读者可以与其他读者交流，甚至与作者进行沟通，极大提高了阅读的互动性。

在文学作品的后期评价和反馈过程中，也普遍具有交互性特征。网络文学作品一旦上传到互联网，就会出现跟帖评论。对于作品来讲，读者就是最为便捷有效的检验标准，网络读者可以直接参与和影响作品的写作进展；作者也可以及时回答读者提问，与读者沟通，进而获得更多的创作灵感，为下一步的写作奠定群众基础。

（二）北京市网络文学版权的政策支持

1. 宏观政策

2014年12月18日国家新闻出版广电总局印发了《关于推动网络文学健康发展的指导意见》的通知，通过部署几项重点任务、开展多项保障措施，促进网络文学可持续发展。在管理服务方面，2016 年 2 月 4 日，国家新闻出版广电总局、工业和信息化部令第 5 号公布《网络出版服务管理规定》，从网络出版服务许可、网络出版服务管理、监督管理、保障与奖励、法律责任等方面规范了网络出版服务管理。在打击侵权盗版方面，针对日益猖獗的侵权盗版行为，国家版权局于 2016 年 11 月发布《关于加强网络文学作品版权管理的通知》，加强网络文学作品版权管理，进一步规范行业秩序。

2. 推优活动

2016 年 10 月 25 日，北京市新闻出版广电局在线发布了《军旅长歌》《守望》《不在别处》等 20 部 "北京市 2016 年向读者推荐优秀网络文学原创作品" 入围作品。2015 年，北京市在全国率先开展了网络文学推优活动，推荐出 14 部优秀网络文学原创作品，获得了较好的社会反响与关注。2016 年 6 月，北京市第二次网络文学推优活动开启，吸引了 17 家网络文学出版单位，共计上报 73 部网络文学作品。评选作品的标准包括：作品的导向、思想内涵、经济效益、创新性、IP 运营情况、用户关注度、获奖情况等评价维度。①

一方面，推优活动可以向群众宣传一批导向正确、质量上乘、有较大社会影响力的优秀作品，引导读者的阅读取向，丰富符合青少年身心发展需要的好作品；另一方面，评优的标准为网络文学作品设立了标杆，明确优秀作品的标准，指明网络文学作者的写作方向，为网络平台宣传优秀作品提供了榜样。

3. 版权服务

北京市版权服务管理水平有所提升，据统计，2016 年北京市作品自愿登记 693421 件（占全国总量的 40%），版权合同登记 10281 项。2016 年，北京市版权管理服务部门在作品版权登记方面提高服务水平，采取了上门服

---

① 《党组书记、局长杨烁同志出席 "2016 年北京市优秀网络文学原创作品发布活动" 并参加在线访谈》，北京市新闻出版广电局网站，最后访问日期：2016 年 10 月 31 日。

务、预约服务、跟踪服务制等一系列作品登记方式，行政机关落实"双随机一公开"工作要求。由于意识形态领域的特殊性，北京市新闻出版广电局对相关审批事项实行前端全覆盖审查，并积极协调市文化市场执法总队做好市场监管端的"双随机"工作。

北京市版权行政调解力度大，2016 年共计受理著作权纠纷调解案件 225 起，调解成功率 52%。① 北京版权调解中心由北京市版权局主管，是首都版权产业联盟主办的版权调解机构，它依据《北京市版权局著作权调解规范》对版权行政部门指定的行政调解案件、司法机关委托的司法调解案件、权利人（或当事人）直接委托的民事调解案件实施调解。北京版权调解中心的调解程序规范、严谨，具有程序简便、时限宽松、形式多样的特点，其调解协议书具有法律效力，是权利人维护自己合法权益的一种成本低、见效快、便捷实用的法律救济渠道。

在版权保护方面，北京市加大了违法犯罪的打击力度。北京市文化执法总队于 2016 年 7 月至 11 月开展打击网络侵权盗版"剑网 2016"专项行动，其中重点工作任务之一是打击网络文学侵权盗版，加强对文学网站的版权执法监管力度。在此次行动中，北京市文化执法总队通过主动巡查发现案源，共巡查各类网站 2195 家（次）。②

4. 阅评活动

2016 年 10 月，国家新闻出版广电总局数字出版司就网络文学现实主义题材作品开展了专题阅评。"阅评认为，在政府主管部门持续倡导和阅读市场需求变化的推动下，目前网络文学现实主义题材创作出现了积极趋向，创作主题涵盖改革历程、社会热点、生活变迁、文化传承、职业生涯、个人奋斗等多个方面，洋溢着生活和时代气息的优秀作品不断涌现，有的作品以广阔的视角和翔实的资料抒写家国情怀，展现时代风貌；有的作品紧扣社会热点，以'平凡之人''平凡之事'彰显关注社会现实的本质，越来越多的网

---

① 《北京市新闻出版广电局（北京市版权局）2016 年工作总结》，北京市新闻出版广电局网站，最后访问日期：2017 年 3 月 13 日。
② 详见国家新闻出版广电总局《"剑网 2016"专项行动座谈会上的通报》。

络文学创作者注重贴近社会现实，积极深入生活、深入群众。"

"阅评同时发现，仍有大量网络文学现实题材取材于都市言情、青春校园和职场等，偏向'小世界'和'小时代'的生活化、个体化的展示，真正以宏大视角抒写国家发展、民族富强、人民命运的现实主义题材作品数量不多。阅评指出，网络文学现实主义题材作品仍存在塑造缺乏高度、情节创作缺乏新意、思想情感缺乏深度、脱离现实生活等问题。一些所谓的'现实题材'作品生活根基浅薄，热衷描写钩心斗角的职场故事和空洞苍白的'偶像'情感，个别青春校园作品宣泄感性欲望、抒发情爱悲伤、感叹青春迷茫，脱离了现实主义文学应有的关注现实、诠释现实、审视现实的本质。"①

北京市新闻出版广电局下发了《北京市新闻出版广电局关于开展网络文学作品阅评工作的通知》，要求北京地区各网络文学出版服务和试点单位严格遵守《网络出版服务管理规定》等国家有关规定，对其登载的网络文学作品彻底梳理，不碰"红线"、坚守"底线"，杜绝内容粗俗、格调低下的作品上线。2016 年 9 月，北京地区网络文学出版工作会召开，并首次开展网络文学作品阅评工作，政府有关部门组织专家对各大网站上的网络文学作品进行审读和阅评，定期归纳整理阅评意见并及时反馈。各网络文学网站根据反馈意见，切实加强管理，坚持弘扬主旋律，创作优秀作品，传播正能量。阅评活动"以评促建"，促进了网络文学健康发展，健全了网络文学管理制度，努力推动网络文学"高峰"建设。

5. 搭建平台

2016 年北京市举办"北京十月文学月"活动，由政府部门主办，实体书店与网络文学网站共同参与，建立了"十月文学院"，通过政府引导、企业运作的方式，实现北京市文学创作从高原到高峰的跨越。

在 2016 年春季北京电视节目交易会上，北京网络文学出版企业首次集

---

① 《新闻出版广电总局开展现实主义题材网络文学作品阅评》，中国记协网，最后访问日期：2016 年 10 月 13 日。

中亮相,北京版权保护协会网络出版工作委员会的 12 家网络文学的会员单位集中参展①。在 2016 年秋季北京电视节目交易会,网络文学作品参会数量 18 部,为历届之最。②

第十四届北京国际图书节汇聚 86 个国家和地区的 2407 家展商,展销精品图书 50 余万种,组织名家大讲堂等各类活动 600 余场,参观人次达 30 万,达成中外版权贸易合同意向 880 项。③

2016 年 10 月第 11 届北京文博会开幕,首次设立网络文艺展区,国内最大的网络文学平台阅文集团带来的《灭世之门》《九域神皇》《独闯天涯》等百余部热门网络文学 IP,吸引众多影视机构前来洽谈影视改编合作。

2016 年 1 月,"2016 北京出版发行产业促进交易会暨出版物订货会"举行,共计 800 余家民营策划出版单位参展,带来 10 余万种图书产品和电子出版物。

6. 资金支持

2016 年,北京市设立影视出版创作基金,组织召开了第一次理事会议,加大了对优秀作品的资金支持力度,22 家单位 34 个项目获得报刊出版引导资金项目资助,56 个选题获得出版扶持奖励资金资助,20 个选题获得长篇优秀小说扶持,14 部网络文学作品、105 个项目获得音像电子网络出版物奖励,66 部作品获评优秀网络视听节目,85 个项目获得公益广告专项扶持。④

在 2016 年北京市音像制品、电子出版物和网络出版物奖励扶持专项资金项目评审中,共有 74 家音像制品、电子出版物和网络出版单位申报了 115 个选题项目。最终,共计 75 个优秀项目获得 498.2 万元的补贴或奖励。

---

① 《2016 春季北京电视节目交易会开幕,网络文学首次集中亮相》,北京青年报网,最后访问日期:2016 年 3 月 30 日。
② 《2016 年秋季北京电视节目交易会隆重开幕》,腾讯网,最后访问日期:2016 年 11 月 19 日。
③ 《北京市新闻出版广电局(北京市版权局)2016 年工作总结》,北京市新闻出版广电局网,最后访问日期:2017 年 3 月 13 日。
④ 《北京市新闻出版广电局(北京市版权局)2016 年工作总结》,北京市新闻出版广电局网,最后访问日期:2017 年 3 月 13 日。

其中，电子出版物项目11个、网络出版物39个。①

此外，在传统出版领域，北京市重点图书选题和优秀长篇小说出版扶持工作共评选出重点出版选题56种、优秀长篇小说20部，并给予资金扶持。《乡愁中国》《长征长征》《唐山涅槃》等3种图书成功入选中宣部、国家新闻出版广电总局2016年主题出版重点出版物目录。《汉学商兑》等4个项目入选2016年国家古籍资助项目，《北京城市发展历史研究文库》等5个项目入选国家出版资金项目。②

2016年7月6日，《北京市提升出版业传播力奖励扶持专项资金管理办法（试行）》和《北京市提升出版业国际传播力奖励扶持专项资金评审办法（试行）》发布，这是全国省级单位中首家和唯一推出的新闻出版"走出去"专项资金政策。

北京市一直坚持"政府主导、民间先行"，政府力量与行业力量协同合作，为网络文学的未来发展创造了良好的基础条件。宣传舆论管理部门、网络信息管理部门宏观引领网络文学作品价值取向；新闻出版广电（版权）管理部门出台一系列具体的管理办法，加大对文学网站、网络文学创作的扶持力度；文化管理和执法部门通过文化管理政策，维护网络文学良好生态；作家协会等行业自律组织培训网络文学作家，提高作者文学素养，为作品质量保驾护航。

（三）北京市网络文学版权产业概况

近年来，网络文学发展迅猛，从二十年前单纯的个人兴趣写作、分享，发展到初见盈利的商业性文学网站，现已经形成了集团化、专业化的以版权交易为核心的网络文学产业链。新媒体文学具有精神内容与传媒经济的双重属性，其所培植的文化产业链主要由签约写手、储存原创作品、付费阅读、二度加工转让、下载出版、影视改编、制作电子书、开发移动阅读产品、网

---

① 《北京出版年鉴2016年》，北京市新闻出版广电局网，最后访问日期：2017年5月2日。
② 《北京市新闻出版广电局2016年度绩效任务完成情况》，北京市新闻出版广电局网，最后访问日期：2017年1月9日。

游改编、动漫改编、转让海外版权等环节来实现，通过全媒体营销建立起一个融合在线阅读、移动阅读、实体图书、动漫、影视等多形态文化产品、立体化版权输出的链条。

根据国家统计局数据，按可比价格计算，2016 年上半年我国国内生产总值同比增长 6.7%；第三产业延续以往的高速井喷态势，2016 年上半年第三产业同比增长 7.5%，占 GDP 的比重为 54.1%，比上年同期提高 1.8 个百分点，高于第二产业 14.7 个百分点，其对经济增长的贡献率为 59.7%。[①] 伴随"互联网 +"战略的持续推行，作为第三产业的典型代表，互联网经济已经成为激活文化消费和信息消费的新引擎。互联网文学、影视、动漫、游戏、音乐、新闻等互联网内容产业的增长势头则更为突出，其营收规模和产值正加速增长。爱奇艺首席内容官王晓晖预计，2020 年，网络文学市场规模有望由 2016 年的 46 亿元增至 134 亿元，IP 改编市场规模也将从 2016 年的 4689 亿元增长至 8361 亿元。[②]

1. 用户覆盖数

网络文学用户规模以非常惊人的速度增加，2017 年 1 月 22 日中国互联网络信息中心发布了《第 39 次中国互联网络发展状况统计报告》，报告统计显示，截至 2016 年 12 月，网络文学用户规模达到 3.33 亿，较上年底增加 3645 万，占网民总体的 45.6%，其中手机网络文学用户规模为 3.04 亿，较上年底增加 4469 万，占手机网民的 43.7%[③]。随着移动网络和终端设备的普及，以及移动端可以充分利用碎片时间的特性，移动端网络文学用户的增长数量远超网络文学用户整体规模的增长数量。

2016 年北京市网民数达 1690 万人，2016 年 12 月互联网普及率达 77.8%，2015 年 12 月互联网普及率为 76%，网民规模增速达 2.6%，普及

---

① 《统计局：上半年国内生产总值 340637 亿元，同比增长 6.7%》，中新网，最后访问日期：2016 年 7 月 15 日。

② 《中国网络文学发展以内容为王，精品力作仍是未来方向》，中国报告网，最后访问日期：2017 年 8 月 5 日。

③ 《第 39 次中国互联网络发展状况统计报告》，中国互联网络信息中心，最后访问日期：2017 年 1 月 2 日。

率排名全国第一。① 然而，在 2016 年掌阅公布的"最爱看网络文学的 TOP10 省份"中，广东、山东、江苏分别位于前三，北京排名第 11，未能进入 TOP10 榜单。②

2.网络文学作品

网络文学作品的体量十分庞大，难以计算。阅文集团是目前全球最大的正版中文电子图书馆、国内最大的 IP 源头，旗下囊括 QQ 阅读、起点中文网、创世中文网等业界领先品牌，官方数据显示其旗下拥有 1000 万部作品储备。据统计，2016 年 40 家重点网络文学网站驻站作者数超过 1760 万名，作品总量达 1454.8 万部，2016 年新增作品数就达到 175 万部。③

北京市网络文学作品呈现出精品多、转化产量高的特点。2015 年、2016 年国家新闻出版广电总局共推荐了 39 部优秀作品，其中北京有 20 部作品入选，占全国的 51.3%。④ 在网络文学作品衍生品转化方面，截至 2016 年底，北京重点网络文学企业的作品 IP 转化改编电影 312 部、电视剧 383 部、动漫画 165 部、游戏作品 167 部、网络影视剧 78 部、出版图书 7474 部。⑤

3.网络出版企业

网络文学网站是网络文学发布的重要渠道之一，广义上网络文学网站可分为四类：原创网络文学网站、门户网站的文学频道、分享型网络平台、官方文学网站。原创网络文学网站，如阅文集团旗下的起点中文网、创世中文网、小说阅读网、潇湘书院、红袖添香、云起书院、榕树下、QQ 阅读、中智博文、华文天下等网文品牌。原创网络文学网站目前的发展势头良好，是

---

① 《第 39 次中国互联网络发展状况统计报告》，中国互联网络信息中心网站，最后访问日期：2017 年 1 月 2 日。
② 路艳霞：《广东读者最爱读网络文学》，《北京日报》2016 年 9 月 19 日。
③ 《李敬泽：若无文化担当，网络文学创造多少产值都无价值》，新华网，最后访问日期：2017 年 4 月 14 日。
④ 《北京网络文学作品再获出版行业国家奖》，北京市新闻出版广电局网站，最后访问日期：2017 年 6 月 14 日。
⑤ 《北京网络文学作品再获出版行业国家奖》，北京市新闻出版广电局网站，最后访问日期：2017 年 6 月 14 日。

网络文学内容产生的主要源头，但仍然面临着作品参差不齐、商业化色彩过于浓重的窘境。门户网站的文学频道，如凤凰读书、新浪读书等。门户网站的读书频道内容形式更为多样，不仅发布原创作品，更刊载书评、资讯等内容，但是原创作品的数量不多。分享型网络平台，如天涯、豆瓣小组、贴吧等。此类网络平台具有用户分享的特征，作品内容的发布形式多样，但是面临着版权侵权猖獗的弊病。官方文学网站，如中国作家协会主办的中国作家网，中国社会科学院文学研究所设立的中国文学网，中国作家出版集团主办、作家出版社承办的作家在线等。这一类网站具有海量的传统文学作品资源，旨在将文学引向高端品位，与网络文学的读者需求不免相距甚大，因此难以通过网站流量盈利。

2016 年 3 月 11 日，北京版权保护协会网络出版工作委员会宣布成立。作为北京版权保护协会的分支机构，会员单位涵盖网络游戏、网络文学、网络动漫等网络出版的各种细分行业。2015 年，北京市 12 家单位入选总局认定的首批互联网络文学出版试点单位，位列全国第一；8 家单位入选总局网络连续型出版物试点单位，位列全国第一，占全国的 44%。[①] 截至 2016 年底，北京地区登记在册的报刊总量为 3393 种，共有印刷企业 1636 家、发行单位 7367 家，互联网出版单位 320 家、音像出版单位 155 家、电子出版单位 124 家。[②]

北京网络文学会员的单位包括出品过《花千骨》原创网络作品的晋江文学，出品过《战狼》电影原创作品的铁血网，国内最大的移动阅读内容提供商掌阅，国内首家网络文学上市企业中文在线，莫言作品出版商精典博维，网络文学出版国家队中版集团数字传媒，此外还包括百度文学、红袖添香、塔读文学、天下书盟、小说阅读网等知名网络文学出版企业。

4. 网络文学作者

基于艾瑞对 16 家文学平台的监测，2016 年 1～10 月累计网络文学作者

---

① 王坤宁：《北京版权保护协会成立"网络工委"》，《中国新闻出版广电报》2016 年 3 月 14 日。
② 《北京出版年鉴 2016 年》，北京市新闻出版广电局网站，最后访问日期：2017 年 5 月 2 日。

数量为142.4万名。从签约网络文学作者的地域分布来看，广东省的网络文学作者比例最高，为12.1%，北京的作者比例为4.4%，排名第8位。[1] 据统计，2016年40家重点网络文学新增的驻站作者数超过1760万名，新签约的作者数达到了6.2万名。[2]

虽然北京在网络文学作者数量上不具明显优势，但拥有多位知名网络文学作者。其中包括自2012年起四度蝉联中国网络作家富豪榜冠军[3]、唯一荣登2015福布斯中国名人榜的网文作家唐家三少。北京作协成立网络文学创作委员会之初，唐家三少担任该委员会主任，网络文学热门作者辰东、唐欣恬担任副主任。

三 网络文学版权产业发展的困境与不足

（一）网络文学内容质量不一

2014年，全国"扫黄打非"办、国家互联网信息办等发布《关于开展打击网上淫秽色情信息专项行动的公告》，宣布4月中旬至11月，在全国范围内统一开展打击网上淫秽色情信息专项行动。其间，"烟雨红尘小说网""翠微居小说网""91熊猫看书网"等知名网络文学网站，因涉嫌传播淫秽色情信息，已被依法取缔或关闭。早在2009年，新闻出版总署、全国"扫黄打非"办公室就对互联网出版的低俗内容进行了全面清理，共查处包括网络小说、手机小说在内的淫秽色情和低俗网络文学作品1414

---

① 《网络文学作者洞察报告》，艾瑞咨询，2017。

② 《程晓龙：关于网络文学发展形势的三点判断》，中国作家网，最后访问日期：2017年4月16日。

③ 2016年第十届中国作家富豪榜公布"网络作家榜"入选名单，34岁的玄幻文学作家唐家三少再次以绝对优势——1.1亿元的年度版税收入登顶冠军，这个数字接近第二名（天蚕土豆4600万元）、第三名（辰东3800万元）和第四名（骷髅精灵2800万元）的年度版税收入总和。《中国网络作家富豪榜揭晓，唐家三少四度蝉联冠军》，网易财经，最后访问日期：2016年3月26日。

种，关闭传播淫秽色情文学网站 20 家，累计删除淫秽色情文学网页链接 3 万多个。①

目前市场上主要存在四大类低俗网络文学：第一类是，部分网络文学作品明目张胆地宣扬淫秽色情内容；第二类是，用挑逗性的标题，或带有侵犯个人隐私性质的内容吸引网民点击阅读；第三类是，部分网站不顾社会公德的约束，大肆宣扬一夜情、换妻、性虐待、血腥暴力等内容；第四类是，部分网站屡教不改多次登载淫秽色情低俗网络文学作品，或为其提供下载链接服务。

网络文学创作者水平不一，一部分作者为了留住公众眼球，因商业利益的驱使而舍弃文学坚持，迎合公众的"低俗"要求，甚至是通过淫秽、色情内容博取关注。整治网络文学淫秽、色情内容，有利于维护网络出版的良好环境，更有利于青少年的身心健康发展。虽然北京市网络文学作品精品数量较多，但是在商业利益驱使下，网络文学作品中的低俗、淫秽、色情等快餐文学现象仍然频发。

（二）版权侵权现象泛滥

根据数据统计，2014 年国内盗版网络文学如果全部按照正版计价，电脑端付费阅读收入损失达到 43.2 亿元，移动端付费阅读收入损失达到 34.5 亿元，衍生产品产值损失为 21.8 亿元，而整个行业损失近 100 亿元。② 根据艾瑞咨询《2016 年中国网络文学行业研究报告》的调查显示，③ 用户对网络文学作品版权的认知度偏低，27.1% 的用户并不清楚自己阅读的作品是正版还是盗版；44.7% 的用户表示正版盗版都会看。公众的版权意识淡薄，正版消费习惯尚未养成，同样也是网络文学版权保护的一个难题。网络文学作品版权侵权盗版的危害不仅在于影响了作者的收益，更在于破坏了整个网络文学的生产机制和评价体系。解决不了大规模存在的盗版问题，网络文学就

---

① 《中国查禁 1414 种互联网淫秽色情小说》，新华网，最后访问日期：2009 年 10 月 27 日。
② 《2015 年中国网络文学版权保护白皮书简版》，艾瑞咨询，2017。
③ 《2016 年中国网络文学行业研究报告》，艾瑞咨询，2017。

失去了自身的造血功能。

目前，网络文学版权侵权主要有盗版网站、贴吧、论坛、文档分享平台、P2P下载、网盘、搜索引擎转码、浏览器聚合、移动 APP 等盗版模式，按照不同类型网络服务商在传播文学作品中的特点、功能和作用，主要侵权表现形式可以概括为两类：第一类，不法网站利用各种手段获取正版网站上需付费阅读的内容，转而在自己的网站上进行发布，依赖吸引流量和点击率换取广告收入；第二类，以贴吧、论坛、云盘、微博、微信等作为平台，网民通过平台上传下载、实时共享盗版作品，而平台本身并不直接实施侵权的行为。

网络文学版权的侵权体现了互联网的免费精神与版权保护的冲突。网络文学作品具有纯文字性质，在互联网上未经授权的复制与传播极为容易，掌握技术便可突破地域限制。此外，文学作品在网络上传播时，署名权、著作权声明、作品出处等版权信息极易被篡改或删除，这不仅使作品著作权人的权益受到损害，也使作品使用者的利益受到威胁。由于网络技术高速发展，自网络文学作品产生以来就伴随着一系列形态各异的版权侵权现象，并呈现出侵权模式愈发隐蔽、法律界定愈发模糊的趋势。

2016 年度，北京市法院新收一审知识产权民事案件 17375 件，同比增长 24.7%。其中著作权案件为 14552 件，基层法院受理的侵害信息网络传播权纠纷案件占全部知识产权案件的 70%。① 北京市在"2016 剑网行动"开展过程中，加大了对网络文学作品版权侵权盗版的查处力度，但由于侵权盗版的手段隐蔽、取证难，存在多种盗版模式，行政执法面临着困难与挑战。

（三）文学理念与评价体系亟待创新

新兴网络文学作品与传统文学作品具有很大差异，传统的文学理念面临

---

① 《北京法院：知识产权一审民事案件年收案量 1.7 万余件，7 成涉互联网》，新华网，最后访问日期：2017 年 4 月 20 日。

着互联网带来的前所未有的"挑战"。北京市作为文化底蕴深厚的文学重镇，传统文学理念扎根已久。传统文学，一般是由权威批评家对于某部作品进行批判和认定，以文学鉴赏为基础，以文学理论为指导，对作家作品和文学现象进行分析、研究、认识和评价。

在网络文学中，一大批被传统文学制度排挤在外的文学爱好者找到了发挥的空间。对于这样的群体，过度的放纵和过度的苛责都是不合适的，大部分网络文学作者不仅渴望得到粉丝的认可，更希望得到学界的认可。他们不缺乏热情，但缺乏明确的指引。因此，建立一套评判体系十分紧迫，唯有明确的指标评价体系，才有助于作者创作网络文学精品，有助于社会发掘、转化精品网络文学作品。

在北京市开展的一系列网络文学作品评优、阅评活动中，并未充分针对网络文学特殊的创作传播机制和消费特性，建立与传统文学有联系又有区别的评价体系。对新兴文学作品的接纳度有待提高，对评价体系的科学性有待改善。此外，各大文学网站都举办了大量的网络文学大赛，包括起点中文网、榕树下等等，其中重量级的评委几乎都是传统文学的批评家，并没有专门从事网络文学研究的批评家。因此，从这个角度来看，网络文学的文学评价体系是不科学、不健全的。

（四）产业发展模式有待开发

2016 年 9 月 13 日，由清华大学《传媒蓝皮书》课题组编撰的《2016 中国 IP 产业报告》在北京发布。① 报告选取了目前已公开的 IP 影视项目，通过数据分析模型，对 IP 的影响力进行评估，并推出了"中国超级 IP - TOP100 影响力榜单"，前三甲分别是漫画《19 天》、小说《盗墓笔记》和《西游记》。榜单中，网络小说有 61 部，传统小说为 29 部。课题组组长卢金珠表示，网络小说已成影视 IP 最重要的来源，漫画改编影视或成为新的增长点。

---

① 《清华大学〈2016 中国 IP 产业报告〉发布》，人民网，最后访问日期：2016 年 9 月 14 日。

目前的产业界中，一种新兴出版模式已经诞生——融合各类媒介形态实现 IP 价值最大化。从影视化到改编游戏，再到周边产品开发，IP 越来越受到影视行业和资本市场的追捧，特别是诸多基于热门小说等改编的影视项目的成功，譬如电影《致我们终将逝去的青春》和《鬼吹灯之寻龙诀》、电视剧《何以笙箫默》和《花千骨》，让 IP 市场愈发火爆。根据 2015 年 12 月亚马逊发布的分析报告，影视剧成为热销图书的重要推手。亚马逊中国副总裁石建军表示，在 2015 年亚马逊图书销售中，由热门影视剧拉动原著热销的"影视剧效应"明显。通过大数据分析，年度榜单里的《平凡的世界》和《狼图腾》，均是因同名影视剧上映而被推动上榜。"对比影片上映前后的销量，《平凡的世界》增长 6 倍，《花千骨》增长 10 倍，《琅琊榜》的提升达 33 倍。正在热映的影视剧《芈月传》，影片上映后一周原著小说销量便增长 1.5 倍。"[①]

中央关于京津冀协同发展、"一带一路"等重大战略决策，为北京文化产业发展指明了新方向，首都城市战略定位为文化产业转型发展提供了历史机遇。越来越多的省市将文化创意产业作为推动经济发展新的增长点，特别是珠三角、长三角部分城市的文化创意产业发展强劲，[②] 北京应进一步挖掘首都文化资源优势，增强产业发展后劲，彰显首都作为全国文化中心的辐射力和影响力。在"京津冀一体化"的趋势下，产业融合、业态升级可以进一步促进区域间协同发展。网络文学产业的参与主体众多，包括网络文学的创作者、文学网站、网络管理单位、出版商、影视制作单位、游戏制作单位等等。传统的单一文学出版模式并不能满足网络文学快速发展的需求，一条完整的、闭环的、多方共同参与的产业链尚待开发。

四　北京市网络文学版权产业发展的意见与建议

网络文学版权产业的发展需要产业界参与各方的共同努力，预计文学版

---

① 《影视剧带动图书热销〈芈月传〉小说销量猛增》，新华网，最后访问日期：2015 年 12 月 14 日。
② 详见北京市国有文化资产监督管理办公室《北京文化创意产业发展白皮书（2016）》。

权产业将向良性生态化以及国际化发展。北京市有责任、有能力宣传优秀网络文学作者，推出积极正能量的网络文学精品，推动文学版权产业健康发展，助力中国好故事走向国际舞台。

（一）坚持正确的价值引领，推出优秀经典作品

1. 抓住全国文化中心建设的契机，全产业推进网络文学高峰建设

习近平总书记在文艺工作座谈会、第十次文代会和第九次作代会上深刻阐述了实现中华民族伟大复兴需要中华文化繁荣兴盛，中国精神是社会主义文艺的灵魂，要创作无愧于时代的优秀作品。北京市在《关于繁荣发展首都社会主义文艺的实施意见》《"十三五"时期加强全国文化中心建设规划》中明确提出，支持网络文艺发展，促进传统文艺与网络文艺创新性融合。全国文化中心是北京"四个中心"城市战略之一，为包括网络文学在内的文艺事业和文化产业发展提供了重大契机。网络文学作者及产业各方参与者，应牢记使命，坚持积极向上的价值取向，坚持对人文精神的追求，不盲目追求经济利益。

2. 坚持引领价值方向，推动网络文学精品化

充分落实价值方向的引领，需要好平台、好作者、好作品，传承中华文化的历史责任不能丢。从政府的角度，要继续完善引导、鼓励网络文学精品创作，通过政策和资金支持，扶持优秀作品的创作，通过阅评、评优活动，宣传正能量作品；作家协会可以从文学作者的角度，通过培训、研讨、宣传、走访弘扬中国精神的教育基地等多种方式，倡导网络作家讲好中国故事；网络平台则要把握底线，不触碰红线，不发布、不推荐低俗作品，不以经济利益为唯一目标，不单纯以点击率为排名，依靠平台大力宣传弘扬中国精神的优秀作品；网络文学作者应牢记作为文学革新力量的责任，主动学习，提高文学素养，做到胸中有大义、肩头有责任、笔下有乾坤。

3. 完善网络文学评价体系，激发创作活力

伴随着互联网的高速发展，网络文学借助新媒体的东风发展迅速，作品数量多却质量堪忧，这是因为网络文学领域缺少了文学高度和文学批评。网

络文学的批评模式大致为两种：一种是官方推优、评阅模式，以网站推荐和专家评阅为主；另一种为互联网平台排行榜模式，单纯依靠读者的点击率而进行排名。网络文学既是一种文学作品，又是一种商业化的产物，在网络文学作品的评价、网络文学作家的培训、优秀网络文学作品的推介等方面，应探索一条充分遵循网络文学的发展规律和创作规律的基础，接纳互联网环境下的网络文学作品的新路径。只有完善评价体系，才能更好地指导网络文学作者的创作，进而获得良好的社会反馈，从而激发作者的创作活力，最终形成创作与反馈的良性循环。

4. 加强国际合作，助力优秀作品"走出去"

2012年6月，由世界知识产权组织（WIPO）主办，新闻出版总署（国家版权局）和北京市人民政府共同承办的世界知识产权组织保护音像表演外交会议召开，会议缔结了《视听表演北京条约》，增强了我国在国际版权领域的影响力。随着国际竞争加剧和我国的经济发展，涉外网络版权应从被动地适应国际规则转变为主动地引导国际规则制定，提升我国的话语权。在国内网络人口红利日益消减的同时，网络文学企业更需要主动"走出去"，探寻新的经济增长点。北京具有天然的国际交流优势，应依托北京市出版"走出去"奖励扶持专项资金，助力经典作品的对外多语种翻译，将网络文学打造为文化"走出去"的主力军，在世界舞台唱响中国好声音。

（二）创新产业发展模式，促进跨界合作

1. 坚持政府主导，充分发挥行业主体优势

网络文学作品的管理实属艺术领域，文艺问题的解决是可以反复探讨、寻求共识的，而非行政手段"快刀斩乱麻"。政府部门在管理、服务文学版权的工作中，要避免"一管就死"的怪圈，应充分尊重网络文学作品的艺术规律和市场规律。政府在把握红线的基础上，应将网络文学交给市场、交给作者、交给读者、交给企业。互联网企业作为网络出版最重要的主体，对维护行业秩序、促进产业发展起到至关重要的作用。特别是大型互联网企业应发挥行业表率作用，在优秀价值观的引导、打击侵权盗版、良性的市场发

展模式等方面主动先行，推动行业自觉自律。

2. 打造产业链模式，形成文学版权集群

"互联网＋"时代的网络文学产业，并不是网络平台与文学内容的简单相加，而是呈现出跨行业的产业形态，特别是优质的内容可以在网络平台的催生下，进行无限的跨界，产业界称之为"泛娱乐"跨界融合新业态。"泛娱乐"的核心在于对精品版权内容的开发与转化。互联网巨头企业，如腾讯、阿里、完美世界等，具有雄厚的资金与资源，可以充分做到精品版权的完全开发，但是产业发展更需要中小企业的参与。这就需要北京市政府在促进跨界合作时发挥重要作用，通过建立产业园区和产业平台、提供资金支持等多种方式，加强文学、游戏、影视等行业间的联系，推动互联网文学版权与金融、资本之间的合作，带动产业共同发展。

3. 搭建合作平台，促进内容产业的分享与合作

文化产品是人类共有的精神财富，开放合作是创作者的根本利益所在，产业的繁荣发展更有赖于多方共同合作。政府应坚持举办大型交易会、展览会，重视交易质量而非数量，促成精品 IP 的交易活动；定期举办高峰论坛，畅通政策与信息发布、行业间沟通与交流的渠道；行业可以自发组织交流沙龙，互通有无；尝试采用新媒体或移动直播方式，加强行业内分享与合作。

（三）严厉打击侵权盗版，维护良好发展环境

1. 宣传正版观念，降低民众盗版需求

长期以来，国人维护知识产权的意识极其缺乏，鲜有为内容付费的消费习惯。而且，民众更加重视实物消费，对虚拟网络的文学作品买单意愿不强。随着人们收入水平的提高和消费观念的转变，盗版需求可能会逐步下降。此外如前文所述，27.1% 的用户不清楚看的是正版还是盗版，由此可见部分用户难以区分正版与盗版，甚至某些盗版内容具有更好的用户体验，盗版网络文学服务商已经影响了用户的正常判断，这成为培养用户正版意识道路上的阻碍。版权管理部门应加强对正版内容付费的引导，通过宣传教育，

提升网络版权的保护意识。

2. 行政监管部门互相协作，提高打击效率和质量

行政执法机关上级应规范执法程序，各地执法部门应根据本地情况采取不同的执法措施，健全执法档案，提高侵权成本。可按照就近原则进行侵权监管或立案调查，提高行政打击效率和质量。由于互联网具有较强的技术性，应举办业务培训、健全执法督导、执法考核体系，对执行有力的地区进行案件经费补贴。与网络信息安全部门、公安部门密切合作，从源头斩断盗版小网站，形成合力联合打击侵权盗版行为。

3. 行政与司法联动，对网络文学作品进行双轨制保护

目前，著作权维权面临行政罚单难开、违法所得收益远高于罚单金额、司法赔偿额太低的窘境。司法方面，应适当提高侵权法定赔偿上限，情节恶劣的行为应实施惩罚性赔偿；同时，作为更加迅速、更为严格的执法活动，对新型侵权盗版行为进行更加有效、迅速的打击。对于一些新型技术带来的法律或司法判例尚未触及的侵权行为，行政机关应充分发挥执法作用，只要行为存在未经授权复制、临时复制、缓存、链接、搜索、储存、聚合、屏蔽、修改等行为，就应该认定版权侵权并予以处理。

4. 加强国际执法合作，打击海外侵权

我国版权执法，特别是在网络版权执法方面已经具备相当丰富的经验，虽然打击难度大，但凭借我国执法手段"快、准、狠"的特点，网络侵权盗版态势得到遏制。海外盗版问题普遍存在，主要集中在网友自发翻译未经授权的网络文学作品。据统计，在越南翻译出版的841种网络文学书目中，除部分知名作品外，相当一部分是没有经过中国各大文学网站授权的盗版作品。① 与其他国家版权保护机关合作，联合打击海外侵权盗版，亦有利于我国的网络文学产业良性发展。

---

① 张贺：《中国网络文学，冲出国门闯世界》，《人民日报》2016年12月15日第19版。

参考文献

曾繁婷：《网络写手论》，中国社会科学出版社，2011。

丛立先：《网络版权问题研究》，武汉大学出版社，2007。

何学威、蓝爱国：《网络文学的民间视野》，中国文联出版社，2004。

刘克敌：《网络文学新论》，凤凰出版社，2011。

马季：《读屏时代的写作——网络文学 10 年史》，中国工人出版社，2008。

马季：《网络文学透视与备忘》，中国社会科学出版社，2010。

欧阳友权：《网络文学词典》，世界图书出版广东有限公司，2012。

欧阳友权：《网络文学概论》，北京大学出版社，2008。

欧阳友权：《网络文学论纲》，人民文学出版社，2003。

斯坦利·费什：《读者反应批评：理论与实践》，中国社会科学出版社，1998。

许苗苗：《性别视野中的网络文学》，九州出版社，2004。

禹建湘：《网络文学产业论》，中国社会科学出版社，2011。

陈守湖：《IP 出版与产业创新》，《中国出版》2016 年第 8 期。

丛立先：《出版融合中的企业版权战略》，《中国出版》2016 年第 19 期。

丛立先：《论网络版权侵权责任认定》，《中国出版》2015 年第 12 期。

丛立先：《论网络版权之精神权力及其表现》，《东北大学学报》（社会科学版）2008 年第 6 期。

郭国昌：《网络文学呼唤文学批评》，《人民日报》2010 年 2 月 5 日。

姜旭：《精品是网络文学版权开发的基础——访阅文集团"白金级"网络作者耳根》，《中国知识产权报》2016 年 5 月 13 日。

李敬泽：《"网络文学"：要点和疑问》，《文学报》2000 年 4 月 20 日。

路艳霞：《广东读者最爱读网络文学》，《北京日报》2016 年 9 月 19 日。

马季：《数字化阅读中的网络文学》，《光明日报》2011 年 1 月。

明海英：《网络文学与传统文学可相互借鉴》，《中国社会科学报》2013 年 6 月。

欧阳友权：《数字媒介与中国文学的转型》，《中国社会科学》2007 年第 1 期。

欧阳友权：《新媒体文学：现状、问题与动向》，《湘潭大学学报》2012 年第 6 期。

桫椤：《彰显文学立场，推介网络精品——2015 年度中国网络小说排行榜综述》，《文艺报》2016 年 2 月 26 日。

田晓丽：《互联网时代的类社会互动：中国网络文学的社会学分析》，《清华大学学报》（哲学社会科学版）2016 年第 1 期。

王坤宁、李婧璇：《北京网络文学渐成良性发展模式》，《中国新闻出版广电报》2016 年 4 月 14 日。

王坤宁：《北京版权保护协会成立"网络工委"》，《中国新闻出版广电报》2016年3月14日。

许苗苗：《网络文学：驱动力量及其博弈制衡》，《厦门大学学报》（哲学社会科学版）2015年第2期。

余华：《网络和文学》，《作家》2000年第5期。

张忱：《网络文学游走在妖魔化与神化之间——压力何在?》，《经济日报》2013年4月13日。

张贺：《跨越"数字鸿沟"的合作：网络作家走进鲁迅文学院》，《人民日报》2010年2月5日。

张贺：《中国网络文学，冲出国门闯世界》，《人民日报》2016年12月15日。

《"影游联动"加速文创产业发展》，北京参考网站，最后访问日期：2016年7月29日。《2016春季北京电视节目交易会开幕，网络文学首次集中亮相》，北京青年报网站，最后访问日期：2016年3月30日。

北京市新闻出版广电局：《北京出版年鉴2016年》，北京市新闻出版广电局网站，最后访问日期：2017年5月2日。

北京市新闻出版广电局：《北京市新闻出版广电局（北京市版权局）2016年工作总结》，北京市新闻出版广电局网站，最后访问日期：2017年3月2日。

北京市新闻出版广电局：《北京市新闻出版广电局2016年度绩效任务完成情况》，北京市新闻出版广电局网站，最后访问日期：2017年1月9日。

北京市新闻出版广电局：《北京网络文学作品再获出版行业国家奖》，北京市新闻出版广电局网站，最后访问日期：2017年6月14日。

北京市新闻出版广电局：《党组书记、局长杨烁同志出席"2016年北京市优秀网络文学原创作品发布活动"并参加在线访谈》，北京市新闻出版广电局网站，最后访问日期：2017年6月10日。

国家新闻出版广电总局：《第四届中国出版政府奖入选获奖名单公示》，北京市新闻出版广电局网站，最后访问日期：2017年6月8日。

贺炜：《解析2015中国影市：440亿票房，五年来最大奇迹》，凤凰网，最后访问日期：2017年4月8日。

《清华大学〈2016中国IP产业报告〉发布》，人民网，最后访问日期：2017年6月5日。

《网络文学年产值已达90亿元》，人民网，最后访问日期：2017年4月10日。

《北京法院：知识产权一审民事案件年收案量1.7万余件，7成涉互联网》，新华网，最后访问日期：2017年4月20日。

《李敬泽：若无文化担当，网络文学创造多少产值都无价值》，新华网，最后访问日期：2017年4月14日。

《网络作家哭穷——慕容雪村：作家都是废物》，新华网，最后访问日期：2017年

10 月 14 日。

《影视剧带动图书热销〈芈月传〉小说销量猛增》，新华网，最后访问日期：2017 年 10 月 14 日。

《中国查禁 1414 种互联网淫秽色情小说》，新华网，最后访问日期：2009 年 10 月 14 日。

北京市国有文化资产监督管理办公室：《北京文化创意产业发展白皮书（2016）》，2017。

崔保国：《清华大学新闻与传播学院主办的"IP 现象与 IP 市场"研讨会发言》，2016 年 9 月 13 日。

陆地：《清华大学新闻与传播学院主办的"IP 现象与 IP 市场"研讨会发言》，2016 年 9 月 13 日。

张玲玲：《2016 年中国网络版权保护大会发言〈网络文学版权保护的司法视角〉》，2016 年 4 月 26 日。

中国互联网络信息中心：《中国互联网络发展状况统计报告》，2016 年 7 月。

2016年北京影视产业版权发展报告

徐家力　赵　威*

摘　要：　2016年以来，北京市影视版权创造数量增长迅速，政府对影视产业的发展提供了有力的支持。北京市建立了影视版权交易的相关平台，同时影视院线收入也创新高。北京市版权执法机构建设以及知识产权审判体制改革，为影视版权保护提供了有力的支撑。

关键词：　影视产业　版权　北京

　　2016年11月7日第十二届全国人民代表大会常务委员会第二十四次会议通过了《中华人民共和国电影产业促进法》（以下简称《电影产业促进法》）。该法明确指出，"国务院应当将电影产业发展纳入国民经济和社会发展规划。县级以上地方人民政府根据当地实际情况将电影产业发展纳入本级国民经济和社会发展规划"，"从事电影活动的公民、法人和其他组织应当增强知识产权意识，提高运用、保护和管理知识产权的能力"。① 该法不仅强调了影视产业在国民经济和社会发展规划中的重要地位，明确地从法律层面肯定了影视产业在国家产业发展布局中的重要地位，还明确强调了对电影

---

　　*　徐家力，法学博士，国家知识产权战略专家，隆安律师事务所创始合伙人，北京科技大学知识产权研究中心主任、博士生导师，中国政法大学博士生导师，主要研究领域为知识产权法学；赵威，北京科技大学文法学院博士研究生，法学硕士，隆安律师事务所律师，主要研究领域为知识产权法学。
　　①　《中华人民共和国电影产业促进法》第四条、第七条。

知识产权的保护。

截至 2017 年 2 月,北京的影视制作公司数量已经远远超过 3000 家,[①]并且还在持续增加,相关资本也在向影视产业集中。早在《电影产业促进法》颁布之前,嗅觉灵敏的资本就已经纷纷将产业布局的触角伸向这一领域。早在 2011 年,万达集团就成立了万达影视传媒有限公司;2012 年 9 月,万达宣布完成对全球第二大院线集团 AMC 娱乐控股公司高达 26 亿美元的收购,成为全球最大影院运营商;2016 年 1 月,万达又斥资 35 亿美元收购美国传奇娱乐公司的大部分股份,完成中国企业电影史上在国外的最大一笔并购投资。万达成为传统行业涉足影视产业的代表者。除了传统行业,新兴的互联网企业凭借自身在互联网技术和网站流量方面的优势,更是争相踏足影视行业。2014 年 6 月,阿里巴巴完成对阿里影业的收购,耗资约 62.44 亿港元;2015 年 9 月,腾讯在北京宣布成立全资子公司腾讯影业;2016 年 1 月,聚美优品正式宣布成立影视公司聚美影视;以互联网企业自诩的手机厂商小米科技也宣布成立小米影业。影视产业成为资本争相追逐的对象。

影视产业之所以成为资本追逐的对象,是因为这一行业能够带来巨大的经济效益,而影视产业经济效益的实现,离不开对影视版权的创造、运用、保护和管理。一个完整的影视产业链上的版权问题,至少涉及文学作品改编权及摄制权、影视剧本版权、影视剧版权、纪录片版权、动漫版权、影视剧涉外版权、影视剧音像作品及衍生品版权等。

一 影视版权的创造

(一)确定影视版权的两种模式

影视产业的运转过程,既是影视作品的生产过程,也是影视版权的生产过程,影视版权的生产,具体表现为影视作品的创造活动产生了归属于某个

[①] 《浙江影视公司数量已达全国第二,仅次于北京》,http://finance.sina.com.cn/roll/2017-02-27/doc-ifyavrsx5249458.shtml,最后访问日期:2017 年 8 月 29 日。

主体的影视版权。对于影视作品版权的归属，我国《著作权法》第十五条规定："电影作品和以类似摄制电影的方法创作的作品的著作权由制片者享有，但编剧、导演、摄影、作词、作曲等作者享有署名权，并有权按照与制片者签订的合同获得报酬"。这一规定将影视作品版权人确定为影视作品的制作者。影视作品版权人又叫影视作品著作权人，是对一部影视作品享有所有权（包括精神权利和物质权利）的人，其版权归属在实践中有两种不同的确定方式。

影视作品的创作不同于传统的纯文字作品的创作。一方面，影视作品的创作所需要的人力、物力、财力是传统文字作品的创作所不能比拟的，它需要由专门的自然人和法人发起和组织并投入大量的资金才能完成；另一方面，影视作品的创作是由众多不同创作人员投入不同类型的劳动组合成一部完整的作品，在这些劳动中，具有原创性的内容也能够受到版权保护。因此，在影视作品创造过程中，这些相关人员之间确定影视作品的作者，在历史上一度成为一个立法难题，影视作品版权的归属也经常成为争议的焦点。①

由于法系和版权法的立法主旨不同，不同的国家对影视作品版权的归属也有不尽相同的规定。以英国、美国为代表的国家，采取"激励说"的立法原则，对作者著作权的保护旨在鼓励作者为社会创作更多有价值的作品，属于实用主义的"社会本位"立法，因此承认自然人和法人可以同为作者，并将影视作品这种由制片商出资和主导、由大量人员参与集体创作的作品视为法人作品或雇佣作品，将著作权归为制片人，这是符合影视作品的集体创作的属性和制片人中心制的实际需求的。

而以法国、德国为代表的作者权体系法国家则更加注重著作权的自然属性，强调个人的"天赋人权"，立法上体现出对自然人著作权的无微不至的关照，故而只承认自然人可以成为作者。这一思路背后的法律逻辑是认为著作权基于创作而产生，创作只可能是自然人的智力行为。故而这类国家法律规定导演、编剧、词曲、摄影等主要创作者为著作权人。但是，在这些国家

---

① 刘非非：《电影产业版权制度比较研究》，武汉大学法学院博士论文，2010。

通常会规定详细完整的法定转让条款，个人创作者法定地将著作权转让给制片人，仅保留署名权和相应的收益权，故而实际上的著作权人还是制片人。

我国《著作权法》第十五条明确地将影视作品的版权归属于制片者，这更加接近英美法系国家的做法。

（二）我国影视作品版权的法定归属

根据我国《著作权法》第十五条的规定，影视作品的版权人，既包括影视作品整体的版权人，也包括为影视作品的创造作出了贡献的编剧、导演、摄影、作词、作曲等作者的署名权等著作权人。我国作为成文法国家，法官在司法裁判中严格以事实为根据、以法律为准绳，因此可以说我国影视版权人的确定采取的是法定主义。

《著作权法》第十五条规定影视作品版权归属于制片人。制片人作为影视作品生产制作人，全权负责剧本统筹、前期筹备、组建摄制组（包括演职人员以及摄制器材的合同签订）、摄制成本核算、财务审核，执行拍摄生产、后期制作，协助投资方国内、外发行和国内、外申报参奖等工作。虽然在法理上作为"制片人"的人，既可以是自然人，也可以是法人，但是在影视作品的实际制作过程中，因为影视作品的拍摄需要整合和协调大量资金、物资和人员，并且需要具备广电部门要求的各种资质，所以一般由公司来运作，作为电影版权归属的制片人一般指的是法人。① 从制片人的工作内容，以及我国影视作品拍摄所需具备的资质等实际情况来看，将版权归属于制片人（法人）是恰当的。版权法的立法目的不仅在于保护自然人的权利，而且在于激励有益的智力创作，促进公共利益。无论是英国的首部版权法《安娜法案》，还是美国宪法中的知识产权条款，都以激励有益的作品创作并且促进这些作品在公共领域中的推广和利用为立法目的，其最终的目标都

---

① 《电影条例》第八条有关设立制片单位的规定，意味着制片只能由单位来行使；《中华人民共和国电影产业促进法》第13条述及摄制电影的主体时，用语是"摄制电影的法人、其他组织"。这两部法律法规的规定意味着影视作品的制作者只能是法人，也即制片人只能是法人。

是以这些智力成果促进公共福利。① 人们在影视作品的字幕上经常看到的把自然人署名为"制片人"的现象，通常是指作为电影版权归属的制片人（公司）的法定代表人。

虽然影视作品整体的版权归属于制片人，但是编剧、导演、摄影、作词、作曲者在电影制作过程中付出了独立的创造性劳动，而且这些作品都可以脱离影视作品而单独使用，所以著作权法也规定了这些创作者"享有署名权，并有权按照与制片者签订的合同获得报酬"。

（三）北京市2016年以来影视版权的创造

影视版权的创造主体主要是影视制作类企业。北京市是全国电影制作公司和电影院线集中的地方，并且是国家新闻出版广电总局所在地，不单是注册在北京的影视制作公司在从事影视的创造活动，其他地区的影视制作公司也在北京地区通过各种方式的合作开展影视制作活动。通过北京市企业信用信息网（北京市企业信用信息公示系统），以"影视制作""影业""影视传媒"为关键词查询所得的 300 家影视类公司，明显看到，自 2014 年以来，影视类公司数量明显增多。特别是 2016 年以来，成立的"影视制作""影业""影视传媒"公司多达 138 家，占比 46%。这还没有包括可以从事影视作品制作的"影视文化"类、"文化传媒"类公司。这说明近年来，在北京市文化创意产业政策的作用下，北京市的影视创造主体是蓬勃发展的。

（四）北京市繁荣影视版权创造的政策扶持

北京于 2016 年 10 月 21 日成立了影视出版创作基金。北京影视出版创作基金是繁荣北京市新闻出版广播影视精品创作及发展的公益性、政策性基金。该基金旨在通过发挥财政资金杠杆的引导及示范引领作用，加快实施首都影视出版精品战略，加快文化创新步伐，提升影视出版精品创作质量和效益，激发全社会创造活力，推出精品力作、培养优秀人才、提升文化创造活力。

---

① 刘非非：《电影产业版权制度比较研究》，武汉大学法学院博士学位论文，2010。

2016 年，共有 107 部北京市创作生产的影视作品获得总额达 1.4 亿元的资金扶持，其中电视文艺类作品 21 部、电影类作品 24 部、网络视听节目类作品 62 部。其中有已开播的电视剧《深海利剑》和即将开播的《最美的青春》，电影有《红海行动》《相爱·相亲》等，单部作品获得的资助最高达 2000 万元。基金还对获得第 16 届中国电影华表奖的《湄公河行动》《狼图腾》《破风》《解救吾先生》《亲爱的》《百团大战》予以了奖励。①

二　影视版权的运用

影视版权既包括署名权、发表权、修改权和保护作品完整权等在内的人身权利，也包括复制权、发行权、改编权等在内的财产权利。当今影视作品的制作，除了用于公益目的的影视剧，以营利为目的的商业影视制作占据绝对数量。简言之，拍影视剧是为了赚钱。但是，影视版权的创造只是产生了版权，如果把版权锁在箱子里不加以使用，就不会实现获利的目的，那么制片人（公司）投入的巨额资金就无法收回，雇用的导演、演员、编剧、灯光师、化妆师、道具师，租借的场地等，就无法支付费用。若要获得盈利，就需要运用版权，让版权动起来。影视版权人对版权的运用主要包括版权交易、版权质押。

（一）影视版权交易

影视版权交易是实现影视作品价值的最基本方式。影视版权交易是指版权人通过合同将自己持有的影视版权整体转让给其他人，或者将影视版权中的改编权、出租权、放映权、网络传播权等转让给其他人，以获取经济收益的行为。

1. 影视版权的交易方式和价格

在实践中，影视版权的交易至少有三种方式。一是影视版权卖断。影视

---

① 《北京投入亿元扶植影视精品创作 2017 年项目申报启动》，http://news.cqnews.net/html/2017-07/28/content_42415185.htm，最后访问日期：2017 年 8 月 30 日。

版权卖断是指影视版权人将影视版权完全地、一次性地转让给他人,影视版权人永久性丧失对版权的支配权,受让人取得版权的完全的所有权。二是影视版权有偿、有限期转让。影视版权的有偿转让是指影视版权人将影视版权中的经济权利在一定期间内,有偿转让给他人,受让人在该期限内可以自由处置该版权。三是影视版权个别权限的有偿、有限期转让。影视版权个别权限的有偿、有限期转让是指影视版权人将其版权中的某些经济权利,比如改编权、网络传播权等,以一定的方式、一定的期限授予他人。影视作品的制作需要投入大量的人力、物力作为成本,这些成本会体现在影视作品的交易价格中。在投入了成本之后,参与创作的人员以影视创作这种劳动获取一定的收益。同时,影视作品出现在影视市场上,受到制作水准、观众评价、收视行情等影响,在市场机制的作用下,会最终表现出一定的价格。所以影视版权的价格最终是由影视创作的成本、影视创作人员的预期收益和市场波动三方的影响来实现的。为确定影视版权的价格,可以通过拍卖,即存在一个卖方、多个买方,在公开的拍卖会上买者出价最高的成为交易价格,也可以通过买方和卖方之间的讨价还价的方式达成一致,产生交易价格。交易的价格将直接影响影视版权的价值。

2. 建立影视产权交易平台

为了促进北京市影视版权的交易,2016 年 10 月,在北京电影学院文创园建立了首个影视产权交易平台,该平台主要运营内容涵盖影视文化公司股权、项目版权及收益权、影视文化 IP 衍生品、影视服务项目等,以"线上聚集 + 线下交易"相结合的方式聚集、促成影视文化产权交易项目,同时致力于创造一个规则公开、业务透明、管理科学的市场化影视文化产权交易市场。此外,影视内容测评厅将被打造成国内顶级的影视内容测评系统。测评内容通过脑电波测试仪、皮肤电感应仪、表情识别系统及眼动识别系统,科学地捕捉观众反应,为影视内容创作、投资、发行、宣传等合作提供有效依据。[1]

---

[1] 《北京电影学院文创园打造影视产权交易平台》,http://www.iprchn.com/Index_NewsContent.aspx? newsId=96059,最后访问日期:2017 年 8 月 30 日。

（二）2016年北京市影视院线营收[①]

截至12月底，北京市广播影视累计创收总收入为530.77亿元，比上年同期增加131.11亿元，同比增长32.81%。其中，广告收入为190.45亿元，占创收总收入的35.88%，比上年同期增加19.04亿元，增长11.11%；广播电视节目销售收入53.96亿元，占创收总收入的10.17%，比上年同期增加22.16亿元，同比增长69.69%；电影票房收入为30.28亿元，占创收总收入的5.70%，比上年同期减少1.23亿元，同比下降3.90%。

表1　2016年1~12月北京市广播影视累计创收收入情况（按类别）

单位：亿元，%

项目	实际创收收入			占创收收入比重	
	2016年	2015年	增速	2016年	2015年
实际创收收入	530.77	399.66	32.81	100.00	100.00
广告收入	190.45	171.41	11.11	35.88	42.89
广播广告收入	7.65	10.75	-28.84	1.44	2.69
电视广告收入	58.8	57.48	2.30	11.08	14.38
其他广告收入	124	103.18	20.18	23.36	25.82
网络收入	65.34	49.09	33.10	12.31	12.28
有线广播电视视费收入	10.95	11.59	-5.52	2.06	2.90
付费数字电视收入	2.26	2.15	5.12	0.42	0.54
三网融合业务收入	14.79	5.87	151.96	2.79	1.47
其他网络收入	37.35	29.48	26.70	7.04	7.38
广播电视节目销售收入	53.96	31.8	69.69	10.17	7.96
电影票房收入	30.28	31.51	-3.90	5.70	7.88
其他创收收入	190.74	115.85	64.64	35.94	28.99

截至12月底，北京城市影院累计放映电影228.35万场，比上年同期增加30.37万场，增长15.34%；观影人次68.74百万人次，比上年同期减少2.91百万人次，下降4.06%；票房收入为30.28亿元，比上年同期减少1.23亿元，下降3.90%。

[①] 《2016年北京市影视收入情况》，http://www.bjrt.gov.cn/zwgk/xytj/201703/t20170302_89425.html，最后访问日期：2017年8月29日。

（三）影视版权质押

在市场经济条件下，企业作为市场经营主体，通过权利的担保等方式融资，是较为普遍的现象。但是长期以来，因为影视制作公司大多属于轻资产公司，并不易于从银行等金融机构获得贷款。迨至影视版权的价值逐渐受到重视，才为影视制作企业的融资打开了一条新的通道。所谓影视版权质押，是指债务人以影视版权人享有的可让与的影视版权作为质押标的，获得债权人提供的资金贷款等帮助，当债务人到期无法偿还债务时，债权人可依法就影视版权的财产权利进行拍卖、变卖或通过其他方式加以处置，以此收益优先获得债务偿还。签订影视版权质押合同和影视版权质押登记是影视版权质押行为的两个重要问题。

1.影视版权质押合同

由上文可以看到，经由影视版权的质押可以获得巨额融资，因此影视版权质押一定要签订详细的质押合同。① 签订影视版权质押合同，应在合同中注意以下问题。一是质押人应当在合同中明确用于质押的版权具有合法权利处分且其上不存在任何质押、被执行、被查封或者与他人存在权属争议和债务纠纷的情形。干净的版权是实现质押权利的必要条件。二是明确担保事由。影视版权质押合同是一种特殊的担保合同，多是为了在影视剧制作或者发行之前，以将要制作的影视作品的版权质押获取贷款，所以质押合同要明确担保的事由。三是明确担保事项。影视版权属于无形资产，不易确定权利的边界，因此这一权利的质押应当在合同中用详细的语言界定权利的范围，也即明确界定用于担保的影视作品，包括作品名称、原著作者、剧本作者、版权人、剧本规模等信息。此外，合同还要明确质押担保的范围和质押要求。四是明确质押的程序。这包括如何办理质押登记、如何交付借款、如何解除质押手续和各项费用的负担等事项。此外，合同还应当确定担保的期限、担保权益实现的条件和违约责任等内容。影视版权质押合同既是质押关

---

① 《著作权质权登记办法》规定的著作权质权合用内容包括：（一）出质人和质权人的基本信息；（二）被担保债权的种类和数额；（三）债务人履行债务的期限；（四）出质著作权的内容和保护期；（五）质权担保的范围和期限；（六）当事人约定的其他事项。

系成立、质押权利义务的证明文件，又是发生质押纠纷之后诉讼的重要证据，质押关系各方一定要充分重视。

2. 影视版权质押登记

国家版权局在 2010 年制定了《著作权质权登记办法》，并从 2011 年开始实施。该实施办法明确由国家版权局负责著作权质权登记工作，并要求以著作权出质的时候，出质人和质权人应当订立书面质权合同，并由双方共同向登记机构办理著作权质权登记。著作权质权登记应当注意登记机构不予登记的情形。这些情形包括出质人不是著作权人的；合同违反法律法规强制性规定的；出质著作权的保护期届满的；债务人履行债务的期限超过著作权保护期的；出质著作权存在权属争议的；其他不符合出质条件的。规定这些不予登记的情形的条款，是旨在保护质权人权益，欲设立质权的债权人一方应当充分注意。

3. 北京市影视版权质押实践

北京市的影视版权质押实践走在全国前列。在影视版权质押领域，北京银行已累计发放无抵押贷款超过 8 亿元，支持 20 余部电影。2016 年 4 月，北京银行通过"应收账款质押"这种债权质押方式，给予儒意欣欣 1 亿元授信，首笔放款 5000 万元用于支持电视剧《我们相爱吧》的投资及制作；针对该企业下一步在资本层面的发展计划，通过"投贷联动"支持企业并购重组，以股权投资方式支持企业成长壮大，实现银企双赢。[①] 中国版权保护中心于 2016 年 9 月在北京以"提供影视文化企业版权质押贷款解决方案，详解版权金融服务对象要求、业务主体逻辑、贷款基础门槛以及合作方式等内容"为主体，举办沙龙。[②]

三 影视版权的保护

影视行业作品产量越来越高，影视版权自身价值和影视版权的衍生价值

---

① 《北京银行"贷"动文化金融》，http://bjrb.bjd.com.cn/html/2017 – 05/03/content_130531.htm，最后访问日期：2017 年 8 月 30 日。

② 《版权服务促进文化金融沙龙》，https://www.bagevent.com/event/191022，最后访问日期：2017 年 8 月 30 日。

也越来越大，这使影视版权保护成为著作权保护的重要构成部分。一直以来，我国对知识产权的保护实行行政保护与司法保护的双轨制度。影视版权作为著作权的一种，也适用行政保护与司法保护的双轨制。

（一）影视版权的行政保护

我国《著作权法》第四十八条规定了对著作权侵权的行政保护措施，这也适用于对影视版权的保护。① 另外，新近颁布的《电影产业促进法》第七条再次强调：县级以上人民政府负责知识产权执法的部门应当采取措施，保护与电影有关的知识产权，依法查处侵犯与电影有关的知识产权的行为。该规定再次强调了对影视类作品知识产权的行政保护。

北京市和各区文化执法部门及时对影视版权市场进行检查。在 2016 年 12 月 19 ~ 20 日，大兴区文委执法队对辖区内 15 家电影院以是否含有法律法规禁止传播的内容、放映影片是否有《电影片公映许可证》、是否存在侵权放映进行了突击检查。② 电影产业促进法出台后，2016 年就被有关部门查出存在票房收入问题的 326 家影院全部受到严厉处罚；特别是 2017 年 3 月，

---

① 《著作权法》第48条，有下列侵权行为的，应当根据情况，承担停止侵害、消除影响、赔礼道歉、赔偿损失等民事责任；同时损害公共利益的，可以由著作权行政管理部门责令停止侵权行为，没收违法所得，没收、销毁侵权复制品，并可处以罚款；情节严重的，著作权行政管理部门还可以没收主要用于制作侵权复制品的材料、工具、设备等；构成犯罪的，依法追究刑事责任：（一）未经著作权人许可，复制、发行、表演、放映、广播、汇编、通过信息网络向公众传播其作品的，本法另有规定的除外；（二）出版他人享有专有出版权的图书的；（三）未经表演者许可，复制、发行录有其表演的录音录像制品，或者通过信息网络向公众传播其表演的，本法另有规定的除外；（四）未经录音录像制作者许可，复制、发行、通过信息网络向公众传播其制作的录音录像制品的，本法另有规定的除外；（五）未经许可，播放或者复制广播、电视的，本法另有规定的除外；（六）未经著作权人或者与著作权有关的权利人许可，故意避开或者破坏权利人为其作品、录音录像制品等采取的保护著作权或者与著作权有关的权利的技术措施的，法律、行政法规另有规定的除外；（七）未经著作权人或者与著作权有关的权利人许可，故意删除或者改变作品、录音录像制品等的权利管理电子信息的，法律、行政法规另有规定的除外；（八）制作、出售假冒他人署名的作品的。

② 《大兴区：突击检查电影放映场所》：http：//www.bjwhzf.gov.cn/qxgzg/t20161223_333215.htm，最后访问日期：2017 年 8 月 30 日。

《电影产业促进法》开始实施,北京总队执法三队迅速出击,检查电影放映单位 100 余家,立案 4 起,罚没款 30 余万元。3 月 21 日,全国电影市场专项治理办公室通报处罚结果,126 家影院被停业整顿,110 家被处以罚款,90 家被内部通报。此外,还有两条院线公司接受整改处罚。其中,北京米瑞酷公司的案件引发社会广泛关注,被称为新法下"全国票房违法第一案"。该案从 3 月 23 日开始立案办理,到正式结案公布仅半个月。①

(二)影视版权的司法保护

知识产权司法保护是知识产权保护体系中最重要的环节,大量的知识产权纠纷是由司法解决。知识产权司法保护是指,凭借国家的司法力量对知识产权权利进行调节和分配,保障知识产权立法的贯彻和实现,维护知识产权权利人的合法权益,打击破坏侵害知识产权的各种行为,通过司法程序,审查行政行为,达到公平正义的目的。② 影视版权作为著作权的一种,其司法保护就是凭借国家的司法力量对影视版权权利进行调节和分配,保障影视版权立法的贯彻与实施,维护影视版权人的合法权益,打击破坏侵害影视版权的各种行为,通过司法程序,审查行政行为,达到公平正义的目的。近几年来,一方面,涉及影视版权的诉讼逐渐涌现,新问题、新情况层出不穷,司法裁判成为影视版权定纷止争的重要途径;另一方面,进入司法程序的影视版权疑难案件,也不断通过司法裁判划定影视作品署名权、网络传播权、版权衍生品保护权等权利的界线。

目前,北京已经形成了以知识产权法庭、北京知识产权法院、北京市高级人民法院知识产权庭为代表的影视版权司法保护体系。其中,北京市东城区法院管辖本辖区并跨区域管辖北京市通州区、顺义区、怀柔区、平谷区、密云区法院辖区内的第一审知识产权民事案件;北京市西城区法院管辖本辖区并跨区域管辖北京市大兴区法院辖区内的第一审知识产权民事案件;北京

---

① 《北京查处电影产业促进法实施后"全国票房违法第一案"》,http://www.ce.cn/culture/gd/201704/19/t20170419_22107675.shtml,最后访问日期:2017 年 8 月 30 日。

② 徐家力:《我国知识产权司法保护目前存在的问题及对策》,《法律适用》2006 年第 3 期。

市丰台区法院管辖本辖区并跨区域管辖北京市房山区法院辖区内的第一审知识产权民事案件；北京市石景山区法院管辖本辖区并跨区域管辖北京市门头沟区、昌平区、延庆区法院辖区内的第一审知识产权民事案件。这一司法保护体系，为北京市影视产业的版权保护构筑了完善的司法保护网络。据统计，2016年北京市法院所收著作权案件中，影视版权纠纷案件占了1/5，且其中80%是网络影视案件。① 北京市法院系统为影视版权的保护作出重大贡献。

四　影视版权的管理

随着社会发展，影视行业毋庸置疑越来越繁荣。仅仅以我国电影产业为例，刚刚过去的2016年，共生产各类影片计944部；全国电影总票房为457.12亿元，其中国产电影票房为266.63亿元，全年票房过亿元影片84部；全国新增影院1612家，新增银幕9552块；城市院线观影人次为13.72亿；目前中国银幕总数已达41179块，成为世界上电影银幕最多的国家。② 数量的增加既意味着版权的增加，也意味着影视版权的管理将成为知识产权管理的重要内容。

（一）影视版权的宏观管理

在宏观层面，由国家版权局（国家新闻出版广电总局）系统负责版权管理事务。

1. 影视版权行政执法

根据《著作权行政处罚实施办法》的规定，国家版权局以及地方人民政府享有著作权行政执法权的有关部门负责监察、惩处著作权的违法行为。执法措施包括：警告；罚款；没收违法所得；没收侵权制品；没收安装存储侵权制品的设备；没收主要用于制作侵权制品的材料、工具、设备等；法律、法规、规章规定的其他行政处罚。该法还详细规定了著作权行政处罚实

① 《非法牟利800万、大片票房损失至少3亿，国内最大网站侵犯著作权案终告破》，http://www.sohu.com/a/165001232_549401，最后访问日期：2017年8月30日。
② 数据来源于《光明日报》2017年1月3日。

施的管辖和适用、处罚程序、执行程序等。[①]

2.影视版权登记

影视版权登记既是确定影视版权人权利的重要方式，也是国家版权管理部门做好版权管理工作的一种重要方式。早在1995年国家版权局就颁发了《作品自愿登记试行办法》，较为详细地规定了作品登记的原则、登记管辖机关、登记申请人、登记流程等内容。[②] 随后成立了以国家版权局的中国版权保护中心[③]为代表的版权登记机构。影视作品的登记也适用这一版权登记管理的制度。

此外，《电影产业促进法》第八条规定：国务院电影主管部门负责全国的电影工作；县级以上地方人民政府电影主管部门负责本行政区域内的电影工作。该法的规定事实上涉及了电影作品的版权管理，这一管理集中在对未取得版权的影视作品的严格限制上。[④]

---

① 参见《著作权行政处罚实施办法》。
② 参见《作品自愿登记试行办法》。
③ 中国版权保护中心是综合性的国家版权公共服务机构，1998年8月经中编办和新闻出版署批准成立，国家新闻出版广电总局（国家版权局）直属事业单位，国家版权登记机构，我国唯一的计算机软件著作权登记、著作权质权登记机构，设有中国版权保护中心版权鉴定委员会，管理中国标准录音制品编码（ISRC）中心，承担全国版权标准化技术委员会秘书处工作，代管中华版权代理中心，下设中华版权代理总公司、中国版权杂志社有限公司。
④ 《电影产业促进法》第四十八条：有下列情形之一的，由原发证机关吊销有关许可证、撤销有关批准或者证明文件；县级以上人民政府电影主管部门没收违法所得；违法所得五万元以上的，并处违法所得五倍以上十倍以下的罚款；没有违法所得或者违法所得不足五万元的，可以并处二十五万元以下的罚款：（一）伪造、变造、出租、出借、买卖本法规定的许可证、批准或者证明文件，或者以其他形式非法转让本法规定的许可证、批准或者证明文件的；（二）以欺骗、贿赂等不正当手段取得本法规定的许可证、批准或者证明文件的。第四十九条：有下列情形之一的，由原发证机关吊销许可证；县级以上人民政府电影主管部门没收电影片和违法所得；违法所得五万元以上的，并处违法所得十倍以上二十倍以下的罚款；没有违法所得或者违法所得不足五万元的，可以并处五十万元以下的罚款：（一）发行、放映未取得电影公映许可证的电影的；（二）取得电影公映许可证后变更电影内容，未依照规定重新取得电影公映许可证擅自发行、放映、送展的；第五十四条：有下列情形之一的，依照有关法律、行政法规及国家有关规定予以处罚：（一）违反国家有关规定，擅自将未取得电影公映许可证的电影制作为音像制品的；（二）违反国家有关规定，擅自通过互联网、电信网、广播电视网等信息网络传播未取得电影公映许可证的电影的；（三）以虚报、冒领等手段骗取农村电影公益放映补贴资金的；（四）侵犯与电影有关的知识产权的；（五）未依法接收、收集、整理、保管、移交电影档案的。电影院有前款第四项规定行为，情节严重的，由原发证机关吊销许可证。

（二）影视版权的微观管理

影视版权的微观管理是影视产业企事业单位对自身版权事业的管理。以影视制作为主要内容的企业，所掌握的影视版权既是自己最重要的资产，也是其最重要的竞争力。影视企业不仅要善于创造有价值的影视版权，而且要善于管理所拥有的版权，以达到保护自己的版权不被侵犯，并用版权实现市场价值的目的。影视产业企事业单位可以通过以下几种方式实现影视版权的管理。

1. 成立专门的版权管理部门

版权是影视类企业最主要的资产，对于版权管理的强调无论怎样严格都不为过。版权管理部门要有企业的实际控制人参与，选择懂得法律和知识产权的专业人士任职以全权负责企业版权的管理。

2. 建立版权动态清单

影视类企事业单位要建立动态的版权清单，对于自己掌握的影视版权、买进与卖出的影视版权实现动态管理，明确哪些是完整的影视版权，明确哪些是影视版权邻接权，明确哪些版权或者版权的邻接权已经做了交易、质押或者融资等处理。

3. 制定完善的版权管理制度

影视企业应当制定的版权管理制度至少包括影视剧本选择与购买制度、影视企业内部版权动态备案制度、影视版权交易谈判制度、影视版权交易合同制度、影视版权侵权应对制度等，实现版权管理的制度化。

4. 防范影视版权侵权

影视版权的管理既要防止本企业影视版权管理活动侵犯其他企业的影视版权，应对其他企业提起的版权诉讼，也要主动核查、防范其他企业侵犯本企业的影视版权，并在必要时候协助提起版权诉讼。

五　加强影视版权保护的建议

（一）做好影视剧本著作权的登记工作

电影抄袭剽窃始于剧本。因此，比对两部电影的剧本，就可看出是否存在抄袭剽窃。剧本有直接创作产生的，也有改编他人原有作品产生的。无论哪种情况，按照中国著作权法的规定，都属于文字作品，都可受到著作权法的保护。我国实行作品自愿登记制度，包括文字作品在内，所有在保护期之内的作品都可以到国家著作权登记机构去进行登记。按照最高法院的司法解释，著作权登记证书可以作为诉讼证据。因此，加强剧本的著作权登记，对于明示剧本的著作权、威慑抄袭剽窃、认定侵权行为等具有重要意义。

（二）充分发挥影视专业鉴定机构的作用

影视著作权案件涉及的抄袭剽窃，形式多种多样。有剧本之间抄袭，也有剧与剧之间抄袭。除了简单地照搬照抄，大量是移花接木改头换面，认定起来比较困难。因此有必要通过专业的鉴定机构来进行权威的鉴定。"北京影视著作权专家鉴定委员会"已经成立，填补了影视著作权领域鉴定机构的空白。该委员会将接受法院的委托，对一些影视等抄袭案件组织专家进行严格的鉴定比对，并将鉴定结果交给法院，作为法官审判的依据。一方面，北京影视著作权专家鉴定委员会需把握机遇，为法院等委托人提供优质的鉴定服务，并注意总结鉴定影视抄袭剽窃的规律和特点，继而上升为鉴定工作的标准或规则；另一方面，法院对鉴定委员会作出的鉴定也要给予必要的支持，树立鉴定机构的权威。两方共同努力，影视著作权鉴定工作才能走得更远，作用也会越来越大。

（三）提高侵权行为的赔偿额度

北京知识产权法院一直在提高对知识产权侵权行为的惩罚赔偿额度。影视剧抄袭剽窃盛行，一个重要的原因是侵权成本低。即使被认定侵权，但如果付出的赔偿比所获收益少得多，则无法阻止其本人或他人继续从事该行为。对于别人的创作果实不劳而获据为己有，其实与偷盗无异，理应受到惩罚。但影视剧抄袭剽窃因发生于无形，侵权人不会说清他的违法所得，权利人也无法证明自己有多少实际损失，因此法官有时可能会忌惮作出一些大额赔偿判决。其实，对于影视剧而言，投入一般都是非常大的，侵权赔偿高一些无可厚非。而民事诉讼，侵权事实成立，只是有关损失无法证明的，法院也应作出有利于原告一方的判决。因为法院判决不仅是为填平损失，还有引导社会成员知法守法、拒绝违法的指引功能。当前我国正在进行知识产权领域实行惩罚性赔偿的探索，在影视剧抄袭赔偿方面，一些法院的判决已有较大突破，有的赔偿额达到 500 万元。今后应继续坚持这个方向，对于抄袭剽窃这种故意侵权行为，不断加大赔偿额度，使侵权者得不偿失，就会逐步减少此类现象的发生。

六 结语

毋庸置疑，影视行业是未来发展的一个支柱朝阳产业，北京市近年来也在从各个方面推动影视产业的发展，也给影视产业点了一把火，对于一些企业来说，影视又给了其资产重组的机遇。因为影视作品制作的社会化、资本化，以及影视产业巨大的附加值和数量甚巨的从业人员，使影视版权的创造、运用、保护和管理工作都有别于传统的著作权，这从近几年有关影视版权纠纷的受关注度和新颖性就可见一斑。

此外，除了影视作品版权和处于影视作品下游的影视作品版权衍生权利，处于影视作品版权上游的，与影视作品版权关系密切的影视剧本版权和影视原著版权也是影视产业版权中非常重要的一环，实践中也已经出现了不少纠纷，例如张牧野（笔名天下霸唱）诉陆川、中国电影股份有限公司、梦想者电影（北京）有限公司、乐视影业（北京）有限公司、北京环球艺动影业有限公司侵犯署名权、保护作品完整权纠纷，以及倪学礼诉北京东方公司、陕西文化产业（影视）投资有限公司、西安乐橙影视文化有限公司、北京时代光影文化传媒有限公司、山东广播电视台等九被告侵犯剧本大纲著作权纠纷等。

因此，包括上游的原著与剧本、下游的衍生产品等版权问题在内的有关影视版权的创造、运用、保护和管理工作，是影视产业版权理论研究与法务实践的富矿，还有很多工作需要做，首都的影视版权实务工作者和学术研究者在这一领域大有可为。

参考文献

徐家力：《知识产权保护研究：从传统到现代》，上海交通大学出版社，2013。

许望平、徐家力：《影视纠纷诉讼》，海洋出版社，2006。

徐家力：《知识产权律师实务》，上海交通大学出版社，2012。

邹举：《电视内容产业的版权战略》，社会科学文献出版社，2015。

林晓霞：《影视版权的原理与实务》，中国电影出版社，2007。

2016年北京音乐版权发展报告

杨奇虎*

摘　要：　2016年是中国音乐产业高速发展的一年，数字音乐呈现跳跃式的发展态势，流媒体成为行业主要动力。中国音乐版权市场的正版化进程不断推进，版权的价值不断凸显，音乐用户的付费意识也不断提高。北京坚持对音乐版权强保护策略，重大项目持续推进，音乐产业迎来新的机遇。新的一年，期待我国持续加强对于音乐版权的保护，以应对新型的互联网侵权形态，同时创造更多的行业机遇，在回报创作的同时建立起更为合理的产业生态。

关键词：　音乐产业　音乐版权　版权保护　北京

一　音乐产业版权年度发展概况

（一）全球市场概况

音乐产业的发展一直伴随着时代的进步而不停变化。随着技术的变革，实体唱片的销量依然重要，但流媒体已经成为推动新时代音乐产业的主要动力。根据国际唱片业协会（International Federation of the Phonographic Industry，以下简称"IFPI"）发布的《2017全球音乐报告》，2016年又是一个上涨年

＊　杨奇虎，腾讯音乐娱乐集团总法律顾问，北京工商大学法学学士，北京大学法律硕士。

图1　2017年全球音乐市场情况

资料来源：IFPI 国际唱片业协会：《2017 全球音乐报告》，2017。

份，全球音乐市场收入增长了 5.9%，其中数字音乐的收入增长了 17.7%，占据了全球收入的一半。伴随着流媒体高达 60.4% 的大幅度增长，与此对应的下载收入出现了高达 20.5% 的明显下滑。① IFPI 首席执行官弗朗西斯·摩尔亦表示："全球唱片业在十多年的下跌后，终于迎来了小幅增长。行业为了适应数字时代并进而驾驭数字时代而进行的多年的投资和创新努力终于有了回报。"

---

① 数据来源于 IFPI 国际唱片业协会《2017 全球音乐报告》。

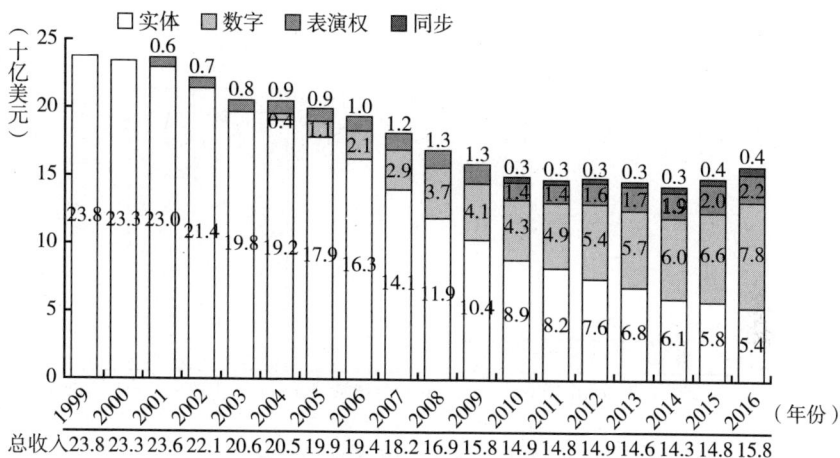

图2 1999~2016年全球录制音乐行业收入

资料来源：IFPI国际唱片业协会：《2017全球音乐报告》，2017。

除此之外，全球录制音乐市场回暖，在长达十余年的连续下跌之后开始了连续两年的上涨。其中2016年增长了5.9%，是自1997年国际唱片业协会开始跟踪销售数据以来的最高涨幅。全球录制音乐的市场规模达到了158亿美元，但相比于1999~2004年超过200亿美元的规模，① 录制音乐市场回暖的脚步仍略显缓慢。

2016年，全球音乐产业实体收入下降了7.6%，仍占全球市场的34%。值得一提的是，在日本和德国，实体音乐的销售量占据了极大比重，是两个在当前数字音乐流媒体新兴发展之时实体唱片业依旧蓬勃的国家。与此同时，数字音乐收入高达78亿美元，其中流媒体激增了60.4%，为8年来的最高涨幅。流媒体现在占数字音乐收入的大部分份额（59%），数字音乐收入首次占到了录制音乐总收入的50%。数字音乐的发展势如破竹，根据艾瑞咨询发布的《2016年中国在线音乐行业研究报告》的预测，全球数字音乐收入在2017年将达到76亿美元，在2018年有望冲破80亿美元的

---

① 数据来源于IFPI国际唱片业协会《2017全球音乐报告》。

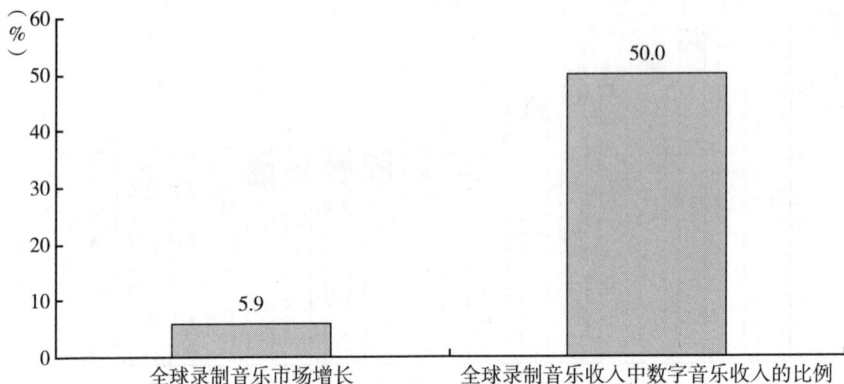

图3 2016年全球音乐的增长情况

资料来源：IFPI 国际唱片业协会：《2017 全球音乐报告》，2017。

大关。①

由录制音乐在广播和公共场所的使用所带来的表演权收入在 2016 年增长 7.0%，达到 22 亿美元。尽管表演权收入在过去几年里持续增长，占据了总收入的 14%，但其价值远不止于此。与此同时，由音乐在广告、电影、游戏和电视节目中的使用获得的同步收入增长了 2.8%。②

（二）中国市场概况

2016 年中国的音乐收入增长了 20.3%，音乐市场在过去几年中发生了巨大的变化。中国录制音乐交易值达到了 13.6 亿元人民币，其中实体收入仅占 4%，数字音乐的收入占比为 96%③，数字音乐收入这一极高的占比也在排行前十二的国家中占据首位，成为我国音乐行业的一大特点。

---

① 数据来源于艾瑞咨询《2016 年中国在线音乐行业研究报告》。
② 数据来源于 IFPI 国际唱片业协会《2017 全球音乐报告》。
③ 数据来源于中国传媒大学音乐与录音艺术学院《中国数字音乐产业发展报告》。

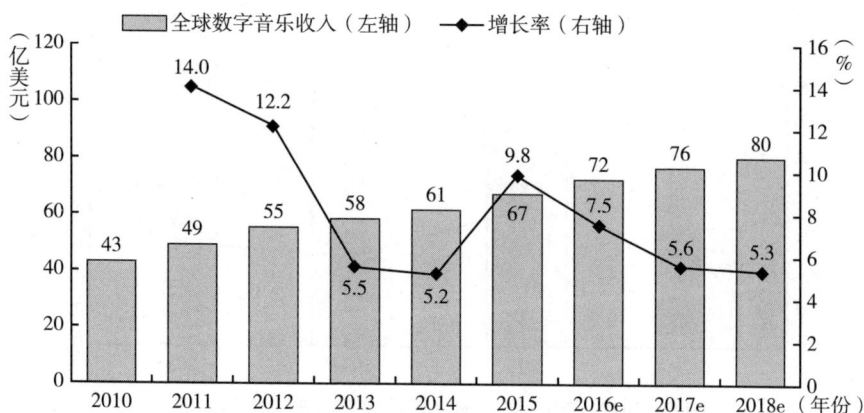

图4 2010~2018年全球数字音乐行业收入规模及预测

注：全球数字音乐行业收入为数字音乐付费下载收入（含下载单曲、专辑、MV、Kiosk、铃声和回铃等）、受广告支持的流媒体收入、流媒体订阅服务收入、移动个性化产品及其他收入之和。

资料来源：2010~2015年数据来自IFPI，2016年及以后数据为艾瑞预测。详见艾瑞咨询《2016年中国在线音乐行业研究报告》，2017。

表1 录制音乐12强及市场占比

项目		交易值 1美元=6.7258元		市场份额（%）				全球占比
排名	国 家	美元（百万）	人民币（百万）	实体	数字	表演权	同步权	
1	美 国	5318.21	35769.22	18	70	8	4	34
2	日 本	2745.99	18468.98	73	20	6	1	18
3	英 国	1251.14	8414.917	32	47	19	2	8
4	德 国	1212.00	8151.67	52	32	16	1	8
5	法 国	849.59	5714.172	38	30	29	3	5
6	加 拿 大	367.98	2474.96	27	63	9	0	2
7	澳大利亚	357.26	2402.859	23	64	11	2	2
8	韩 国	330.17	2220.657	35	59	5	0	2
9	意 大 利	263.77	1774.064	41	34	22	3	2
10	荷 兰	243.36	1636.791	28	43	29	1	2
11	巴 西	229.84	1545.858	14	49	37	0	1
12	中 国	202.24	1360.226	4	96	0	0	1

资料来源：中国传媒大学音乐与录音艺术学院：《中国数字音乐产业发展报告》。

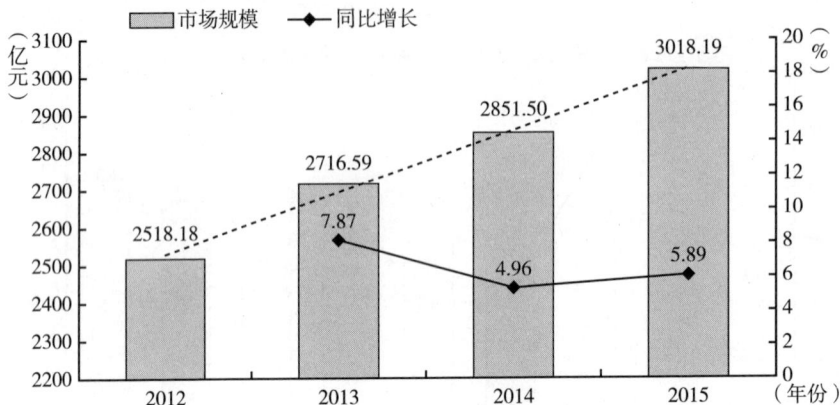

图5　2012～2015年中国音乐产业年度市场规模对比

资料来源：中国音像与数字出版协会音乐产业促进工作委员会：《2016中国音乐产业发展报告》，2017。

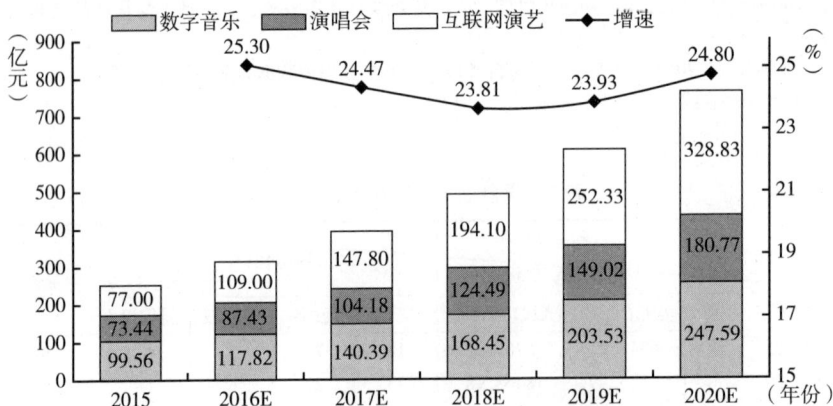

图6　2015～2020年中国核心音乐市场规模及预测

资料来源：智研咨询：《2017～2022中国音乐市场运行态势及投资战略研究报告》，2017。

　　值得关注的是，目前中国的数字音乐行业正呈现跳跃式发展态势。在互联网的蓬勃发展中，得益于贸易、技术、政策和文化改革等多种利好因素的影响，2016年录制音乐在中国的收入增长20.3%，流媒体上升了30.6%，数字音乐收入也超过了实体音乐。2015年我国在线音乐用户规模达到5.0亿人，增长4.9%。预计到2018年，在线音乐用户规模将达到

5.78 亿人。① 世界各大唱片公司和独立厂牌也将目光纷纷锁定中国，在互联网机遇和相关积极趋势的激励下，力图在中国探寻一个以流媒体和订阅服务为基础的新产业模式。相关人士对于中国市场均持积极态度，认为中国顺应了音乐产业流媒体增长的发展潮流，将成为下一个伟大的全球机遇。

二 中国音乐版权现状

（一）实体音乐版权发展情况——持续萎缩后迎来崭新局面

2015 年中国实体唱片的总收入约为 5.59 亿元人民币，同比下降 9%。传统线下渠道的实体唱片销售量约为 4361.3 万张，同比下降 23%。② 受到蓬勃发展的数字音乐冲击，实体唱片业日渐萎缩，版权是唱片公司的核心竞争力，欧美公司的版权意识非常强，这也为在技术挑战下的唱片公司提供了一道屏障，而中国唱片公司前期对版权的保护力度较弱，后期迅速的败落也与此相关。

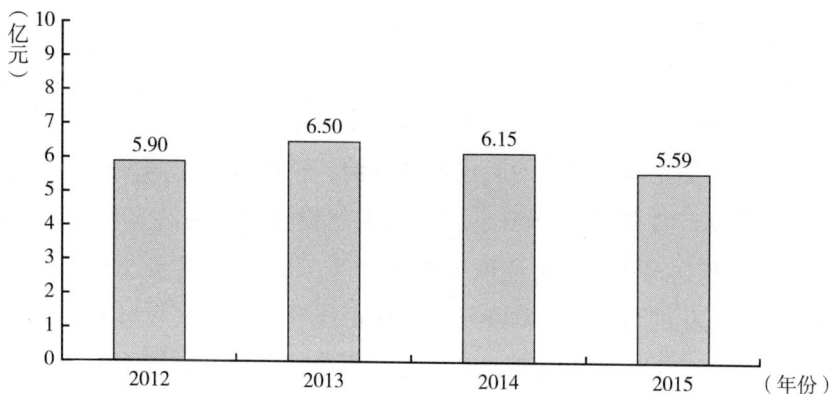

图 7　2012～2015 年实体唱片市场规模对比

资料来源：中国音像与数字出版协会音乐产业促进工作委员会：《2016 中国音乐产业发展报告》，2017。

---

① 数据来源于 IFPI 国际唱片业协会《2017 全球音乐报告》。
② 数据来源于中国音像与数字出版协会音乐产业促进工作委员会《2016 中国音乐产业发展报告》。

值得注意的是，在大浪淘沙中存活下来的唱片公司在寻求一种新的转型。伴随着 2015 年"最强版权令"的出台，版权资源成为市场激烈竞争的对象，手握大量版权资源的唱片公司也迎来了实体唱片转型与价值提升的契机，大量的版权授权费得以注入。行业内对版权的新态度有利于形成促进实体唱片和唱片公司发展的新局面，黑胶唱片也随着实体唱片的衰落意外地成为行业的"新宠"。

（二）数字音乐行业正呈现跳跃式发展

1. 正版化进程推进

受国际环境、国内政策、相关立法、行政执法等多方面的影响，我国版权监管日趋完善，行业内版权认识不断加深，音乐正版化进程也得到了快速推动。从 2010 年开始，国家版权局就开展了转变经济发展方式、促进版权产业健康发展的"剑网行动"。该行动旨在打击网络侵权盗版，进一步净化网络版权保护环境，深入贯彻落实《国家知识产权战略纲要》。在 2015 年国家版权局"剑网行动"的"最强版权令"下达后，网络音乐版权监管推动了音乐产业的正版化进程，"剑网行动"针对网络侵权的热点，实施重点监管、分类规范，先后开展了网络视频、网络音乐、网络转载、网络云存储空间等领域的版权专项整治，集中强化对网络侵权盗版行为的打击力度，查办案件 5560 起，依法关闭侵权盗版网站 3082 个，罚款2043 万元，移送司法机关追究刑事责任案件 478 件。[1] 社会公众和网络企业在版权规范化的背景下，都开始注重维护权利人的合法权益和社会公共利益。相关音乐企业都纷纷加大了版权收购投入，通过版权资源的运营和保护获得收益，谋求扩大既有曲库规模、提供更为完整的曲库资源以吸引用户，并积极探索符合自身特点的商业模式。优质的作品版权越来越获得企业的青睐，越来越多的权利人也因此获得作品的报酬，版权资源的价值

---

[1] 《营造风清气正的网络版权环境——国家新闻出版广电总局（国家版权局）版权管理司负责人就"剑网 2017"专项行动答记者问》，中华人民共和国国家版权局网站，最后访问日期：2017 年 5 月 18 日。

日益突显。

"剑网行动"依旧在继续，从 2017 年 7 月开始，"剑网 2017"专项行动将利用 4 个多月的时间开展重点作品版权、APP 领域版权、电子商务平台版权等三项重点整治，将严厉打击各类网站、移动客户端、"自媒体"传播侵权盗版作品行为，集中整治电子商务平台、APP 商店版权秩序，巩固网络文学、网络音乐、网络云存储空间、网络广告联盟版权治理成果。① 伴随着《著作权法》的第三次修订以及互联网、移动互联网发展，音乐作品/制品等相关知识产权产品的付费模式逐渐清晰，社会版权消费和保护意识不断增强。国内的音乐正版化状况不断得到改善，开始和版权意识划分清晰、渠道权利明确的国际化版权市场接轨。

2. **数字音乐势头迅猛，成行业主力军**

2016 年，迎来中国音乐产业的又一次腾飞，中国数字音乐产值高达 143.26 亿元，同比增长 39.36%，其中流媒体音乐增长达到 30.6%，② 中国音乐产业的进步受世界瞩目，中国和印度被认为是音乐产业进步最迅速的国家。

国家版权局的另一项数据显示，2016 年网络音乐产业规模突破 150 亿元③，这一数据同样印证了我国数字音乐的快速发展。

2017 年，数字音乐的产值预计可以达到 180 亿元，其中，流媒体崛起成为推动中国音乐产业发展的主要力量。

3. **用户付费意识逐步提升**

付费订阅成音乐流媒体收益绝对主力。

音乐流媒体收益中，近 77% 的收益来自付费订阅，远超过广告聆听和音乐视频流媒体，这一比例在欧洲高达 83.1%，而在拉丁美洲，付费订阅的比例最低，仅占流媒体收益的 67%。

---

① 《"剑网 2017"专项行动启动：整治 APP、电商平台版权》，网易财经，最后访问日期：2017 年 7 月 25 日。
② 数据来源于中国传媒大学音乐与录音艺术学院《中国数字音乐产业发展报告》。
③ 数据来源于国家版权局《2017 中国网络版权产业发展报告》。

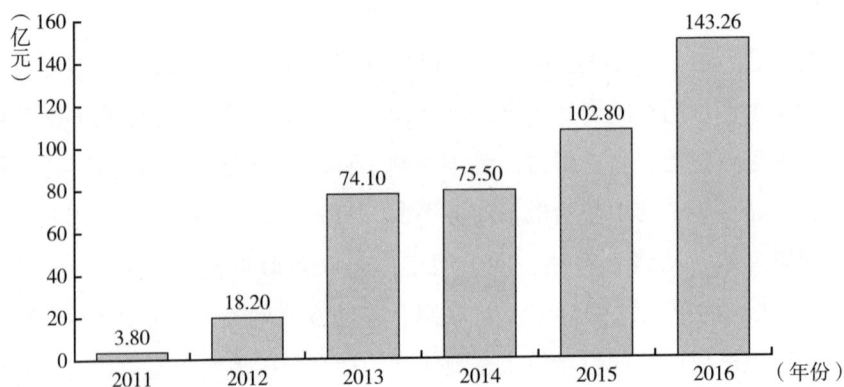

图8　2011～2016年中国数字音乐产值

资料来源：中国传媒大学音乐与录音艺术学院：《中国数字音乐产业发展报告》，2017。

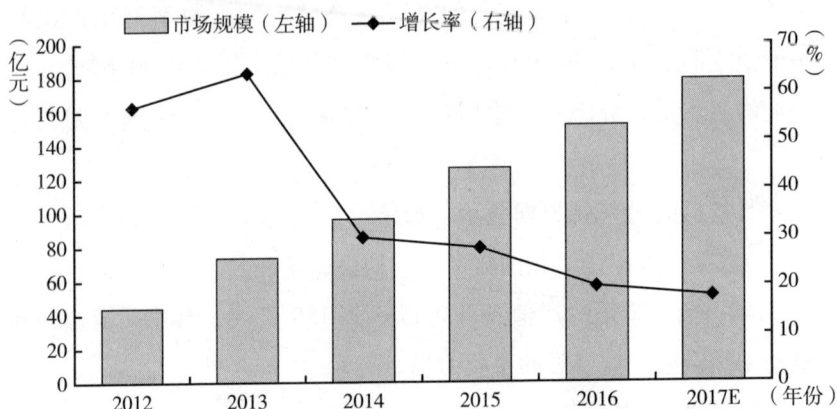

图9　2012～2017年中国数字音乐市场规模

资料来源：PMCAFF：《资本的裁决：2017年中国数字音乐产业报告》，2017。

在整体数字音乐部分，44.8%的数字音乐收益来自流媒体的付费订阅，30.1%的收益来自单曲/专辑下载，仅仅6.6%的收益来自流媒体广告。

全球流媒体收益前十中，中国排名第七。

付费用户比重快速上涨，付费订阅模式开始逐渐被用户接受，"内容付

a.排名

单位：%

国家	排名	占比	国家	排名	占比
美国	1	39	韩国	6	4
英国	2	8	中国	7	4
德国	3	5	瑞典	8	3
日本	4	4	加拿大	9	3
法国	5	4	澳大利亚	10	3

b.音乐流媒体情况

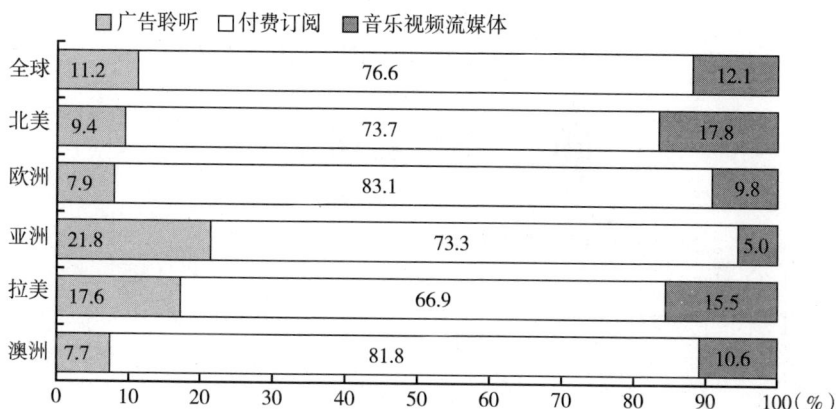

图 10　全球流媒体收益情况

资料来源：中国传媒大学音乐与录音艺术学院：《中国数字音乐产业发展报告》，2017。

费"成为年度热词。在 2016 年 QQ 音乐相关用户调查中，有 12.6% 的用户初步养成了为单曲付费的习惯。[1]

音乐 APP 也成为用户获取、聆听、常规性欣赏音乐的重要渠道。各大音乐 APP 在营销上也致力于为付费用户提供独特的体验/服务，倾向于为付费用户提供更多的附加服务，包括但不限于提高音质、音效，APP 皮肤，专辑附带福利，线下体验等。

制作、发行、消费都只需依托互联网完成的数字音乐专辑成为付费

---

[1]　数据来源于腾讯网《2016 腾讯娱乐白皮书》。

订阅模式中的新亮点。2016 年周杰伦的《周杰伦的床边故事》与李宇春的《野蛮生长》华语数字付费专辑在 QQ 音乐平台卖出千万张。鹿晗的首张 Mini 数字专辑《Reloaded I》，价格为 5 元一张，上架短短 5 天时间卖出 108 万张。在购买数字专辑的用户中，"80 后"与"90 后"占比将近九成，音乐的购买途径与便捷的网络支付方式相结合，新一代年轻音乐用户的消费习惯发生了巨大改变，中国在线音乐市场逐渐找到可持续的盈利模式，付费数字音乐运作逐渐形成了正向的良性循环和商业逻辑。

2016年中国手机音乐客户端用户购买独立音乐人作品意愿调查

不愿意14.3%

2016年中国手机音乐客户端用户不愿意购买独立音乐人作品原因调查

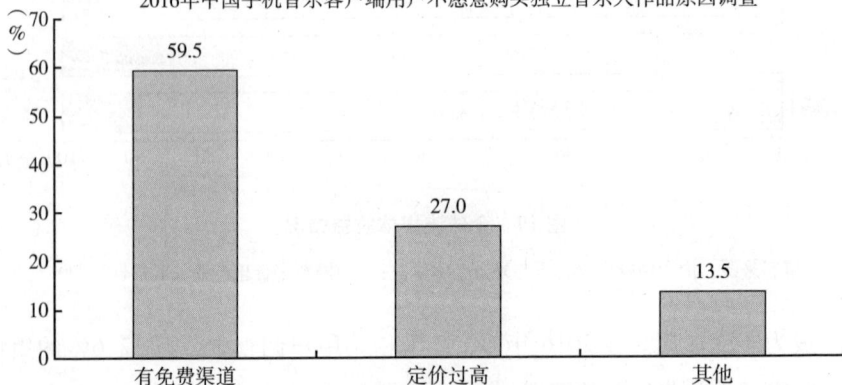

图 11　用户版权意识仍有待提高

资料来源：艾媒报告：《2016～2017 年中国手机音乐客户端市场研究报告》，2017。

在过去一年里，有六成的音乐用户进行过至少一项的音乐消费。[①] 一份来自艾媒的报告显示，中国手机音乐客户端用户不愿意购买独立音乐人作品

---

① 数据来源于中国传媒大学音乐与录音艺术学院《中国数字音乐产业发展报告》。

的原因大部分是已有免费资源。① 而随着版权保护措施加强、盗版音源大批量下线、付费单曲和数字专辑的出现，用户免费获取部分音乐作品的难度增加，这也逐渐成为一种版权教育方式。

（三）移动运营商逐步退出主流音乐市场，音乐行业利益链正被重构

彩铃业务从 2003 年左右在香港兴起后，就成为移动运营商的主营业务，彩铃的普及，让音乐的消费形式从整张专辑消费变为单曲，也在无形中使音乐消费成本大大降低。到 2005 年彩铃达到高峰期时，更是成为运营商的大头收入，每个运营商都拥有大把的彩铃用户。2009 年，移动运营商曾创造高达 300 亿元的彩铃下载收入。

然而运营商独大的强势渠道在逐渐减弱，数字音乐和流媒体的发展让彩铃市场发生巨大变化，流媒体不断增大的影响力使得更多唱片公司和音乐人把版权给了互联网公司，用户在互联网平台进行更具有长尾效应的整曲下载逐步取代了传统彩铃音乐的片段下载。从 2012 年起，运营商靠彩铃音乐盈利的情况在减少，而互联网公司的实力在不断提升，具体表现在：彩铃渗透率持续下降，用户数不断降低，移动运营商逐步退出主流音乐市场，开始实行"开放体系"战略，纷纷开始向上下游产业链扩张，并尝试与更多的互联网公司展开合作。

（四）广播/电台/综艺/直播音乐版权问题自成一派

自 2015 年起，音乐类广播频率的市场份额稳中有降，全年音乐广播广告费约为 14.96 亿元，同比下滑 3.2%。② 电视频道总数、电视音乐类节目类型与数量稳中有升。

---

① 数据来源于艾媒报告《2016~2017 年中国手机音乐客户端市场研究报告》。
② 数据来源于中国音像与数字出版协会音乐产业促进工作委员会《2016 中国音乐产业发展报告》。

　　随着媒介的进一步融合、媒体渠道呈现多元化发展趋势，传统的广播电台虽仍占据一定江山，但已逐渐无法满足用户的全部需求，一批移动类的网络电台正在悄然兴起。互联网电台是传统电台在互联网时代的一次创新。据统计，目前国内市场上有1500多个语音内容类APP。随着网络电台的风靡，随之而来的最大问题便是版权问题，继苹果App Store因为内容版权问题下架了荔枝FM、多听FM后，主要网络电台玩家纷纷重视对于音乐类版权的生产与采买，在各领域均有不同程度的版权布局。

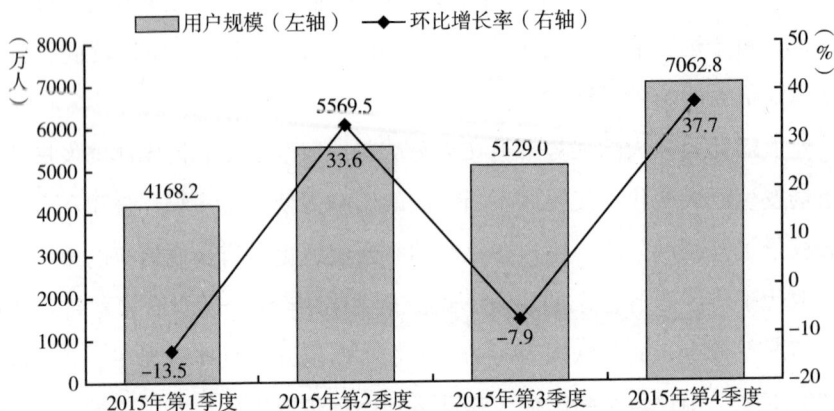

图12　2015年中国移动电台市场用户规模

资料来源：易观智库：《2016中国移动电台市场年度综合报告》，2017。

　　除电台节目外，2016年综艺音乐节目异军突起，其中《中国好歌曲》《跨界歌王》等音乐真人秀节目表现亮眼，其节目音乐作品在传统电视以及互联网上均创下上亿级播放量。

　　"网络直播"成为年度热词，与此相关的直播音乐版权问题也开始成为业界关注重点，在直播过程中出现的背景音乐、线上KTV及演艺部分的音乐版权自2015年开始有填补管理空白的内容出现后，也逐步走向规范化管理的道路。

（五）演艺市场开始显现新的价值

我国 2015 年音乐类演出市场规模达到 150 亿元，同比增长 4.8%。票房总收入为 45.55 亿元。其中各类演唱会的票房总收入 29.72 亿元，音乐节票房总收入 3.48 亿元，Live House 票房总收入 6341 万元，剧院音乐类演出票房总收入 11.72 亿元。[①] 互联网演艺平台开始呈现高速增长态势。

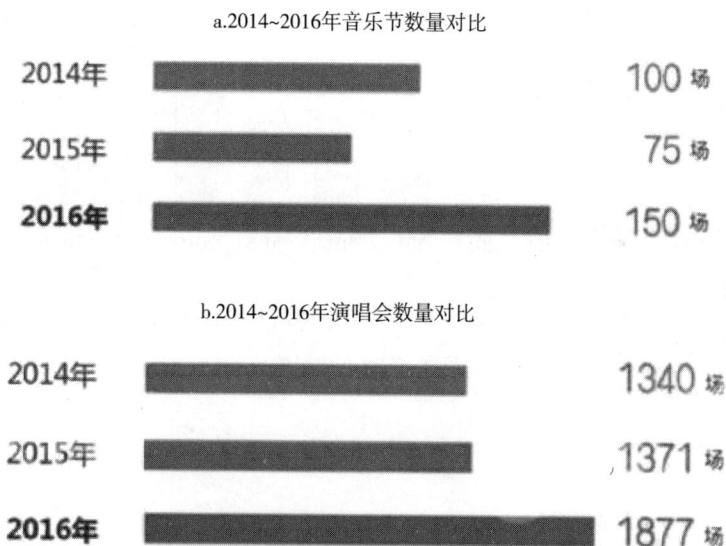

a.2014~2016年音乐节数量对比

年份	场数
2014年	100 场
2015年	75 场
2016年	150 场

b.2014~2016年演唱会数量对比

年份	场数
2014年	1340 场
2015年	1371 场
2016年	1877 场

图 13　音乐节和演唱会数量对比

资料来源：《2016 腾讯娱乐白皮书》。

目前，演艺市场中占据最大份额的仍是演唱会收入，紧随其后的是专业剧院的音乐类演出票房收入。随着音乐表演专业场地的增多和独立音乐人的出现，具备高质量音响效果的小型场馆 Live House 演出开始受到乐迷的青

---

① 数据来源于中国音像与数字出版协会音乐产业促进工作委员会《2016 中国音乐产业发展报告》。

睐，音乐演艺市场朝着更多元与细分迈进。同时，互联网资本的介入、线上直播的全民化以及国际化接轨度的提升，也在逐渐改变着国内音乐演艺市场的运作机制和模式，资本和音乐人才的不断涌进也将使音乐类演艺市场的未来具有巨大潜力。

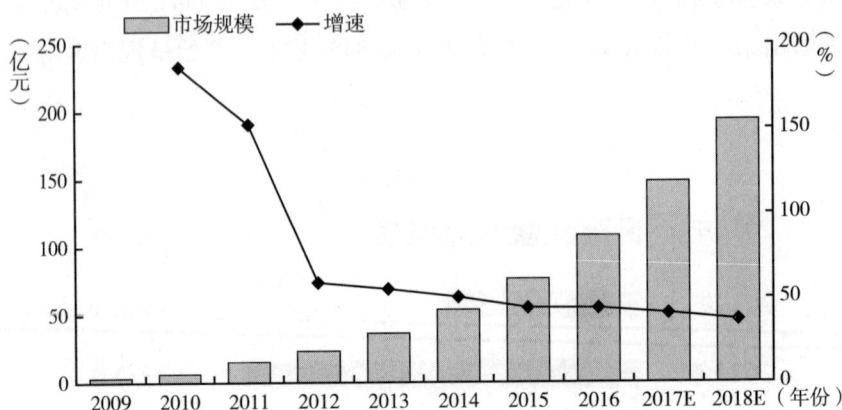

图14　2009～2018 年互联网演艺平台规模

资料来源：PMCAFF：《资本的裁决：2017 年中国数字音乐产业报告》，2017。

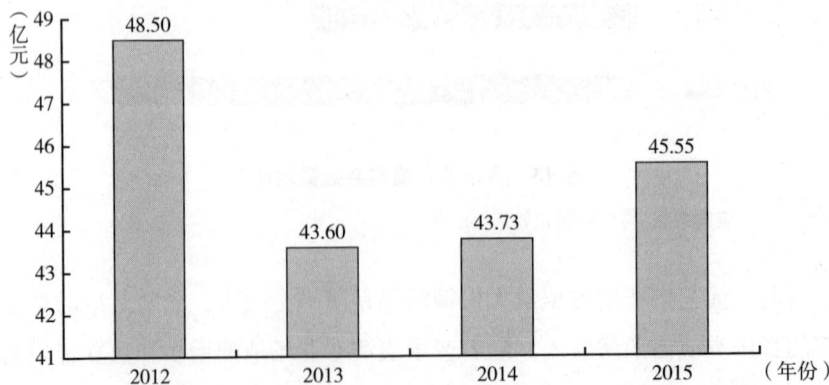

图15　2012～2015 年中国音乐类演出市场票房对比

资料来源：中国音像与数字出版协会音乐产业促进工作委员会：《2016 中国音乐产业发展报告》，2017。

三　北京市音乐产业及音乐版权现状

（一）音乐类演出市场活力增强，演唱会占据主导地位

1. 北京音乐市场呈现极大活力

北京作为中国的政治、文化、金融中心，拥有超过 3000 年的建城史和 800 多年的建都史，在经济动力、文化创造力、科技竞争力、政策扶持等方面都具有其独特优势。相应的在音乐市场也呈现出极大的活力。

来自北京市文化局、北京市演出行业协会的数据显示，截至 2016 年 12 月底，北京共举办营业性演出 24440 场，较 2015 年的 24238 场上升了 0.8%。全市演出市场票房收入达 17.13 亿元，比 2015 年增加 1.65 亿元，增幅为 10.7%。其中演唱会票房贡献最大，达 5.93 亿元。据统计，2016 年北京观看各类型演出的观众达 1071.4 万人次，比上年的 1035.2 万人次增加了 36.2 万人次，增幅为 3.5%。其中戏剧类和音乐类观众最多，共超过 700 万人次，占观众总人次的 66.9%。[①]

2. 音乐类演出增长迅速，演唱会占据主导地位

围绕文化消费高品质、个性化、多样化的新形势，北京聚焦供给侧，大力提升文化产品及服务品质，繁荣音乐创作市场，推出了一批具有北京特色和首都水准的精品之作。

2016 年演唱会、音乐会等音乐类演出市场份额占比最大，共演出 1688 场，吸引观众 252.7 万人次，票房达 8.40 亿元，约占整个演出市场的 49.0%，比上年 6.44 亿元增长了 30.4%。从票房收入来看，由于近年来娱乐消费需求加大与网络直播的火热，演唱会市场增幅较大，2016 年北京演唱会市场票房收入为 5.93 亿元，增幅高达 43.2%，国家体育场、首都体育

---

① 《2016 年北京演出市场票房破 17 亿，音乐类占比最大》，界面网，最后访问日期：2017 年 10 月 5 日。

馆等万人场馆的总票房收入甚至都在 5000 万元以上。另外，音乐会演出收入增幅达 12.2%。[①]

（二）音乐消费意愿较高，处于全国领先水平

从消费意愿分析，北京市民在文化方面的消费意愿较高，并且有逐年上升的趋势。北京市民在文化消费的时间和金钱支出上都处于全国领先水平。凭借着文化中心的良好优势，北京每年吸纳大量的优秀歌手、乐团、剧团等来京演出。

与此同时，受制于北京国际大都市的快生活节奏，作为音乐类市场消费主体的 18～26 岁人群由于闲暇时间有限，其音乐消费主要集中在周末音乐类演出上。在音乐作品供给不断丰富的同时，北京乐迷对于高端、特色、精品音乐作品的需求日益提升。由于上述原因，北京音乐类消费主力军的消费行为受到制约。对比而言，闲暇时间充裕的老人、儿童文化消费意识薄弱，消费水平较低，消费能力不足等原因制约着其文化消费行为。闲暇时间与消费能力、消费水平的缺位是北京文化消费缺口的一个原因。[②]

（三）重大音乐产业项目有序推进

于 2012 年正式挂牌的北京国家音乐产业基地作为由国家新闻出版广电总局规划的 4 个音乐产业基地之一，定位于打造国际一流的音乐文化消费体验中心，服务全国的音乐创作制作中心、音乐出版发行中心、数字音乐制作及传播中心、音乐版权保护及交易中心、音乐产业综合服务中心。力争用 10 年时间建设成为音乐文化产业链条完整、产业业态丰富、高端环节突出、供给消费旺盛的音乐文化服务综合体，成为国内外音乐机构集聚、音乐人才集居、音乐活动集中、产业服务集成的音乐文化产业发展承载区，成为传统

---

① 《2016 年北京演出市场票房破 17 亿，音乐类占比最大》，界面网，最后访问日期：2017 年 10 月 5 日。
② 吴正：《北京文化发展的新动态、新气象——〈北京蓝皮书：北京文化发展报告（2015～2016）解读〉》，2017。

与现代音乐相承、高雅与通俗音乐相映、民族与海外音乐相融、大众与特色音乐相合的多元音乐文化展示交流地，成为支撑与引领全国音乐文化产业发展的核心承载区、全国文化产业发展示范区。

北京国家音乐产业基地有其特殊的定位，不同于上海、深圳和广州，在北京建设国家音乐产业基地，就是要全面发挥北京对全国音乐文化产业的引领和带动作用，成为中国音乐产业发展的典范。北京国家音乐产业基地主打原创品牌，全力支持音乐作品的创作。这是北京国家音乐产业基地的定位，也是北京市版权局近年来所力推的一项重要工作。

北京国家音乐产业基地包含七大园区，分别位于北京的东城、西城、朝阳、海淀、平谷5个区内。包括朝阳区的1919音乐产业基地、朝阳区的北京音乐创意产业园、西城区的天桥演艺区、平谷区的中国乐谷、西城区的中国唱片总公司创作园、海淀区的西山文化创意大道、朝阳区的数字音乐示范园区等七个园区。[①]

音乐产业基地的提出，丰富了首都文化创意产业的内涵，作为龙头型文化产业示范基地，七个园区的建成充实了以音乐为内核的关联性强的文化产业集群，有利于拓展北京高附加值产业的示范区域，搭建与世界接轨的文化桥梁，成为北京城市功能转型和产业升级过程中的一个亮点。

（四）音乐市场参与度提高，行业主体多元化

北京市进一步激发音乐产业活力，行业主体多元化，市场参与度有所提高。在音乐行业的上、中、下游均进行积极布局，在加速骨干龙头企业发展的同时，积极培育成长、创新性企业，吸纳优秀音乐人才，并建立相应的音乐版权管理制度。形成各类型主体齐头并进、竞相发展的格局，呈现出多元化健康发展态势。

1. 上游音乐人才培育提供内容支持

北京汇集中央音乐学院、中国音乐学院、解放军艺术学院音乐系、北京

---

① 《北京国家音乐产业基地简介》，百度百科，详见 https：//baike. baidu. com/item。

师范大学音乐学院、首都师范大学音乐学院、中国传媒大学音乐与录音艺术学院等系列高等音乐院系,将为北京音乐产业的发展提供智力支持和音乐内容支撑,在音乐产业上游提升原创力并提供丰富的音乐节目源。

2.音乐公司/音乐工作室/独立音乐人百花齐放

北京同样汇聚了大量的音乐唱片、演艺公司,北京太合麦田、华谊兄弟、北京华数、京文唱片、恒大音乐、北京飞行者等一批在北京建立的唱片公司有内地乐坛顶尖的管理、执行团队,发展成为引领内地流行音乐潮流的音乐生产商和娱乐营销专家。

除了大型唱片公司,北京还汇集了一大批独立音乐人以及相应的独立音乐工作室和厂牌。作为中国独立音乐萌发和成长之地,北京鼓楼地区孕育了国内一些最知名的现场音乐表演场所。如南锣鼓巷对面的 MAO Livehouse、张自忠路上的愚公移山酒吧等场馆经常出现独立音乐大腕,而坛酒吧(Temple Bar)和 XP 俱乐部也不遗余力地支持着本地现场音乐表演。

如今北京的音乐体裁和表演形式多种多样,除了传统的音乐会和演唱会外,现场音乐正慢慢成为中国年轻人日常生活的一部分,豆瓣、微信、微博等网络社交平台为各类型的音乐演出提供了多样的宣传形式,北京的乐队演出几乎涵盖了每一个可能的流派并有各种变异的现代音乐,草莓音乐节、迷笛音乐节、长城音乐节等大型音乐节在北京举行,吸引了数以万计的乐迷参加。

3.中国音乐著作权协会提供集体管理

由国家版权局和中国音乐家协会共同发起成立的目前中国大陆唯一的音乐著作权集体管理组织中国音乐著作权协会总部位于北京。协会总部现设六个职能部门:会员部、作品资料部、法律部、许可证部、分配与技术部、财务与总务部,已在全国范围设立了 20 个分支机构和地方办事处,成为我国音乐著作权集体管理的核心力量。

(五)京津冀协同发展战略在音乐领域初见成效

京津冀地处华北平原北缘,西北依靠太行山、燕山山脉,东南面向华北平原和滨海低地,东望渤海和黄海,是联结东北、华北、西北乃至全国的枢纽性区位。按照《京津冀协同发展规划纲要》部署，立足《京津冀三地文化领域协同发展战略框架协议》等基础性合作文件，自 2015 年起，北京与天津、河北在演艺交流、产业协作、市场培育等方面加强合作，有序推进三地文化创意产业协同发展。①

为进一步促进京津冀一体化的发展，2015 年京津冀三地文化厅局在京签署了《京津冀演艺领域深化合作协议》，并举办京津冀 2015 年演艺项目推介会，京津冀演艺联盟在北京成立。2016 年，北京市文化局、天津市文化广播影视局、河北省文化厅在京签署了《京津冀三地文化人才交流与合作框架协议》，以促进和支持京津冀文化协同发展，发挥人才交流与合作的智力引擎和基本保障作用。同年 12 月，北京音乐家协会、天津市音乐家协会、河北省音乐家协会共同主办京津冀音乐创作交流大会，京津冀三地百余名音乐人齐聚北京，围绕音乐创作形式、方向和技巧进行深入研讨。

京津冀协同发展战略实施以来，三地及所属各市、区、县积极合作、主动对接。截至目前，省（市）直部门及行业系统、各市区县政府和园区、高校等单位之间已签订了 90 多项人才合作协议，协议涵盖了文化、艺术、音乐类的多项举措，三地协同发展初见成效。

（六）音乐版权宣传及研讨活动多次开展

北京市版权局一直是推动北京音乐产业发展的重要力量，2011～2015 年，北京市版权局的宣传周主题活动在连续五年间都与音乐版权保护息息相关，这在北京乃至中国的历史上都是没有出现过的情况，足以证明北京市版权局对于繁荣音乐产业及保护音乐版权的重视。北京市版权局副局长王野霏表示，版权局的相关举措主要是基于音乐产业的发展亟须加强版权保护的观点。版权行政管理部门将加强市场监管，为正版网络音乐的发展营造良好的法律环境和市场环境。

---

① 北京市国有文化资产监督管理办公室：《北京文化创意产业发展白皮书（2016）》，2017。

与此同时，相关的版权普法宣传力度也不断加大。启动中国版权师培养计划，建立版权智库。结合"4·26"知识产权版权宣传周，开展了"加强版权保护鼓励校园双创"世界知识版权日系列宣传活动，组织了第六届音乐版权保护与产业发展论坛等活动，全方位加强版权宣传教育。①

2016年4月26日，为进一步贯彻落实国家新闻出版广电总局发布的《关于大力推进我国音乐产业发展的若干意见》，由国家新闻出版广电总局出版管理司指导、中国音数协音乐产业促进工作委员会和北京市版权局共同主办的以"使命感大局观新起点——全面迎接互联网音乐付费时代到来"为主题的第六届北京音乐版权保护与产业发展论坛在北京中华世纪坛隆重召开，论坛受到我国音乐产业的广泛关注，探讨了互联网时代的数字音乐版权保护并为全面实现数字音乐付费模式献计献策。

（七）行政、司法对音乐版权提供强有力支持

1. 相关政策、资金支持

北京市一直致力于发展音乐产业，相关部门办公厅颁布系列文件，要求从投融资机制和财政资金等方面对音乐产业进行支持，北京市也召开了音乐产业建设推进会，为企业、创投机构、高校、行业组织等各大社会机构带来了发展音乐产业的系列利好政策。

以音乐版权保护为例，北京市版权局近年将音乐版权工作作为一项重点工作，制定落实《北京数字音乐版权收入倍增计划》，搭建由首都版权联盟成员共同推出的"版权财富网音乐版权交易平台"，推动音乐产业资源整合。

以基金支持为例，国家开发银行作为政策性银行选择北京国家音乐产业基地相关建设项目推动合作。由市发改委发起设立，北京市发展和改革委员会、中国华录集团有限公司、中科招商创业投资管理有限公司、北京市平谷

---

① 《北京市新闻出版广电局（北京市版权局）2016年工作总结》，北京市新闻出版广电局（北京市版权局）网站，最后访问日期：2017年3月13日。

区人民政府共同合作设立的北京服务—文化创新发展投资基金也投向北京国家音乐产业基地、文化创意产业集聚区。

2. 对音乐版权进行有力司法保护

在对音乐著作权的司法保护方面，北京一直处于全国前列，北京法院对于音乐版权更强调高额保护。数据显示，以北京知识产权法院为例，作为首家知识产权审判专业机构，在著作权案件中，基层法院一审案件平均判赔额为 2.5 万元，北京知识产权法院二审案件平均判赔额为 3.1 万元，二审案件判赔支持率为 22.1%，也高于一审的 19.1%。

从 2016 年北京知识产权法院审结民事侵权二审案件判赔情况与基层法院一审判赔情况的比较来看，由基层法院上诉到北京知识产权法院的各类案件无论是平均判赔额还是判赔支持率均有所提高，说明北京知识产权法院对于权利的保护更倾向于高额保护。①

另外，北京市海淀区人民法院等作为全国首批审理知识产权案件的基层法院，审理了大量的新型著作权纠纷案件，特别是互联网发展中里程碑式的案例，为中国音乐著作权的司法保护提供有力支持。

北京市结合市场的实际情况，不仅使得侵权赔偿标准得到了提高，还通过探索证据挖掘制度，减轻权利人的举证负担。为了提高司法能力，北京法院系统还积极探索技术调查官、专家辅助人机制，细化法律适用规则，加强与行政执法机关的配合。②

3. 行政执法系统强化对数字音乐版权的保护

北京市版权局版权执法监管力度加大，北京市版权保护在全国"双打"考核评比中以满分成绩居全国首位。北京市版权局落实"剑网2016"专项行动，重点整治网络云存储领域的侵权盗版行为，完成重点案件初期取证工作并移交公安机关，跟踪监测作品传播和网络转载情况，下线 5000 多条侵权链接。还落实"金曲版权工程"，建成中国音乐版权

---

① 知产宝司法数据研究中心：《北京知识产权法院司法保护数据报告（2016 年度）》，2017。
② 《著作权保护不能走老路》，中国经济网，最后访问日期：2017 年 8 月 4 日。

大数据平台，涵盖年度点击量排名前 20000 首歌曲，逐步规范音乐版权秩序。[①]

北京市文化执法总队也多措并举，强化对数字音乐市场版权保护。其对网站链接开展主动监管、规范网站经营者作品提供行为、实行录音制品正版认证，持续加大对侵犯音乐著作权非法网站的打击力度，处罚擅自传播侵权盗版数字音乐违法行为。同时，加强对交易平台版权监管，重点强化电子商务交易平台管理，指导企业完善交易保护规则，依法关闭传播侵权盗版音乐作品未备案"黑网站"，删除断开侵权盗版音乐链接。强化重点音乐作品版权预警，关注著作权人和重点音乐作品网上动态，采取行政约谈、版权预警及情况通报等方式，加强网盘云服务、APP 客户端等新型网络传播平台监管，促进数字音乐作品的广泛授权和有序传播。支持数字音乐服务商开展版权自律，组织本市网络音乐服务商、唱片公司和版权代理公司召开研讨会，开展数字音乐版权保护自律，鼓励著作权利人和网民开展社会监督。

四　音乐产业生态链版权调查情况

（一）上游主体的音乐版权概览

1. 版权内容划分细致精准，邻接权重要性凸显

在版权布局逐渐完善的当下，随着音乐作品载体的不断发展和变化，对于音乐版权的类型划分也逐渐细致。音乐著作权是一项古老而复杂的权利，著作权本身有人身权与财产权两大分类，除人身权无法转让与剥夺外，其余的复制、发行、出租、展览、表演、放映、广播、信息网络传播、摄制、改编、翻译、汇编相关著作财产权都可以由权利人进行单独转让，围绕每一项权能展开的音乐产业体系十分庞杂，不同的权利之间泾渭分明，音乐市场的

---

① 《北京市新闻出版广电局（北京市版权局）2016 年工作总结》，北京市新闻出版广电局（北京市版权局）网站，最后访问日期：2017 年 3 月 13 日。

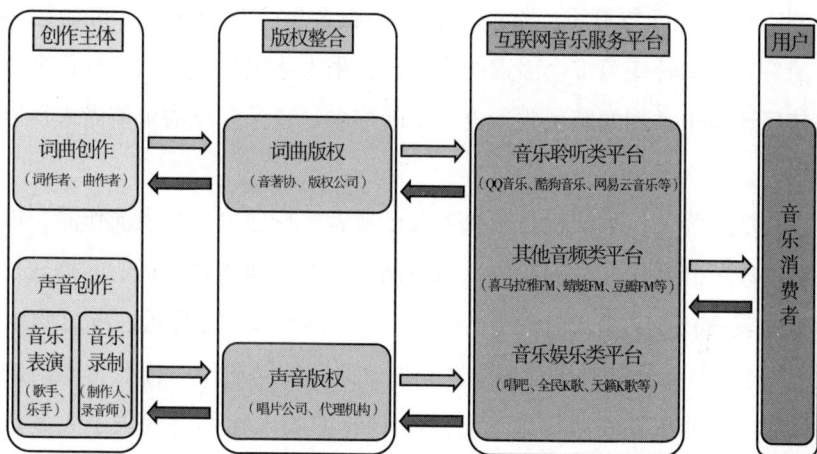

图 16　音乐产业生态链

资料来源：中国传媒大学音乐与录音艺术学院：《中国数字音乐产业发展报告》，2017。

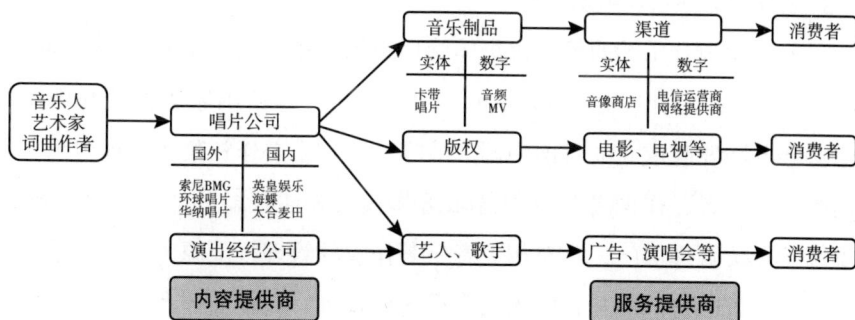

图 17　音乐内容和服务提供商

资料来源：腾讯研究院：《2015 年音乐产业发展报告》，2017。

划分也越来越精细。

当数字音乐进入了音乐流媒体时代后，除了基础的音乐词曲著作权，邻接权也正在变得越来越重要，表演者权、录制者权和广播电视组织权在网络时代下显现出越来越大的价值。

2. 创作价值尚未得到充分体现

音乐作品的创作过程是创作者付出心血和劳动的过程，创作者的劳动理应受到应有的认可与尊重。然而，受到盗版音乐、政策缺位、市场运作变化、消费者需求转变等多个因素的影响，音乐人从唱片公司、版权代理方和音乐使用者手中拿到的版税收入也在不断缩水，音乐创作的价值尚未得以充分体现。

以表演权为例，表演权是版权人自己或者授权他人公开表演作品，以及用各种手段公开播送作品的权利。由录制音乐在广播和公共场所的播放使用所带来的表演权收入在 2016 年增长 7.0%，达到 22 亿美元，占总收入的 14%。① 对于大部分词曲作者来说，其很少拥有如同明星一样登台表演的机会，其收入只能依靠表演权来获取，而 14% 的收入比例则代表了大多数词曲著作人的生存现状，这对于音乐创作者来说无疑是一个巨大的冲击。

（二）版权整合方概览

1. 著作权集体管理组织

目前，我国音乐类的著作权集体管理组织是中国音乐著作权协会 MCSC（简称"音著协"），成立于 1992 年 12 月 17 日，是由国家版权局和中国音乐家协会共同发起成立的目前中国大陆唯一的音乐著作权集体管理组织，是专门维护作曲者、作词者和其他音乐著作权人合法权益的非营利性机构，②并不属于行政管理部门，其对相关音乐著作权的管理权限源于其与音乐作品著作权人签订的合同。凡是中国的音乐著作权人，包括曲作者、词作者、音乐改编者、歌曲译配者、音乐作者的继承人以及其他通过合法方式获得音乐著作权的人，都可以成为协会会员。

自 2015 年开始中国音乐版权环境好转，中国音乐著作权协会的版权许可收益达到 1.7 亿元人民币，较 2014 年增长 24%。其中，复制权和表演权收益都呈现出翻倍的快速增长。音著协成立 23 年来，为音乐著作权人收取使用费总额突破 10 亿元大关，达到 10.6 亿元人民币。

---

① 数据来源于 IFPI 国际唱片业协会《2017 全球音乐报告》。
② 协会简介，中国音乐著作权协会网站，详见 http://www.mcsc.com.cn/mIL-5.html。

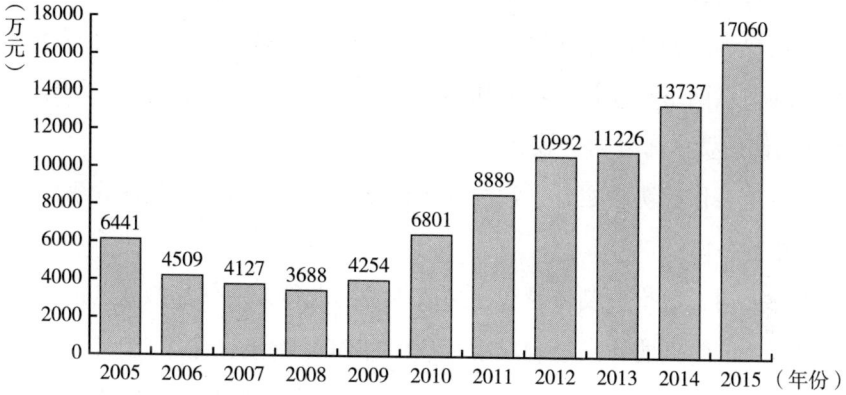

图18　2005~2015年许可收入

资料来源：中国音乐著作权协会：《2015中国音乐著作权协会年报》，2017。

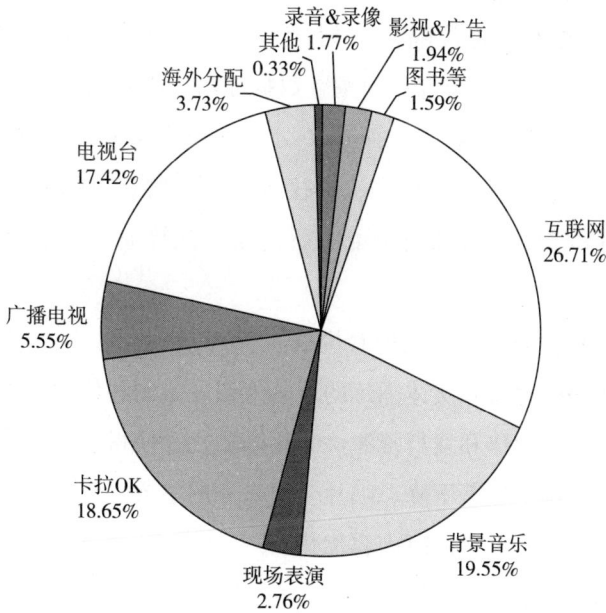

图19　2015年许可收入来源

资料来源：中国音乐著作权协会：《2015中国音乐著作权协会年报》，2017。

在所收取的著作权使用费中，按权利内容划分，共涉及复制权、表演权、广播权和信息网络传播权四项。2015年使用费中，复制权、表演权、广播权和信息网络传播权四项使用费分别占比5%、41%、23%、27%，其余4%的使用费由海外协会收转而来。[①]

除音乐著作权协会之外，我国尚未成立录音作品的版权集体管理组织。

2. 唱片公司

唱片公司一般投资制作录音产品或母带，获得词曲作品版权人的机械复制许可后才能将词曲作品录制成唱片、CD、MP_3的录音作品/制品，并拥有该录音作品/制品的著作权，因此，唱片公司手中通常握有大量的音乐版权资源。

（1）唱片公司是版权利益的最大获取者

当音乐人选择发行数字音乐时，例如选择在线音乐平台进行新歌首发，在商业分成中，通常唱片公司所获分成比例最高。国外调研机构Ernest & Young和SNEP亦有一项调查数据显示，唱片公司从在线音乐发行中获得了高达45.6%的收入，而这个分成比例在实体唱片中可能会高达73.1%。随着正版化进程的推进，版权费用翻倍增长，唱片公司成为版权利益的最大获取者，其在市场分配中所占据的优势地位也逐渐引起了业内的关注。

（2）流媒体时代唱片公司的新挑战

随着互联网的普及和实体唱片的衰落，音乐录制和传播的门槛降低，传统唱片公司的音乐制作和发行资源优势逐渐弱化，使得数字音乐时代艺人对于唱片公司的依赖性显著下降。唱片公司未来的主要工作将从挖掘培养艺人变为将艺人的价值最大化同时内容优化。

3. 版权代理公司

音乐的词曲作者创作音乐作品并享有该作品的著作权，在多数情况下会

[①] 《23年音著协词曲著作权使用费收费总额突破10亿元》，中国音乐著作权协会网站，最后访问日期：2017年3月。

a.音乐流收入分成

b.音乐平台的税后支出

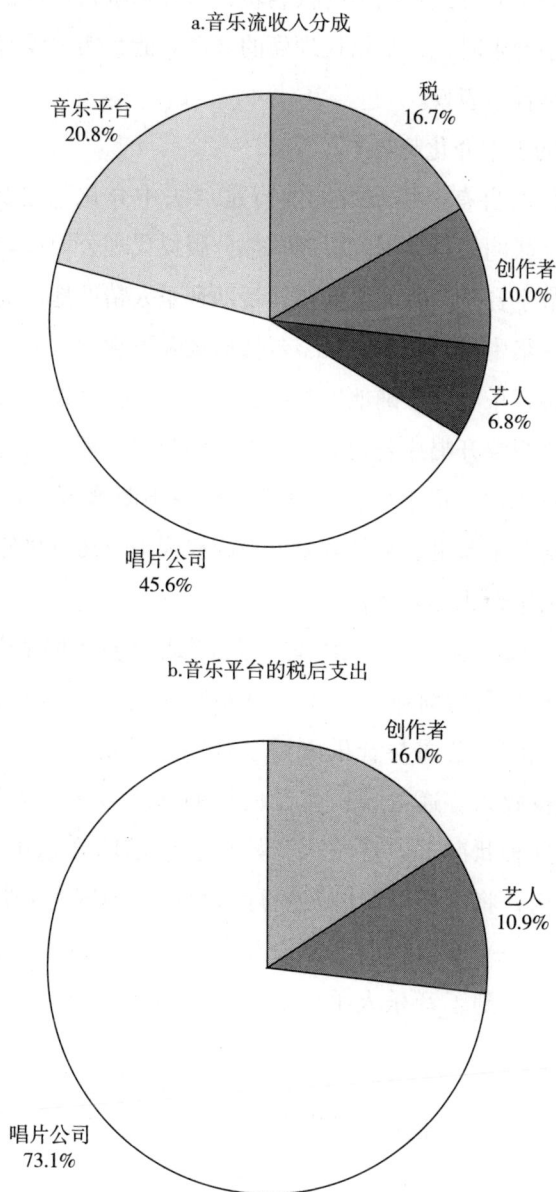

图20 音乐流收入分成和音乐平台的税后支出情况

资料来源：Ernest & Young 和 SNEP 研究报告。

通过签订代理协议的方式将相关的权利转让给音乐版权代理公司。无论是唱片时代还是数字音乐时代，版权代理商的基本职能其实并没有变化，它们的运营核心始终是音乐版权。

（1）合作的去中介化趋势

版权代理公司自有监控系统的实行是"去中介化"趋势的一种表现。近年来，随着互联网信息化程度提高，部分版权代理公司逐渐发展成可以利用技术手段对数字音乐进行流量监控，帮助音乐人精准地从消费终端追踪到其音乐作品在网络中被消费的记录，包括播放和下载的次数、付费对象及付费金额。对下游音乐更加准确地追踪数据以及更加合理地分成比例，使得一些音乐人开始纷纷绕开唱片公司而选择直接跟版权代理公司进行合作。与此同时，由于版权代理公司手中的音乐版权资源不断增多，合作方式更加透明，数字音乐播放平台也越来越频繁地与版权代理公司直接签订协议，音乐版权代理市场去中介化趋势凸显。

（2）音乐人成立独立音乐工作室，录音产品版权重回手中

在传统唱片公司的商业模式中，录制唱片的录音版权由录制者也即唱片公司所有，唱片公司与音乐人订立合同，约定其从唱片发行销量和其他途径的版权收入。通常音乐作品的词曲作者或表演者所获得的分成比例较低。在这种状况下，音乐人开始成立自己的音乐工作室或发起成立版权代理机构，将音乐录制以及发行和版权管理等实务归为自己统筹，以期待建立简洁公平的版权服务和合作机会，许多原本归属于唱片公司的录音版权重新回到了音乐人手中，音乐人自己拥有录音产品版权的现象变得普遍。

（三）音乐服务企业/平台概览

随着正版化的推进，各大音乐平台也开始加大版权投入，力图打通渠道方和版权方壁垒。互联网时代的来临和流媒体技术的发展，使得在线音乐平台成为音乐市场的重磅玩家。随着巨头之间的利益之争逐渐深入，音乐平台不断加大版权投入，积极布局音乐产业生态链，正版音乐曲库已经形成产业

规模，既成了渠道方，也是版权方。

阿里音乐与滚石、华研、寰亚、BMG 等公司展开版权合作；腾讯音乐娱乐集团与华纳音乐、索尼音乐、杰威尔音乐、福茂音乐等多家版权方达成合作，拥有千万首歌曲版权。从音乐版权资源看，目前以歌曲为单位（不同演唱者及不同使用场景下使用时不重复计算）的版权音乐数量为 600 万至 700 万首，以音乐文件为单位（不同分类方式及不同使用场景下重复计算）的版权音乐歌曲数量为 1500 万首左右。①

（四）音乐用户概览

1.音乐用户规模庞大

截至 2015 年 12 月，网络音乐用户规模达到 5.01 亿人，较 2014 年底增加了 2330 万人，占网民总体的 72.8%。其中手机网络音乐用户规模达到 4.16 亿人，较 2014 年底增加了 4998 万人，占手机网民的 67.2%。②

2.对高品质音乐的追求逐渐成为主流

根据《2016 腾讯娱乐白皮书》的一项调查，用户也逐渐从收听音乐到更愿意享受音乐，促使用户购买音乐的最大动因是歌曲好听，占到了调查数据的 25.5%，可以看出，音乐用户对于音乐的要求已经从最基础的歌曲数量逐渐上升为歌曲品质，高品质音频下载等服务广受好评，高质量的正版音乐成为音乐用户的追逐热点。

五 目前我国音乐产业版权保护所面临的问题

（一）版权的纷争与合作

1.版权活动刺激版权费用飞涨，或加大行业发展难度

2015 年国家版权局出台下架禁令后，各大音乐企业纷纷转向版权购买，

---

① 数据来源于艾瑞咨询《2016 年中国在线音乐行业研究报告》。
② 数据来源于中国互联网络信息中心《第 37 次中国互联网络发展状况统计报告》。

图 21　2014～2015 年网络音乐/手机网络音乐用户规模及使用率

资料来源：中国互联网络信息中心：《第 37 次中国互联网络发展状况统计报告》，2017。

在国家的政策引导下，音乐版权进一步规范化，相关部门针对网络音乐产业的版权乱象频出重拳，大力支持音乐产业发展，为音乐正版化提供了支持和保障，也使得版权资源成为重要的商业资源。

在 2015 年集中的版权大战过程中，各大音乐企业相互签订了大批版权授权合同。随着转授权合同期限临近，2017 年可能成为新一轮版权争夺的起点。手握众多版权资源的唱片公司或将进入新的待价而沽姿态，对于业务日渐萧条的传统唱片公司而言，音乐的版权收入无疑成为公司新的盈利点。

（1）音乐版权逐渐回归到其应有价值

独家版权仍然是很多用户选择音乐终端的重要依据，随着音乐正版化进程的推进，版权价格一度升高，成为行业内竞相争夺的资源。随着"最严版权令"下达后国内版权政策的愈发清晰，各大企业也纷纷围绕音乐版权展开新一轮的布局，使得音乐版权价格一路飙升，版权市场红海已现。但随着几轮激烈的版权竞争落幕后，国内音乐版权市场的基本格局已定，音乐版权也由最初的"天价"逐渐回归其应有的价值。对于依靠音乐版权吸引用户的网络服务提供者来说，利用优质内容和体验满足用户的多元需求才是在激烈竞争中的长久之计，如何在正版化的过程中握有版权资源，并通过对产品的打磨，将音乐商城、个性化推荐、粉丝社区、直播电台、打榜歌单等特色功能融为一体构建自身优势，将是各大音乐平台下一步的发展重点。

（2）用户转化率低，流量亟须变现的行业压力

腾讯音乐娱乐集团副总裁吴伟林先生表示："我们访问音乐的月活跃用户数量实际上已经超过6亿，这意味着，即便订阅用户数量为1500万，我们的订阅用户转换率仍不足3%"。① 极低的用户转化给从业者带来巨大压力，在吸引用户的基础上对付费用户和免费用户进行差异化定位，形成自身独特优势，满足用户多元化的需求，使流量变现成为平台当前的努力方向。

2. 版权合作陆续开展

在国家努力建设知识产权强国的政策方针及相关法规的严格把控下，各大音乐企业纷纷与唱片公司合作，用内容资源抢占用户，版权费用节节攀升。为了合理分摊版权费用的压力，各大音乐企业纷纷采取互通和共享的应对措施。通过合并、转授权等方式建立共享版权资源等合作关系，一方面丰富各自的曲库资源，另一方面可以节约和分摊各自版权成本，形成共赢局面。以我国主流在线音乐平台为例，腾讯音乐娱乐集团、网易云音乐等几大音乐平台已经建立了授权合作机制，转授权歌曲数量达数百万首。

（二）版权侵权现象依然严重——数字音乐服务容易绕开传统音乐的授权规则

1. 数字音乐版权侵权问题已成行业发展的重大障碍

伴随着互联网在全球范围的普及和蓬勃发展，音乐产业成为首个遭遇网络盗版重创的领域，互联网版权侵权现象层出不穷，矛盾和争议不断，遏制盗版音乐成为一个全球性的难题。

网络音乐版权侵权与传统知识产权侵权相比，特征集中体现在了侵权行

---

① 数据来源于 IFPI 国际唱片业协会《2017 全球音乐报告》。

为的普遍性和侵权后果的严重性上：一方面大量网络用户直接成为侵权主体，且难以被逐一追责；另一方面侵权行为造成的影响和后果极为严重，权利人的损失几乎无法恢复。

首先，与传统的知识产权侵权不同，网络侵权对于设备和技术的要求标准极低，并且数字音乐每一首作品的大小有限，即使是普通互联网用户，轻点鼠标亦可以轻松完成对盗版音乐的复制、传播、试听、下载等行为，因此网络侵权更加容易且高发。

其次，网络信息传播突破了时间、地域限制，一旦发生侵权问题，损害后果的扩大难以人为控制。传统知识产权侵权一般限定在出版发行物的范围内，盗版的影响力范围有限；而互联网使得普通网络用户得以通过低成本的计算机与网络掌握以往由出版商控制的传播技术，每一个连接到网络的个体都可以同时成为创作者、传播者和使用者，盗版音乐所造成的影响则可能在全球范围内伴随着终端用户的转发、评论而呈几何倍数增长。

近年来，各大音乐企业特别是在线音乐平台花费高额的版权费用所争取来的优质版权资源，从知名的唱片公司如环球唱片、华纳唱片到独立的音乐厂牌和音乐人的众多音乐作品资源，一经上线发布就遭遇了音源被泄露、盗扒、翻录的情况，并在网络上进行大肆传播，特别是对于付费音乐作品，致使音乐平台投入巨资购买的音乐版权瞬间被侵权，平台的竞争优势无法实现、上游音乐人的合法收入也难以得到保障。

2. 对新型侵权模式及法律定性涉及较少

随着技术的不断更新和发展，依赖于互联网的新型版权侵权形式层出不穷。

首先，侵权主体范畴扩大。音乐作品在互联网的传播过程中，网络内容提供商（Internet Content Provider，简称ICP）、网络服务商（Internet Service Provider，简称ISP）、个人用户三方都有可能成为侵权行为人，网络的虚拟性，使得网络侵权行为主体难以被准确地把握。

其次，侵权行为界定越来越难。依靠着技术的发展和新的运营传播模式，对于音乐作品的侵权方式可能不拘泥于传统的复制行为。信息网络传播权侵权的行为涵盖了各种内容。用户生产内容（User-generated Content，简称 UGC）、翻唱行为、改编行为等侵权形式每天都在发生新的变化。UGC 领域存在内容未经授权和未支付权利人合理报酬的问题，这些问题阻碍了该领域的发展。侵权行为多样且充满变化、侵权责任不明晰、侵权数额确定难、音乐平台间交叉侵权与诉讼，这些难以界定的问题尚未有明确的答案，虽然法院已经针对某些问题作出了较为稳定的裁判标准，2012 年最高人民法院也出台了《最高人民法院关于审理侵害信息网络传播权民事纠纷案件适用法律若干问题的规定》的司法解释对侵犯信息网络传播权的相关问题作出了较为详尽的规定。然而，由于网络传播技术进化极快，新的侵权手段也是层出不穷，法规也不可能穷尽地列举所有侵权形式，对于各种行为的定性充满了不准确性与不全面性。

3. 侵权诉讼维权成本高昂

音乐版权权利人发现侵权情况时，其维权之路往往很艰难。首先要证明自己是权利人，出示证明自身享有版权的相关文件。其次要进行侵权证据的收集。音乐版权侵权取证难度大。鉴于网络数据的复杂性和易修改性，经营者完全可以通过技术手段对数据进行修改、删除，导致监管部门无法提取或者提取数据有误，难以证明侵权行为。网络侵权的证据稍纵即逝，且难以固定保存，给网络音乐保护带来了很大麻烦。

而在司法实践之中，音乐权利人进行维权主要采取的方式是向侵权人投诉、向版权局投诉或向法院起诉，一首音乐作品诉至法院胜诉后所获取的侵权损害赔偿额极低，高额的维权成本高和低额的诉讼赔偿间形成了困局。除此之外，侵权行为扩散的高迅速与诉讼流程的漫长冗余之间再次形成困局。音乐版权人维权成本高昂且回报率不高，导致很多权利人最终选择放弃维权，进而导致版权侵权现象的泛滥。

（三）用户版权及版权付费意识仍有待提高

数字音乐版权授权模式是产业优化升级的表现形式。中国数字音乐用户经历了长期的"免费午餐"时代，由于国内版权意识成型较晚，大量观众尚未养成为自己所收听的音乐作品付费的意识。传统音乐版权授权机制并未很好地适应时代和技术的发展，在流媒体快速增长的中国，建立良好的版权秩序以及培养用户付费意识，是评判产业实现实质性发展的重要指标。

QQ音乐的一项调查显示，2016年QQ音乐用户中，有七成多的用户从未买过付费音乐作品。[1] 用户版权意识的培养需要一个漫长的过程，增强社会对音乐作品著作权的保护意识、使社会公众尊重音乐原创识是音乐产业最期待的改变之一。当互联网与传统文化产业深度融合之后，传统的版权管理模式暴露出了巨大的局限性。随着实体唱片发行模式的逐步消亡，音乐产业迫切需要通过数字音乐付费制度来弥补传统商业模式的损失；我国目前尚未建立健全的版权付费模式，如何使音乐著作权人在获得足够经济回报的情况下，提供更多更优秀的音乐作品，就成为不可回避的问题。

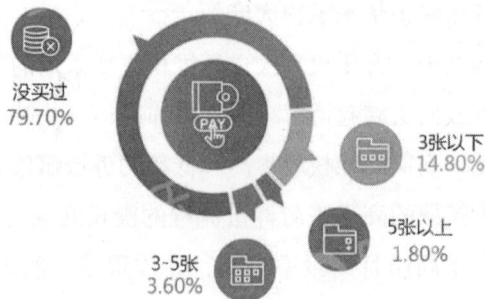

图22　网友近一年买过多少付费音乐作品

资料来源：《2016腾讯娱乐白皮书》，2017。

---

① 数据来源于腾讯网《2016腾讯娱乐白皮书》。

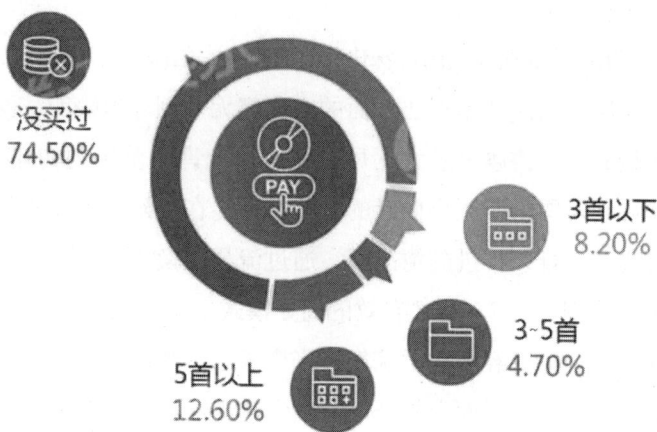

没买过
74.50%

3首以下
8.20%

3~5首
4.70%

5首以上
12.60%

图23　近一年内，你买了多少首付费单曲

资料来源：《2016腾讯娱乐白皮书》，2017。

（四）版权收益并没有合理地回馈给版权拥有者，音乐产业链严重断层

1. 分配机制不合理，无法回馈上游实现利益平衡

"价值差距"是指音乐作品的上游创作者、投资人等通过音乐的创作、制作、投资行为所付出的成本并未得到合理的回馈。音乐价值未得到合理评估，投资音乐和创造音乐的人没有从自己的劳动中获得合理报酬。当前音乐市场的分配机制在经历了"免费为王"时代下的摧残后，显然还未得以合理重建，产业主体之间尚未形成良性的产业链。盗版运营和不正当竞争行为使得某些服务商没有意识到音乐的真正价值就从其他获得授权的服务商那里争夺客户，并大肆盈利，而上游的音乐创作、制作、投资人无法获得合理的报酬，这种行为会使音乐作品价值难以得到实现，导致好作品越来越少，音乐生态系统无法可持续发展，最终导致音乐产业的萎缩与恶性循环。

音乐价值的不合理评估是音乐产业亟待解决的问题。音乐创作源头的水汇聚成了瀑布，但瀑布的水回流不到创作者手里，音乐行业的核心价值是不断涌现的优质音乐作品，只有优质作品才能从根本上激发消费欲，优质作品的涌现是音乐行业发展的命脉。

2. 我国音乐产业商业模式的特殊化和复杂化——急需可盈利的合法商业模式

无论是立法、执法还是司法方面的变化都无一例外地表明，网络著作权侵权行为面临的风险将越来越大，尽快在法律允许的范围内构建商业模式，是产业主体特别是网络服务提供者的必然选择。在现阶段，就数字音乐行业而言，在付费制度难以推进的情况下，通过流量变换成广告的收入亦难以支撑音乐企业"突围"，建立行之有效的商业模式正是问题的关键。

中国政法大学民商经济法学院教授张今表示，我国数字音乐付费制度难以构建和施行的症结，表面上是 ISP 无法认同音乐著作权人向最终用户收费的主张，本质上则是新兴互联网产业与传统音乐产业在商业模式上的差别。寻找合适的商业模式，比追究 ISP 的侵权责任更为重要。①

目前，数字音乐版权的授权及转授权模式被国内主要平台接受和认可，这是产业优化升级的具体表现形式。当前已在探索的数字音乐版权授权及转授权模式，一方面由于平台投入了巨大的资金购买独家版权，使得平台有动力去保护其独家版权不受盗版的侵害，平台与权利人之间在保护版权上达成了一致；另一方面平台方由于独家版权成本的压力，通过多方合作分销，共同承担版权费用，促进了优质音乐资源进行合理分发与配置。目前的数字音乐版权的授权及转授权模式使得版权秩序大为改观，并且促进了平台之间的内容的相互转授权，极大地促进了互联网音乐的传播，是推动近几年数字音乐行业高速发展的重要原因之一。2015 年 10 月 QQ 音乐与网易云音乐达成了国内首例版权转授权合作，受到了广大用户的好评，也给在线音乐平台探索出被用户认可的服务方式与合理的盈利模式带来了新思路。

促进整个行业内版权的良性循环和共同发展，应该是行业从业者的共识。适应新市场环境的商业模式，应该是建立在版权授权规范、曲库管理科学、版权转授价值评估合理、合作机制开放、传播渠道畅通、服务优质、分配机制合理的多重基础之上的。网络音乐版权严监管所引发的对优质音乐版

① 《为版权付费，让创作有动力》，中国新闻出版网，最后访问日期：2015 年 5 月 13 日。

权资源的争夺，也使得移动互联网领域开始重构音乐生态，与此同时，各大唱片公司也正在与同样有志于提供优质服务的本土合作伙伴共建一个能够回馈艺人和权利人的合法、有效商业模式。

3. 音乐著作权中介和服务机构的责任和功能缺失

我国音乐著作权中介和服务机构在市场运转中的长期缺位使得版权管理和相关服务无法有效展开，中介和服务机构未发挥版权整合调配的作用。

（1）我国人均著作权使用费排名低

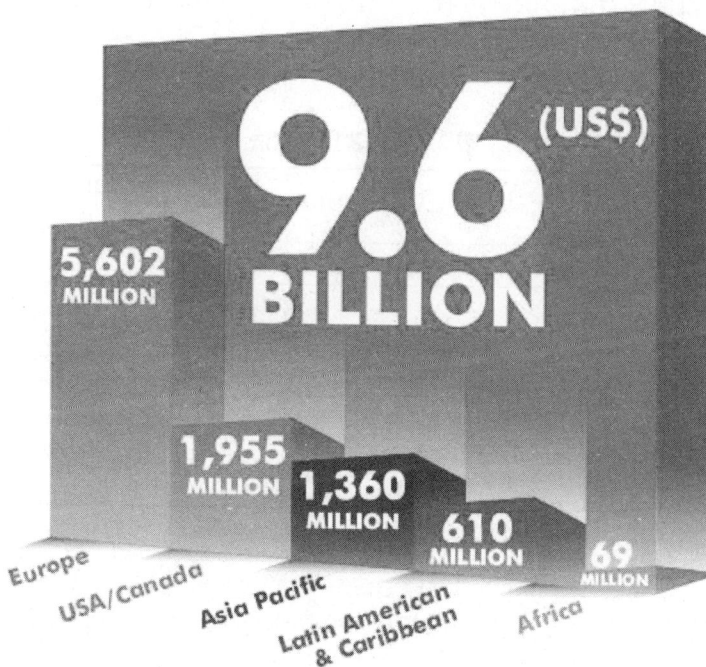

图24　全球许可收费数据

资料来源：国际作者作曲者协会联合会：《CISAC 2017 年报》，2017。

中国音乐著作权协会 MCSC 是中国大陆唯一加入 CISAC 的著作权集体管理协会，MCSC 的许可收费金额虽然增长迅速，但是整体水平仍然处于全球较低位置。2014 年人均著作权使用费数据显示，全球范围为 1.33 欧元，欧洲为 5.49 欧元，美加为 3.74 欧元，拉美为 0.88 欧元，亚太为 0.34 欧元，非洲为 0.07 欧元，而中国则不到 0.02 欧元。[①] 从区域性视角来看，根据国际作者作曲者协会联合会 CISAC 下各集体管理组织的全球许可收费数据，2015 年欧洲地区的许可收费仍占据全球收益总额的绝大部分，达到 58.6%，约合 50.4 亿欧元；北美地区的许可收益总额占到全球收益总额的 20.5%；亚太地区的许可收益总额增速较快，紧随北美地区，达到了全球收益总额的 14.2%；拉丁美洲和加勒比地区与非洲分别占全球总收益的 6.4% 和 0.7%。[②]

（2）政府主导型，高度依赖着国家的政策法规

截至目前，音著协的许可收费工作，是伴随着我国著作权立法逐渐完善的进程而渐次展开的。

表 2   我国著作权立法

立法时间	立法措施	赋予词曲作者的权利	MCSC 开始收取相应使用费的时间
1992 年 6 月	《著作权法》实施	复制权、表演权（部分）	1993 年
2001 年	《著作权法》全面修	复制权（完整）、信息网络传播权	2001 年
		广播权（无付酬标准）	暂无法收取
2009 年 11 月	国务院出台《广播电台电视台播放录音制品支付报酬暂行办法》	订广播权（有付酬标准可依）	2010 年

资料来源：中国音乐著作权协会：《2015 中国音乐著作权协会年报》，2017。

可以看出，通过立法确认著作权利，这是协会许可工作开展的前提和基础。结合国内外著作权集体管理的实践，我们还可以分析得出，中国的著作权集体管理实践须经历三个阶段才能走向成熟。第一阶段，主要依靠立法推动；第二阶段，主要依靠行政执法和司法推动；第三阶段，主要依靠行业合作推动。三个阶段之间并不一定有明显边界，且可能有交叉部分，而贯穿这三个阶段的主线则是全社会的著作权法律意识。显然，从第一阶段到第三阶段，全社会的著作权法

---

① 数据来源于国际作者作曲者协会联合会《著作权集体管理全球报告》。
② 数据来源于国际作者作曲者协会联合会《CISAC 2017 年报（2015 年数据）》。

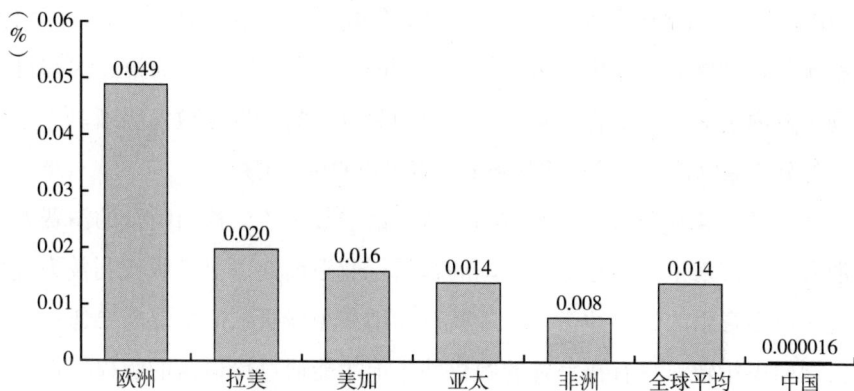

图25 音乐著作权使用费占 GDP 比例

资料来源：中国音乐著作权协会：《2015 中国音乐著作权协会年报》，2017。

律意识在逐级提升，而目前 MCSC 的许可收费正在由第一阶段转入第二阶段。[①]

参考音著协年收入占所在国家 GDP 的比例，中国的情况显得尤为严重，即便是非洲地区的平均水平，也远远高于中国，相当于中国数据的 500 倍。

六 对音乐版权保护的展望

（一）持续加强版权保护

1. 政府加大版权保护力度

版权保护的成果直接影响到产业生态的未来发展。中国政府日益增强的解决盗版问题的决心，加上对音乐价值态度的改变，是中国继续走向可盈利的合法商业模式的关键。

2. 相应政策法规的出台

产业的发展离不开相关法律法规的引导。2017 年 7 月 25 日，国家版权局、国家互联网信息办公室、工业和信息化部、公安部在京联合召开"剑

---

① 《23 年音著协词曲著作权使用费收费总额突破 10 亿元》，中国音乐著作权协会网站，最后访问日期：2017 年 3 月。

网 2017"专项行动通气会,代表着"剑网 2017"专项行动的启动。国家大力整顿版权制度的决心由此可见,与此同时,《著作权法》的第三次修订也受到了业内关注,对于音乐版权侵权及相关行为的定性也愈发明晰。

3.建立起完善版权秩序的基础上培养用户的付费习惯

数字音乐让听众从消费实体唱片转为消费数字流,这给听众的消费方式和消费习惯带来了强烈冲击。中国的音乐行业在前期以牺牲版权利益为代价来应对数字音乐的这种冲击,盗版横行和用户免费听歌的情况需要通过一个较长周期来扭转。只有在完善的版权秩序上才能通过探讨新的版权授权模式去逐步培养用户的付费习惯。与此同时,合理的音乐版权授权和转授权模式是提速正版化的有效措施,它更有利于规范市场、教育用户,而这正是我们乐于看到的。

(二)行业的创新与机遇

1.智能终端领域的机遇

中国版权产业中属于相互依存的版权产业特别是智能移动终端产业发展迅猛,占据了国内市场主要份额,而且依托于智能终端的版权内容分发渠道如应用商店相对发达,对音乐版权的发行和零售可以起到良好的促进作用。

2.发挥中国在移动网络支付上的全球领先优势

移动支付手段的普及提升了用户为优质版权付费的便捷度,加强了用户与作品创作者之间的联系,甚至增强了冲动感性消费的意愿,这有利于音乐版权产业向着版权内容付费方向转型。

3.探索合理的版权授权模式和运营商业模式

建立一个可持续的盈利模式是全球数字音乐产业共同面临的问题,是用合理的数字音乐带来市场的多元和细分,保障行业良性发展。市场是由需求决定的,需求越大就越能保证市场的繁荣。中国海量音乐用户所带来的数字音乐市场容量是巨大的,流行、摇滚、电音、现场、音乐节、音乐人合作及其衍生品都等待着被不断地开发和细分。重视市场调查、根据消费者的需求发掘内容资源、开展符合市场规律的版权授权模式、推行合理的利益分配制度，是中国数字音乐业界亟待改进的重要部分。音乐平台利用自身的资源优势和平台特点展开差异化的竞争，只有线下和社交双管齐下，才能彰显互联网时代音乐平台的自身价值。期待数字音乐平台在合理的版权授权模式推动下，打造出更加多元化的商业模式，为音乐人和听众提供更好的服务，也为行业提供更多创造新兴价值的空间。

（三）回报创作，建立合理产业生态圈

目前我国音乐产业的变化与外部文化的变化相适应，但仍未进入健康稳定的状态。中国的音乐市场及运营模式相对单调，一旦受到冲击，就会对行业产生较大影响，打破传统音乐产业专业分工模式的边界，通过产业变革让音乐进入下一个生命周期，加强版权监管、重视版权价值、回报上游创作、打通产业链条，形成合理产业闭环，建立音乐产业的绿色生态，是中国音乐版权领域下一个努力的目标。

参考文献

国际唱片业协会：《2017 全球音乐报告》，2017。

艾瑞咨询：《2016 年中国在线音乐行业研究报告》，2017。

中国传媒大学音乐与录音艺术学院：《中国数字音乐产业发展报告》，2017。

中国音像与数字出版协会音乐产业促进工作委员会：《2016 中国音乐产业发展报告》，2017。

国家版权局：《2017 中国网络版权产业发展报告》，2017。

《2016 腾讯娱乐白皮书》，腾讯网，2017。

艾媒报告：《2016~2017 年中国手机音乐客户端市场研究报告》，2017。

PMCAFF 产品经理社区：《资本的裁决：2017 年中国数字音乐产业报告》，2017。

北京市国有文化资产监督管理办公室：《北京文化创意产业发展白皮书（2016)》，2017。

知产宝司法数据研究中心：《北京知识产权法院司法保护数据报告（2016 年度)》，2017。

腾讯研究院：《2015 年音乐产业发展报告》，2016。

中国互联网络信息中心：《第 37 次中国互联网络发展状况统计报告》，2017。

国际作者作曲者协会联合会：《著作权集体管理全球报告》，2017。

国际作者作曲者协会联合会：《CISAC 2017 年报（2015 年数据)》，2017。

B.5
2016年北京软件行业发展报告

徐家力　张军强*

摘　要：　2016年，在"互联网+"战略和创新驱动发展战略两大战略
　　　　　的叠加作用下，北京市的软件行业发展迅速，呈现出登记数
　　　　　占全国比重较高、软件原创水平提高、热点软件集中、软件
　　　　　相关产业在经济总量中占比不断提升的特点。但软件行业仍
　　　　　存在软件开发端与需求端不匹配、开发周期过长、软件研发
　　　　　能力差、核心能力薄弱、人才储备不足等问题。应当从制定
　　　　　科学的软件产业政策、建设科学的软件研发机制、加快软件
　　　　　与硬件行业的融合等方面对软件产业进行完善。

关键词：　软件登记　软件产业政策　创新机制

　　我国在2008年颁布实施了《国家知识产权战略纲要》，科技创新能力
已经日益成为国家的核心竞争力和战略资源。目前在"互联网+"战略和
创新驱动发展战略两大战略叠加的作用下，知识产权的创造呈现出日益繁荣
的景象。软件著作权作为"互联网+"战略的直接着力点，在2016年也迅
速增长，这一年全国的软件著作权登记数超过40万件，与2015年相比增长
39.48%。北京市作为互联网企业的聚集地，2016年全市软件著作权登记数

*　徐家力，法学博士，国家知识产权战略专家，隆安律师事务所创始合伙人，北京科技大学知
　识产权研究中心主任、博士生导师，中国政法大学博士生导师，主要研究领域为知识产权法
　学；张军强，中国政法大学知识产权法博士研究生，天津市高级人民法院知识产权庭助理审
　判员。

为 82490 件，与 2015 年相比增长 27.8%，登记数量占全国总量的 20.2%，在全国处于领先位置。2016 年北京市登记的软件质量高、应用性强，北京的软件创新能力大幅提高。

一 北京市软件著作权发展概况

（一）软件登记基本概况

1. 北京软件登记数占全国比重较高

随着"互联网＋"战略的深入推进以及一系列促进软件发展的优惠政策的实施，我国软件相关行业发展迅速，软件著作权登记总量迅速增加。与此同时，北京市作为互联网及软件相关行业发展最早的地区，软件产业和软件著作权登记一直处在全国的领头羊位置。北京地区登记的软件在数量上处于全国领先地位，并且在软件质量上，一些创新型软件和热门应用软件也多创作并登记于北京市。暴风影音、今日头条、百度外卖、OFO、聚合数据、花椒直播等一些新型软件在北京市迅速崛起，这些企业的发展为北京市软件行业的发展注入了源源不断的活力。

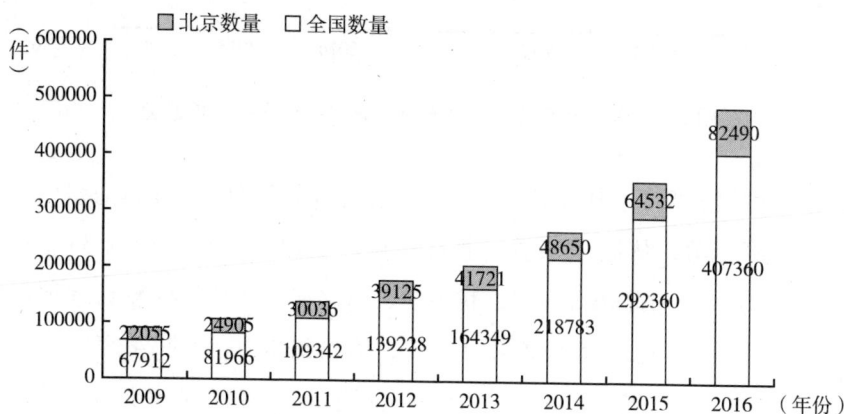

图 1　全国及北京地区软件著作权登记数量

但是从图 1 也可以看出北京的软件登记数量增幅低于全国的增幅，图 2 是全国软件登记数量和北京软件登记数量的增长速度对比，可以看出，北京的软件开发基础力量雄厚，原始软件积累较多，但是北京的软件登记数量的增速低于全国的增速。从图 2 中可以看出，只有在 2012 年北京的软件登记数量增速超过全国平均水平。近几年全国平均增速维持在 33% 左右，而北京的增速基本维持在 28% 左右。这是因为北京的软件行业发展较早，近几年，我国中、西部和东北部地区也开始重点发展软件相关行业，这些地区登记数量相对北京较小，因此增速比较快。2016 年我国西、中、东北部地区软件登记数量增速依次为 43.68%、40.50%、38.92%，增速均比东部地区要快。其中，西部地区的增长速度是全国所有地区中最快的。

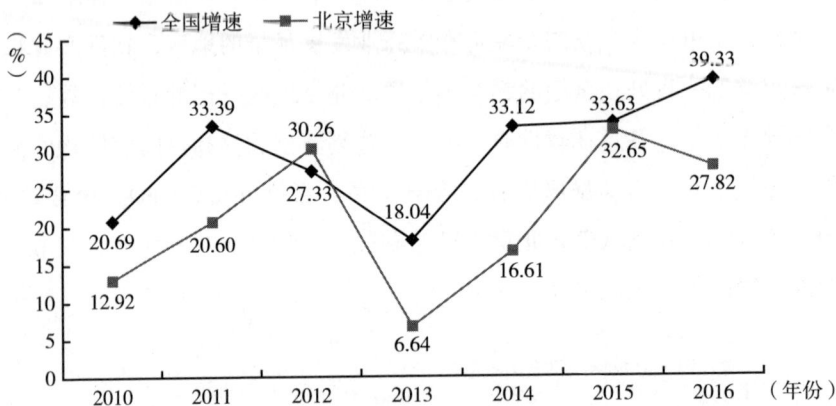

图 2　全国及北京地区软件著作权登记数量同比增长速度

北京的增速低于全国增速，导致北京登记的软件数量在全国总量中的占比也呈下降趋势，从图 3 来看，北京的软件登记数量从最初的 33% 降至 2016 年的 20%。与此相对应的，我国中、西部和东北部地区软件登记数量在全国总量中的占比已经由早期的 20%，增长到 2016 年的 24.55%。特别是在 2016 年，广东省的软件登记总数首次超过北京。广东省登记软件数量为 91715 件，而北京为 82490 件，北京保持多年的软件登记数第一位置旁落。

北京虽然在软件登记总数和增速上优势不再，但是北京登记的软件质

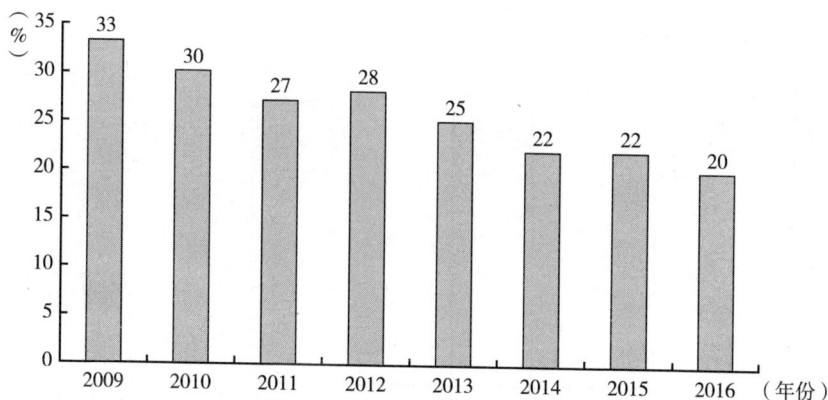

图3　北京软件注册量占全国总量的比重

量、创新性、使用规模仍遥遥领先，北京的软件和信息企业仍在全国发挥着指向标作用，北京仍是软件行业的创新驱动区。在2016年的互联网百强企业中，北京共有百度、京东、搜狐、奇虎360等28家企业入选。在2016年的中国软件和信息技术服务综合竞争力百强榜单中，百度、航天信息、东华软件、中软国际等软件企业排名至该榜单的前位，包含这些企业在内，北京共有37家企业进入中国软件和信息技术服务综合竞争力百强榜。在中国软件收入前百家的排名中，北京共有33家企业入选前100名，并且以航天信息、同方股份等为代表的33家企业实现软件业务收入1042.8亿元，占全国软件百家企业软件业务总收入的17.4%。信息系统集成及服务大型一级企业榜单中，全国共有32家单位获得2016年度大型一级企业证书，在32家企业中，北京企业占据了18家，占全国的56.3%。①

2. 北京软件原创水平提高

北京软件登记原创水平高且登记软件多为体现新科技和新商业模式的前沿性软件。北京有中关村作为软件和信息技术的研发重镇，加之大众创业、万众创新的深入拓展，尤其是资本大举追逐热门软件和信息技术，导致软件公司如雨后春笋般不断出现，越来越多的信息技术人才涌入软件开发行业。

① 《2017北京软件和信息服务业发展报告》。

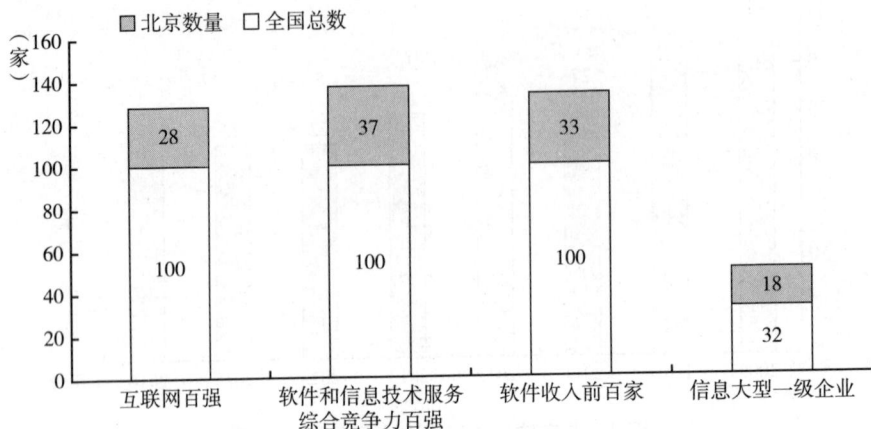

图4　北京软件及信息行业巨头排行情况

尤其是随着移动互联网的普及，嵌入式软件、物联网软件等新型原创软件市场需求不断增加，使得北京的软件原创水平不断提高。2016 年，在北京登记的软件中，原创软件占比较高，原创软件占北京全部软件的 95% 以上，而 2016 年登记的修改软件（含升级软件、翻译软件以及合成软件）数量较小，这也反映了软件市场的变化、软件技术的发展、软件开发人员水平的提高对软件原创水平的影响。

在前沿软件技术方面，云计算、大数据、物联网等信息技术代表着未来行业发展的方向。2016 年，北京的软件企业在这些前沿领域发展迅速，百度公司在软件和智能平台建设方面，重点发展云计算、大数据和人工智能技术，并推出了天智、天算、天像、天工四大智能平台。京东作为一家电商网站也研发了基础云、数据云两个智能生态领域，并在电商云、物流云、产业云、智能云四个领域进行了相关软件和产品的研发。搜狗公司以输入法软件为基础，开展"自然交互 + 知识计算"人工智能战略，在软件研发和软件更新换代方面，实现了语音识别、图像识别、机器翻译、自然语言理解、智能问答等方面的革新性突破。

2016 年，用友、神州数码等公司开始转型，其软件研发开始结合相关行业的集成应用，这些公司利用大数据、云计算技术为互联网金融企业的管理开发相关的软件和应用。用友公司开发了"企业互联网服务"3.0版本，为企业的网络化管理提供服务，神州数码拓展与金融业开始合作并开发了"互联网＋"银行的相关软件，东华软件也与金融企业合作开发了"华金在线"互联网金融平台，航天信息与企业的税务部门合作开发了"云税"等相关软件。

2016年，软件的开发与应用更趋综合化和多元化，而这些均结合了最新的商业模式。这一年猎豹移动、58同城、完美世界、陌陌等软件公司开始日趋综合化，这些软件也纷纷增加内容板块，如陌陌从交友类软件正向内容平台过渡，而映客成为国内领先的直播平台。

除此之外，在O2O、共享经济、新闻聚合等领域，美团、滴滴、今日头条，组成TMD团队，这些软件正带来更大的经济利益和新的商业模式。2016年，北京登记的这些领域的软件数量也在不断增长。

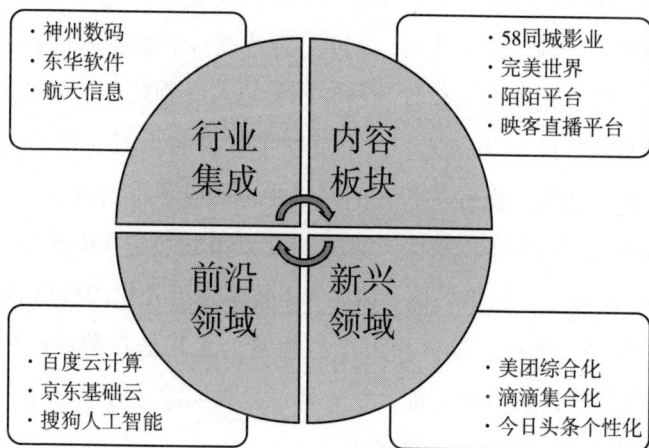

图5　商业模式

3. 软件登记的主体多为企业

2016年，北京的软件登记主体数量出现了较快增长，与2015年相比，北京的软件著作权人数量增长了将近30%。从软件著作权人的具体登记情况看，2016年北京软件著作权登记的主要力量仍是企业。在全部的软件登记主体中，企业主体约占全部登记主体的70%。而从登记的软件数量看，2016年在北京所有登记软件中，企业主体登记的软件超过80%。

这是因为北京具有众多的互联网企业、软件园、软件开发公司及科研院校。北京的科研院校虽然登记的软件总量相对较少，但是高校的平均登记数量超过企业的平均水平。北京邮电大学、清华大学、北京理工大学、北京信息科技大学、北京航空航天大学登记的软件数量处于前列。这体现出这些单位具有较强的软件研发能力和著作权保护意识。除高校之外，北京的软件登记主要集中在一些互联网企业。2016年，百度、奇虎360、滴滴、神州数码、东华软件、航天信息等公司的软件登记数量也远远高于普通企业的平均登记数量。

4. 热点领域较为集中

2016年，北京的软件登记主要集中在金融类软件、手机APP、游戏软件、教育软件、医疗软件和云计算软件等领域。尤其是金融类软件是所有登记软件中增长速度最快的软件，金融类软件的快速增长也反映了投资理财在社会中的热度和需求。除此之外，APP、游戏软件、教育软件、医疗卫生软件、云计算软件、信息安全软件和物联网等热点类别软件的增长速度也远远超出其他各类软件的平均增速，这也反映了软件研发具有明显的市场导向性。而金融类、游戏、医疗等行业的网络化也顺应了市场需求。

需要特别说明的是VR软件，2016年北京市共登记VR软件191件，占全国总量的22.31%，居第一位。因为VR技术是近几年的科技热点，而VR类软件主要应用于游戏、教育和医疗等领域，尤其是在游戏应用中占比较高。北京VR类软件数量的增加及领先地位，表明北京在新技术领域具有很强的软件研发能力和软件市场敏锐度。

（二）软件产业基本概况

1. 软件相关产业应收占比不断提升

2016年，软件及信息产业实现营业收入7287.6亿元，增加值2697.9亿元，同比增长了11.3%。软件及信息产业生产总值占全市GDP比重连续多年稳定上升，2016年该占比为10.8%，软件及信息产业已经成为北京市的支柱产业。即便在第三产业中，软件及信息产业在北京市第三产业中占比也是连续多年稳步上升，2016年全行业占比为13.5%，排名第二，成为仅次于金融业的产业。

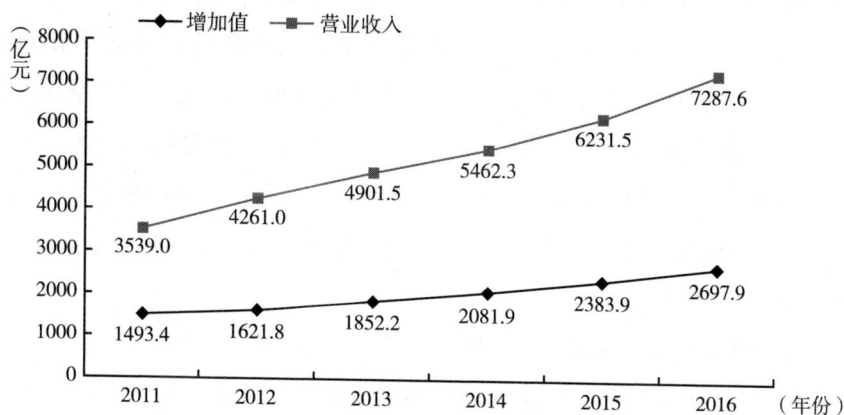

图6 北京市软件及信息产业营业收入与增加值

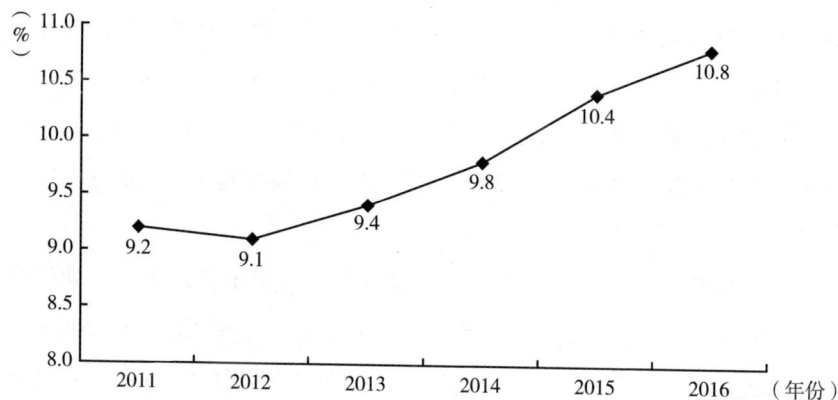

图7 软件及信息产业增加值占 GDP 比重

从图7可以看出，软件及信息产业增加值占北京市 GDP 的比重不断上升，表明软件及信息产业作为低碳、环保、绿色的产业正在蓬勃发展。软件产业的发展主要得益于"互联网＋"的政策激励、软件技术发展、人们生活方式改变等。

2. 企业软件业务收入占比不断提升

2016 年，在超大型企业中，百亿元以上企业营业收入占软件业务收入比重达 24%，这一数据较 2015 年提高 3.5 个百分点；北京地区百亿元以上企业中软件业务收入比重较高的主要有百度、奇虎 360、神州数码、爱奇艺公司。在大型企业中，十亿元以上企业营业收入占软件业务收入比重为 58.9%，这一数据在 2010 年仅为 40%。在中型企业中，亿元以上企业营业收入占软件业务收入比重为 88.6%。企业规模越大，能够增加营业收入的项目就越多，因此软件业务收入占比相应也不会太高，但是中型企业，尤其是互联网企业和软件企业，其营业收入的主要来源是软件业务，所以软件业务收入占比较高。

3. 北京开始进入"大软件"时代

2016 年，随着北京大软件驱动战略深入开展，北京的软件产业开始进入"大软件"时代，软件企业以及相关产业开始跨界融合和质量提升，"数据引领、软件定义、应用带动"的战略方针得到了较好的落实。其中大软件战略就是围绕软件的核心应用，扩展其他外围产业，形成一个系统性的生态。目前大软件战略主要有两种模式，一种是"软件＋服务"模式，另一种是"软件＋内容"模式。北京市在大软件战略中围绕核心软件进行开发的公司主要有滴滴、58 同城、京东、用友云、喜马拉雅 FM、暴风影音、今日头条等。

在这一战略的推动下，北京的许多软件企业规模不断增大，品牌效应不断增强。2016 年《福布斯》发布了"2017 中国潜力企业榜"，中国共有 220 家企业进入该榜单，其中，北京共有 44 家企业进入该榜单。在这 44 家北京企业中，有 36 家企业为软件企业，占比高达 16.4%，北京市为软件企业入选最多的地区。在 2016 年德勤评选的高科技高成长企业中国 50 强榜单中，北京共有宜人贷、云测、智象、PINTEC、蓝海讯通、玖富等 10 家企业上榜，这 10 家企业中有 9 家为软件企业。2016 年全国共有 20 家企业获得中国自主可靠企业核心软件品牌称号，其中北京有 14 家获得该称号，占全国总数的 70%。

4. 重点区域软件产业聚集

经过多年软件产业的发展，北京市已经形成了海淀区、朝阳区两大软件产业聚集区，在核心企业的带动作用下，相关软件产业开始聚集；在科技园、孵化器、软件研发基地的保障作用下，相关软件科技企业开始进行空间聚集。

得益于中关村软件产业聚集区，海淀区密布了全市大部分软件企业。海淀区的软件企业不仅数量多，而且软件研发能力很强，并且通过引进高端创新要素，形成了软件研发的"生态圈"。2016年，北京市所有软件企业的营业收入中，65.01%的收入来自海淀区的软件企业。而在2016年，中关村示范区软件企业收入占海淀区相关行业比重为69.25%。

朝阳区借助自身在文化、资讯、内容产业聚集方面的优势，重点发展"软件+内容"产业，并且朝阳区通过政策引导不断加强科技服务能力，成功引进了阿里巴巴等大型企业，2016年朝阳区软件及信息行业的营收占比达11.29%，成为继海淀区之后另一个具有软件行业引领作用的地区。

在海淀区、朝阳区快速发展的同时，其他区也通过精准定位实现错层发展。东城区、西城区汇聚了移动、电信、联通等信息传输企业，这些区域也围绕信息传输行业开发相关软件；石景山区重点发展文化创意、游戏动漫、虚拟现实产业；大兴区则具有超前的意识，利用区位优势重点发展云计算、大数据等战略性新兴产业；丰台区则主要通过政策激励，重点发展嵌入式行业应用软件；顺义区避开了这些竞争激烈的软件行业，重点引进金蝶、民航信息等公司，将着力点集中在地理信息科技产业上；房山区则顺应时代的潮流和社会需求，将互联网金融作为该区的重点发展方向。

（三）软件政策基本概况

软件行业是信息行业的重要组成部分，无论是"软件+内容"还是"软件+服务"，都需要围绕软件来开展，因此软件行业发挥着基础性作用。为了引导、鼓励、支持软件行业的快速发展，国家先后出台了一系列软件相关政策。北京市作为软件和信息行业的创新标杆城市，近几年一直稳步推进

"互联网+"战略,并结合北京的软件行业情况制定了一系列积极的软件相关政策。在这些政策的激励作用下,北京市软件企业快速发展,一大批优秀的软件企业脱颖而出,大量前沿、原创、高质量的软件产品被研发出来。软件的研发主要是依赖企业的力量,但政府的政策也有助推剂的作用。

2000年6月,国务院颁布了《国务院关于印发〈鼓励软件产业和集成电路产业发展若干政策〉的通知》(国发〔2000〕18号)。该文件一方面明确提出了我国软件产业的发展远景及发展目标,即到2010年力争使我国软件产业研究开发和生产能力达到或接近国际先进水平的发展目标,另一方面从投融资、税收、技术、出口、人才、知识产权保护、行业协会管理等方面为软件产业发展提供了强有力的政策支持。

2002年7月,国务院颁布了《振兴软件产业行动纲要(2002~2005年)》(国办发〔2002〕47号)。该文件角度更加宏观,从国际竞争出发,提出了振兴软件产业的指导思想、发展目标、发展思路和工作重点。

在此之后,国务院又陆续出台了一系列相关政策,并逐步形成一个完善的软件行业政策体系,在软件产业化、税收、培育优秀企业方面形成了一个政策框架。在软件产业化方面,国家相关部门制定了《国家软件产业基地管理办法》以及《关于组织实施振兴软件产业行动计划的通知》,指出要建设国家软件产业基地、软件出口基地、海外开拓体系和国家软件工程研究中心,并制定了具体举措。在税收优惠方面,财政部、国家税务总局、海关总署共同发布了《关于鼓励软件产业和集成电路产业发展有关税收政策问题的通知》,规定软件企业销售其自产的软件产品,2010年前可以按17%的法定税率征收增值税,并对其增值税实际税负超过3%的部分即征即退,由公司用于研究开发软件产品和扩大再生产。重点发展骨干软件企业方面,国家相关部门先后出台了《软件企业认定标准及管理办法》、《软件产品管理办法》、《加快推进大公司战略》、《国家规划布局内重点软件企业认定管理办法》、《计算机信息系统集成管理暂行规定》和《信息系统工程监理暂行规定》,这些文件一方面肯定了重点扶持骨干企业,以点带面的发展思路,另一方面规定了骨干企业的认定办法和重点扶持的领域,同时规定了软件企业可以享受的优惠政策。

软件产业的发展无法脱离信息行业的发展，因此国家一方面支持软件相关的行业，另一方面也在宏观层面出台了繁荣整个信息行业的相关政策。这些文件包括《国家信息化领导小组关于我国电子政务建设指导意见》《国家信息化领导小组关于加强信息安全保障工作的意见》《国务院办公厅关于加快电子商务发展的若干意见》《国家信息化发展战略（2006～2020年）》《国家信息化领导小组关于推进国家电子政务网络建设的意见》等。这些文件提出了我国要大力推进信息化的重要目标，并提出了一系列促进产业发展的相关优惠政策。

2009年4月，国务院审议通过并发布了《电子信息产业调整和振兴规划》。该文件虽然重点聚焦发展的是信息产业，但文件中多次提到了软件产业，并明确将软件产业作为信息产业的重点发展领域，同时也规定了具体的支持软件产业发展的措施。

北京市在2016年先后出台了《关于软件和集成电路产业企业所得税优惠政策有关问题的通知》和《北京市软件和集成电路产业企业所得税优惠政策核查工作管理办法》，对软件企业的税收优惠政策提出了具体的措施和认定办法。

2016年工业和信息化部出台了《软件和信息技术服务业发展规划（2016～2020年）》。该文件指出软件产业的发展十分重要。随着信息技术的发展和人们生活方式的改变，"软件定义"日益成为全行业发展的重要特征。因此工信部的发展规划制定了软件产业的九大工程，分别是软件"铸魂"、信息技术服务能力跃升、云计算能力提升、大数据技术研发和应用示范、工业技术软件化推进、面向服务型制造的信息技术服务发展、软件和信息技术服务驱动信息消费、信息安全保障能力提升、公共服务体系建设。其中软件"铸魂"是此项发展规划中的重要部署。虽然近几年我国的软件产业发展迅速，并涌现出一批批优秀的软件企业，研发出许多高质量的软件产品，但我国的软件产业基础薄弱，在关键领域和前沿阵地方面软件创新能力不强。因此为了重点解决"缺芯少魂"问题，就要向目前薄弱的关键领域、核心领域、前沿领域加大投入力度，提升软件研发创新能力。通过将软件与制造业结合，推进工业技术的软件化，实现中国制造2025，同时通过创新商业模式、革新信息服务业，提升国家网络化水平，为制造强国、网络强国提供发展动力。

在"软件定义"方面，随着大数据、云计算、物联网等技术的不断发展，"万物互联"的理念深入人心，软件行业的技术更新速度加快，软件企业纷纷围绕着软件开展综合业务，使得产业开始向网络化、平台化、服务化、智能化、生态化演进。网络化、信息化、万物互联都离不开软件，因此软件定义日益成为全产业发展的新特征。首先，在大数据时代，数据日益变成一种重要战略资产，其价值不断丰富，而数据主要来源于软件的使用和搜集；其次，新的经济社会形态下，行业不断涌现出新产品、新服务和新的商业模式，这些新的经济形态往往以创新性软件为依托，软件定义催生了一批新的产业主体、平台、模式和消费点。

二　软件存在问题

（一）企业微观层面

1. 软件开发端与需求端不匹配

过去传统意义上的软件开发流程是软件需求企业提出软件功能的基本需求之后，软件研发企业围绕这些功能需求架构软件功能体系。软件开发出来并具备了所有功能之后，研发企业再对企业的操作人员进行填鸭式的培训指导。在这种模式中开发端与需求端之间的交流是单向的，表面上是以需求端为主导，实质上是以开发端为主导。因此这种模式下开发的软件很多并不能满足需求企业的要求，也造成了软件质量的参差不齐。

尤其在当下"软件定义"时代，"软件＋内容"和"软件＋服务"已经成为软件行业的新形态。在这种经济形态下，软件不仅仅是一个企业的工具，软件与企业的管理、企业业务的开展开始深度融合，甚至软件与企业的融合会引发新的商业模式。这种形势，对软件开发端提出了更高的要求，软件开发者应当深入理解企业和市场，通过软件帮助企业创新商业模式，提高流程管理水平，让软件成为企业发展的驱动力。

传统的软件研发流程是软件开发端自己向规模客户进行问卷调查、咨询调查，通过调查结果勾勒需求端对软件的功能需求，然后依据此框架进行软件的设计研发。当软件产品研发出来之后，进行第二次原型客户测试，并根据收到的原型客户的反馈意见，对软件产品进行修改和调整，最后将修改后的软件产品交付需求端，推向市场。这种传统的软件研发流程，研发周期长，研发成本高，而且研发出来的产品在很多情况下无法完全满足客户端的心理预期。因为这种开发模式是在了解并试图满足原型客户需求的基础上进行的，研发的软件功能都是"规定动作"，并没有超越这些基本需要进行"自选动作"，也不能给客户端带来任何惊喜。即便在"规定动作"中，需求端的所有需求并不能全部通过软件技术予以实现，因此这种开发模式是以软件研发端为主导的、与客户端交流较少的研发模式。

目前一些软件研发企业已经开始试图改变这一局面，将用户的需求作为软件研发的核心。在产品开发的过程中，始终以需求端的需求为导向，将用户作为价值导向，在最终产品定型前，向社会发布软件产品的原型，并广泛调查和搜集用户的需求，准确定位用户对软件的需求。这种开发模式，是以客户为核心的创新式开发模式。但是这种模式在软件开发企业中运用的并不多，很多软件开发企业仍然沿用传统的开发模式，客户的需求并没有被提到应有的高度。在旧的模式中，软件研发人员与需求端之间并没有被紧紧地联系在一起，客户的真正需求并不能被软件研发人员精准、全面地掌握。在基本需求尚未满足的情况下，更遑论给需求端带来额外惊喜的软件功能。因此，软件研发行业中存在严重的软件开发端与需求端不匹配的问题，使软件开发效率低下、软件开发质量不高，软件行业直接转化为第一生产力很难得到保障。

2. 软件开发周期过长

随着软件技术的不断发展和人们对软件需求的不断变化，软件行业开发节奏越来越快。尤其在互联网时代，快速更迭已经成为软件行业的重要特征。同领域软件的开发速度和更新速度不断加快，新的软件产品、新的软件功能、新的经济模式不断出现，如果不能加快推出新的产品，将被市场竞争所淘汰。因此软件开发速度成为在软件市场赢得竞争优势甚至在国际竞争中取得胜利的重要领域。

然而，当前的软件开发普遍存在开发周期长的问题。在实践中，很多软件开发都存在延期的现象，甚至部分软件开发要延期二次、三次、四次甚至更多次。一个软件产品从立项到研发出来，往往要经过很多年。即便几百人共同参与开发，有些系统仍然要开发很多年。

这是因为软件产品的开发是一个极其复杂的系统性工程，往往需要一个团队的整体配合，共同克服难题，单个人很难完成。单个人的效率比较高，而多人参与的系统性工作往往效率会受到影响。而且在软件产品的开发过程中，一方面软件开发计划制订难度大，另一方面，计划制订出来之后，往往容易受外部因素干扰而不断更改。这就导致一个大型软件的开发往往需要很多人开发很长的时间。

这种长周期是软件行业的软肋。一方面，软件市场更迭过快，软件产品开发速度慢，会导致开发出来的软件产品因时间过久而跟不上流行趋势的发展。另一方面，在互联网时代，用户也被培养出了对科技产品喜新厌旧的思维定式，如果其他同行都迅速研发出了新软件，而自身软件开发速度过慢，则面临着被市场淘汰的危险。客户对软件产品的需求更新加快，市场流行趋势也在快速变化，尤其在大数据、云计算时代，软件与信息产业大都以软件为核心。软件上承载的内容、功能比以往的更为复杂，软件所能带来的经济利益也比以往的要大。如果较为核心的软件不能得以快速开发，对开发企业、需求企业乃至整个行业都会产生不利影响。

（二）行业宏观层面

1. 软件研发能力差、软硬件融合性不强

随着互联网时代的到来，只有实现软件与硬件的良好结合才能有效推动整个行业的发展。软件与硬件的融合、软件与金融等服务业的融合、软件与

工业的融合、软件与信息化之间的融合是新时期对软件行业的新要求。这一切都需要以强大的软件研发能力和软件拓展能力为基础。然而我国的软件研发能力相对不强，软件研发体系较为薄弱。虽然我国的软件行业在"互联网＋"等一系列政策的影响下，一直处于高速发展的时期，但是我国的软件支撑体系仍有待完善。从整体规模来看，我国的软件行业在全球所占比重只有8％。而且我国在"软件＋工业""软件＋内容""软件＋服务"的变革中仍未取得突破性进展。软件行业的特性决定了其不能脱离其他行业孤立发展，而在互联网化和信息化的过程中，其他行业因缺失了软件业的有效服务也无法实现快速发展。因此只有硬件相关产业通过软件实现功能提升，软件通过硬件实现市场支撑和功效扩展，软件与硬件充分有效融合，才能为社会的发展提供动力。我国很多行业已经具备了软件应用意识，比如钢铁行业、汽车制造业等，但是我国的软件开发能力并不能匹配这种需求，导致软件与硬件之间仍存在一定程度的裂痕。但是随着制造业等硬件行业的发展，软件与硬件的结合已经变成时代潮流，德国提出工业4.0，美国提出工业互联网，中国提出"中国制造2025"，因此如何较快实现软件与硬件的深度融合仍是我国软件行业面临的一项重要课题。

2.软件产业的核心能力较为薄弱

虽然经过长时间的发展，但是我国的软件产业核心能力在全球的排名并不高，这主要是因为我国自主研发的软件多为应用型软件，这些软件的技术含量并不高。在开发的过程中往往依托国外的权威性开发系统进行研发，这就严重影响了我国软件研发的自主性。世界软件产业正在不断发展，软件研发技术不断革新，必须掌握核心技术、核心能力才能在国际竞争中占据一席之地。一些较为核心的软件开发技术被国外公司牢牢掌握，尽管我国想实现快速发展，但也受制于国外的公司。这导致我国大半的软件市场份额被大量的跨国软件公司所占据，特别是在较为核心的平台软件和数据库软件方面，因为我国并不掌握核心技术，在开发技术、开发工具、开发理念等方面都只能模仿国外企业，而不能实现对软件行业的引领。尤其是进入互联网时代，平台应用越来越多，数据以及数据库的资产性越来越强，平台软件和数据库软件在社会中的重要性越来越高的情况下，我国在这方面并不具备较强的科研创新能力，会导致我国的软件行业发展落后于国外、受制于国外。目前我国已经充分意识到这个问题，很多区域政府为了吸引软件产业进入，制定了力度较大的产业优惠政策，并针对软件人才出台各种激励政策。尤其一些区域重点定位为大数据研发基地或云计算发展基地，这些措施和政策为我国核心软件研发能力的增强提供了有力的支持，但是我国软件产业的核心能力仍处于薄弱的环节。

3. 人才储备不足，人才流失严重

软件行业从分类上讲，属于知识密集型行业，软件研发人才是软件行业能够快速发展的基石。正因如此，软件行业的快速发展也产生了对软件人才的巨大需求，但是我国目前的软件研发市场不饱和，仍有大量缺口。根据中国电子信息产业发展研究院（CCID）对软件人才市场的调查，我国的软件行业每年都存在几十万人的缺口。虽然我国很重视软件教育，每年软件相关专业的毕业生很多，但是优秀的软件研发人才较少。与庞大的软件相关人才基础相比，能够进行核心软件研发的人才并不多。软件人才的重要性和巨大缺口，导致软件人才成为企业重金寻找的目标。这在某种程度上也导致了软件企业员工频繁跳槽、人才流失严重。软件行业的人才流动率偏高，明显高于社会其他行业。人才的流动主要集中在软件销售岗和技术研发岗。且人才流动由原来的中小企业流向大型企业，变成现在的双向流动，大企业之间，甚至大企业的软件人才也开始流向中小企业。即便有些企业的人才流动并不频繁，但这些企业的人才也具有较高的离职意愿。在我国急需要提高核心软件技术研发能力的情况下，人才流失无疑会阻碍核心研发能力的提升。人才流失会对软件企业带来严重的影响，在有形成本方面，人才的流失会导致前期的人才招聘、培训等费用付诸东流，使企业研发一半的产品出现停滞，软件的开发效率降低；在无形成本方面，人才的离职会影响其他员工的积极性、企业的社会声望等。而且人才的离职还会在知识产权方面产生更为严重的影响。一些核心人员的离职会导致企业核心技术秘密的泄露，进而使企业丧失靠技术优势积累的市场优势。

三 完善的对策和建议

（一）制定科学的软件产业政策

1. 打击盗版，保护原创，激励软件创新

软件行业作为知识密集型行业，需要知识产权法为其发展提供充分的保护。只有打击盗版、打击侵犯知识产权行为、提升市场监察能力、规范软件开发和利用市场秩序，软件行业才能健康发展。在软件开发过程中，如果秘密信息被盗取，软件的开发将变得毫无价值，之前的种种投入也将付诸东流。而在软件开发出来之后，企业本应该靠软件的销售来获取经济利益，以实现对其前期投资的回报。但因软件的特殊性，极易被复制或被盗版，而我国的盗版问题十分普遍，甚至在人们心中有一种使用盗版并不违法的观念。这是因为中国社会仍未形成一种将智慧财产视为财产的价值观，不愿意甚至没有意识到为知识消费付费。盗版的猖獗会严重危害软件行业的健康发展，阻碍软件研发能力的提升。一方面，软件企业无法通过自己的知识创造收回投资成本。软件的研发是一项系统的复杂的工程，不仅要投入大量人力、物力，而且研发周期很长。另一方面，盗版者不用费力就可以通过盗取他人的劳动成果而获取经济利益，导致一部分人不愿成为为软件开发付出成本的人，想通过盗版不劳而获。久而久之，将影响软件开发行业的发展以及软件研发能力的提升。而且软件开发本就需要企业承担巨大的风险，如果企业承担风险开发的软件被不法分子轻而易举地盗取且实现获利，则会产生不愿创新、不愿创造的社会风气。

要维护软件行业的发展秩序就应当加大对软件行业的知识产权保护力度，打击盗版，保护原创。盗版问题是法律层面的问题，首先应当加大法律保护力度，打击盗版。对软件著作权的保护，主要有行政保护和司法保护两种途径。应当通过完善软件行业相关的法律法规，填补软件保护的法律真空，形成完备的法律体系。其次，应当加强对软件的行政保护，相关行政机

关应当积极进行市场巡查，接到群众举报后应当立即展开行政执法。最后，司法部门应当通过提高侵权认定后的赔偿额度，打击盗版者，维护软件开发者的合法权益。

但是打击盗版并不仅仅是法律层面的问题，还涉及文化和土壤。政府应当通过宣传和教育，改变人们使用盗版软件的传统观念，引导大家自觉支持正版、打击盗版。软件行业也应当通过提升开发能力，降低软件开发的成本，促使民众自觉使用正版软件。同时社会中间组织如软件行业协会也应当组成打击盗版联盟，构建打击盗版的天罗地网。

2. 制定良好的软件税收政策

软件行业不仅是新型行业、绿色环保行业，且能够提升一个国家的综合竞争力，因此世界上大多数国家都针对软件行业制定了优惠的税收政策。通过对软件行业税收的减免，实现对软件开发行业的鼓励和支持。我国的软件行业起步晚、基础差、需求高，更需要国家制定良好的软件税收政策。目前我国已经在软件行业的增值税和所得税方面给予了较大力度的优惠。一方面，通过降低软件企业的税费，可以鼓励新型软件企业不断成立，降低其运转成本，为社会提供更多有益的软件产品，而且软件税收政策还有助于吸引人才，形成软件行业的聚集效应。另一方面，通过对企业研发、技术转让等环节的税费进行抵扣和免征，可以鼓励软件企业将更多的人力、物力投入软件研发，有效提升我国的软件研发能力。

我国已经出台了许多软件优惠政策，但是因为一些地方保护主义，很多政策在推行的过程中，被变通执行，导致很多税收优惠政策失灵。国家应当加大督查力度，保证各项优惠政策能够政令畅通。同时税收优惠政策不能采用大水漫灌的方式，应当区分重点项目和非重点项目、重点企业和非重点企业。对那些关键技术、核心领域、具有引领作用的企业应当采用更加倾斜的税收政策。

（二）建设科学的软件研发机制

1. 加大国家层面的扶持力度

国家层面应当制定科学的软件战略，增强我国的软件核心研发能力。首先应当通过摸底和调研，明确我国软件技术的基础情况，并结合未来软件的发展趋势，确定国家重点发展项目和支持项目，以提高我国的软件核心能力。国家层面的软件研发计划和软件研发机制与企业的机制不同，国家应当从国际竞争、软件业与工业、制造业相结合的角度出发，加强对关键领域、前沿领域、核心领域的资金投入、政策支持、人才培养、产业培育。除了从宏观层面进行政策激励之外，国家还可以作为招标人，直接参与推动软件的研发。国家可以确定重点需要扶持和支持的项目，并明确具体软件研发企业的研发任务和研发时间。同时，国家提出软件研发的技术标准和具体要求，推动企业加快对核心领域的软件研发。

当前我国的软件行业还存在企业实力不强、整体规模不大、人才少、资金紧缺、优质软件不多的情况。因此，国家还可以从众多的软件企业中挑选基础好、发展快、能力强的企业作为重点扶持对象，比如智能家居物联网软件开发企业、机械制造智能软件企业等。因为在激烈的国际竞争中，我国必须培养出若干具有引领作用的软件企业，以带领我国软件行业的发展。

2. 加快软件园的建设，形成软件聚集效应

软件园是通过国家政策支持实现软件行业的聚集，从而产生规模效应。因为在科学化的软件园内，有着良好的软件优惠政策、软件研发氛围、软件成果转化应用环境、软件市场交易机制、人才培养基地，以及成熟的生活休闲娱乐等配套设施。从世界范围看，软件行业发达的国家多采用软件园的模式，而且世界上许多成功的、影响意义深远的软件都来自软件园。其中比较具有代表性的就是美国的硅谷软件园和印度的软件科技园。这些成熟的软件园对两国软件产业的发展起到了极大的激励作用。我国也建设了许多软件园，但是我国的很多软件园，设置过于粗放，没有形成自身鲜明的特色，也未形成一个明确的发展理念和发展方向。很多软件园的建设仍然仅仅满足于硬件的建设，而忽略了软件园最为核心的体制机制建设，在体制建设上忽略了对技术研发、市场推广、流程管理等方面的人才培养。现有的软件园内虽然也实现了软件企业的聚集，但是企业及其产品并没有形成特色，也未实现错层发展，而是简单的摊大饼，求多求全，这在一定程度上造成了人财物的浪费。一个成熟的软件园中，最为核心的是其内部的创新机制、管理机制、运行机制、保护机制、政策机制。

我国已经注意到目前在软件园建设过程中存在的问题，并开始试图通过机制运行来改变现状。一方面，在硬件上通过高网速、引进先进开发平台、数据库等方式提升企业核心竞争力。另一方面，进行各种软件园机制的搭建，通过对企业进行长远规划和目标指引，加强企业融资能力，并对部分园区内部企业进行整合，实现优质企业的强强联手和优势互补，并逐步形成引领型软件企业。通过完善市场机制，建立优质软件销售联盟和出口联盟，扩展软件的销售市场，帮助企业增加经济效益。通过完善人才机制，一方面吸引科研院校的人才进驻科技园，另一方面促进企业培养优秀的实践经验丰富的软件人才，为软件园的发展提供人才储备，从而使软件园在获取人才、建立机制、鼓励创新、创造效益方面发挥更加积极的作用。

（三）加快软件与硬件行业的融合

软件行业不能脱离硬件行业单独发展，需要使软件产业与制造业、加工业等硬件行业融合。基于此，德国提出工业4.0计划，美国提出工业互联网计划，中国提出中国制造2025。这些计划都有一个共同的特点，就是基于互联网及物联网实现工业生产的智能化和信息化，而这其中软件必将扮演重要的角色。我国的软件行业在部分领域已经形成了较为专业化并具有一定实力的企业。但是软件业在制造业等领域所产生的经济收益在国民经济中占比较低。软件行业还没有形成与市场和硬件行业彻底融合的趋势。很多软件开发者仍然执着于传统的软件开发模式，并没有适应"互联网＋"的时代要求。

应当充分认识和挖掘硬件行业，尤其是建筑、制造、钢铁等行业中对软件应用的需求，以这些需求为导向进行重点软件开发。从开发理念到体系架构、功能设计等全方位适用硬件行业的需求。最大限度地通过软件的开发和利用，实现硬件行业的互联网化、智能化、信息化，提升硬件行业的生产效率，降低生产成本，提升管理水平。实现软件与硬件的充分有效融合，能够有效革新硬件产业，同时也会挖掘出软件市场的巨大潜力，使软件行业的发展能够充分满足经济、社会发展的需求，形成一个面向需求端的软件开发体系。而这种软件与硬件的结合也会极大地提升我国的软件开发能力，使我国在核心领域和关键技术方面走在世界的前列。

参考文献

《2017 福布斯中国上市公司潜力企业榜（全名单）》，福布斯官网，2017 年 9 月 1 日。

崔辉：《我国软件产业发展与对策研究》，吉林大学博士学位论文，2005。

赵西萍、刘玲、张长征：《员工离职倾向影响因素的多变量分析》，《中国软科学》2003 年第 3 期。

毕秋丽：《促进科技进步的税收问题探讨》，《山东社会科学》2004 年第 9 期。

B.6

2016年北京游戏版权发展报告

唐亮 郑南*

摘　要：　该报告分析了 2016 年全国和北京游戏版权数据，阐述了 2016 年游戏版权发展的现状，同时也重点提出了游戏版权在申请、交易、保护和维权、版权融合等多个环节的问题与对策，并针对游戏版权发展的趋势进行研判，最后提出相关建议。

关键词：　游戏版权　政策　版权保护

一　2016年游戏版权数据

（一）2016年全国各地区游戏软件著作权登记数量

2016 年全国各地区游戏软件著作权登记数量最高的前五个地区是：广东省、北京市、上海市、江苏省和浙江省。

（二）北京游戏软件著作权历年登记数量

北京游戏软件著作权历年登记数量多年来保持持续增长态势。

---

* 唐亮，深圳电通信息技术有限公司总经理，多项游戏领域国家标准第一起草人，广东省新闻出版广电局游戏评审专家，广东省游戏协会产业专家，游戏动漫版权出版服务平台创始人；郑南，游戏工委咨询调研部主任，多年参与中国游戏产业报告的调查研究和报告的编辑工作等。

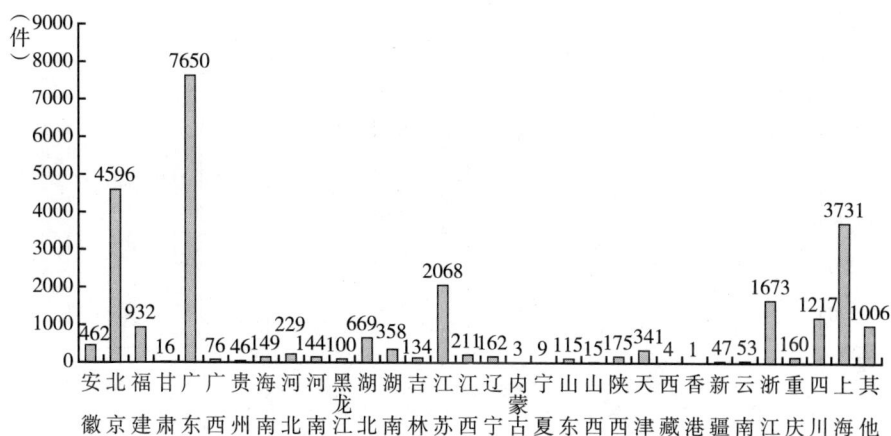

图1 全国主要地区游戏软件著作权登记数量

资料来源：国家版权保护中心。

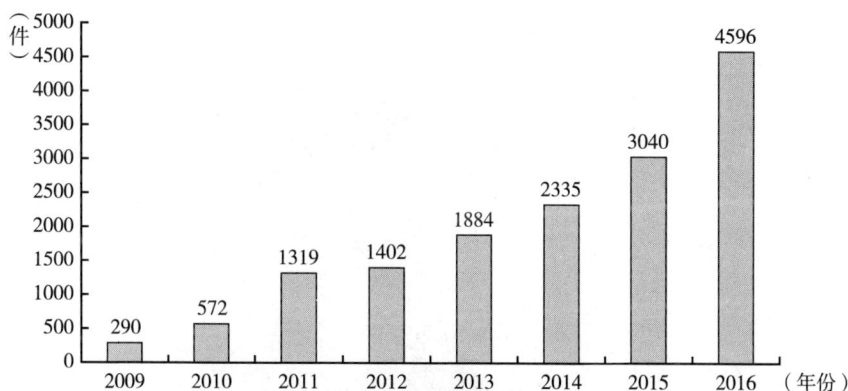

图2 北京游戏软件著作权登记数量

资料来源：国家版权保护中心。

（三）2016年每月北京游戏软件著作权登记数量

2016年北京游戏软件著作权登记数量排名前三的月份依次是6月、7月、12月。

（四）2016年北京地区游戏软件著作权登记数量占全国比重

2016年北京地区游戏软件著作权登记数量占比前三的地区分别是：广东省的28.81%、北京市的17.31%和上海市的14.05%。

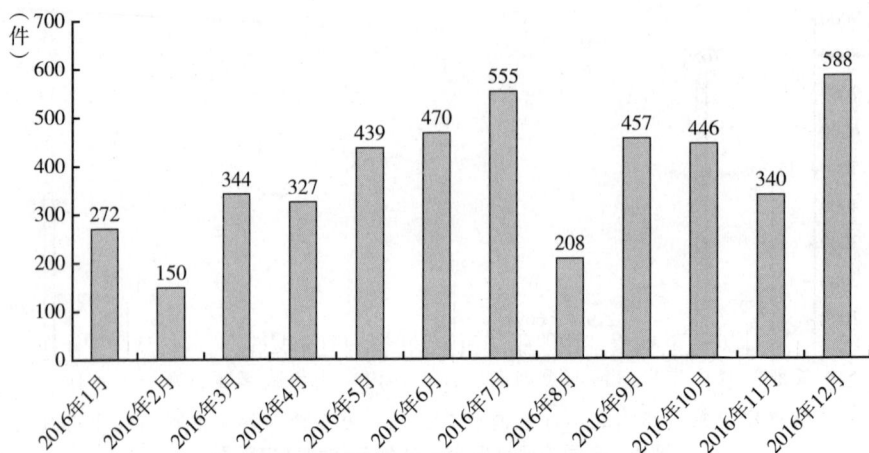

图 3　北京游戏软件著作权登记数量

资料来源：国家版权保护中心。

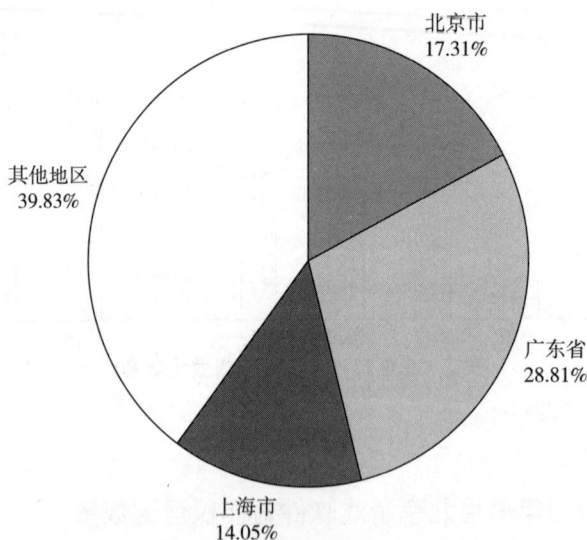

图 4　主要地区游戏软件著作权登记数量占比

资料来源：国家版权保护中心。

（五）2016年国产网络游戏审批数据

2016 年国产网络游戏审批数量最高时是 11 月，其次是 12 月和 9 月。

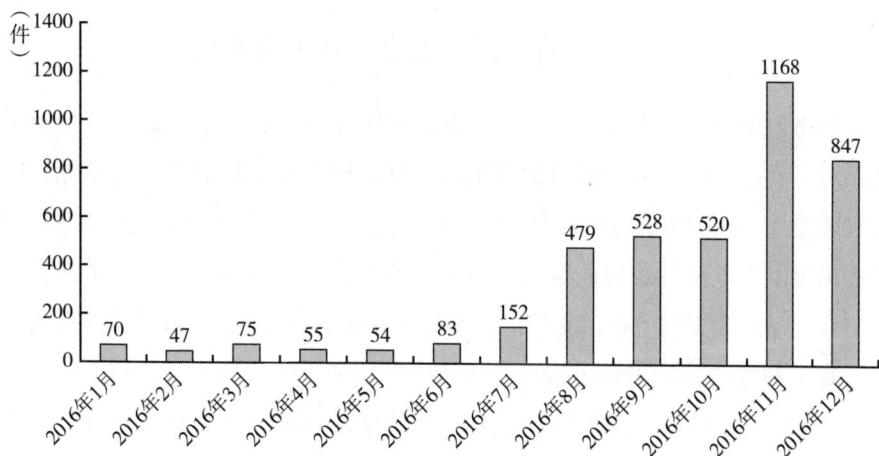

图5 国产网络游戏审批数量

资料来源：GPC。

二 2016年游戏版权发展现状

（一）国家版权产业在国民经济中占比逐步上升

2016 年是全面建成小康社会决胜阶段的开局之年，也是推进结构性改革的攻坚之年。2017 年 4 月 24 日，国家版权局在京召开"2017 版权宣传周新闻发布会"，中国新闻出版研究院在会上发布了中国版权产业经济贡献调研的最新结果。我国版权产业已初具规模，形成了较为完整的版权产业体系。特别是近年来在国际金融危机的压力下，我国版权产业实现了逆势上扬，通过与新技术、互联网产业融合发展，其对国民经济的贡献保持了连年增长的态势，成为国民经济新的增长点，对创新型国家的建设起着巨大促进作用。

根据调研结果，2015 年中国版权产业的行业增加值已经突破 5 万亿元，达50054.14 亿元人民币，占中国 GDP 的 7.30%，比上年提高了 0.02 个百分点。调研数据表明，中国版权产业在国民经济中的比重逐步上升，在推动经济发展、优化经济结构方面发挥着越来越重要的作用，成为中国经济发展的新引擎。

（二）国家相关政策刺激游戏产品版权申报高速增长

国务院办公厅印发的《关于加快发展健康休闲产业的指导意见》提出了推动电子竞技等时尚运动项目健康发展，培育相关专业培训市场的意见；国家发改委等24部委联合印发了《关于促进消费带动转型升级行动方案》，明确提出将电子竞技游戏游艺赛事列入十大转型升级消费行动之一。未来，围绕游戏、动漫等文创产业，文化部、教育部等部委将陆续出台相关促进政策。

相关利好政策的出台也带动了版权申报数量激增，游戏产品相关版权申报从 2015 年的 17000 余款上升到 2016 年的接近 30000 款，2017 年有望突破 40000 款。

游戏产品运营资格申请批复从 2015 年的 655 款上升到 2016 年的 4305 款，2017 年有望突破 6000 款。

（三）国民消费水平提升，拉动对游戏产品需求

随着人均 GDP 的迅速增长，中国正在进入消费结构快速转型的通道。与此相对应，大众消费结构也出现了大的转型。特别是近年来以移动游戏为代表的游戏产业市场规模突飞猛进，游戏产品消费市场不断发展。由此带来的拉动效应，是消费市场的发展趋势。2016 年中国游戏产业规模实现 1655.7 亿元，同比增长 17.7%；自主研发的网络游戏达到 1182.5 亿元，同比增长 19.9%；移动游戏用户规模达 5.28 亿人，同比增长 15.9%；全年海外市场销售达到 72.35 亿元。

（四）剑网2016行动成绩显著

2016 年 7 月至 12 月，国家版权局、国家网信办、工信部、公安部联合开展打击网络侵权盗版"剑网 2016"专项行动，重点整治网络文学版权秩序。此次专项行动成果显著，全国共查处网络侵权盗版行政案件 514 件，罚款 294 万元，关闭侵权网站 391 家，涉案金额 2 亿元。通过此次专项行动，我国网络版权秩序持续好转，网络版权生态不断优化。

近几年的"剑网行动"有效打击和震慑了侵权盗版行为，改变了网络视频、网络音乐、网络文学等领域版权混乱的局面，视频、音乐、文学网站正版率大幅提高。"剑网行动"已经成为网络执法监管的一项品牌工作，维护了权利人的合法权益和社会公共利益，提升了社会公众和网络企业的版权意识，越来越多的网络企业通过版权资源的运营和保护获得收益，越来越多的权利人也因此获得作品的报酬，优质的作品版权越来越获得企业的青睐，版权资源的价值日益凸显，网络版权秩序明显好转。

（五）国家新著作权法修订工作有序推进

社会各界的版权保护意识显著提高，人们利用法律维护相关权利的行为已十分普遍。最高人民法院数据显示，在知识产权民事案件中，著作权案件数量最多、增幅最大、分布最广。2010年至今，人民法院就受理了超过40万件著作权案件。国家版权局相关负责人也明确表示，"当前，著作权法中的相关制度，如法定许可、网络著作权保护、损害赔偿制度等，无法完全适应科技创新和经济社会发展的新要求"。具体而言，现行著作权法主要存在权利内容规定不够科学、权利归属规则不够明确、侵权责任规定未能体现出新技术环境下的新情况以及侵权惩治力度不够等问题。

十二届全国人大常委会立法规划显示，著作权法的修订被列入本届全国人大常委会立法规划。全国人大常委会副委员长兼秘书长王晨代表执法检查组在十二届全国人大常委会第二十九次会议上作了关于检查著作权法实施情况的报告。著作权法修订草案有望于2017年内提请审议。

（六）网络游戏产品形态增强版权意识

网络游戏的商业模式是基于游戏版权方和运营方为游戏玩家提供有偿服务，网络游戏通过联网认证的方式很大程度上杜绝了类似传统出版物被翻制盗版的情况。同时玩家也越来越感觉到在官方渠道购买游戏内容，能够获得更好的服务和体验，从而增强了用户向网络游戏付费的意愿。

（七）"互联网＋"加强对数字版权的重视

国家版权局提出保障作品登记工作与时俱进，不断适应新形势、新变化、新要求，提高全国作品登记工作规范化、标准化、信息化水平。2017年6月，国家版权局向各地发出《关于规范电子版作品登记证书的通知》，明确指出"各作品登记机关出具的电子版作品登记证书，其法律效力完全相同；电子版作品登记证书与同一作品的纸质版登记证书的法律效力完全相同"。这也昭示着中国版权登记向互联网迈进了一大步。

移动互联网快速发展，移动游戏数量增多。但移动游戏版权不只是单款产品本身，其游戏角色形象、地图、道具等美术作品，以及音乐、剧本等都是游戏企业需要进行版权保护的范畴。

（八）游戏版权融合与其他娱乐业务的互动

当前无数经典动漫与游戏的结合，在国际上已成为主流，也叫做"S－ACG"运营模式。"S－ACG"就是 Story、Animation、Comic、Games 四个单词首字母的集合。该产业模式可以简单理解为"游戏的动漫化，动漫的游戏化"。2016～2017年《熊出没》《诛仙》《倩女幽魂》等成为当下爆款，均采取了影游联动的方式丰富游戏的主要传播和互动渠道。

当前各大型企业都在积极探索针对游戏版权运营、泛娱乐合作、影游改编等的发展思路和方向。在泛娱乐大潮下，无论是国内市场还是国际市场，依托优质版权的影游融合程度都在逐渐加深。随着关注影游联动领域的人越来越多，未来涉及的领域肯定会更加多元化，而影游联动这一跨界合作模式，有望成为未来各大企业抢占泛娱乐市场的制胜法宝。

（九）中国文化带动游戏版权出口

中国文化已经成为当今世界主流文化之一，正在逐步"走出去"。随着国家海外战略的全面实施和"一带一路"建设的不断推进，网络游戏作为中国文化的代表，正积极参与其中。中国文化在海外的影响也日渐深远，海外媒体近年来不断以"游戏与孔子成中国文化出口先锋""电子游戏或将成为中国的最佳文化出口品"这样的题目进行报道。"引领网络正能量,营造清朗丰富的网络娱乐、文化传播空间,助力网络文化全球传播"的口号也成为当下游戏出口的主旋律。

(十)产业结构、资本力量完善

在"互联网+"时代,文化产品的连接融合现象明显。文学、动漫、影视、游戏、音乐、综艺节目、玩具、教育等娱乐形式不再孤立发展,而是可以协同打造同一个优质版权,构建一个泛娱乐产业新生态。其中文学、动漫提供了丰富的原创版权资源,影视和游戏也提供了最佳的变现渠道,音乐、玩具、教育和综艺节目等衍生链条则成为产业结构中对优质版权的升华和放大。

在此基础上,资本市场的逐力也逐步升温。游族网络、天神娱乐、恺英网络借壳上市,中青宝、昆仑万维登陆创业板,蓝港互动、飞鱼科技登陆港股,如英雄互娱登陆新三板等。各家公司纷纷提出自己的泛娱乐战略,各家公司以游戏版权为中心,将其拓展到不同的领域,如直播、动漫、文学、影视等,最后通过游戏完成最终变现,形成有效闭环。

三　问题与对策

为配合国家文化产业振兴战略,引导文化内容产业的有序发展,应推动国产网络游戏实现从量变到质变的飞跃。国家为督促游戏产业迅速发展,在2000年至2010年期间游戏版权申报监管比较宽泛。这在一定程度上造成了游戏产品内容粗放式发展,产生了针对原创版权内容的一系列问题。

(一)游戏产品版权申报与运营资格申报体制建设正在逐步完善

互联网,特别是移动互联网的跨越式发展,给中国游戏相关法律法规的与时俱进带来了很大挑战。

根据2001年原游戏产品出版规定——《出版管理条例》的规定,以及国家三定政策的相关职能分工，游戏在上市前必须经过原新闻出版总署（今国家新闻出版广电总局）审核通过后方可上市运营。为完善软件类版权统计，国家在1998～2010年根据国民经济和市场变化等需要，成立国家版权保护中心，但要求全国所有软件类版权申报必须至北京窗口递交材料；2005年后要求各地出版社转企改制，使得出版单位从企业收益角度优先考虑其他电子出版物产品出版，而非全国总量不足100款的游戏类产品；各地新闻出版局从2000年开始由"全国清理整顿书报刊领导小组"改为"扫黄打非"工作小组，但工作重点并未放在方兴未艾的游戏产业上；后续又因为新闻监管部门虽有管理和监督义务，但缺乏必要的执法权，使得全国游戏产品版权申报以及运营资格申报一直处于自愿和滞后的状态。

2010～2015年，中国网络游戏市场规模每年以几十个百分点的速度向上增量，产品数量从2009年的1340款上涨到2015年的17000余款。而2015年游戏运营资格申报全年获批的仅有665款。国家相关游戏管理部门已经意识到原有的管理模式以及游戏运营企业的自觉性必须要加强，游戏产品的版权申报需要紧跟互联网发展形态，游戏运营资格申报体系建设需要从中央落实到地方。

2016年《网络出版服务管理规定》出台，随后国家新闻出版广电总局办公厅于同年7月印发《关于移动游戏出版服务管理的通知》，进一步规范游戏出版活动，明确一系列游戏出版监管措施。要求各地政府与各出版单位加强游戏产品的出版申报工作，各游戏运营平台必须要完备游戏运营资质，游戏开发者必须要申请游戏版权，正式运营的游戏产品必须经过正式出版审批。在政策层面上让申报版权、完备运营资格和出版审批从自愿状态转为必要环节。新政颁布后，取得了不菲的成绩。仅2016年3月至2017年3月，全国就有近3万款游戏申请版权。共9000多款游戏申报运营资格，6000余款游戏获批了运营出版资格。

为落实游戏运营资格申报体系从中央落实到地方，各级单位简政放权的思路，国家新闻出版广电总局游戏属地化出版审批工作也在有序推进。通过属地审查申报总局备案的方式，压缩审批时限，提高审批效率，上海2014年成为首个正式开放属地化管理的试点城市。而后2016年广东、2017年北京相继成为第二个和第三个属地化管理的试点区域。三地合计将覆盖全国游戏出版的75%，有效降低了总局申报审批的工作强度，提高了审批效率。

为进一步加强网络游戏内容管理，贯彻《关于移动游戏出版服务管理的通知》的相关规定和要求，为游戏作品顺利履行出版手续、如期上线（上市）创造条件。由国家新闻出版广电总局数字出版司指导，中国音像与数字出版协会主办，中国音数协游戏工委承办的"游戏出版培训班"也在全国多次举行。

（二）优质国产游戏产品占比少，产品形态还需继续细分

截至2017年8月中国国产游戏产品已经接近9万款，预计到2017年12月，国产游戏产品数量将突破10万款。伴随着游戏产品的不断增加，中国游戏产业市场规模也在飞速扩大。新技术的便捷性加上诸如百度、腾讯、360、小米等用户平台的各种扶持政策，导致游戏产品从立项到产品完成的周期在不断缩短，产业高速增长的背后伴随着游戏企业对市场预判的缺失，游戏研发和运营企业在产品线布局出奇相似，扎堆现象尤为突出。

细分一下近年来国产移动游戏产品集中出现的规律，几乎平均每半年发生一次明显转变，一时间数百款同类游戏集中上线。不少游戏开发企业为了"蹭热点""抢市场"，不惜通过降低产品要求，随意拼凑游戏内容来换取游离玩家的关注度。

表1　近年来国产移动游戏产品出现情况

时间	热点	时间	热点
2014 年上半年	休闲益智游戏	2016 年上半年	ARPG 游戏
2014 年下半年	经营策略游戏	2016 年下半年	MOBA 竞技游戏
2015 年上半年	跑酷竞速游戏	2017 年上半年	棋牌游戏
2015 年下半年	卡牌游戏		

因为游戏产品内容泛滥、质量参差不齐。据调查统计，中国游戏玩家在2010年前每年玩过的 PC 游戏产品数量是 2~3 款，到2016年每年玩过的移

动游戏是6~9款。没有精品游戏的黏着度，中国游戏玩家已经出现选择性障碍，原本通过近15年培养起来的用户付费习惯和品牌忠诚度将出现极大的信任危机。虽然全国游戏玩家平均年度消费总额在提升，但是折算到单款游戏产品平均收益在降低，进而按照逐年扩大的用户规模，不难判断出每个玩家在单款游戏中付费力在急速降低。

表2　游戏产品情况

年份	市场规模（亿元）	游戏产品数（款）	玩家规模（亿人）	单款产品平均年收益（万元）	平均玩家年消费（元）
2009	262	1406	1.15	1863.86	227.83
2010	330	2443	1.96	1350.72	168.37
2011	446	4986	3.30	894.59	135.15
2012	602	6855	4.10	878.15	146.83
2013	831	8978	4.95	925.63	167.88
2014	1144	12686	5.17	901.75	221.28
2015	1407	17855	5.34	788.02	263.48
2016	1655	29274	5.66	565.36	292.40

注：游戏产品数为当年在国家版权保护中心新申请了软件著作权证书的游戏软件产品数。

为了改变这一态势，国家新闻出版广电总局近年来加大了"中国民族网络游戏出版工程"、"中国游戏产业年会'游戏十强'评选"、"中国原创游戏精品出版工程"和"中华优秀出版物"等评选工作的力度，从单纯优秀国产游戏评奖发展为地方政策性补贴，从专家评审发展为玩家投票加专家评审，从单纯产业宣传发展为优秀产品全球巡展。多维度、结构性帮助优质游戏产品提高市场竞争力，帮助玩家有效辨识游戏优劣。

（三）打击盗版、侵权依然是重中之重

随着游戏开发引擎技术不断升级和游戏产品生命周期管理不断完善，单款游戏的研发周期从客户端游戏时代的两至三年缩短到六至八个月。众多研发企业为了节约成本和获取更高利润，不惜通过抄袭模仿其他优秀游戏产品美术素材、盗取其他游戏源代码等各种不正当的手段进行游戏研发工作。

根据现行《刑法》和《著作权法》的相关规定，凡涉及游戏产品侵权、盗版行为的，采取"谁主张，谁举证"的诉讼原则。但由于游戏产品属于软件产品类别，主张公司往往并不能通过正常途径获得侵权公司的开发源文件，给举证带来巨大的困难。而且通常游戏产品侵权维权周期较长，除非是美术元素或游戏内容几乎一样的侵权行为能够较快定性外，其他大多数游戏侵权案一般从收集证据、确权、判定损失、仲裁或立案、调查取证、诉讼到定刑这全套过程需要 1~2 年。如果无法判定损失超过 50 万元的，还不能以刑事案件立案，审查更是遥遥无期。绝大多数游戏企业面对这种情况通常都采取放任不管的处理方式，这在很大程度上也滋长了恶意侵权公司的劣习。

根据中国版权保护中心对游戏产品版权申报的相关规定，游戏软件研发企业只需要提供简单的游戏说明文档，以及前后大于 60 页源代码材料就能够办理软件著作权登记。版权保护中心也仅是简单审核产品材料，没有足够的条件去验证游戏软件申报材料是否相互匹配、游戏软件源代码是不是该游戏的真实材料等。加上绝大多数游戏研发企业为了提升申报效率，提交的源代码材料并非软件产品的核心代码。以上诸多情况更加剧了游戏研发企业出现被侵权情况时"确权难"、"维权成本高"等问题。

当前形态下，国家针对游戏产品盗版、侵权问题，还是以打击"私服""外挂"等能够直接辨别侵权行为的案件为重。国务院办公厅近日下发《关于转发知识产权局等单位〈深入实施国家知识产权战略行动计划（2014 ~ 2020 年）〉的通知》（以下简称《通知》）。《通知》明确加强对视听节目、文学、游戏网站和网络交易平台的版权监管，规范网络作品使用，严厉打击网络侵权盗版行为，优化网络监管技术手段。各地区文化局、版权局、新闻出版局纷纷组织游戏领域打击侵权盗版专项行动，向企业宣讲版权知识，进一步规范游戏领域的版权秩序。

在产业环境治理过程中，经过近 10 年知识产权意识形态的加强，各个游戏企业也逐渐开始学习相关版权保护法律法规，自发使用法律武器保障自身版权不受侵害，开展知识产权维权确权的工作。各游戏运营平台、销售平台、推广平台、发行平台等纷纷加入各地版权协会，通过自查自纠，积极配合国家版权局的重点作品预警工作，支持权利人组织并与其建立版权保护合作机制等。

（四）版权估值体系缺失，中小企业承压大

中国现行法律对知识产权定性为无形资产，虽然国务院办公厅下发《进一步支持文化企业发展的规定》，提出要"研究制定知识产权、文化品牌等无形资产的评估、质押、登记、托管、投资、流转和变现等办法，完善无形资产和收益权抵（质）押权登记公示制度"，但无形资产价值评估在国内还是基本属于空白领域。

大型游戏研发企业基本都是研发运营一体化的集团公司或上市公司，自有产品能够很快建立变现渠道。而中小型游戏企业开发完成游戏后必须要将游戏授权其他运营公司、发行公司，对其产品的估值高低几乎凭借对方企业对接人员的喜好。没有较好的标准参考，也没有足够的话语权能够提高议价空间。这也直接导致了中国游戏研发企业生存状况差的现状，通常一款游戏的运营收益只有 10% ~ 15% 归于产品版权方，也就是研发企业所有，其余部分都被各级平台所瓜分。

随着"IP 热"的不断蔓延，建立版权估值体系的口号开始蔓延。国家版权交易中心、上海文化广播影视集团有限公司等单位率先建立各自专业领域的版权估值评价系统。但由于游戏题材的多样性，以及市场热点变化快，游戏产品数量多和质量测评无统一标准，研发企业成本控制不完善等诸多因素，游戏产业内还未有任何一家评估机构建立游戏相关版权估值系统。

以上问题都决定了游戏版权估值并不是一个单纯的数学计算方式，按照以往产品价值评估的"市场法、收益法、成本法"亦不适用。游戏版权评估首先需要明确游戏原创程度，是否潜藏有侵权行为的可能性；其次要对游戏产品质量在一定范围内进行横向测评；再次要对游戏研发企业后续版本研发实力和成本控制进行评估；最后要根据市场热点对游戏产品题材、功能玩法、特色等元素进行综合考量。

值得庆幸的是，虽然没有任何一家评估机构能够独立完成游戏版权评估

的工作，但是单个模块正在逐步完善。国家版权保护中心已经建立了较为完备的基础游戏软件产品库，能够在最低程度上实时监测游戏产品的侵权可能性；深圳电通信息技术有限公司牵头起草的《中国游戏研发流程规范》国家标准经国家标准化许可于2016年正式颁布，《网络游戏技术要求及测试规范》国家标准也在审批阶段；百度建立了百度指数热点系统，能够实时跟踪市场热点，对游戏题材、特色等提供关注度评估。随着各板块大数据信息的不断积累，中小游戏企业游戏产品价值评估系统将会较快开放。

（五）独有游戏玩法模式和游戏开发工具开发的共性产品无法得到独有版权界定

游戏产业属于知识密集型产业，其核心价值主要归于游戏差异化的玩法模式。但根据《中华人民共和国专利法（2008修正）》中的描述，"发明，是指对产品、方法或者其改进所提出的新的技术方案。实用新型，是指对产品的形状、构造或者其结合所提出的适于实用的新的技术方案。外观设计，是指对产品的形状、图案或者其结合以及色彩与形状、图案的结合所作出的富有美感并适于工业应用的新设计"。2008年，互联网发展程度不高，当时的《专利法》无论是发明还是实用新型、外观设计都是根据实物进行界定和描述，游戏产品及其玩法、商业经营模式都不能申请专利，仅有的几类知识产权保护只能是游戏的软件著作权申请、美术/音乐/剧情类的作品著作权申请，以及软件编码层面上的独有软件功能等。

同时在游戏开发引擎完善的今天，使用开发引擎量产同类型游戏产品已经是游戏研发领域的常态。优秀的开发引擎提供了丰富的界面模板、图形渲染工具，甚至约定和约束了游戏核心代码的底层架构。使用同一引擎开发出来的完全独立的游戏，可能其程序底层代码相似度会出奇得高。在这种情况下，无论是我国现行的《著作权法》，还是2014年《中华人民共和国著作权法（修订草案送审稿）》也都没能产生具有足够说服力的司法解释。

在上述情况下，所有扎堆出现的单一玩法或功能相似度极高的游戏产品，虽然剽窃了第一款该类型游戏，但是从法律意义上并不能定性为产品侵权行为，导致中国出现一大批以抄袭其他游戏为生的游戏开发团队和游戏产品，极大挫伤了独立开发者对于独有游戏玩法模式探索的热情。

随着国内腾讯、百度、360、小米，以及国外苹果 App Store、Steam 等开放平台的兴起，独立开发者的数量越来越大，知识产权保护的需求也越来越高。国家在版权登记方面针对移动互联网浪潮，加紧推出了 DCI 数字版权唯一标识符国家标准，能够在线提交作品著作权相关登记材料，并且能够发放数字证书，解决了全国各地办理作品著作权时材料过多、审批效率慢等问题。针对软件著作权申报也通过建立全国各地版权保护中心站点予以解决。

针对独有玩法和独有特色功能的问题，虽然短时间内还没办法从行政法令上予以解决，但是越来越多的独立开发者将引擎公共代码以外的其他核心代码提交软件著作权登记，在国家机关留档，对后续版权确权提供了有力保障。

（六）游戏版权融合发展商业模式仍不清晰

"泛娱乐""版权融合发展"等一系列新鲜词语从 2010 年开始，逐步走向游戏产业。从最初游戏运营企业单纯希望通过更多文化链企业共同打造同一主题的不同文化产品，以此节约市场营销费用，到今天针对单个主题的文化产品进行全方位文化链包装。虽然感官上差异不大，但是商业运作模式和版权融合的初衷都发生了翻天覆地的变化。

为了创造更多的市场热点，以及扩大这种热点的影响范围，各公司都开始尝试不同的融合方式，如"影游联动"、"动漫、游戏、小说联动"、"品牌代言人"与"主题曲"等手段。但是并非所有的融合链条企业都对游戏产业熟悉，也无法真正相信只要介入游戏运营就能赚钱。大多数原始版权方（包括小说、动漫、影视剧等），更愿意通过版权售卖的方式与游戏企业合作。优质小说版权和影视剧版权，动辄数百万元甚至上千万元。在游戏还未经过任何商业化尝试的情况下，无疑是对游戏研发团队的一次决策考验。也因为这种不信任和游戏研发企业为了追求短期利益而对产品品质大打折扣的双重压力，大多数版权融合的产品并没有想象中那么风光。

参考国外成熟的版权融合运作经验，一般是由某版权代理方获得某文化作品的独家版权授权，而后该代理方分别将该版权以无形资产入股的方式授权给融合链的各方，通过后续经营行为获得各融合链收益分成。但是这种商业模式是建立在完善的商业诚信基础上的。反观国内游戏产业，大多数游戏研发和运营企业为了追求短期利益，并不能很好地遵守这种商业诚信。

不过我们相信国内当前游戏版权融合发展的商业模式处于商业合作初期阶段，后续的发展任重道远。借鉴国外的先进经验，加上国内逐步形成的"泛娱乐"聚合体联盟，能够有效解决游戏产业"信任危机"。

四　发展趋势

（一）政府监督与管理制度将会日趋完善

游戏版权不同于游戏运营出版许可，前者属于游戏研发企业所拥有的著作权依据，在《著作权法》描述中属于自愿申报项目，而后者受国家新闻出版广电总局以正式出版物的行政管理规范所约束。以往管理较为宽泛的年代，企业的版权意识相对薄弱，政府也无暇进行更多行之有效的监督与管理。特别是在 2014 年之前，游戏上线数量开始猛增，但主管机关的管理人员存在人手不足的问题，导致游戏产品运营出版许可审批周期长、审批效率低。游戏运营为了追求经济利益采取漠视相关法律法规，甚至连软件著作权申报都采取假借其他产品材料或者是非核心秘密点的材料进行申报，在后续运营过程中遇到版权纠纷而无法及时有效地确权、维权，这不仅损害了自身利益，还损害了中国游戏产业的形象，更对中国在世界版权保护上带来了不良的影响。

自《网络出版服务管理规定》于 2016 年颁布以来，上述问题得到了大幅度改观。首先从行政许可流程上，虽然《著作权法》规定游戏研发企业的著作权益属于自愿申报，即便不申报只要能确认其权益也属合法。但《出版管理规定》则要求运营企业在申请运营出版许可过程中，《游戏产品软件著作权证书》作为其研发企业法定版权证明必须提供。这就强制性要求游戏企业必须向国家版权保护中心申报著作权，为以后确权、维权打下基础。

现行《中华人民共和国著作权法实施条例》是 2013 年进行修订后颁布执行的法令，更加明确了版权侵权后的后果界定，"将第三十六条修改为：'有著作权法第四十八条所列侵权行为，同时损害社会公共利益，非法经营额 5 万元以上的，著作权行政管理部门可处非法经营额 1 倍以上 5 倍以下的罚款；没有非法经营额或者非法经营额 5 万元以下的，著作权行政管理部门根据情节轻重，可处 25 万元以下的罚款。'"。另外正在论证的《著作权法》（第三次修订稿）中，专门增加了"计算机程序"作为著作权人作品进行版权保护的定义，"计算机程序，是指以源程序或者目标程序表现的、用于电子计算机或者其他信息处理装置运行的指令，计算机程序的源程序和目标程序为同一作品"。

一系列适应当前社会环境的版权法令的修订，能够有效地加强政府对游戏产业的版权监督和管理。目前由于人员缺少及游戏产品众多，政府对游戏上线的后续运营在监管上存在一定的不足；考虑可以开放举报中心，采取群众监督、互相监督、协会辅助的模式来加大监管力度，对于版权侵权问题加大监管力度。

（二）优秀游戏产品版权将引导版权意识

游戏以独立产品版权作为形态，游戏产业链中的各方都会将游戏版权意识建立在帮助中国游戏优质产品层面上。只有成功塑造优质产品，才能获得更多的从业者对游戏版权有效性、版权价值的认同。

1. 政府引导企业开发更多精品游戏

为贯彻落实《中华人民共和国国民经济和社会发展第十三个五年规划纲要》，国家新闻出版广电总局特地发出了《实施"中国原创游戏精品出版工程"的通知》，明确表示"坚持把社会效益放在首位、实现社会效益和经济效益相统一，进一步加强内容建设，引导游戏企业打造更多传播中国价值观念、体现中华文化精神、反映中国人审美追求的游戏精品，为广大人民群众特别是青少年提供昂扬向上、丰富多彩、寓教于乐的精神食粮"，对于入选"中国原创游戏精品出版工程"的研发、出版、运营企业和研发团队（个人）以及做出突出贡献的组织实施部门除给予表彰外，还给予优惠政策、项目扶持、出版业务指导等手段支持。

2. 对独立游戏开发者帮扶和引导

对于独立游戏开发者在游戏出版、版权维护及游戏宣传和发行上给予更多的扶持和指导。目前很多独立游戏的开发者在游戏的开发水平及版权内容上由于没有来自资本市场的压力，往往能发挥其个人或小团队高度的创意空间，让游戏内容更加符合年轻族群的口味。而这些独立游戏的开发者的版权内容正向发展才能让产业发展有更多的推动力。拓宽独立游戏开发者的生存空间，给予更大的展示平台，让他们能更好地生存下去。

3. 对海外运营的优质产品提供服务

借助习近平总书记提出的"一带一路"倡议，游戏产业应该推动游戏产品更好地"走出去"。韩国文化产业振兴院是一个很好的范例，韩国文化产业振兴院每年为游戏企业提供海内外游戏产业相关信息。为帮助韩国企业走向海外，韩国政府每年都支持韩国中小游戏企业参加海外各种游戏展览，所有费用均由政府承担。相关数据统计显示，游戏产业的海外出口额曾一度占到韩国文化产业出口额的50%以上，通过游戏的出口，将韩国文化带到了世界各地。

目前中国的自主研发产品走向海外还存在较多问题，我们应该协助国内企业与游戏产业发达国家的企业建立良好的沟通机制，同时将海外运营中碰到的问题通过政策给予国内企业更多的帮助。利用"一带一路"倡议这个契机，让中国的游戏企业能够更好地走出国门，走向世界。

（三）产业版权环境改善将强化版权意识

随着各地游戏版权案的增加，政府和企业都深刻地意识到版权的价值，意识到维护好产品版权就是维护好企业自身品牌形象，意识到保护自身版权合法权益的重要性和紧迫性。

2016 年国内游戏产业出现了多个版权被骗的情况，不良分子运用国内外消息不对称等，利用漏洞对授权形式进行多重拆分，导致双方的利益受损。更有借国内授权方对授权方式不熟悉之机，海外的运营公司恶意抢注或恶意发行同名产品，造成国内授权方无法在海外正常运营的情况。

游戏产业的从业人员在从业之前可能来自各行各业，或者是各类专业培训机构，对版权的认知度不高。国家主管部门应考虑每年对游戏产业的从业人员尤其是管理层的领导加大版权方面的法律知识培训力度，让游戏产业从业人员从上到下意识到侵权带来的不良后果，从根本上断绝侵权行为的存在。

国内的很多游戏产业从业人员一直不知侵权行为发生后该如何尽快解决问题。建议对于游戏产业的侵权行为，国家主管部门加大管理力度，不只是从侵权罚款、暂停整顿这两个方面，更可追加取消其所有的运营资质，并与个人诚信、企业诚信挂钩。对于情况恶劣、恶意侵权的公司和个人更应适用禁入制度。

（四）游戏版权融合将游戏版权价值深度挖掘

移动游戏的高速发展，受到了更多国内研发或发行公司的关注。拥有一个好的版权融合游戏产品（影游联动、小说/动漫改编等），带来的不仅仅是正向的引导，更可以通过大幅提升品牌关注度，从而拉动由版权衍生的产品热卖。

游戏企业与其他文化作品版权方的多元化合作是近两年的趋势，单单抱着游戏产品单线发展终会遇到瓶颈。多模式的相互转换，才能实现更长远的发展。同时国外像 GAMELOFT 与环球影业的《神偷奶爸》单角色小黄人授权所开发出来的小黄人跑酷游戏风靡全球。腾讯《王者荣耀》与国际知名游戏公司之一——SNK 的单游戏角色植入更是创造了不同游戏之间的版权合作典范。

随着版权融合的加深，未来几年将会有更多企业利用游戏本身的内容，或者根据现有文化作品，联合国内外知名的影视剧、动漫团队打造大电影、电子竞技题材的超级网剧、游戏、3D 动画和官方同人动画等全新的商业发展模式。这不是一个简单的跨界合作，它是以现有的游戏内容去创造更多元化的文创内容。大电影、超级网剧、3D 动画和官方同人动画的内容均以游戏角色、游戏模式、游戏内容等进行延展，对于游戏玩家用户来讲有非常深刻的代入感，而对于游戏不是很熟悉的用户来说，以影视剧及动画内容来增加收入的同时对游戏产品的推广也起助推作用。

小说、电影、电视剧、动画、游戏甚至是教育的多方向性合作尚存在很大的拓展空间，放开手脚、开阔视野才能让我们取得更长足的进步与发展。在国内像腾讯、华谊、完美等均在影视文化和游戏产业的结合上取得了不小的成绩。希望在未来有更多这样的多产业融合案例在游戏公司中产生。

1. 影视、动漫、玩具

游戏产业应向动漫、影视、玩具等产业纵向发展，增加收入渠道，游戏产业文化内容以游戏人设、游戏内容、游戏玩家、职业玩家等多方面内容向外蔓延，制作出动画、电影、大电影、影视剧、手办、玩偶等产品线。游戏拥有大量用户群体本身可以推动这些内容的热播或热卖，同时也能反哺，使游戏玩家增加。

2. 展示及交易会

近年来，中国的不少游戏厂商也开始在德国科隆游戏展、美国 E3 游戏展上向全球的游戏玩家展示自己的游戏产品。作为中国文化走向世界的一个重要环节，国家主管部门应该更多地协助游戏厂商不仅仅参与到游戏的展览中去，也应该将游戏内容所带来的版权拓展内容带出去。在"走出去"的过程中，我们也应该邀请国际知名的游戏厂商和媒体参与到我们的 ChinaJoy 上来发布他们的新作。有效的双向沟通能让国内企业从更高的视角来发展游戏行业。

（五）资本助推带动游戏版权事业发展

一个高速发展的产业离不开资本的支持，游戏产业原本就是近 10 年来资本市场逐力和逐利的焦点，2005～2010年资本市场着眼中国互联网浪潮的人口红利，追逐游戏运营企业，帮助其建立更大规模的玩家平台；2010～2015年根据互联网内容为王的指导思想，资本市场开始追踪优秀的游戏研发团队，帮助其推出品质更加卓越的游戏产品；截至2016年12月，国内拥有游戏产品经营权的企业1509家，全国共有158家游戏企业通过主板、创业板、新三板等资本市场挂牌上市，每一家游戏运营企业都不约而同地打出了版权融合的发展思路。

业界一个普遍的、比较直观的结论是，主流文化商品是市场经济和人文科学发展到一定阶段后对当前文化诠释最佳的市场配置产物。资本市场永远不缺乏对时代产物的敏感性，随着越来越多的包括网络文学在内的原创作品被改编为影视剧、动漫或游戏等，资本也在不断研究和关注版权产业链条上各相关利益主体。而版权融合就是未来中国大文化时代文化产业链融合的代表，也是资本市场对于新业态下以游戏企业为代表的文化娱乐市场竞争力的判断依据。

资本不仅仅可以在游戏产品的研发过程中给予游戏公司资金支持，还能促进投资公司之间的版权互换合作，这往往能激发出不一样的火花。未来将会有更多专业的文化类资本穿插在产业链中，这一方面能够在自有体系下攒动更多关联企业横向联合；另一方面能够通过资金注入提高企业的内部管理水平和增加外购资源的话语权。比如，平台化公司可以为游戏的发行提供用户引流，教育类公司可提供教育资源做成游戏产品，影视公司可为游戏版权制作各类影视作品等。

2016年北京文化创意产业发展报告

徐家力 赵 威*

摘 要： 2016年以来，北京市文化创意产业呈现总体平稳、稳中有进
的运行态势，总体保持稳定增长，2016年全市文化创意产业
实现增加值3581.1亿元，对地区生产总值的贡献率达到
14%。市属各区文化创意产业发展也有很大进度，同时，不
同行业类别、不同的区之间，也存在很大的差异。其中主城
区文化创意产业的发展势头较好，不仅总量大，而且不同行
业大多呈现增长态势。但是非主城区，部分区的文化创意产
业发展相较上年下降明显，同时，有的行业实现异军突起。
为进一步促进北京市文化创意产业的发展，应当从政策支持、
人才投入、功能区建设等方面采取措施。

关键词： 文化创意 创新 北京

一 版权与文化创意产业的发展

文化创意产业正在成为北京市的支柱产业，成为支撑首都经济创新发
展、构建"高精尖"经济结构的重要引擎。文化创意产业是以个人的创意

---

* 徐家力，法学博士，国家知识产权战略专家，隆安律师事务所创始合伙人，北京科技大学知
识产权研究中心主任、博士生导师，中国政法大学博士生导师，主要研究领域为知识产权法
学；赵威，北京科技大学文法学院博士研究生，法学硕士，隆安律师事务所律师，主要研究
领域为知识产权法学。

和智慧为依托，以版权保护制度为保障，以生产、经营文化产品和文化服务为主要业务范围，以满足人类社会的精神文化生活需求为本质内容的社会生产组织形式。文化创意产业突破传统的产业形式与产业发展思维，通过创新、创造，用文化艺术服务、新闻出版发行服务、广播电视电影服务、软件和信息技术服务、广告和会展服务、工艺美术品生产和销售服务、设计服务、文化休闲娱乐服务、文化用品设备生产销售及其他辅助服务，满足广大公民的精神文化需求。

（一）文化创意产业知识产权的核心是版权

文化创意产业也涉及商标等知识产权权利形式，但是文化创意产业知识产权问题的核心内容之一是创造版权。例如，文化艺术行业致力于创造艺术品、文学作品的版权，新闻出版发行行业致力于创造作品和著作的版权，广播电视电影行业致力于创造影视作品的版权，软件和信息技术服务行业致力于创造计算机软件等版权，广告和会展服务行业致力于创造艺术创造、视频片段等作品的版权，工艺美术品生产和销售服务以及设计服务行业也创造的是版权。此外，在文化休闲娱乐服务中，如公共场合播放音乐作品的版权问题、游戏动漫设计的版权问题等都集中在版权领域。可以毫不夸张地说，文化创意产业的知识产权问题，就是版权问题。

（二）文化创意产业知识产权保护主要是版权保护

一方面，版权保护制度的建立，赋予创造性的文化产品以排他性的权利，逐步造就了文化创意产业的诞生和发展，另一方面，文化创意产业的存在与发展也离不开知识产权的保护，特别是版权的保护。从现实的情况来看，文化创意产业价值链的各个环节之间的利益关系并非一成不变，随着文化创意产业自身的发展，原有的平衡的利益关系将会不断地被打破，版权制度必须要对文化创意产业中的这种变化做出相应的调整，从而使各个环节之间的利益关系重新回到平衡状态，为文化创意产业的进一步发展开拓新的空间。① 因此，就有必要着重保护文化创意版权。

为加强对文化创意产业版权的保护，北京市已经采取了一系列的措施。最高人民法院知识产权案例指导研究（北京）基地在北京知识产权法院挂牌成立；国家知识产权局同财政部以市场化方式开展知识产权运营服务试点，推动在北京建设全国知识产权运营公共服务平台；北京市文资办与北京双高人才发展中心进行战略合作，设立北京文创双高人才发展中心，北京市文化创意产业人才培养基地建设持续加强。②

（三）文化创意产业的繁荣即文化创意版权的繁荣

文化创意产业的发展与文化创意产业版权的创造是同步的，是一个硬币的两个面。与专利权、商标权等知识产权形式有所不同的是，版权的取得大部分不需要像专利权和商标权一样经过复杂的申请和批准过程，版权的取得主要是一项法律事实，一经完成即取得。文化创意产业的发展，必定以创造出新的文化创意版权为结果，有多大体量的文化创意产业规模，有多大数量的文化创意产品，也就意味着有多大规模和数量的文化创意产业版权。这必然带来文化创意产业版权的繁荣。事实上，近年来，随着北京市文化创意产业的整体繁荣，北京市文化创意产业的版权发展，为首都知识产权事业的繁荣做出了很大的贡献。

二 北京市文化创意产业发展的总体情况

2016 年以来，在大众创业、万众创新等政策的推动下，北京市文化创意产业呈现总体平稳、稳中有进的运行态势。初步核算，2016 年全市文化创意产业实现增加值 3581.1 亿元，按现价计算，比 2015 年增长 12.3%，占地区生产总值的 14.0%，比上年提高 0.3 个百分点，对地区

---

① 孙午生：《论版权保护制度与文化创意产业的发展》，《法学杂志》2016 年第 10 期。
② 《北京文化创意产业发展白皮书（2016）》。

生产总值的贡献率达到 20.3%，对带动首都经济增长、促进提质增效发挥了重要作用。①

（一）文化创意产业总体保持稳定增长

2016 年，全市规模以上文化创意产业法人单位②实现收入 13964.3 亿元，增长 7.3%，高于第三产业收入增速 3.6 个百分点，拉动第三产业收入增长 2.0 个百分点，保持了 2013 年以来的较快增长态势；实现利润 1031.5 亿元，增长 3.3%。文化创意产业涉及的九大领域中，软件网络及计算机服务、广告会展、艺术品交易和设计服务四个领域拉动作用明显，收入合计占比超六成，带动了全市文化创意产业收入增长。

（二）文化创意产业投资规模稳步增长

2016 年，在北京环球影城主题公园及相关配套设施建设进程不断推进，以及星光影视园、园博园绿化景观等公园建设、景观提升工程项目的带动下，全市文化创意产业投资规模稳步增长。全年共完成文化创意产业固定资产投资 372.1 亿元，比上年增长 5.4%，占全社会固定资产投资的比重为 4.4%。分领域看，广播电视电影、软件网络及计算机服务以及旅游休闲娱乐三大领域固定资产投资完成额较高，分别达到 36.5 亿元、78.4 亿元和 201.5 亿元，占比合计达到 85.0%。

（三）科技创新驱动文化创意产业发展

2016 年以来，科技文化双轮驱动、协同创新，共同推动文化创意产业不断发展。中关村 2516 家规模以上文化创意产业单位实现收入 7639.0 亿

① 本节数据参考北京统计信息网，http：//www.bjstats.gov.cn/zxfb/201703/t20170303_369824.html，2017 年 7 月 27 日访问。
② 规模以上文化创意产业统计范围是指年营业收入 1000 万元及以上或从业人员 50 人及以上的文化创意产业法人单位（其中批发业企业和工业企业年主营业务收入 2000 万元及以上，零售业企业年主营业务收入 500 万元及以上，文化体育娱乐业年营业收入 500 万元及以上或从业人员 50 人及以上）。

元，增长12.7%，超过全市文化创意产业收入增速5.4个百分点。其中，中关村海淀园发挥重要支撑作用，1652家规模以上文化创意产业单位实现收入5456.6亿元，增长15.8%，拉动中关村文化创意产业收入增长11.0个百分点。丰台园、大兴园、门头沟园和怀柔园虽然规模较小，但增长明显，收入分别增长16.2%、17.2%、35.3%和28.8%，成为新的增长点。

表1　2016年中关村示范区规模以上文化创意产业法人单位收入情况

项目	单位数量（家）	收入合计（亿元）	增速（%）
中关村文化创意产业合计	2516	7639.0	12.7
其中:海淀园	1652	5456.6	15.8
丰台园	94	187.6	16.2
大兴园	17	35.1	17.2
门头沟园	13	20.1	35.3
怀柔园	11	40.2	28.8

（四）文化创意产业功能区集聚度较高

文化创意产业功能区[①]产业集聚度高、产业特色鲜明，有利于进一步聚集文化产业要素资源，提升资源使用效率。2016年，全市20个文化创意产业功能区共实现收入8975.9亿元，增长6.6%，占全市文化创意产业收入的64.3%。

---

① 北京市的文化创意产业功能区分为"两条主线、七大板块"，其中，文化科技融合主线包括文化科技融合示范功能区和动漫网游及数字内容功能区，文化金融融合主线包括文化金融融合功能区，文化艺术板块包括天坛—天桥核心演艺功能区、戏曲文化艺术功能区、798时尚创意功能区和音乐产业功能区，传媒影视板块包括CBD—定福庄国际传媒产业走廊功能区、影视产业功能区和国家新媒体产业功能区，出版发行板块包括出版发行功能区，设计服务板块包括创意设计服务功能区，文化交易板块包括文化艺术品交易功能区和天竺文化保税功能区，会展活动板块包括会展服务功能区和奥林匹克公园文化体育融合功能区，文化休闲板块包括北京老字号品牌文化推广功能区、未来文化城功能区、北京源历史文化旅游功能区以及文化和生态旅游休闲功能区。

在"两条主线、七大板块"的产业支撑体系中，文化科技融合主线、出版发行板块、文化休闲板块保持较快的增长势头，引领产业空间集聚。文化科技融合主线实现收入5464.0亿元，增长8.3%，占功能区总收入的60.9%。其中，文化科技融合示范功能区实现收入4822.2亿元，增长7.5%；动漫网游及数字内容功能区实现收入641.9亿元，增长14.8%。出版发行板块实现收入293.1亿元，增长25.0%，占功能区总收入的3.3%。文化休闲板块实现收入290.2亿元，增长16.2%，占功能区总收入的3.2%。其中，北京老字号品牌文化推广功能区和主题公园功能区收入分别增长17.9%和38.2%。

（五）文化创意产业非公经济盈利状况好于平均水平

随着北京市服务业扩大开放试点的持续推进，非公经济活力不断被激发，对文化创意产业增长贡献显著。2016年，全市规模以上文化创意产业法人单位中，非公有制及混合所有制经济法人单位实现收入9307.4亿元，增长7.3%，对文化创意产业收入增长的贡献率达72.2%，占文化创意产业收入的比重达到66.7%；利润总额706.6亿元，增长7.0%，增速高于文化创意产业平均水平3.7个百分点，占文化创意产业利润总额的比重达到68.5%。

（六）上市文化企业占比大，且投融资活跃

截至2016年11月，全国共有上市文化企业209家，其中北京57家，占27%；全国上市文化企业共实现融资3932.93亿元（305起事件），完成投资6717.67亿元（1842起事件）；其中，北京地区上市文化企业实现融资1358.65亿元（97起事件），占全国的34.55%；实现投资2401.19亿元（657起事件），占全国的35.74%。就股权投资情况看，截至2016年11月，全国共发生文化类私募股权投融资事件3835起，其中3494起透露金额，涉及资金3415.05亿元；其中北京地区事件数为1863起，占全国的48.58%，1690起透露金额，涉及资金1767.52亿元，占全国的51.76%。就并购情况

看，截至 2016 年 11 月，全国共发生文化类并购事件 935 起，其中 624 起透露金额，涉及资金 4812. 37 亿元；其中北京地区发生事件 382 起，占全国的 40. 86%，其中 236 起透露金额，涉及资金 2158. 52 亿元，占全国的 44. 85%。就新三板挂牌情况看，截至 2016 年 11 月，全国共有 1192 家文化企业挂牌新三板；其中北京共有 365 家文化企业挂牌新三板，占全国的 30. 62%；全国挂牌新三板文化企业共发生 645 起融资事件，涉及资金达 314. 65 亿元；投资事件 1438 起，涉及资金规模 243. 30 亿元。北京市新三板挂牌文化企业共发生融资案例 230 起，涉及资金规模 123. 89 亿元，占全国的 39. 37%；发生投资案例 522 起，涉及资金规模 86. 98 亿元，占全国的 35. 75%。[①]

表2　2016 年 1~11 月文化创意产业发展情况

项目	收入合计（亿元）	同比增长（%）	从业人员平均人数（万人）	同比增长（%）
合计	11917. 7	8. 3	117. 6	-0. 7
文化艺术服务	238. 2	2. 3	5. 4	-0. 1
新闻出版及发行服务	626. 6	1. 3	7. 6	-3
广播电视电影服务	726. 8	6. 5	5. 1	-3. 1
软件和信息技术服务	4755. 1	12. 9	63. 6	1. 9
广告和会展服务	1503. 6	11. 1	6. 6	-2. 8
艺术品生产与销售服务	1066. 0	6. 0	1. 8	-4
设计服务	268. 5	13. 4	7. 4	-4. 4
文化休闲娱乐服务	918. 3	3. 7	8. 5	-1. 1
文化用品设备生产销售及其他服务	1814. 5	-1. 2	11. 6	-7. 8

资料来源：《2016 年 1~11 月文化创意产业发展情况》，http：//www. bjstats. gov. cn/tjsj/yjdsj/whcy/2016/201612/t20161229_ 366071. html，2017 年 8 月 2 日访问。

———————————

① 《全国 209 家上市文化企业，近三分之一在北京》，http：//www. chycci. gov. cn/news. aspx? id = 23848，2017 年 7 月 31 日访问。

北京市文化创意产业整体发展态势良好，但是首都功能核心区（东城、西城）、城市功能拓展区（朝阳、海淀、丰台、石景山）、城市发展新区（通州、顺义、大兴、昌平、房山）、生态涵养发展区（门头沟、平谷、怀柔、密云、延庆）之间，文化创意产业发展有较大的差距。以首都功能核心区和城市功能拓展区为主的主城区和以城市发展新区和生态涵养发展区为主的非主城区，文化创意产业的发展各有特色。

三 北京市主城区文化创意产业的发展情况

东城、西城、朝阳、海淀、丰台、石景山等区，是首都传统上文化与科教都较为发达的区，底子好，文化创意产业保持平稳增长，重点领域增势良好，引领全区文化创意产业平稳健康发展。[①]

（一）主城区文化创意产业基本运行情况

海淀全区 2016 年规模以上文化创意产业单位实现收入 6389.2 亿元，占全市四成以上。收入超百亿元文创企业 8 家，超十亿元文创企业 99 家，超1 亿元文创企业 692 家。进入 2017 年，海淀区文化创意产业延续稳中有进、稳中向好的发展态势，1~5 月规模以上文化创意产业单位收入合计 2236.5亿元，同比增长 12.7%，高于一季度 2.8 个百分点，占全市收入的 42.1%，对全市文化创意产业的稳定增长起到了添秤作用。[②]

丰台区 2016 年规模以上文化创意单位 280 家，实现收入 322.9 亿元，同比增长 7.3%，与全市平均增速持平。

---

① 本部分数据来自丰台统计信息网，http://www.ft.bjstats.gov.cn/tjsj/tjfx/19388.htm，2017年 7 月 27 日访问。
② 《海淀：文化创意产业的领跑者》，http://www.bbtnews.com.cn/2017/0911/210269.shtml，2017 年 10 月 1 日访问。

表3　2016年丰台区文化创意产业发展情况

单位：亿元，%

行业分类	收入	增速	占比
文化艺术服务	14.6	-18.2	4.5
新闻出版及发行服务	47.9	9.7	14.9
广播电视电影服务	11.4	-19.3	3.5
软件和信息技术服务	179.6	14.5	55.6
广告和会展服务	10.2	0.2	3.1
艺术品生产与销售服务	5.3	1.7	1.6
设计服务	10.5	17.5	3.4
文化休闲娱乐服务	11.7	18.3	3.6
文化用品设备生产销售及其他服务	31.7	6.6	9.8
合　计	322.9	7.3	100

东城区和西城区，被列为首都功能核心区，但是在过去一年里，文化创意产业有较大的变化。2016年，东城区规模以上文化创意产业法人单位从业人员平均人数达到85096人，比上年下降1.8%；累计实现收入1893亿元，比上年增长4.9%。[1] 2016年1~11月，西城区文化创意产业运行平稳。规模以上文化创意产业实现收入740.5亿元，同比增长6.5%；实现利润66.9亿元，同比增长16.0%；吸纳从业人员9.9万人，同比下降5.1%。支柱行业艺术品生产与销售服务和新闻出版及发行服务两大领域分别实现收入149.1亿元和130.5亿元，共占规模以上文化创意产业收入的37.7%。[2]

朝阳区在过去一年，文化创意产业总体呈增长态势。全区登记注册文化创意企业（单位）72247家，2016年新增14251家，同比增长24.6%；实

---

[1] 本部分数据和图表来自北京市西城区统计局：http：//tjj. bjdch. gov. cn/n2001806/n2917391/n2917392/c5087361/content. html，2017年7月28日访问。

[2] 本部分数据来源于北京市西城区统计信息网：http：//www. xc. bjstats. gov. cn/sjjd/shjj/42136. htm，2017年7月27日访问。

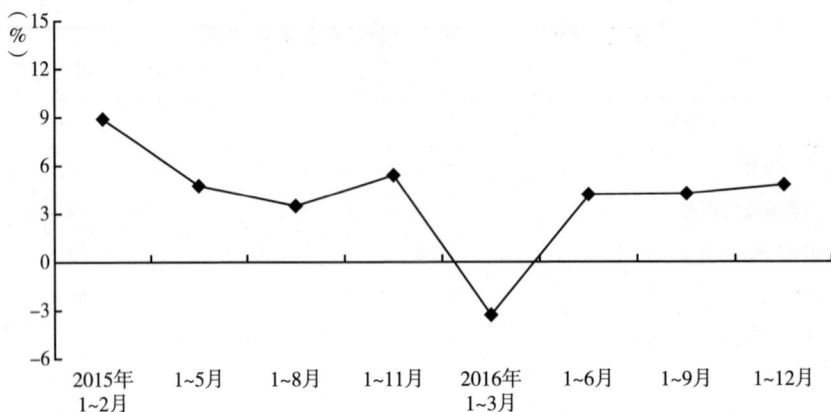

图1　北京市东城区文化创意产业发展情况

现 GDP 625.1 亿元，完成区级财政收入 94.5 亿元。2016 年，文创实验区新增包括央视创造、中视和新、中视前卫、乐视互娱科技有限公司等文创企业 7180 家，其中新增注册资本 5000 万元以上文创企业 274 家，注册资本 1 亿元以上文创企业 99 家，注册资本合计 282.3 亿元。2016 年，实验区规模以上文创企业实现收入预计 1600 亿元左右。实验区核心区范围内已聚集了人民日报社、中央电视台、北京电视台、凤凰集团、阿里巴巴、腾讯影业、亚马逊卓越、掌阅科技等一批知名品牌文化企业，成为中国文化传媒类企业最集聚的区域。目前，实验区已聚集了北京国家广告产业园、郎园文化创意产业园、莱锦创意产业园、懋隆文化产业创意园等 50 多个文化产业园区（基地），形成错位、协同、融合的发展格局。① 2016 年，在国家文化产业创新实验区成立的全国首个文化行业企业信用促进会推出的"蜂鸟计划"中，朝阳区 180 家文创优质企业首批纳入"蜂鸟计划"名单。2016 年 10 月底，文创实验区与北京股权交易中心正式签署战略合作协议，引进北京股权交易中心，建设"文创四板"股权交易平台，助力文创企业与多层次资本市场串联，提供登记托管、工商代办、挂牌展示、融资对接、规范辅导、培训锻

---

① 《文化产业融入城市发展的"朝阳实践"》，http：//finance. sina. com. cn/roll/2017 - 05 - 03/doc - ifyetstt4228446. shtml，2017 年 7 月 31 日访问。

炼、咨询指导等服务。① 此外，引导转型升级了万东国际文化创意产业园、铜牛电影产业园、东郎电影创意产业园、C3青年时尚产业园、西店记忆·CBD文创小镇5个特色文创园区，实现了非首都功能疏解、构建"高精尖"经济结构的目标。②

石景山区由于数据获取的问题，数据有限，但是从石景山统计网发布的零星数据可以看到，该区在2016年1～11月规模以上文化创意产业收入合计3262775.7万元，比上年增长了13.2%，从业人数有28676人，比上年减少5.8%。③

（二）主城区文化创意产业的整体运行特点

1.主城区文化创意产业总收入呈上升态势

海淀全区2016年规模以上文化创意产业单位实现收入6389.2亿元；丰台区2016年规模以上文化创意单位280家，实现收入322.9亿元，同比增长7.3%；东城区累计实现收入1893亿元，比上年增长4.9%；西城区规模以上文化创意产业实现收入740.5亿元，同比增长6.5%；朝阳区实现GDP625.1亿元；石景山区在2016年1～11月规模以上文化创意产业收入合计3262775.7万元，比上年增长了13.2%。主城区各区的文化创意产业收入量大，其中以海淀区文化创意收入为最高，达到6389.2亿元。

2.主城区文化创意产业从业人数整体下降

在文化创意产业总收入上升的同时，主城区相关各区文化创意产业的从业人数普遍呈下降趋势。以东城、西城和石景山为例，东城区规模以上文化创意产业法人单位从业人员平均人数达到85096人，比上年下降1.8%；西城区文化创意产业吸纳从业人员9.9万人，同比下降5.1%；石景山区从业

---

① 《朝阳区文创产业呈优势发展态势》，http：//bj. wenming. cn/chy/wmcj/201611/t20161114_3882272. shtml，2017年7月31日访问。

② 《朝阳区转型升级五个文创园区》，http：//epaper. ynet. com/html/2016 - 10/29/content_224259. htm? div = -1，2017年7月31日访问。

③ 《2016年1～11月规模以上文化创意产业情况》，http：//www. bjsjs. gov. cn/xxgk/tjxx/20170403/6552571. shtml，2017年10月1日访问。

人数有 28676 人，比上年减少 5.8%。

3. 文化创意产业的不同行业发展有快有慢

以近年来文化创意产业发展较为积极的丰台区为例，从各行业发展来看，设计服务业的发展速度较快，领先于其他行业。三大支柱行业整体发展良好，软件和信息技术服务业增长势头明显，新闻出版及发行服务、文化用品设备生产销售及其他服务业均有所增长。此外，艺术品生产与销售服务业实现小幅增长、广告和会展服务业与上年同期基本持平，其余行业收入较上年同期有所下降。西城区的支柱行业艺术品生产与销售服务和新闻出版及发行服务两大领域分别实现收入 149.1 亿元和 130.5 亿元，共占规模以上文化创意产业收入的 37.7%，近一小半。

4. 政府主导采取了积极的文化创意产业促进政策

借助北京市重点发展文化产业的东风，各区都制定了促进本区文化创意产业发展的相关政策。例如，海淀区推动文化与科技的融合，加强创意设计的发展，重点培育区域特色文化，推动文化"走出去"。海淀立足丰厚的人文历史资源，通过现代化阐释、整理和传播，让传统文化资源"活"起来。诞生于海淀区的数字电视网络图书馆、TaagooVR 一体机、颐和园动景展播数字设备、海淀图书馆动景 VR 虚拟设备、全彩 3D 打印机、高沉浸 VR 装备等前沿数字创意科技将为人们文化生活带来全新体验。2016 年全区共 115 家文化出口企业，出口总额为 9.7 亿美元，平均每家出口额为 843.5 万美元，在商务部、中宣部等单位认定的 2015～2016 年度国家文化出口重点企业中，海淀区重点企业约占北京市的 37%。[①]

再如，石景山区制定了《"十三五"时期文化创意产业发展规划》，充分研判当前文化创意产业的发展形势，明确全区文化创意产业的发展目标与指导思想，制定了"做精一轴，以文化＋金融为主线，打造长安文化金融发展轴"，"做强两核，以中关村石景山园、新首钢高端产业综合服务区为

---

① 《海淀：文化创意产业的领跑者》，http://www.bbtnews.com.cn/2017/0911/210269.shtml，2017 年 10 月 1 日访问。

核心，打造文化科技融合示范功能区"，"做美两带，以永定河绿色发展带、西山文化带为依托、打造绿色生态创意之城"的文化创意产业发展战略。

而朝阳区则重点发展文化创意产业实验区。目前，实验区核心区范围内已聚集了人民日报社、中央电视台、北京电视台、凤凰集团、阿里巴巴、腾讯影业、亚马逊卓越、掌阅科技等一批知名品牌文化企业，成为中国文化传媒类企业最集聚的区域；北京国家广告产业园、郎园文化创意产业园、莱锦创意产业园、懋隆文化产业创意园等50多个文化产业园区（基地），形成错位、协同、融合的发展格局。① 在2016年，在国家文化产业创新实验区成立的全国首个文化行业企业信用促进会推出的"蜂鸟计划"中，朝阳区180家文创优质企业首批纳入"蜂鸟计划"名单。2016年10月底，文创实验区与北京股权交易中心正式签署战略合作协议，引进北京股权交易中心，建设"文创四板"股权交易平台，助力文创企业与多层次资本市场串联，提供登记托管、工商代办、挂牌展示、融资对接、规范辅导、培训锻炼、咨询指导等服务。② 此外，引导转型升级了万东国际文化创意产业园、铜牛电影产业园、东郎电影创意产业园、C3青年时尚产业园、西店记忆·CBD文创小镇5个特色文创园区，实现了非首都功能疏解、构建"高精尖"经济结构的目标。③

四　非主城区文化创意产业发展情况

通州、顺义、大兴、昌平、房山等非主城区，虽然与海淀、朝阳、东城、西城深厚悠久的文化底蕴存在差距，但是或许正是因为存在差距，没有历史的负担，在文化创意产业发展中敢想敢干，拿出优惠的政策条件吸引文化创意产业落户，建立文化创意产业园（基地），文化创意产业发展态势良好。

---

① 《文化产业融入城市发展的"朝阳实践"》，http：//finance. sina. com. cn/roll/2017 - 05 - 03/doc-ifyetstt4228446. shtml，2017年7月31日访问。
② 《朝阳区文创产业呈优势发展态势》，http：//bj. wenming. cn/chy/wmcj/201611/t20161114_3882272. shtml，2017年7月31日访问。
③ 《朝阳区转型升级五个文创园区》，http：//epaper. ynet. com/html/2016 - 10/29/content_224259. htm? div = -1，2017年7月31日访问。

（一）非主城区文化创意产业基本运行情况

大兴区在 2016 年 1～12 月，规模以上文化创意产业单位共计 76 家，实现收入合计 65.3 亿元，同比下降 18.1%；吸纳从业人员 1.0 万人，同比下降 4.6%；实现利润总额为 0.05 亿元，同比增长 31.8%。

表 4　2016 年大兴区文化创意产业主要指标情况

项目	单位数（家）	收入合计		从业人员平均人数		利润总额	
		本期（亿元）	增幅（%）	本期（人）	增幅（%）	本期（亿元）	增幅（%）
合计	76	65.3	−18.1	10044	−4.6	0.05	31.8
文化艺术服务	3	0.7	3.5	190	0.5	0	0
新闻出版及发行服务	1	1.6	−2.9	229	0.9	0.11	−36
广播电视电影服务	3	0.9	1.6	389	−10	0.01	0
软件和信息技术服务	4	3.7	−60.9	550	7.2	−0.74	0
广告和会展服务	9	3.8	−0.1	567	−19.3	−1	0
艺术品生产与销售服务	4	12.4	−44.9	1129	−11.7	−0.25	0
设计服务	11	5.9	−5.2	1730	−12.1	0.11	−15.7
文化休闲娱乐服务	9	10.7	6.9	1208	−5.1	0.64	36.2
文化用品设备生产销售及其他服务	32	25.6	4.3	4052	2.7	1.17	273.4

昌平区在 2016 年 1～11 月，规模以上文化创意产业单位 173 家，实现收入合计 128.4 亿元，同比增长 2.6%。按文化创意产业分类来看，九大门类收入排名前三位的分别为：软件和信息技术服务实现收入 59.5 亿元，同比下降 3.4%；文化用品设备生产销售及其他服务实现收入 38.5 亿元，同比增长 25%；设计服务实现收入 13.5 亿元，同比下降 14.6%。①

---

① 本部分数据和图表来自北京市昌平区统计信息网，http://cptjj.bjchp.gov.cn/tabid/621/InfoID/405593/frtid/438/Default.aspx，http://tjj.bjdch.gov.cn/n2001806/n2917391/n2917392/c5087361/content.html，2017 年 7 月 28 日访问。

表5　2016年1~11月昌平区规模以上文化创意产业情况

项目	收入合计(亿元)	同比增长(%)	从业人员平均人数(人)	同比增长(%)
合计	128.4	2.6	20641	-2.2
文化艺术服务	1.0	6.7	406	0.7
新闻出版及发行服务	2.5	5.9	567	-6
广播电视电影服务	2.7	-31.8	605	-35.1
软件和信息技术服务	59.5	-3.4	8550	-8.6
广告和会展服务	1.6	-7.4	679	-12.4
艺术品生产与销售服务	0.0	0	0	0
设计服务	13.5	-14.6	2046	8.8
文化休闲娱乐服务	9.0	15.3	5141	14.8
文化用品设备生产销售及其他服务	38.5	25	2647	-0.9

通州区在2016年实现文化创意产业收入合计1293159.3万元，同比增长6.9%。通州区的文化创意产业的发展较有特色，以宋庄文化创意产业集聚区、通州文化旅游区、北京出版发行物流中心、九棵树数字音乐产业群落等为重点的文化创意产业集聚区形成了独具特色的文化创意产业集群。

表6　2016年1~11月通州区规模以上文化创意产业情况

项目	收入合计(万元)	同比增长(%)	从业人员平均人数(人)	同比增长(%)
合计	1293159.3	6.9	11859.0	-14.0
文化艺术	5973.4	44.1	145.0	3.6
新闻出版	92298.0	4.9	961.0	-1.7
广播、电视、电影	9241.3	-11.4	281.0	-1.7
软件、网络及计算机服务	31048.3	-48.7	515.0	-37.9
广告会展	153084.9	-12.6	837.0	-6.9
艺术品交易	13226.1	-8.5	202.0	-1.5
设计服务	1191.5	5.0	40.0	29.0
旅游、休闲娱乐	80941.1	20.2	693.0	-30.4
其他辅助服务	906154.7	14.9	8185.0	-13.1

资料来源：图表来源于通州统计信息网，http://stats.bjtzh.gov.cn/n5244966/n5254380/n14483703/c14491348/content.html，2017年7月31日访问。

平谷区 2016 年 1～11 月规模以上文化创意产业收入合计 466369 万元，增速达到 13.7%。观察 2016 年平谷区的文化创意产业发展情况，从收入来看，收入增长速度最高的是艺术品生产与销售服务，其次是文化休闲娱乐服务，此外，设计服务也有所增长。但是从总体上来看，2016 年，平谷区的文化创意产业处于下滑态势，尤其是广播电视电影服务、软件和信息技术服务、广告和会展服务、文化用品设备生产销售及其他服务，下滑明显。从从业人员平均人数来看，艺术品生产与销售服务增长速度最高，达到 86.7%，软件和信息技术服务、广告和会展服务、文化用品设备生产销售及其他服务，从业人数下滑明显。

表 7　2016 年 1～11 月平谷区规模以上文化创意产业情况

项目	收入合计（万元）	增长速度（%）	从业人员平均人数（人）	增长速度（%）	利润总额（万元）	上年同期（万元）
合计	466369	13.7	5036	18.2	50940	25386
文化艺术服务	21571	-7.9	168		2593	5081
新闻出版及发行服务	1783	-3.2	51	8.5	1810	1066
广播电视电影服务	19268	-40.5	249	0.8	218	11903
软件和信息技术服务	17227	-32.5	242	-22.4	97	1486
广告和会展服务	45469	-27.8	420	-22.8	4302	892
艺术品生产与销售服务	300074	44.4	2298	86.7	31219	1191
设计服务	1688	1.9	57	3.6	24	-12
文化休闲娱乐服务	44359	42.4	1192	-1.9	9813	1975
文化用品设备生产销售及其他服务	14930	-36.2	359	-18.8	866	1803
西乐器制造	6132	-3.1	254	4.5	497	246

注：http://www.pg.bjstats.gov.cn/tjsj/jdsj/50298.htm，2017 年 8 月 2 日访问。

2016 年，门头沟区规模以上文化创意产业单位 23 家，共实现收入 17.1 亿元，同比下降 7.8%；营业成本 13.1 亿元，同比下降 9.0%；实现利润总额 -0.6 亿元；吸纳从业人员 1723 人，同比增长 2.9%。

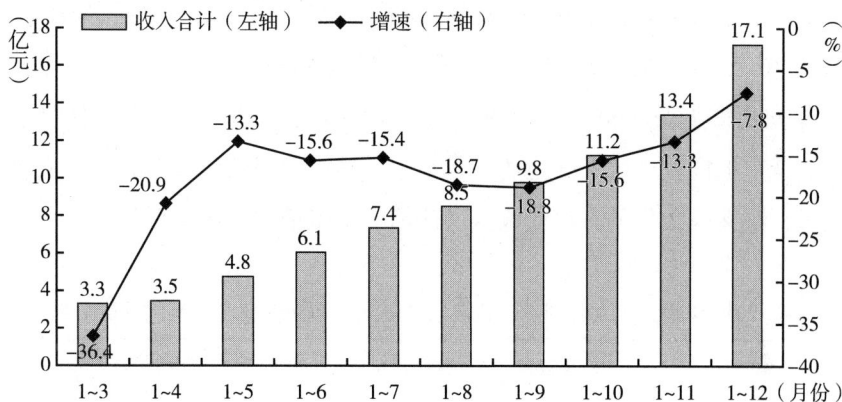

图2　2016年门头沟区文化创意产业各月累计收入及增速

怀柔区2016年1～11月的文化创意产业发展，从收入总量来看，相较上年有较大幅度的增长。但是从业人数相较上年有很大幅度的下降。并且不同的行业发展差距很大。例如软件和信息技术服务业收入增幅达到103.4%，但是新闻出版及发行服务和文化用品设备生产销售及其他服务分别下降了30.8%和32.4%。

表8　2016年1～11月怀柔区规模以上文化创意产业情况

项目	收入合计（万元）	同比增长（%）	从业人员平均人数（人）	同比增长（%）
合计	816686	8.4	5912	-8.5
文化艺术服务	1965	-0.4	126	0
新闻出版及发行服务	7637	-30.8	203	-2.4
广播电视电影服务	430857	1.4	1329	-1.7
软件和信息技术服务	109604	103.4	800	4.6
广告和会展服务	198168	8.1	818	-22.1
艺术品生产与销售服务	13880	5.3	153	-11
设计服务	248	0.2	116	-6.5
文化休闲娱乐服务	35489	-4.3	1797	-10.6
文化用品设备生产销售及其他服务	18839	-32.4	570	-12.7

资料来源：《2016年1～11月规模以上文化创意产业情况》，http：//www.bjhr.gov.cn/main/_133460/_137571/600941/index.html，2017年8月2日。

2016 年，顺义区共有文化创意产业单位 114 家，累计实现收入 1413629.6 万元，同比增长 8.7%。增速较三季度提高了 1.1 个百分点，较 2015 年同比增速提升了 11.5 个百分点，全区文化创意产业发展保持稳定态势。从全市地位看，顺义区位居全市第十，城市发展新区排名第四。从收入增速看，顺义区文化创意产业收入增速高于全市增速 1.4 个百分点。

表9 2016 年顺义区文化创意产业各领域收入、利润情况（按九大领域排列）

合计	单位数（家）	营业收入（万元）	增速（%）	利润总额（万元）	增速（%）
	114	1413629.6	8.7	103599.3	82.5
一、文化艺术服务	3	4953.2	4	105.3	7.9
二、新闻出版及发行服务	2	10006.4	−6.8	−42.2	—
三、广播电视电影服务	4	7170.7	−20.2	741.7	27.8
四、软件和信息技术服务	14	82705.5	−23.9	−16219.7	—
五、广告和会展服务	28	575722.8	19.2	111969.6	84.6
六、艺术品生产与销售服务	4	252692.5	23.6	1494.2	74.3
七、设计服务	5	40427.6	7.7	−2659.4	—
八、文化休闲娱乐服务	25	157867.5	−3.4	3342.0	—
九、文化用品设备	29	282083.4	0.9	4867.8	−60.7

资料来源：《锐意进取 开拓创新 力保顺义区文化创意产业持续良性发展——2016 年顺义区文化创意产业运行分析报告》，http://www.tj.bjshy.gov.cn/level3.jsp?id=12960，2017 年 8 月 14 日访问。

（二）非主城区文化创意产业的整体运行特点

非主城区的历史文化积淀整体上比不上主城区，但是非主城区在现有的基础上，努力发展文化创意产业，虽然有的领域出现大幅的滑落，但是有的领域也有较为抢眼的表现，更多的领域是保持着合理范围内的震荡。

1.文化创意产业经济总量偏低，发展基础相对薄弱

例如，顺义区 2016 年实现文化创意产业收入 141 多亿元，怀柔区 81 亿多元，门头沟区 17.1 亿多元，平谷区 46 亿多元，通州区 129 亿多元，昌平区 128 亿多元，大兴区 65.3 亿多元。而据公开数据显示，2016 年，海淀全区规模以上文化创意产业单位实现收入 6389.2 亿元，丰台区规模以上文化

创意单位实现收入322.9亿元，东城区规模以上文化创意产业单位累计实现收入1893亿元，西城区规模以上文化创意产业实现收入740.5亿元，朝阳区文化创意产业实现GDP 625.1亿元。

也就是说，公开数据显示，主城区文化创意产业收入最少的区，其在上年的文化创意产业收入，也比得上非主城区各区文化创意产业总产值的总和。所以非主城区文化创意产业发展总体基础薄弱。

2.部分区的部分行业有大幅衰退趋势

非主城区，几乎每个区都有部分行业出现较为明显的文化创意产业下滑的趋势，有的区文化创意产业几乎整体下滑。例如，大兴区软件和信息技术服务较上年下降了60.9%，艺术品生产与销售服务较上年下降了44.9%，新闻出版及发行服务、广告和会展服务、设计服务也有小幅下降。昌平区广播电视电影服务业较上年下降了31.8%，软件和信息技术服务、广告和会展服务也有小幅下降。通州区软件、网络及计算机服务较上年下降了48.7%，广告会展较上年下降了12.6%，广播、电视、电影较上年下降了11.4%，此外，艺术品交易也有小幅下降。平谷区广播电视电影服务较上年下降了40.5%，软件和信息技术服务较上年下降了32.5%，广告和会展服务较上年下降了27.8%，文化用品设备生产销售及其他服务较上年下降了36.2%，此外，文化艺术服务、新闻出版及发行服务、西乐器制造等也有小幅下滑。门头沟区实现17.1亿元的总收入，比上年下降了7.8%。怀柔区新闻出版及发行服务较上年下降了30.8%，文化用品设备生产销售及其他服务较上年下降了32.4%，文化休闲娱乐服务、文化艺术服务也有小幅下降。顺义区广播电视电影服务较上年下降了20.2%，软件和信息技术服务较上年下降了23.9%，此外，文化休闲娱乐服务、新闻出版及发行服务也有小幅下降。

3.在总量整体偏低、行业下滑趋势明显的情况下，有的行业异军突起

非主城区在过去一年里，文化创意产业整体形势并不乐观，但是在有的区，部分行业却出现了较大幅度的增长。例如，昌平区的文化用品设备生产销售及其他服务较上年增长了25%；通州区的文化艺术较上年增长了44.1%，旅游、休闲娱乐较上年增长了20.2%；平谷区艺术品生产与销售服务较上年增长了44.4%，文化休闲娱乐服务较上年增长了42.4%；怀柔区的软件和信息技术服务较上年增长了103.4%；顺义区艺术品生产与销售服务较上年增长了23.6%。

4. 部分区的企业基础薄，实力弱，抗风险能力不强

从数据中可以反映出来，体量较大、实力雄厚的文化创意企业主要集中在主城区，非主城区自身仍面临着企业基础薄弱、整体实力不强、抵御风险能力差等问题。尤其是个别企业经营情况直接影响整个行业发展，使产业整体应对市场竞争能力较弱。而且从目前影响收入波动的因素来看，受到市场投资及国家政策等短期效应影响明显，企业专业技能不强，专业人才匮乏，自身发展缺乏稳定性和创新性，后劲不足，不利于文化创意产业的长远发展。

五 进一步促进北京市文化创意产业发展的政策建议

北京市要建设文化之都，并一步步降低重工业在本市产业发展中的比重，因此文化创意产业将在各区的经济发展中扮演越来越重要的角色。北京市文化创意产业还有很大的进步空间，尤其是在非主城区，文化创意产业的发展，在北京市城市副中心建设如火如荼、交通与信息网络建设日益便利的基础上，如果加大政策扶持力度，将会成为文化创意产业新的增长点。

（一）加大文化创意产业的支持力度，尤其是加大对非主城区文化创意产业发展的支持力度

一是加大对文化创意产业的政策扶持力度，特别是对那些低能耗、高效益的新兴产业，以及未来有较大发展空间、辐射带动能力强的中小企业，应从政策和资金上予以支持，最大限度调动社会积极性，拓展文化创意产业发展的新领域。二是鼓励和支持各区制定文化创意产业发展的五年或者十年规划，通过专家论证、政府调研、民众座谈等方式，摸清本区域文化创意发展的目标与思路，以规划引领发展，有步骤、有阶段地提升本区域文化创意产业的发展规模。在非主城区通过建立文化创意产业园区、文化创意示范园

区、文化创意实验园区，以税收优惠、政策支持、场地租金减免等方式，吸引文化创意产业企业落地，增强文化创意产业企业发展的积极性。

（二）根据本区特点，重点、优先发展特色文化创意产业

北京市每个区都有各自的特点，东西城区有大量的古代文化遗产，朝阳区有大量的文化创意企业集聚，平谷、密云等区县有优美的自然风光。因此，发展文化创意产业，各区应当在充分发挥本区优势资源的基础上，通过招商引资、筑巢引凤发展非传统优势的文化创意产业。同时，根据本区特点，进一步优化文化创意产业内部结构，充分利用现有资源，夯实基础性文化创意产业园区，发挥技术优势，打造行业品牌，引进大型优势企业，辐射带动整个产业发展壮大。

（三）加大人才的投入，培养专家型和创新型人才

一切的问题最终是人才问题。北京市在人力资源集聚方面有天然优势，似乎是一个不缺人才的地方，高等人才要留在北京、安心发展事业，与其他的城市相比，也更加困难。现在，其他大城市都在通过各种方式吸引人才聚集，交通和通信的发展也缩短了空间距离，因此人才问题必须引起重视。应当通过制定完善文创人才保障措施，吸引海内外高端优秀文化人才，建立健全文化创意人才吸引激励机制。对于海外高水平的领军型文化创意人才，可采取经济激励和福利保障激励两种方式。在经济激励方面，可通过股权、期权、年薪、税收等增强对文化创新人才的激励。在福利保障方面，在对高端文化人才认定和登记后，通过制定住房、交通、体检、落户等福利政策来吸引人才。同时，充分发挥北京市高校云集的优势，培养文化创意产业技术人才。

（四）优化并发展文化创意产业功能区建设

目前北京市在30家文化创意产业集聚区的基础上，创新性提出文化创意产业20个功能区的概念。通过功能区建设，推动差异化发展、特色化发展和集群化发展，围绕主导产业，不断加深产业链合作，向产业链两端不断

拓展，加快培育壮大产业集群，促进文化创意产业由园区经济向区域经济转变。文化创意园区应根据经济发展形势、自身区域资源特点及园区主导产业的发展情况，对自身进行准确定位，从硬件和软件方面分别发力，根据现代化园区的各种需求，发展为复合型文化创意园区。此外，利用文化创意产业的链条经济，孵化更多的文化企业，营造出创新的环境和氛围，创造更先进、先锋的文化产品，最终形成健康的文化生态体系，完成从实体园区向文化创意产业生态体系建设升级。

（五）在政府支持的同时，积极鼓励社会资本发展文化创意产业

目前，北京市出台了《北京市文化创意产业功能区建设发展规划(2014～2020年)》《北京市"十三五"时期文化创意产业发展规划》等，成立了北京市文化创意产业促进中心，以及北京市国有文化资产监督管理办公室等具备文化创意产业促进功能的相关机构。有的区县在北京市文化创意产业政策与机构的支持与指导下，也制定了本区的文化创意产业发展规划，并成立了文化创意产业发展的促进机构。可以说，从政府层面来看，对文化创意产业发展的支持是全面的。但是在市场经济条件下，应当鼓励社会资本积极介入文化创意产业的发展，确保文化创意产业在市场的带动下，积极、健康、有规律地发展。为此，可以支持社会资本设立各类文化创意产业投资基金，如文化产业投资基金、创业投资引导基金和担保基金等各种基金；支持社会资本建立文化科技担保公司、小额贷款公司等；支持社会资本搭建中小企业融资平台，如统批统贷平台。同时，也可支持社会资本进入与投融资相关的各种服务平台，如知识产权评估平台、专业化技术平台。引入社会资本的优点是可以按照市场规律运作和配置资源，实现产权清晰、权责明确、自主经营、自负盈亏。

六　结语

近年来，北京市不断从机构设置、资金扶持等方面加大对文化创意产业

的政策支持力度，不仅设立了北京市文化创意产业促进中心、区县文化创意产业促进办公室等机构，而且发布《北京市文化创意产业发展指导目录（2016 年版)》、《北京市"十三五"时期文化创意产业发展规划》等，此外，北京市文资办、北京市文化局、北京市科委等单位也通过"北京市文化创意产业发展专项基金"等项目，积极促进北京市文化创意产业的发展，为此文化创意产业的总体规模越来越大。北京作为文化中心、科技创新中心，文化创意产业越来越成为其支柱产业，这是毋庸置疑的。尽管部分区县的文化创意产业发展数据不易厘清，且各区县文化创意发展各有侧重，有些文化产业类别发展下降明显，但是从已经整理的北京市和部分区县文化创意产业的数据来看，首都文化创意产业的发展总体平稳、稳中有进，并且在从业人数同比略有下降的情况下，实现了收入的增加。北京市文化创意产业的发展，在政府、企业和产业人员的共同努力下，一定会蓬勃发展。

B.8
2016年全版权运营发展报告

刘仁 窦新颖*

摘　要：　2016年，通过全版权运营，影视、游戏、出版、动漫等多种业态的跨界发展持续火热。互联网公司强势推进，首推泛娱乐战略，稳居全版权运营的第一方阵。越来越多传统的文娱企业以及创业公司也加入了全版权运营的队伍，凭借各自的优势，出现了不少成功案例。然而，在全版权运营过程中版权价值在多渠道、多形态得到极大拓展的同时，也出现了IP衍生作品质量有待提升、IP价值开发不足、版权争议频发等问题。

关键词：　全版权运营　泛娱乐　IP

2016年，不论是影视公司、游戏企业还是文学网站、动漫平台，不论是大型互联网公司还是文娱创业企业，都少不了要说IP（知识产权），谈全版权运营。

何谓全版权运营，目前业界并无统一的定义。有学者认为，全版权运营也被称为版权跨界运营，是指"在版权核心产业间及其他版权依托产业之间，对作品的版权施加管理并使其版权价值实现增值的行为"。也有学者指出，全版权运营是数字时代针对某一种版权资源多次开发、多元运用的代名

---

* 刘仁，中国知识产权报社采访中心主任助理，版权周刊主编；窦新颖，中国知识产权报社版权周刊副主编。

词，是"多版权运营"发展的极致。综合学者的不同理解，其中有共性也有区别。共性在于，都认为全版权运营强调对同一版权内容在各种产品形态之间的相互转化、相互促进，最终产生协同效应，实现版权价值的最大化。区别在于，有人认为全版权就是版权跨界运营，与多版权运营或者现在流行的 IP（知识产权）运营同义。有人则对全版权运营与多版权运营进行了区分，认为涵盖所有作品形态的内容运营才能称其为全版权运营。本报告认为，全版权运营的关键不在于"全"，实际上也不可能"全"，其本质在于通过作品在多渠道的授权许可以及多形态作品的改编权授权许可，实现对作品的多次呈现、多元利用和多次收益，以深度挖掘版权内涵，扩大版权的辐射面和影响力，实现版权价值的最大化。因此，本报告中全版权运营也就是多版权运营或 IP 运营。

资料显示，早在 2009 年，后来与腾讯文学合并成立阅文集团的盛大文学就提出过"全版权运营"，并表示全版权运营将是出版行业未来的发展趋势。但实际上，直到泛娱乐被业界广泛认同，全版权运营才真正发展起来。2012 年，腾讯互娱首次提出"泛娱乐战略"，并大举推进旗下文学、影视、音乐、动漫等板块的建设。此后，各大互联网公司以及文化娱乐公司都纷纷通过投资并购等多种方式，加快了多业务、多板块的布局。这意味着随着互联网技术和社会经济的发展，文娱产业内部的边界逐渐模糊，不同文化娱乐类别之间相互渗透、相互影响、围绕同一内容协同发展成为必然。在泛娱乐战略之下，版权是文娱产业发展的基础，全版权运营则是各形态协同共生的重要手段与表现。据统计，2016 年中国泛娱乐产业总产值约为 4155 亿元，2017 年预计达到 4800 亿元。

经过几年 IP 热潮，2016 年，通过全版权运营，影视、游戏、出版、动漫等多种业态的跨界发展持续火热。与往年不同的是，虽然互联网公司强势推进，首推泛娱乐战略，依然稳居全版权运营的第一方阵，但是也有越来越多传统的文娱企业以及创业公司加入了全版权运营的队伍，凭借各自的优势，出现了不少成功案例。不过，热潮之下，蹭 IP 热度打擦边球，全版权运营流于形式等问题也现出端倪。本报告结合 2016 年全版权运营的发展实践，从全版权运营模式分析、全版权运营案例分析、全版权运营问题分析三个方面进行解读。

一 全版权运营模式分析

目前来看，企业跨界开展的全版权运营主要可分为两种模式：一种是集团式运营，如腾讯、阿里巴巴等具备完善产业链的大型集团，在这些集团内部，各个链条之间能进行互动互通，资源共享，形成闭环，依靠自身的资源就能打造"泛娱乐"生态圈；另一种是开放式运营，采用这种开发模式的大都是正在成长中的公司，其企业内部产业链条还不够全面，因此一般专注于全版权开发链条中的几个环节，并与其他公司合作共同进行全版权开发，各自发挥平台优势，实现共赢。

需要注意的是，这两种类型的划分并不是绝对的，而是根据企业不同发展阶段、规模及其主要运作方式进行的大体划分。集团式运营模式并不排斥对外开放，它们同样注重与外部专注某些领域的企业合作，以弥补自身的不足。如腾讯、阿里巴巴等，在内部进行版权闭环开发的同时，也对外开展广泛的合作，共同做大泛娱乐生态圈，推进产业升级。而企业内部链条尚不够完备的企业，也在纷纷布局自己的不同业务板块，以更好地实现内部资源互通、互动。

（一）集团式运营模式

在集团式运营模式中，一些大型集团往往已建立起能够进行联动的多元平台，这些平台之间能进行资源共享，共同对某一个版权项目进行联动开发，让同一内容得到多元化呈现，实现版权价值的最大化。

能够采取集团式开发模式的集团，一般具备较为完善的产业链条，体量巨大。集团式开发模式具有较大优势，能够提升集团内部各平台之间的协同能力，节约开发成本与时间，快速做出反应，推动集团快速占领市场。如腾讯扩大社交与互动功能优势，阿里巴巴稳步建立家庭互联网战略，都是集团旗下各个平台之间高效协作的结果。

1. 腾讯模式

腾讯集团已完成互联网与游戏、动漫、文学、影视、视频、音乐、电竞等文化领域的融合布局，拥有阅文集团、腾讯视频、QQ、微信、腾云音乐、腾讯影业与企鹅影业、腾讯动漫、腾讯游戏等众多平台，共同组成腾讯互娱全新的泛娱乐业务矩阵。因此，进行全版权开发，腾讯集团既有内容版权优势，还有输出平台优势，以及社交平台优势、支付平台优势。

阅文集团是国内最大的网络文学平台，以网络文学为源头，腾讯集团目前已形成了较为成熟高效的版权运营模式。据统计，2016 年在中国网络文学改编的娱乐产品中，以票房统计前 20 位电影中的 13 部、20 部最高收视率电视剧中的 15 部、20 部最高收视率的网剧中的 14 部、20 个最高下载网络游戏中的 15 部以及 20 部最高收视率动画中的 16 部，其改编原著均来自阅文集团。

除集团内部各平台协作发展之外，腾讯集团还注重与外部企业的合作，开放"共创"，让更多人变成参与者。如"IP 共营合伙人"制，由阅文集团携手万达、腾讯建立合资公司，提高 IP 产品精品率，打造、开发具有影响力与价值的明星 IP 作品。

2. 阿里巴巴模式

阿里巴巴集团在以电商业务及支撑电商体系的金融业务为核心建立起的商业生态圈内，已布局影视、游戏、视频、音乐等泛娱乐业务，并提出了以集团的基础设施赋能网络文学等内容形态，进行版权衍生，开发粉丝经济，并突出了 IP 消费这一理念。

阿里巴巴所谓的基础设施包含用户触达、商业变现和内容系统建设等方面。以网络小说为例，在用户触达上，阿里文学有书旗小说、淘宝阅读、UC 小说等入口，同时依托阿里的电商数据、支付数据等，可进行个性化内容推荐。在商业变现上，阿里文学可携手优酷、阿里影业投入打造网络大电影，也可在游戏领域与阿里游戏深度合作，还能背靠淘宝、天猫渠道，在 IP 衍生商品售卖上拓展空间。

IP 消费是阿里巴巴全版权运营的一大特色。顺应粉丝经济这一消费趋势，阿里体系内在推动针对 IP 原创内容的虚拟消费体验升级，打造"IP（内容）—粉丝—品牌—消费者"链条，将平台与消费者的互动从消费关系转变为基于 IP 与品牌更有效链接的粉丝关系。

截至 2016 年 12 月 31 日，阿里数娱业务收入达到 40.63 亿元人民币，同比增长 273%。2017 财年阿里季度财报显示，由 UCWeb、阿里音乐、阿里文学、优酷土豆等组成的阿里巴巴大娱乐板块，正在成为继电商业务、云计算之后的新主营业务和核心收入来源。

（二）开放式运营模式

除腾讯、阿里巴巴这些产业链庞大的集团，国内还有更多的文化企业正在成长中，尚没有能力构建完善的产业链条，如中文在线、磨铁、掌阅、爱奇艺等。它们也在打造自己的生态圈，但尚未成为完整的生态链，因此需要与其他平台合作共同完成全版权开发，以实现多赢。在这种开发模式中，企业之间一般会共同进行版权开发布局，对某部或系列作品的版权开发进行合理的策划，既可以就某一项目进行合作，也可以是两个或多个企业之间的战略合作。这种合作，能集合各个企业的优势力量进行强强联合，互相弥补产业链条上的不足，但企业之间协作能力有待提升。

中文在线是较早提出全版权开发的平台，在提出"文学 +"和"教育 +"两大战略之后，中文在线在 2016 年又加强了对 IP 泛娱乐生态布局，发布 IP 一体化战略。在版权开发中，中文在线加强与外部公司的合作，包括咪咕阅读、中国电信、掌阅、QQ 阅读等，以 IP 为核心，整合作者、渠道、产业链，共创多赢生态。在内容源构建上，中文在线旗下有专注女性阅读的平台"四月天"、拥有 60 多万名驻站作者的"17K 小说网"和移动创作社区"汤圆创作"，构建起了内容铁三角；在合作拓展上，中文在线先后与唐德影视、奥飞娱乐达成 IP 一体化开发的战略合作伙伴关系。在粉丝运营方面，中文在线以其强大的内容优势、用户基础和创新型的粉丝运营手段，力图打造自己的粉丝运营体系。

在 IP 泛娱乐开发大潮下，磨铁集团也在从一家出版公司转型为文化娱乐公司，正在积极提升自身 IP 全产业链运营能力。磨铁集团拥有磨铁图书、磨铁文学、磨铁娱乐三大业务板块。通过策划出版《诛仙》系列、《盗墓笔记》系列、《明朝那些事儿》等一系列畅销书，做内容起家的磨铁在发力影视剧方面具有先天的内容优势，目前已联合出品了两部电影，未来将推出电视剧。集团不仅自己进行影视剧改编，还与腾讯、阿里巴巴等集团合作，为其提供优质的内容。

近两年才进入 IP 市场的掌阅，也在发力全版权运营。不过目前还处于 IP 培养阶段。掌阅旗下有多家原创平台和合作机构，包括掌阅小说网、趣阅小说网、红薯中文网等多家原创平台，签约优质作家万名以上。掌阅注重作品的质量，通过以用户为核心的大数据 PK 机制，评选出《总裁在上》等优质作品，并由公司 IP 策划团队对其进行影视化可行性分析，推出自出版、漫画及影视等 IP 衍生业务，并与外部公司进行合作，共同开发版权。

二　全版权运营案例分析

在 IP 泛娱乐开发时代，一部小说、一部影视剧、一个游戏，甚至一首歌，一个广告语，都有可能成为全版权开发的源头，衍生出一个庞大的产业链条。在实际开发中，已出现众多成功案例。其中，以文学作品为源头进行开发最为普遍，影游联动日趋常态化，动漫作品的版权运营也前景广阔。

（一）以文学为源头最为普遍

有人认为文学作品的影视改编是全版权运营的雏形，以文学作品为源头进行全版权开发确实是运用最普遍的一种方式。以文学作品为源头进行全版权运营，又可细分为以传统文学和网络文学为源头两种。相对而言，传统文学的全版权运营多以出版社为主体，虽然名著改编由来已久，但是整体来看，还是数量少，多在探索阶段，主要集中在影视剧改编、数字阅读推广等方面。比如，周梅森所著《人民的名义》，在改编成电视剧后，引发收视狂潮，反过来拉动了实体图书及电子书的销售，成为一种文化现象，但其他衍生品开发还没有形成规模。不过也有一些作家以及出版社已经进行了涵盖更长产业链的版权运营。曹文轩是我国首位获得国际安徒生奖的作家,其作品的全版权运营由曹文轩儿童文学艺术中心全面负责。2016年,该中心与合作方签署协议,《火印》将拍成动画片,《青铜葵花》将改编成舞台剧,未来还有望在影视改编、游戏开发等多领域进行拓展。童话大王郑渊洁的系列作品不仅进行了影视剧改编,还改编成了游戏、空中课堂等。中国出版集团在全版权运营方面进行了多种探索。继2014年集团旗下的人民文学出版社、天天出版社成立了曹文轩儿童文学艺术中心后,2016年集团旗下中国大百科全书出版社成立雪漠图书中心,分别对不同作家的作品进行全版权运营。此外,2016年集团还成立了中版昆仑传媒这一专业的IP孵化机构,力求打通出版和影视两片红海。

随着我国网络文学的兴起,以网络文学为源头的全版权运营逐渐成为主流,并已开发出巨大的商业价值,引发全球关注。据统计,2016年,国内网络文学用户数达到3.33亿,比上年增加了3600多万,而国内整个网络文学的产值已达到90亿元。2016年,国内40家重点网络文学网站出版图书6443部,改编电影900多部,改编电视剧1056部,改编游戏511部,改编动漫440部。其中,北京市作为全国文化中心,网络文学发展呈现总量大、作品优、效益佳三大特点,北京市重点网络文学企业的作品IP转化改编电影312部、电视剧383部、动漫画165部、游戏作品167部、网络影视剧78部、出版图书3354部。

阅文集团拥有最多的网络文学资源,其在网络文学全版权运营上同样表现突出。阅文集团借助"IP共营合伙人"制度,将服务前置,积极寻找影视、动漫、游戏等相关方面的公司合伙,为挖掘IP成立专门公司,同时规划未来衍生作品及运营。在这一模式下,《择天记》《全职高手》《斗破苍穹》等多部作品在出版、动漫、影视、游戏等全产业领域运作顺利,反响出色。《择天记》是阅文集团首个主动先行运营全版权的案例,在作品连载前即开始制定IP整体运作计划,通过线上、线下活动为新书展开营销。与此同时,阅文前期即开始介入小说周边的制作,并直接投资5000万元进行动画化，使得作品上线之初，即形成了巨大的明星 IP 效应和粉丝共鸣，从而大幅推广小说，一路走高。通过一站式多线开发，《择天记》覆盖图书出版、动漫画、电影、页游手游、舞台剧、周边商品等下游产业。目前，《择天记》各个领域的改编运作均取得了不错反响，其中，《择天记》改编动画已开发至第三季，动画前两季点击量破 3 亿次，而《择天记》改编电视剧则取得了全网播放量突破 260 亿次的成绩。

阿里巴巴则利用基础设施优势对网络文学进行全面开发，最典型的例子就是对《三生三世十里桃花》的运营。电视剧《三生三世十里桃花》曾在电视台和互联网上掀起收视热潮，而单在优酷上就获得了超过 140 亿次的播放量。不仅如此，观众还可以在阿里文学网站上读到这部作品，而阿里影业还出品了作品的电影版。更值得关注的是，《三生三世十里桃花》的 IP 衍生商品也在淘宝、天猫售卖，商品成交额已经超过 3 亿元。

中文在线在网络文学版权开发方面也取得了一定的成绩。根据中文在线旗下 17K 小说网作者黑夜 de 白羊同名作品改编而成的《我的美女老师》在爱奇艺独家上映，点击量突破 3 亿次，并推出《我的美女老师》第二季。另外，中文在线、王马影视还联合出品同名手游，与网剧同步上线，通过影游联动，开启网剧植入、游戏植入双向互推创新模式。

（二）影游联动日趋常态化

2014 ~ 2015 年的影游联动，还处于萌芽阶段，许多影游联动仅仅是对热门 IP 的简单换皮，没有内容的真正联动，甚至在上市时间上也没有互动配合。2015 年《花千骨》成为影游联动的"爆款"后，2016 年迎来了影游联动的大爆发，几乎每一部热门古装 IP 剧都做了游戏，据统计，2016 年影游联动的市场规模接近 90 亿元。

一方面，影游联动开始真正呈现内容、推广乃至产业链的深度融合。大多数影游联动都更加重视相互之间的互动与协调，不仅在内容上有相互的借鉴和植入，同时在上市时间上能够基本实现同步，营销推广过程也有相互的配合。另一方面，业界开始意识到，影游联动不应局限于影视与游戏的深度互动，而是扩展为泛娱乐战略下文学、动漫、影视和游戏的深度融合、多屏联动，影视、游戏、漫画、小说多点开花的模式已经形成。

《蜀山战纪之剑侠传奇》是 2016 年影游联动最为成功的案例之一。《蜀山战纪》是演员吴奇隆名下江苏稻草熊影业公司斥资数亿元打造的 IP，从电影、电视剧、网剧、动漫、手游、电商六方面立体拓展全产业链商业价值。在电视剧方面，携手爱奇艺及安徽卫视多方合作，采用先网后台的播出模式。在手游方面，吴奇隆与蓝港互动合作成立了一家名为"峰与隆"的公司来共同发行推广《蜀山战纪》手游。而此前，蓝港互动通过对影视、动漫、文学等泛娱乐产业的布局，先后推出了《十万个冷笑话》《甄嬛传》《芈月传》等多款热门手游。

腾讯爱玩通过挖掘腾讯网、腾讯新闻 APP、腾讯视频 APP 用户付费潜力，建立了端游、页游、手游 3 类联运平台，并与视频自制剧、动漫内容 IP 结合开展影游联动。2016 年，在《逆战》新版本中，腾讯爱玩将其与企鹅影视网剧《鬼吹灯之精绝古城》进行了影游互动，在《逆战》年度新版本中设计了与影视同名的新版本玩法，保持了题材、道具以及 BOSS 的高度统一。与此同时，在《鬼吹灯之精绝古城》拍摄、制作期间就植入了《逆战》相关的创意广告，对游戏新版本的预热起到了非常有效的品牌传播作用。2016 年 3 月，合一集团也联合风际游戏、天赐游戏从游戏、网剧、动画到电影，打造《三剑豪 2》手游 IP 生态，全面开发游戏版权价值。完美世界在 2016 年回归 A 股后，借助自身游戏和影视方面的优势，推出了一系列影游联动的规划。同时，完美世界在 2016 年完成了"今典"旗下三家公司的收购。借助对院线平台资源的整合，完美世界在 IP 资源、游戏开发、影视制作和院线发行等业务方面实现了优势互补。11 月，《诛仙手游》就登上了完美世界全国 86 座影城内的所有曝光位。

（三）漫改影视或成热点

相对于文学、影视、游戏，我国动漫产业长期以来因受众群体较少，市场规模有限，其版权运营并不活跃。但是随着近年来资本的进入和网络动漫的发展，国产动漫产业正在进入以互联网为核心，跨形态、跨媒介、跨行业融合发展的大动漫时代，不同的产品形态和服务形式开始出现，不断打破文化产业固有模式。以《秦时明月》为代表的全龄化动漫，从动画、电影、漫画延伸到电视剧、手游页游、周边衍生品等全产业链，有重要公司参与产业各链条，形成了良好的全产业链运营模式。由漫画诞生的《十万个冷笑话》，已从"网络番剧"发展出了大电影、手游等衍生项目，依靠大量的粉丝群体，构建了一种以"90后"为主体的亚文化流行现象。

随着有妖气、快看漫画、漫漫漫画等动漫网络平台的发展，越来越多的优秀动漫作者和作品开始涌现，各大动漫平台也开始了动漫、影视、电商等业务的泛娱乐布局。其中漫画与影视、游戏、文学等其他领域有着天然联系，漫改影视或成新的热点。2016年，腾讯动漫公布了四部漫画的真人改编计划，不同于传统的"漫画—动画—影视剧"这样的开发路径，而是直接将漫画改编成影视剧。华谊兄弟和童石网络合资成立的角虫娱乐也宣布了将漫画作品改编成影视剧的计划。这都体现出影视对于漫画 IP 的需求。实际上，美国和日本的经验已经证明漫改影视是漫画除了动画化之外提升 IP 价值的有效途径，具有广阔的市场空间，也是国内漫画平台与原创团队尽快推出 IP 的市场方向。2016年，北京涌现了几家原创漫画公司，并发布了漫画 IP 计划，正在积极通过与影视、游戏公司、出版公司等合作，进行全版权运营。

据统计，在动画领域，我国动漫产业每年有 20% 的复合增长率，其中动漫形象衍生品授权市场 2016 年接近 300 亿元，有将近 30% 的增长。其中，以动画片《熊出没》为源头进行的全版权开发，已创造出巨大的市场价值，截至 2016 年底，系列电影票房近 10 亿元，而在非票房市场开发方面，《熊出没》授权产品涵盖玩具、文具、生活用品、家居用品、日化用品、食品饮料、服装鞋帽、精品饰品、收藏品等 50 多个行业，上市产品类别达到 2000 多种，主题乐园在全国已有 20 多个衍生品，年销售额达 25 亿元，已形成一个庞大的商业王国。此外，央视动画对动画片《大头儿子与小头爸爸》进行电影等开发，优扬传媒也正在基于动漫作品进行版权开发，打造全产业链条。

三 全版权运营问题分析

从目前全版权运营的实践来看，文学、影视、游戏、动漫等各领域都进行了积极而广泛的探索，作品的影视改编、游戏改编、衍生品开发等蔚然成风，版权价值通过多渠道、多形态得到了很好的提升。但是，在全版权运营的热潮之下，也出现了一些问题，引发业界对于 IP 热的反思。

其一，过于迷信 IP 自带粉丝的功能而忽视作品质量。

业界目前热衷于 IP 改编，最大的原因在于原作经过市场检验，有了广泛的市场基础或较大的粉丝群体，改编自原作的后续作品进入市场后具有明显的先天优势。但是这也导致有些公司抱着购买 IP 让粉丝掏钱的目的，匆匆上马项目，粗制滥造推出衍生作品，让原作的粉丝大失所望。比如，在影游联动项目中，就有不少游戏、影视公司往往把"影游联动"作为噱头，把 IP 当作一次性快消品，只关注游戏前期能否借助 IP 导入更多的用户量，而不顾游戏本身的品质，更不关心用户的体验和认同。在网络文学的版权运营中，也出现了不少对原本优质的 IP 匆忙立项、涸泽而渔和过度开发的情况，推出的衍生作品名不副实，质量堪忧，同质化严重。实际上，不论是文学，影视还是游戏、动漫，文化产品的根本还是内容为王，IP 的养成非一日之功，需要不断推出创新的作品和优质的内容，否则，再大再火的 IP 也会因优质内容的缺失而功亏一篑。

其二，全版权运营能力有限导致 IP 价值开发不足。

虽然全版权运营已经成为文娱产业的共识，但是由于经验和能力的欠缺，全版权产业链尚未形成，版权价值开发的广度和深度还远远不够。以影视为例，美国传统票房收入占电影行业全部收入的比重仅为 25% 左右，其余部分收入都来自扩窗发行和衍生品收入，包括电视节目、付费电视、录像带和 DVD、网络点播、主题公园、玩具和游戏等。这是产业发展成熟，产业链条完备，版权价值充分发掘后的必然结果。而我国电影产业虽然有些电影已经有了衍生品等方面的收益，但整体而言依然过度依赖票房收入。

在全版权运营中，由于涉及不同文娱行业的跨界合作，需要在内容制作、宣发、推广等各环节与合作方深度互动，这就需要大量跨界经营的人才，既了解不同文化行业的艺术规律和受众需求，又具有着眼于IP长远发展的战略眼光。比如，在影游联动中要进行真正的联动，需要围绕IP将影视、游戏、动漫、周边、营销等各个环节打通，形成完整的IP生态。具体到影视和游戏的联动中，如何提升影游用户的转换率是合作各方的重要命题之一。为此，厂商应考虑游戏能否高度还原影视、游戏热度能否与影视热度高度重合、影视公司与游戏公司能否整合推广营销资源等一系列问题。再如，在以动漫作品为源头的全版权运营中，需提升动漫作品的IP形象识别度，统一系列作品的世界观，并需要对IP进行持续曝光，才能成功地进行全产业链的长远布局。

其三，版权意识不足导致改编权授权争议多发。

全版权运营的主要方式是通过改编权的授权许可，实现内容在不同类型作品上的呈现，包括将文学作品改编成影视、将影视改编成游戏、将游戏改编成动漫等。近年来，随着改编作品的增多，司法实践中因作品改编而引起的版权诉讼数量呈上升趋势，尤其2016年将文学作品改编成影视作品引发的版权诉讼较为集中，不少案件影响力较大。作品改编过程中可能会涉及改编和原作的关系、改编与复制权的关系、改编权与抄袭剽窃的关系、改编权与修改权的关系、改编权与保护作品完整权的关系、改编权与摄制权的关系、改编权与原作品在权利归属与行使上的关系、改编权与不正当竞争的关系以及改编权与各法律主体的关系等。这些关系涉及作品改编权与其他不同权利的边界，若处理不慎，都有可能带来侵权风险。

要防范全版权运营中的版权风险，要加强版权保护意识，更要提高版权保护的能力。在实务层面，通过规范合同内容防控风险，是企业和作者个体加强版权保护的重要手段。一般而言，改编权授权许可需要特别注意权项、期限、地域和作品改编成果权属规定四个方面。比如，当前一部文学作品可以改编成院线版电影、网络版电影、上星版电视剧、地面版电视剧、网剧等多种细分的作品类型。在版权许可合同中，就应明确改编作品的类型，并针对不同类型作品的特点，约定相应的期限。

不管是腾讯阿里形态较为完备的集团式运营，还是更多成长中的文娱企业的开放式运营，2016 年横跨网络文学、影视、游戏、动漫等各领域的全版权运营取得了显著成绩。但总体而言，全版权运营尚处于初期的发展阶段，虽有成功的个案不断涌现，但贯穿各环节的全产业链条尚未打通，泛娱乐生态仍待建立，上述发展中呈现的问题，更有待业界在进一步探索中予以解决。

参考文献

宿迟：《文化创意知识产权典型案例评析》，法律出版社，2016。

南振兴、陈红英、于向阳、南茜：《文化创意产业的知识产权保护研究》，知识产权出版社，2015。

游闽键：《文化创意产业知识产权案例律师点睛》，学林出版社，2014。

侯汉坡：《北京市文化创意产业集聚区案例辑》，知识产权出版社，2010。

张静静：《文化创意产业的知识产权价值评估研究》，经济科学出版社，2011。

郭万超：《北京市文化创意产业竞争力提升研究》，知识产权出版社，2013。

专 题 篇

Special Reports

B.9
云空间服务版权监管研究

韩志宇 *

摘 要： 本文以云计算发展为背景，对目前云存储空间的法律性质、版权状况、侵权形势和监管要求均作了比较细致的描述，并就目前司法和学术界争论的热点问题给出了自己的回答。

关键词： 云计算 云存储空间 司法监管

一 研究背景与意义

随着网络技术的迅猛发展，云计算作为一种新型的资源使用和交付模式

---

* 韩志宇，首都版权产业联盟秘书长，发表或撰写《快播播放器的经营方式及其法律责任分析》《聚合经营的性质及其法律责任辨析》《云空间服务版权监管研究》等上百篇版权保护论文和调研报告。

获得了广泛的发展和应用。信息网络正在快速步入一个以云计算为特征的新阶段。2010年以来，仅仅几年时间，我国云空间服务就已经积聚起了数以亿计的庞大用户群体。云空间服务模式不仅改变了人们获取信息的方式和途径，也潜移默化地影响着人们的思维方式和行为方式。历史经验告诉我们，网络技术的每一次新的发展，都会伴随着一些新的商业经营方式的出现。由这些经营方式引发的侵权形式也会不断显现。因此，当云空间服务成为我们生活不可或缺的一部分的时候，它也同时会对现有版权保护制度形成新的挑战。

近两年来，随着维权行动和监管力度的不断加强，越来越多的侵权盗版活动开始从蓝天和阳光下躲进了云端。以营利为目的，利用云空间服务的存储、链接、分享功能擅自传播他人作品的现象与日俱增。云空间已经日益沦为侵权活动新的重灾区。涉及云空间的版权纠纷快速增长。据城四区知识产权法院的估计，在2016~2017年两年的网络版权案件中，三分之一以上和云空间服务有关。

我国正在从互联网大国向互联网强国迈进。互联网经济已经成为经济和社会发展的中坚力量。对云空间服务版权监管的研究，对于推动实施国家知识产权战略和创新驱动发展战略，建设创新型国家以及增强知识产权国际话语权，无疑具有非常积极的意义。

二　云计算概述

（一）云计算的概念

目前国内外关于云计算的概念定义不尽统一，主要的有以下几个。

1. 美国国家标准与技术研究所（NIST）的定义

云计算是一种按使用量付费的模式。这种模式可以实现随时随地、便捷地、随需应变地从可配置计算资源共享池中获取所需的资源（例如，网络、服务器、存储、应用及服务）。这些资源能够快速供应并释放，使管理资源的工作量和与服务提供商的交互减小到最低限度。

2. 百度百科的定义

云计算（Cloud Computing）是基于互联网的相关服务的增加、使用和交付模式。通常涉及通过互联网来提供动态易扩展且经常是虚拟化的资源。云是网络、互联网的一种比喻说法，用来表示互联网和底层基础设施的抽象。

3. 维基百科的定义

云计算（Cloud Computing）是一种基于互联网的计算方式。通过这种方式，共享的软硬件资源和信息才可以按需求提供给计算机和其他设备。

4. 十一届全国人大五次会议《政府工作报告》使用的定义

云计算是基于互联网的服务的增加、使用和交付模式，通常涉及通过互联网来提供动态易扩展且经常是虚拟化的资源，是传统计算机和网络技术发展融合的产物。它意味着计算能力也可作为一种商品通过互联网进行流通。

（二）云计算的基本功能

1. 随需应变的自助服务

消费者可以单方面地按需自动获取计算能力，如服务器时间和网络存储，从而免去了与每个服务提供者进行交互的过程。

2. 无处不在的网络访问

对消费者来说，可取用的功能是应有尽有的，并且可以在任何时间进行任意数量的购买。通过各种统一的标准机制从多样化的客户端获取（例如，移动电话、笔记本电脑或者掌上电脑）。

3. 资源共享池

服务提供者将计算资源汇集到资源池中，通过多租户模式共享给多个消费者。根据消费者的需求对不同的物理资源和虚拟资源进行动态分配或重分配。资源的所在地具有保密性，消费者通常不知道资源的确切位置，也无力控制资源的分配，但是可以制定较精确的概要位置（例如，国家、省或数据中心）。资源类型包括存储、处理、内存、带宽和虚拟机等。

4. 按需计量付费

云计算系统利用一种计量功能（通常是通过一个付费使用的业务模式）

来自动调控和优化资源利用，根据不同的服务类型按照合适的度量指标进行计量（如存储、处理、带宽和活跃用户账户）。监控、控制和报告资源使用情况，提升服务提供者和服务消费者的透明度。

（三）云计算的服务模型

1.软件即服务（SaaS）

该模式是在云基础设施上运行的、由提供者提供的应用程序。这些应用程序可以被各种不同的客户端设备，通过像 Web 浏览器（例如，基于 Web 的电子邮件）这样的客户端界面所访问。消费者不直接管理或控制底层云基础设施，包括网络、服务器、操作系统、存储，甚至单个应用的功能在内。

2.平台即服务（PaaS）

该模式是将消费者创建或获取的应用程序，利用资源提供者指定的编程语言和工具部署到云的基础设施上。消费者不直接管理或控制包括网络、服务器、运行系统、存储，甚至单个应用的功能在内的底层云基础设施，但可以控制部署应用程序，也有可能配置应用的托管环境。

3.基础设施即服务（IaaS）

该模式是租用处理、存储、网络和其他基本的计算资源。消费者能够在上面部署和运行任意软件，包括操作系统和应用程序。消费者不管理或控制底层的云计算基础设施，但可以控制操作系统、存储、部署的应用，也有可能选择网络构件（例如，主机防火墙）。

（四）云计算的部署模型

1.私有云（Private Cloud）

私有云是为一个用户/机构单独使用而构建的，可以由该用户/机构或第三方管理，存在预置（on premise）和外置（off premise）两个状态。

2.社区云（Community Cloud）

社区云是指一些有着共同利益（例如，任务、安全需求、政策、遵约考虑等）并打算共享基础设施的组织共同创立的云，可以由该用户/机构或第三方管理，存在 on premise 或 off premise 两个状态。

3. 公共云（Public Cloud）

公共云供一般公众或一个大型的行业组织公开使用，由销售云服务的组织机构所有。

4. 混合云（Hybrid Cloud）

混合云由两个或两个以上的云（私有云、社区云或公共云）组成，它们各自独立，但通过标准化技术或专有技术绑定在一起，云之间实现了数据和应用程序的可移植性［例如，解决云之间负载均衡的云爆发（cloud bursting）］。

（五）云计算的特征

根据对国内外比较典型的云计算模式进行分析，得出云计算具有如下特征[①]。

1. 超大规模

云空间具有相当的规模。Google 云计算已经拥有 100 多万台服务器，Amazon、IBM、微软、Yahoo 等云空间均拥有几十万台服务器。企业私有云一般拥有数百上千台服务器。云空间服务能赋予用户前所未有的计算能力。

2. 虚拟化

云计算支持用户在任意位置、使用各种终端获取应用服务。所请求的资源来自云空间，而不是固定的有形的实体。应用在云空间中某处运行，但实际上用户无须了解，也不用担心应用运行的具体位置。只需要一台笔记本或者一个手机，就可以通过网络服务来实现我们需要的一切，甚至包括超级计算这样的任务。

3. 高可靠性

云空间使用了数据多副本容错、计算节点同构可互换等措施来保障服务的高可靠性，使用云计算比使用本地计算机可靠。

---

① 张健鹏：《浅析云计算及其基本特点》，《科技经济市场》2015 年第 5 期。

4. 通用性

云计算不针对特定的应用，在云空间的支撑下可以构造出千变万化的应用，同一个云空间可以同时支撑不同的应用运行。

5. 可扩展性

云空间的规模可以动态伸缩，满足应用和用户规模增长的需要。

6. 按需服务

云空间是一个庞大的资源池，需要按需购买，可以按需计费。

7. 极其廉价

由于云空间的特殊容错措施可以采用极其廉价的节点来构成云。云空间的自动化集中式管理使得大量企业无须负担日益高昂的数据中心管理成本。云空间的通用性使资源的利用率较之传统系统大幅提升，因此用户可以充分享受低成本优势。

三 云空间服务现状

本报告把描述云空间服务的考察对象统称为云盘，业内也称网盘，即网络硬盘，是云盘服务提供商将其后台巨大的存储容量和网络能力通过各种网络终端提供给用户使用的空间。不同的云盘企业根据其经营方式或功能的差异，对云盘有各种各样的称谓。如百度、360 和中国电信的云盘分别直接称为百度云、360 云和天翼云，腾讯云盘则称为微云，华为和中国移动的云盘分别称为华为网盘和彩云网盘。总之，云盘是云空间服务的载体和运行方式。

（一）云盘的数量和规模

我国的云空间服务起步较晚。国内第一个云服务平台是 2009 年 9 月由阿里巴巴（中国）有限公司启动的酷盘。此后，云空间服务进入快速发展阶段。目前国内打着云招牌的大大小小的网络平台至少有数千个。但能够经常性提供云服务产品并可外部提取数据的仅有上百个。2015 年简单相加的累计注册用户量为12亿。如去除重复注册，最保守的估计累计注册用户应该不少于4亿。其中服务模式比较成熟、用户规模较大、知名度较高的有几十个。

表1是根据2015年和2016年两年累计注册用户数量和月度活跃用户数量的平均值排列的部分云盘。

表1　主要云盘排列

云盘名称	累计用户数量（亿）	月度活跃用户数量（万）	云盘名称	累计用户数量（亿）	月度活跃用户数量（万）
百度云	2	3834.2	115网盘	0.5000	205
360云	1.8	787	新浪微盘	0.4100	240
微云	1	417	迅雷快传	0.3900	24
金山快盘	0.8000	105	天翼云	0.0300	342
华为网盘	0.5000	1371	彩云	0.0500	72

（二）云盘的基本功能

通过对云盘运营方式的分析，云盘的总体产品功能主要包括以下几类。

1. 存储功能

存储功能是云盘的基础性功能。绝大部分用户使用云盘的最初目的是扩展存储空间，将数据存储在云端。云盘存储较之传统的存储方式更方便、安全，存储容量更大。基本上都在几百吉以上。目前国内面向个人的主流云盘的免费存储空间有的达到了TB级别。如果用户认为还需要扩充空间，还可以通过购买会员或单纯购买容量的方式扩容。

相较于存储本地文件，云盘存储网络中的文件则更为便捷。如果设置了自动上传功能的话，相同云盘的用户可以直接将电脑、手机上更新的内容和与其他用户分享的信息同步一键转存到云端服务器中，而不需要下载到本地再上传。

2. 离线下载功能

由于目前网速的限制，一些较大的文件如视频文件的上传、下载需等待时间较长。因此用户量较大的云盘都推出了离线下载的功能。帮助用户将互联网中的链接自动下载到云盘，或者将云盘中存储的文件保存到各个终端之中，而不再需要用户等待下载。这种方式的推出，大大提高了云盘存储的实用性，避免用户因上传、下载速度太慢而放弃使用。目前离线下载功能支持 http/https/ftp/电驴/torrent/ed2k 等方式。有的可以实现极速下载。

3. 文件同步与备份功能

云盘的文件同步功能，是指在云盘和用户的本地存储设备之间的数据同步。当前云盘的同步功能可以分为增量同步型和完全同步型。所谓完全同步型，就是指云盘中的文件和用户本地的文件始终保持一致，即当用户在本地的磁盘上新建或删除某文件时，云盘中也实时地新建或删除某文件。所谓增量同步型，是指云盘只会自动同步增加的文件，但是不会同步用户在本地进行的删除文件的操作。除非用户手动删除云盘中增加的同步文件。但不论是哪种同步类型，当用户切换使用的终端时，修改后的信息都可以在新的终端中实时呈现。

文件备份功能与同步功能在某种层面上是重叠的。备份功能本质上也是将用户上传的各种文件信息存储到云盘服务器中，以避免因用户本地存储设备的损坏而导致数据丢失。

4. 分享功能

分享功能是绝大部分云盘最基础的功能之一。用户可以对其上传和存储的资源实现分享。根据分享的文件类型，选择相应的分享按钮。例如，用户想分享一首歌，则只需点击分享音乐按钮即可。点击分享按钮后进入分享页面。在分享页面点击"从本地"或者"从网盘"选择上传。上传完毕。点击发布即可共享。当前云盘实现的分享功能分为公开分享、私密分享和社交分享三类。

（1）公开分享，即将云盘中存储的文件向其他所有人公开。例如，云盘的用户可以通过创建公开链接的方式，公开自己云盘中的特定文件。文件会出现在用户的分享主页上。公开分享后的文件除了用户主动将链接告诉特定的人之外，还可以直接被其他用户用搜索引擎等方式找到并下载。公开分享模式曾经是绝大部分云盘的主打模式。第一代云盘基本上都属于公开分享云盘。

（2）私密分享，私密分享的文件只有用户设定的特定好友能够查看。私密分享与公开分享的区别就在于私密分享所生成的链接是包含密码的。对于分享者来说，可以通过这种分享模式选择要分享的人群，避免信息的随意传播。但是现在有些用户通过在论坛、贴吧、微信等社交渠道发布相关的分享文件和密码，使得这种"私密分享"变成"公开分享"。

（3）社交分享，是指用户针对云盘中的好友、群组用户的分享。现在的很多云盘也具有了一定的社交功能。用户可以在云盘中添加好友、加入群组，与其他的云盘用户交流，相互之间分享信息。例如百度云盘用户可以在百度云盘中添加好友，在分享时可以直接选择同时向最多 50 名好友分享文件。用户也可以选择加入某些有着同样爱好的用户组成的群组，直接向整个群组分享文件，也可以直接获取群组内其他成员向群组分享的文件。这种分享使得用户之间可以更好地交流，用户之间的信息分享也更具有针对性。社交分享和公开分享一样分享链接并没有相应密码的限制，但是社交分享又有和私密分享的相同之处，分享者可以自主选择分享的对象，对于信息的传播范围有着更强的控制。

5. 文件共享与协同功能

文件共享功能是指在针对企业的云存储服务中，用户将文件存储在云盘中的特定位置，不需要进行专门的分享操作，与用户相同小组或公司的不同账户的其他云盘使用者可以直接查看该文件。文件协同功能是指在文件共享的基础上，同个团队内的所有成员均可以对共享的文件进行修改操作。每个人可以选择在他人的基础上再次进行修改，也可以选择从文件的某个历史版本开始修改，以避免其他人的误操作。这两个功能使得多人之间的远程共同协作更加直观，团队内的所有成员都可以看到每一步的修改。可以避免大文件传输带来的不便，以及多次修改版本不统一的问题。这两项功能主要是针对企业级用户的需求。但在面向个人的云盘中，如 WPS 云文档、有道云笔记等，也有这两项功能。

此外，一些云盘还与微博、QQ 空间、微信、公众号、电子邮箱等进行跨平台或空间链接，实现更大范围的分享。

（三）云盘经营现状

1. 云盘的盈利模式

由于向普通用户提供的云存储空间大多是免费的。云盘服务商的收入主要来自以下几个方面。

（1）广告费。广告收入是目前大多数云盘的主要收入。但由于云空间的广告转化率很低，云盘服务商的广告收入尚不能弥补经营成本。

（2）会员费。当几个较大的云盘占据足够的市场份额之后，通过吸收会员的方式收费。收费会员能够享受更多的服务。但市场份额较小的云盘则很难实现会员制。即便几个较大的云盘，会员制的进展也是举步维艰。

（3）空间扩容费。目前面向普通个人用户的云盘大都先提供一定的免费容量。当用户要求扩容或增加服务时收取一定的容量费和服务升级费。目前大多数云盘都实行扩容收费模式，但总体效果不佳。

（4）企业租赁费。目前面向企业的云盘大都收取租赁费用。云盘服务商帮助企业存储保管数据，并向企业收取租赁费用。这是一个很有市场发展潜力的领域。

根据对几家主流云盘企业的调查，云存储服务的收入平均都在成本的 10%~20%，远远不能弥补企业的成本投入。

2. 云盘的发展困境

根据 IDC 的统计，2015 年我国公有云与私有云市场规模均已达到百亿量级。2016 年增速应当在 20% 以上。虽然市场规模发展较快，但云盘企业的经营形势每况愈下。云盘产业的发展仍面临着不少瓶颈。

（1）收入来源单一，没有形成合理的盈利模式，且竞争激烈。

（2）数据安全性和云盘服务商的信用度还有待提升。

（3）合法性问题是制约云空间产业发展的一个重要因素。

（4）网速是限制我国云空间产业发展的一大技术障碍。

（四）云空间服务发展前景

我国近几年云盘数量的爆发式发展说明，人们普遍看好云空间服务的前景。企业都希望抢先占领这个互联网发展的 3.0 高地。下面是业内人士和专家学者对十年之内云空间服务前景的预测。

1. 调整云空间服务方式，从免费方式向收费方式转变

进入 2016 年，云空间服务产业出现了重大调整的迹象。许多云盘企业认识到仅仅提供免费的个人云存储服务是一种恶性循环，进而开始转型提供企业服务。没有退出个人服务市场的几大云盘企业也在调整个人服务项目，停止提供永久免费空间，开始推行会员制和扩容收费制度。这说明我国云空间服务已经从不顾一切地"跑马圈地"状态向理性的状态回归。

根据相关报道，美国的云盘运营方式是大部分免费、小部分收费，收费虽然是小部分，但足以维持云盘的运营和发展。这是一个很好的模式。其中较有代表性的个人云盘是 Dropbox。巅峰阶段的 Dropbox，付费用户占比高达 3.5%。2014 年上市时企业估值达到 100 亿美元。应该说，Dropbox 的模式，也是中国同行发展的方向。随着云空间服务产业格局的演变，可以预测，中国也必然实现大部分免费、小部分收费的服务方式。

我国的互联网从一开始就实行免费模式。享受"免费午餐"的用户习性很难在一朝一夕转变。而培养用户的付费习惯需要在一定的物质基础上。这个基础，一是人民群众物质生活水平不断提高，叫做有钱才能消费；二是人民群众精神文化需求不断提升，叫做有钱愿意消费；三是经过市场竞争而形成的相对集中的产业格局，叫做有能力去收费。在目前的云空间服务市场，这几个条件都已经初步具备。这应该是取消"免费午餐"的天赐良机。建议网络服务商不要坐失良机。因为只有这样，中国的互联网产业才能步入良性发展的道路，从而符合人民群众和国家的长远利益。

2. 调整云空间产业布局，从重个人向企业和个人并重转变

注重发展个人云存储服务，是我国云空间服务初级阶段的一个特点。然而，在现阶段，我国个人存储服务并没有刚需用户的支撑，因而面对高昂的

成本投入难以为继。经验告诉人们，目前云存储服务的真正刚需应该来自企业。

伴随着云空间服务的发展，企业将成为云存储的主力。目前的基本情况是，几乎企业的所有资料都由企业自己的设备来存储。全国近300万个大大小小的网站大都是通过自有或租赁的服务器存储和使用自己的资源。企业为此付出了高昂的运营成本。但随着云空间服务的发展，企业购买云存储服务将比使用自有或租赁的服务器便宜得多。另外，在数字化时代，纸质文件将会被电子文件所取代。企业的核心商业数据和知识载体都承载于这些文件之中。因此，企业必须对自己的文件实行集中存储和管理。在美国，企业文件云服务已经成为红海。而我国还处于蓝海状态。未来几年，在解决好网速和安全性的前提下，企业云盘将为越来越多的企业所认可。未来的企业云存储服务市场也将会有长足的发展。

3. 通过技术升级，云空间服务的功能将越来越丰富

现阶段，我国的云空间服务主要限于与云存储相关的服务。随着网络技术的发展，云空间服务的功能将会越来越丰富。

（1）云空间将会向云端软件操作系统转变。

（2）分享服务将更趋合理化和规范化。

（3）智能发展。

（4）大文件传输等增值服务还会继续发展。

4. 通过法律和技术手段解决云盘内容合法化问题，将促进云空间服务产业的发展

2016年3月，全国"扫黄打非"办公室、中央网信办、公安部、工业和信息化部、国家新闻出版广电总局等五部门联合下发通知，全面开展打击利用云盘传播淫秽色情信息专项整治活动。并且公布了6起利用销售云盘账号和密码传播淫秽色情信息牟利案件。此后，鉴于云盘内容监管存在的巨大法律风险，包括微盘、360云华为网盘在内的一些主流云盘服务商纷纷宣布关闭个人云存储服务空间。合理解决云盘内容监管问题，已经成为一个云盘服务商和政府都无法回避的问题。我们认为，解决问题的途径无非有两个，一个是通过法律手段去解决，另一个是通过技术手段去解决。

目前涉及淫秽、暴恐等内容的监管法律还不够完善，使得政府很多时候不得不使用规范性文件去实施监管。这就不能避免行政管理的随意性。目前当务之急是尽快修法，建立完备、明晰的内容监管法律规范。在版权法律方面，早前就考虑到信息网络和云空间的特殊性，因而建立了避风港规定。这是一套符合信息网络监管实际的法律规范。建议立法机关借鉴避风港的设计理念，在内容监管立法时，平衡好技术发展和内容监管的关系。明确网络服务提供者的法定权利与义务。没有适当的规范，就无法遏制违法信息的传播；但不合理的增加网络服务提供者的主动审查义务，则会影响和阻碍网络产业的发展。要统筹兼顾，而不能顾此失彼。根据版权管理的经验，通过立法，鼓励或要求网络服务提供者运用技术手段实施内容监管，是一个值得提倡的新思维方式。目前，一键上传、离线下载、同步备份、适时同步和信息过滤等技术已经日臻成熟。通过技术手段遏制违法信息成为可能。

四　云空间服务版权状况

近年来，我国云空间服务发展势头迅猛，仅仅几年时间，国内云盘和用户数量已均居世界首位。便捷、实用的云存储服务已经日益成为人们一种不可或缺的日常需求。

（一）云空间存储作品规模和权属状况

目前根据服务器的流量尚无法估计云盘存储作品的数量。鉴于大家都了解的原因，各大云盘也没有公布准确的存储量数据。但根据排名靠前的几大云盘企业透露，它们投放的云服务器数量已经超过百万台，并且数量还在不断增加。考虑到网络企业根据用户需求设置服务器的经营惯例，这可以从一个侧面说明云盘存储量的巨大规模。

云盘上存储的作品主要有两个来源，一个是用户上传的作品，另一个是云盘服务商存储的作品，包括其拥有著作权的作品。经过几年来用户的上传积累，各大云盘都拥有了海量的作品资源。考虑到目前云盘上传作品只有少部分是用户个人作品的实际情况，可以判断，用户上传的作品绝大多数是他人作品。而云盘服务商存储的作品，除自己的版权资源外，也大多是通过介入用户上传而获得的他人作品。基于以上认知可以推断，云盘上存储的作品大多是未经授权的，概率至少为70%~80%。

（二）云空间侵权行为的主要形式

根据对几个主要云盘的监测和分析发现，近几年来，云盘分享空间中涉嫌侵权作品类型广泛，数量巨大。尤其文学作品、影视作品、体育赛事转播等高版权价值的作品引发的版权纠纷持续不断。

云空间的侵权形式多样，涉及主体复杂。根据行为主体不同，有云盘服务商侵权、云盘用户侵权、第三方网站侵权等主要形式。根据权威监测机构近几年的监测数据和行政监管、司法审判的实际情况，目前云空间的侵权行为主要表现为以下几种运行方式。

1. 转移存储方式

设立一个网站或推出一个客户端播放器（目前主要是 APP 移动端播放器）或一个公众号平台，用以连接用户，同时，以普通用户的身份进驻云盘，注册若干账户，大量上传、存储未经许可的他人作品尤其是热播作品，通过设置分享方式提供链接地址或种子文件，向用户提供上传到云盘分享空间的作品，并获取广告和其他收入。行为人采用转移存储方式，主要是利用云盘的隐蔽空间来规避自己的侵权责任。例如，2016年10月，海淀公安分局破获的"百度云论坛"侵犯著作权案，就是一种转移存储的侵权方式。目前，犯罪嫌疑人已经被依法刑事拘留。该案件正在进一步审理中。

2. 深度链接方式

设立一个网站，或推出一个客户端播放器，或一个公众号平台，用以连接用户，通过定向链接或直接链接方式向用户提供他人作品，在云盘分享空间达到一定规模后，行为人已经不用自己上传或存储作品。这是一种更便捷实用、成本低廉的共同侵权方式。在这里，行为人采用的是一种非存储提供方式。2016年海淀法院审理的快播播放器案和快看影视案，都属于这种深度链接的方式。

3. 社交空间方式

行为人以普通用户的身份同时进入云盘和微博、微信、QQ、贴吧、看吧等社交空间，向云盘账户上传、存储并分享未经许可的他人作品，同时也向社交空间提供这些作品。在云盘或第三方云盘搜索工具的作用下，云盘分享空间的有限范围被不断放大。同时，由于许多云盘具有与微博、微信、QQ、公众号、电子邮箱等进行跨平台链接功能，更使这种分享的范围被无限扩大。社交空间中公开推送境外剧和国内热播剧链接的情形越来越多，使得在社交空间总是可以早于视频网站看到引进版境外剧和国内热播剧。例如，2015年乐视网播出拥有专有信息网络传播权的热播电视剧《芈月传》。在播出刚刚过半时，就可以在云盘上下载81集的全片。在微博、微信中一集链接最高可卖到三四十元。跟踪链接结果证明，这些链接源大多为几大云盘的存储账户或分享空间。

上述描述是根据监测和调查得出的云盘中实际发生的主要侵权方式。实际上，各种侵权形式并不是各自独立或一成不变的，有时几种侵权形式是交织在一起的。

（三）云空间侵权行为形成原因

1. 分享功能是形成云空间侵权行为的起因

目前云盘的主要功能是存储和分享。按照著作权法律法规的规定，未经许可使用（传播）他人作品，属于侵权行为（法律法规另有规定的除外）。如果用户仅仅上传（存储）他人作品供自己学习和欣赏，属于合理使用范围，并不必然构成侵权行为。由于云盘同时存在分享功能，用户如将他人作品资源提供分享，则涉及授权问题。可以认为，分享和传播至少是一个同义语。因此，无论是分享还是传播，都可能构成侵权行为。虽然某个用户个人分享的作品是有限的，但众多用户提供的分享作品的积累，客观上已经形成了海量的作品资源。从发展趋势上看，主要云盘将成为作品集中化传播的空间。相对于过去分布式的网点模式，用户将可以通过云空间更方便地获得更多作品。这无疑增加了用户的黏度和忠诚度。

另外，随着云空间软件服务的不断完善，在线播放功将越来越成熟。用户可以直接对云空间作品实现在线浏览而不需要下载或复制。这些便捷的服务功能，为用户获得作品带来了极大的方便，同时也给不法行为人实施侵权活动提供了可乘之机。

2. 转移存储是产生云空间侵权行为的一个动因

不法行为人为了规避法律责任，利用云空间转移存储或非存储提供方式向用户提供作品。随着维权和监管的力度不断加大，通过网站等公开平台存储并擅自传播他人作品存在巨大法律风险。近两年来，不法行为人纷纷利用转移存储或非存储提供方式从事侵权传播活动。以规避法律责任。于是，利用云盘的隐蔽空间，就成为一种重要方式。

从表面上看，提供端（网站、播放器、公众号等）和存储端（云盘）之间彼此孤立，没有联系。实际上，它们都从云盘存储、分享空间提取作品，共同组成一个侵权链条。传播环节分散、隐蔽性强，监测和取证难度大，不仅普通权利人举证困难，即便行政机关和司法机关的专门调查，门坎也越来越高。

3. 不法用户可以利用云空间的基础服务设施扩大传播效果，是产生云空间侵权行为的另一个动因

在云盘出现以前，不法用户为了能在更大范围内传播他人作品，往往需要有较大的投入。如快播播放器就在全国设置了几千台加速服务器。鉴于近几年云盘覆盖范围的不断扩大，基础设施不断完善，不法行为人可以充分利用云盘成熟的加速功能等基础服务，不需任何投入，即可把作品传播到更大的范围。例如，一个叫做"流量君"的微信公众号，就是通过提供链接的方式向用户提供存储在云盘账户中的他人作品。

4. 网络服务商的不作为或怂恿行为，是云空间侵权行为发展的重要外因

首先，一些网络服务商为了招徕用户，误读甚至滥用避风港规定，忽视法定的注意义务，疏于履行监管责任。长期的不作为造成了普通用户法律意识淡薄，也给不法用户提供了可乘之机。

其次，一些云盘服务商为了争夺用户和市场份额，利用各种方式诱导、鼓励用户登录分享空间，分享他人作品。对分享空间的作品采取编辑、分类、排行、索引等措施，为公众分享他人作品提供便利。这在客观上助长了侵权行为的发生。

5. 能够获得广告收入，是云盘侵权行为存在的根本原因

长期以来，网络上活跃着众多涉嫌侵权活动的小网站。这些网站虽然规模很小，但数量众多，隐蔽性强，流动性大，监管难度高。在搜索引擎的作用下，这些网站的作用被无限放大。因而成为网络侵权活动的一个重灾区。

近几年来，这些网站越来越多地转向利用比较隐蔽的云盘从事侵权活动。我们上面列举的几种侵权方式中，主角多为这类小网站。从表面上看，网站、播放器、云盘这些环节彼此孤立，没有联系。而实际上，它们在广告联盟的体系下，共享广告收益的分成。网站对外展示作品吸引用户和流量并提供链接地址；播放器隐藏链接地址和作品存储并提供解码播放服务。它们都从云盘存储、分享空间提取作品，从而共同获取广告收益分成。这就是大量涉嫌侵权的小网站得以长期存在、屡禁不绝的根本原因。进入云空间服务时代，这个问题依然存在。

五　云空间服务的法律性质

（一）云空间服务的法律性质

目前，我国尚未有关于云空间服务性质的专门法律法规。依据著作权法授权制定的《信息网络传播权保护条例》的相关规定如下。

该条例第二十一条规定，"网络服务提供者为提高网络传输效率，自动存储从其他网络服务提供者获得的作品、表演、录音录像制品，根据技术安排自动向服务对象提供，并具备下列条件的，不承担赔偿责任：（一）未改变自动存储的作品、表演、录音录像制品；（二）不影响提供作品、表演、录音录像制品的原网络服务提供者掌握服务对象获取该作品、表演、录音录像制品的情况；（三）在原网络服务提供者修改、删除或者屏蔽该作品、表演、录音录像制品时，根据技术安排自动予以修改、删除或者屏蔽"。

该条例第二十二条规定，"网络服务提供者为服务对象提供信息存储空间，供服务对象通过信息网络向公众提供作品、表演、录音录像制品，并具备下列条件的，不承担赔偿责任：（一）明确标示该信息存储空间是为服务对象所提供，并公开网络服务提供者的名称、联系人、网络地址；（二）未改变服务对象所提供的作品、表演、录音录像制品；（三）不知道也没有合理的理由应当知道服务对象提供的作品、表演、录音录像制品侵权；（四）未从服务对象提供作品、表演、录音录像制品中直接获得经济利益；（五）在接到权利人的通知书后，根据本条例规定删除权利人认为侵权的作品、表演、录音录像制品"。

如果云空间仅仅为用户提供存储服务，应属于该条例第二十一条规定的情形。用户上传并存储自己或他人的作品，并不必然涉及侵权问题。在此情况下，云盘服务商应当根据国家相关法律法规，确保用户存储内容的私密性和安全性。

但由于云盘同时提供分享服务。在这种情况下，云盘则明显具有了该条例第二十二条规定的信息存储空间的属性。国家版权局在《关于规范网盘服务版权秩序的通知》中明确指出，云盘空间属于"信息存储空间"。

依据该条例第二十条、第二十一条、第二十二条、第二十三条的规定，网络服务提供者向用户提供自动传输、自动存储、信息存储空间和搜索链接等技术服务，在符合免责条件的情况下，不承担赔偿责任，但必须履行对权利人通知的移除义务。云盘服务商根据上述规定开展经营活动，应当适用避风港规定。

明确云空间服务的法律性质，对于正确规范云盘服务商的行为意义重大。过度强调云盘服务商的主动监管责任，不仅会使其无所适从，也会影响新技术的应用和发展，从而阻碍云空间服务产业的发展。相反，如果不强调云盘服务商的注意义务，会导致其滥用避风港规定，从而阻碍网络版权保护的有效实施。最终也会妨碍云空间服务产业的发展。规范云空间服务版权秩序，就是要寻求云盘服务商和权利人之间的利益平衡点。在维护权利人的合法权益的同时保护和促进技术的发展。

（二）云盘服务商侵权责任分析

侵权责任是指行为人因实施侵权行为而承担的法律责任。侵权行为是指行为人非法行使权利人的权利或阻碍权利人行使权利的行为。

在我国侵权责任法律体系中，通常都使用侵权责任和共同侵权责任这两个概念。侵权责任一般是指行为人故意、自主实施侵权行为而应当承担的法律责任。因而也被视为一种直接侵权责任。共同侵权责任的依据是《民法通则》第一百三十条规定，"二人以上共同侵权造成他人损害的，应当承担连带责任"。法律通常把这种连带责任称为共同侵权责任。

1. 云盘服务商的直接侵权责任

《侵权责任法》第三十六条规定，"网络用户、网络服务提供者利用网络侵害他人民事权益的，应当承担侵权责任"。

著作权法第四十八条规定，"有下列侵权行为的，应当根据情况，承担停止侵害、消除影响、赔礼道歉、赔偿损失等民事责任；同时损害公共利益的，可以由著作权行政管理部门责令停止侵权行为，没收违法所得，没收、销毁侵权复制品，并可处以罚款；情节严重的，著作权行政管理部门还可以没收主要用于制作侵权复制品的材料、工具、设备等；构成犯罪的，依法追究刑事责任：（一）未经著作权人许可，复制、发行、表演、放映、广播、汇编、通过信息网络向公众传播其作品的，本法另有规定的除外；（二）出版他人享有专有出版权的图书的；（三）未经表演者许可，复制、发行录有其表演的录音录像制品，或者通过信息网络向公众传播其表演的，本法另有规定的除外；（四）未经录音录像制作者许可，复制、发行、通过信息网络向公众传播其制作的录音录像制品的，本法另有规定的除外；（五）未经许可，播放或者复制广播、电视的，本法另有规定的除外；（六）未经著作权人或者与著作权有关的权利人许可，故意避开或者破坏权利人为其作品、录音录像制品等采取的保护著作权或者与著作权有关的权利的技术措施的，法律、行政法规另有规定的除外；（七）未经著作权人或者与著作权有关的权利人许可，故意删除或者改变作品、录音录像制品等的权利管理电子信息的，法律、行政法规另有规定的除外；（八）制作、出售假冒他人署名的作品的"。

《信息网络传播权保护条例》第十八条规定，"违反本条例规定，有下列侵权行为之一的，根据情况承担停止侵害、消除影响、赔礼道歉、赔偿损失等民事责任；同时损害公共利益的，可以由著作权行政管理部门责令停止侵权行为，没收违法所得，非法经营额 5 万元以上的，可处非法经营额 1 倍以上 5 倍以下的罚款；没有非法经营额或者非法经营额 5 万元以下的，根据情节轻重，可处 25 万元以下的罚款；情节严重的，著作权行政管理部门可以没收主要用于提供网络服务的计算机等设备；构成犯罪的，依法追究刑事责任：（一）通过信息网络擅自向公众提供他人的作品、表演、录音录像制品的；（二）故意避开或者破坏技术措施的；（三）故意删除或者改变通过信息网络向公众提供的作品、表演、录音录像制品的权利管理电子信息，或者通过信息网络向公众提供明知或者应知未经权利人许可而被删除或者改变权利管理电子信息的作品、表演、录音录像制品的；（四）为扶助贫困通过信息网络向农村地区提供作品、表演、录音录像制品超过规定范围，或者未按照公告的标准支付报酬，或者在权利人不同意提供其作品、表演、录音录像制品后未立即删除的；（五）通过信息网络提供他人的作品、表演、录音录像制品，未指明作品、表演、录音录像制品的名称或者作者、表演者、录音录像制作者的姓名（名称），或者未支付报酬，或者未依照本条例规定采取技术措施防止服务对象以外的其他人获得他人的作品、表演、录音录像制品，或者未防止服务对象的复制行为对权利人利益造成实质性损害的"。

依据上述规定，云盘服务商或云盘用户故意、自主上传、存储并擅自分享（传播）他人作品，属于一种直接实施侵犯他人著作权的行为。除应承担民事赔偿责任外，同时损害公共利益的，还可依法予以行政处罚。构成犯罪的，应当依法追究刑事责任。

依据上述规定，云盘服务商或云盘用户通过云盘上传、存储并擅自分享他人作品 500 件以上，即构成侵犯著作权罪。因此，国家版权局在 2015 年发出的"关于规范网盘服务版权秩序的通知"第七条中，对云盘服务商提出了专门要求："网盘服务商不得擅自或者组织上传未经授权的他人作品，不得对用户上传存储的作品进行编辑、推荐、排名等加工，不得以各种方式指引、诱导、鼓励用户违法分享他人作品，不得为用户利用其他网络服务形式违法分享他人作品提供便利"。

这条要求实际上是为云盘服务商划定了一条底线。因为，无论何时何地，网络服务提供者未经许可，擅自通过信息网络存储、传播他人作品，法律后果都很严重。这是一条云盘服务商不能触碰的高压线。谁碰了，谁就要承担法律后果。

2.云盘服务商的共同侵权责任

我国的侵权责任法律体系继受于大陆法系，长期以来并不认同间接侵权理论，而是以共同侵权理论处理网络服务商与第三方的责任。2006 年我国制定《信息网络传播权保护条例》时，借鉴了美国的版权理论。直到 2012 年颁布的《最高人民法院关于审理侵害信息网络传播权民事纠纷案件适用法律若干问题的规定》中，才提出了帮助侵权和教唆侵权的概念，但并没有引入间接侵权责任制度。近年来，司法、行政机关和学术界使用或讨论的间接侵权责任，大多是引用美国判例法的概念。

虽然共同侵权责任和间接侵权责任两者不是等同的概念，但也存在诸多交叉和契合之处。在司法实践中，人们通常都把间接侵权责任通称为连带侵权责任。

共同侵权责任和间接侵权责任都是指两个以上行为人共同实施侵权行为而应当承担的责任。两者都强调过错归责原则，即行为人具有主观过错。例如，《最高人民法院关于审理侵害信息网络传播权民事纠纷案件适用法律若干问题的规定》第八条第一款中明确指出，"网络服务提供者的过错包括对于网络用户侵害信息网络传播行为的明知或应知"。再如，按照全国人大法工委的解释,《侵权责任法》第三十六条所称的"知道",包括明知、应知两种主观状态。按照避风港规定,网络服务商只有在知道网络用户提供的作品侵权的情况下,才承担连带侵权责任。

共同侵权责任强调行为人共同参与侵权行为所形成的统一的损害后果。间接侵权责任则更关注区分共同行为人的直接行为与间接行为,并分别规定不同的责任要件。在司法实践中,我国司法机关对共同行为人的责任划分实际上也是有所区别的。直接实施侵权的行为人往往被视为负有直接侵权责任。而其他行为人则被视为负有连带侵权责任。因此人们才把连带侵权责任称为间接侵权责任。这和美国判例法的间接侵权责任是指直接侵权行为的预备行为,或扩大直接侵权后果的行为的概念基本上是契合的。

在近年的司法实践中,云盘服务商涉及的法律责任,更多的是这种连带或间接侵权责任。

(1)未履行法定注意义务的连带或间接侵权责任。按照美国的间接侵权理论,注意义务是指行为人应当为避免造成损害他人的后果而加以注意,不使自己的行为(作为或不作为)给他人造成损害的义务。

《侵权责任法》第三十六条规定,"网络服务提供者知道网络用户利用其网络服务侵害他人民事权益的,未采取必要措施的,与该网络用户承担连带责任"。

《侵权责任法》第三十六条规定,"网络用户利用网络服务实施侵权行为的,被侵权人有权通知网络服务提供者采取删除、屏蔽、断开链接等必要措施。网络服务提供者接到通知后未及时采取必要措施的,对损害的扩大部分与该网络用户承担连带责任"。

根据以上规定,云盘服务商明知或应知服务对象提供分享的作品侵权,而未采取任何措施予以制止,应当承担连带或间接侵权责任。例如,当云盘用户上传并擅自分享正在热播的影视剧的时候,侵权行为就像一面红旗一样在眼前飘舞。此时,云盘服务商如果依旧视而不见,不主动采取移除措施,甚至在接到权利人的移除通知后仍然无动于衷,从而加重和扩大了侵权行为的损害程度,理所当然应当对损害的扩大部分承担连带责任。在此情况下,云盘服务商不能享有避风港待遇。这就是人们所称的红旗标准。

（2）参与、教唆、帮助侵权的连带或间接侵权责任。《最高人民法院关于审理侵害信息网络传播权民事纠纷案件适用法律若干问题的规定》第四条规定，"有证据证明网络服务提供者与他人以分工合作等方式共同提供作品、表演、录音录像制品构成共同侵权行为的，人民法院应当判令其承担连带责任。"

《最高人民法院关于审理侵害信息网络传播权民事纠纷案件适用法律若干问题的规定》第七条规定，"网络服务提供者在提供网络服务时教唆或者帮助网络用户实施侵害信息网络传播权行为的，人民法院应当判令其承担侵权责任"。

依据上述规定，云盘服务商（云存储平台）如果与云盘用户（表现为小网站、播放器等客户端）约定分工合作，共同实施侵权行为，或者对云盘用户上传并擅自分享的作品提供选择、编辑、整理和推广服务，都属于教唆、帮助侵权的行为。应当依法承担连带或间接侵权责任。在特定的情况下，如云盘服务商和云盘用户分工合作共同直接实施侵权行为，那么，连带或间接侵权责任也可能转化为直接侵权责任。

云盘服务商承担连带或间接侵权责任，除包括民事责任和行政责任外，在特定情况下，亦可能包括刑事责任。根据我国刑法和相关司法解释的规定，并没有直接侵权行为和连带或间接侵权行为的区别。侵权行为只要达到规定的追诉标准，即可追究刑事责任。共同侵权行为构成共同犯罪的，亦可追究刑事责任。

（三）云盘服务商的法定义务

依据国家现行法律、法规的相关规定，云盘服务商应当履行以下主要法定义务。

1. 云盘服务商作为一般网络服务提供者应当履行的法定义务

（1）经常性开展著作权法律、法规教育。提高全体员工的依法经营意识。积极支持和参与行政部门组织的法规培训业务。要求全体员工依法开展经营活动。

（2）依法履行版权提示义务。在网络平台显著位置提示用户依法使用作品以及侵权行为的法律责任。配合行政和司法机关教育广大用户提高版权意识。培养用户依法使用作品的良好习惯。

（3）依法实施用户管理。落实用户实名登记制度。完整保存用户姓名、账号、网络地址、联系方式等注册信息，并按照行政司法部门的要求提供用户上传、存储并分享的侵权作品、网络地址或者域名等必要信息。

2. 云盘服务商作为信息存储空间的网络服务提供者应当履行的法定义务

云空间是一个开放的信息存储空间。没有云盘服务商的参与和配合，将很难控制和制止用户的侵权行为。避风港规定的核心理念，是避免不合理地增加网络服务提供者的责任。因此没有要求云盘服务商对用户分享作品的主动审查义务。但云盘服务商应当关注云盘分享空间的作品传播情况，履行以下合理的注意义务。

（1）对明显的经常性或大量提供他人作品的用户应当予以关注并要求其说明作品来源。如用户不能或不愿说明作品来源的，应当予以制止。制止无效的，应当终止向其提供的存储服务，并向版权行政部门举报。

（2）采取有效的技术措施，主动屏蔽或移除权利人已经发布了权利声明的作品和版权行政部门预前公布的重点保护作品。

（3）采取有效的技术措施，主动制止按照公众常识应当知道的涉嫌侵权作品：

①处于影院播映期或热播、热卖期间的影视作品；

②专业音乐机构出版或者制作的音乐作品；

③载有出版、版权标识和再版编目的作品；

④体育赛事、文艺演出等电视、网络直播节目；

⑤一般公众所熟知的知名作者、制作者的作品或知名度较高的作品；

⑥其他明显感知属于未经授权擅自提供的作品。

按照避风港规定，云盘服务商只有在"不知道，也没有合理理由应当知道用户提供的作品侵权"的情况下，才不承担赔偿责任。而上述情形属于按照公众常识原则应当知道的情形。

（4）采取有效的技术措施，主动屏蔽根据权利人通知已经移除的同一用户反复上传的涉嫌侵权作品

在技术快速发展的今天，主要云盘大都实现了一键上传、同步备份、在线播放和离线下载等服务功能。在此基础上，云盘服务商已经基本上具备了通过技术措施予前防范侵权行为的能力。

3.云盘服务商作为信息存储空间的经营者，应当认真履行通知移除的法定义务

根据《信息网络传播权保护条例》第十四条和第十五条的规定，权利人认为信息存储空间或搜索引擎所涉及的作品侵犯了自己的信息网络传播权或者被删除、改变了自己的权利管理电子信息的，可以向网络服务提供者提交书面通知，要求其删除该作品，或者断开与该作品的链接。网络服务提供者接到权利人的通知书后，应当立即删除涉嫌侵权的作品或者断开与涉嫌侵权的作品的链接。人们通常把这个规定简称为通知移除规定。

六　云空间服务行政监管

行政保护和司法保护相结合的版权保护体制，是我国的一大体制优势。以我国目前的实际情况，行政保护在相当长的一个时期内还需要进一步加强。尤其对云空间服务这样的新技术领域，还需要进一步拓展行政指导的空间，发挥行政监管的引领作用。

（一）适时制定阶段性的行政保护措施，为网络版权保护提供阶段性依据，并为版权立法积累经验

1.重申法律法规的规定

合理拓展现有法律规范的适用范围。在法律法规没有明确规定，也没有司法解释的情况下，合理拓展现有法律规范的适用范围，解决监管实践中遇到的问题，应该是目前我们能够选择的一种最好的方式。例如以下几个问题，就可以按照这种方式解决。

（1）云空间服务的法律性质问题和可能涉及信息存储空间的软件应用市场和电商市场问题。

（2）实名注册问题。互联网管理的相关法规中已经规定了网络用户实名注册制度。但因网络服务商担心实名制会影响用户流量，这个制度并没有得到很好的落实。

（3）同一作品的反复上传问题。由于我国网络用户数量庞大，同一作品尤其是热播作品在不同信息存储空间反复上传的概率很高。尤其对同一用户反复上传同一作品的行为，应当做出明确的禁止性规定。

（4）APP 客户端播放器问题。目前在云空间服务中出现的侵权行为中，实施侵权行为的平台往往不是传统的网站，而是一个客户端播放器。这也是当年制定《信息网络传播权保护条例》时无法预测的新情况。

（5）多次或大量实施上传他人作品问题。为了强化网络服务商的合理注意义务，版权行政部门的规范性文件要求他们对明显可见的、未经许可、多次或大量实施上传他人作品的用户予以制止。制止无效的，应当终止服务，并向版权行政部门举报。

（6）预警声明制度。版权行政部门近几年来推出的预警声明制度，是依据著作权声明制度推出的新创举，即权利人对自己的权利进行预前声明公告，并主动推送给网络服务商，要求他们主动采取措施予以保护。

上述问题虽然在版权法律法规中没有明确的规定，但规范性文件可以根据法理做出明确的规定。这样做，完全限定在合理注意义务范围内，合情合理且合乎法理规范。

2. 明确法律规范的具体实施条件，保证法律法规的有效实施

鉴于目前涉及网络版权的法律法规不够完善，尤其实施条件不够明确、具体，影响了法律法规的有效实施，应当通过制定规范性文件的方式，明确这些具体条件，以保证法律法规的有效实施，把网络版权保护落到实处。其中至少要解决以下几个问题。

（1）"明知"和"应知"条件问题。按照避风港规定，网络服务提供者在"没有合理的理由应当知道"用户上传作品侵权的情况下，不承担赔偿责任。而在"明知"或"应知"的情况下不履行合理的注意义务，则应当承担赔偿责任。《信息网络传播权保护条例》实施以来，避风港规定的适用条件一直是网络版权保护的焦点，即什么是"明知"或"应知"的情形。为了解决这个问题，版权行政部门依据公众常识原则，通过规范性文件列举了一些明显应当属于明知或应知的情形，如专业制作的音视频作品、处在档期和热播期的影视作品等。要求网站对这些情形履行合理的注意义务。这实际是在树立"红旗标准"，即在"明知"或"应知"的情况下，网络服务提供者应当有主动移除的义务，否则可能承担侵权责任。

（2）移除期限问题。针对网络服务提供者不能有效履行通知移除义务的情形，各级版权行政部部门大都通过规范性文件明确规定，网络服务商应当在接到通知之时起 24 小时内移除涉嫌侵权的作品和链接。这个期限已经得到业内的高度认可。网络行业履行通知移除义务的速度和质量都有了明显提高，从而确保了避风港规定的有效实施。

3. 肯定、推广一批行之有效的管理制度，进一步提高网络版权监管的水平

（1）实施主动监管制度。从 2010 年起，国家版权局开始建立主动监管制度。对门户网站和大中型专业网站实施主动监管措施。指导思想是规范网络领军企业和主流企业的版权行为。管好主流企业。为规范网络版权秩序奠定坚实的基础。这是一个非常好的思路。

（2）实施授权使用及转让合同备案制度。2011 年以来，国家版权局要求网络企业将自己获得授权使用及转让的权利证明文件报送备案。同年，北京市版权局推出了鼓励网站自愿发表权利声明的著作权声明制度。其目的都是为了汇集版权信息，建立版权资源信息库，使企业获得更有效的监督和保护措施。

（二）实施网络广告清源行动，从源头上切断侵权小网站的非法收入，铲除滋生侵权行为的经济根源

据艾瑞咨询集团发布的网络广告市场数据，2015 年中国网络广告市场规模达到 1500 亿元左右。其中 80% 以上集中在网络广告联盟的平台上。

70%左右集中在百度联盟、腾讯推广、阿里妈妈等10多家较大的网络广告联盟手中。这说明，只要版权行政部门以这些较大的广告联盟为切入点，就能扼住网络非法收入的经济命脉。通过行政手段推动广告联盟实行自律管理，配合政府的监管措施，切断涉嫌侵权网站的广告收入。断绝其经济来源，使得这些没有正常经营业务的网站无法继续生存下去。

目前，全国范围内实施网络广告清源行动的时机已经基本成熟。建议国家版权局尽快正式启动网络广告清源行动。

（三）坚持不懈地开展打击网络侵权盗版专项行动，进一步加大行政处罚力度，有效遏制网络侵权盗版行为

自2005年以来，国家版权局就联合工信部、公安部等部门发起了打击网络侵权盗版专项行动（剑网行动）。至2016年已经连续开展了12年。剑网行动的持续实施，有效地遏制了网络侵权盗版行为。对于维护正常的网络版权秩序发挥了重要作用。应当予以充分肯定并坚持下去。通过不断总结经验让它发挥更大的作用。

（四）充分发挥权利人组织和行业协会的作用，推动企业自律管理，构建良性循环的网络版权环境

我国版权保护体制中最薄弱的环节，就是权利人自我维权意识不强。权利人组织在维权方面的作用不强。目前，我国涉及版权的领域也有一批权利人组织和行业协会。但这些社团组织基本上是作为政府的附属机构而存在，主要职能大多是政府管理职能的延伸，缺少社团组织应当具有的独立性。因此，这些社团组织在发挥维权功能方面内在动力不足，代表性常常受到社会质疑。

近年来，随着我国改革开放进程的不断推进，政府职能转变的步伐加快，这些社团组织的功能也在不断演变。在协助政府维护市场秩序和促进行业自律方面发挥着越来越大的作用，在维权方面的作用也变得越来越明显。

因此，今后，我们应当把进一步健全、完善权利人组织和行业协会，努

力培育、发挥它们在维护行业权益和秩序方面的作用，作为构筑我国版权保护体制的一项重要工作来推动。政府要把一部分社会管理职能逐步转移给行业协会和权利人组织，充分发挥这些社团组织在自律管理和维权方面的功能，逐步培育它们的社会影响力。同时，通过立法明确和完善行业协会和权利人组织的具体职能、组织原则和工作程序，使它们从政府的附属机构转变为真正独立的社团法人，成为行业、权利人与政府联系的桥梁和国家版权保护的支柱。

（五）进一步加大版权调解力度，有效化解网络版权纠纷

为了推动建立覆盖全社会的大调解体系，最高人民法院于 2009～2010 年连续发布两个文件，要求在全国范围内建立"诉讼和非诉讼相衔接的矛盾纠纷解决机制"，形成"人民调解、行政调解、司法调解'三位一体'的调解体系"，贯彻"调解优先，调判结合的工作原则"，积极支持行政部门、社团组织、行业协会和企事业单位开展民事调解活动，以缓解司法资源的压力，通过非诉方式化解矛盾纠纷，保护人民群众的合法权益，维护社会的和谐稳定。

近年来，随着网络媒体的迅猛发展和公众权利意识的不断提升，版权纠纷的数量呈持续上升的态势。2016 年北京城四区法院受理的版权纠纷案件已经超过万件。鉴于司法资源的紧张，每年无法受理立案的案件数量应该高于受理的案件数量。此外，社会上还存在大量没有提起诉讼请求的版权纠纷。这些纠纷如果不能得到有效化解，将严重影响社会的和谐、稳定。其中一些大规模、群体性侵权案件，不断引发行业间的利益冲突。在这种背景下，应加强版权纠纷调解。

通过非诉方式化解版权纠纷，维护权利人的合法权益，对于缓解司法资源的压力、维护社会稳定都具有重要的意义。国家版权局多年来一直在推动各地加大版权调解工作的力度，建立版权调解体系。近几年来，上海、浙江、北京等省份都相继成立了省一级版权调解中心。在这个基础上，各级版权行政部门应当加大对版权调解工作的投入，把版权调解工作像行政处罚一样摆上工作议程。着力做好以下两个方面的工作。

（1）实现版权调解工作的常态化。

（2）着眼涉及产业格局的重大版权纠纷案件，规范产业发展模式。

（六）努力推进技术保护措施，提高网络版权保护的有效性

现代信息网络本身就是一个技术体系。从理论上说，所有的技术体系都可以通过技术手段去调节和限制。通过对传输过程设置必要的技术限制措施，约束和限制作品的网络传播行为，保护权利人的合法权益，是一种行之有效且实现成本较低的保护机制。它往往比法律能更有效地规范网络版权秩序。

（1）适应网络版权保护的需要，建设网络版权信息监测平台，不断提升版权行政部门的监管能力。

从我国目前版权监管的实际需要出发，国家版权局应当统一组织、协调监测平台的开发建设。综合利用中央和地方的资源，建设一个覆盖全国的监测网络。从这几年的实践经验看，通过财政收入建设直接隶属于政府的监测平台，投入大，见效慢，而且后续管理中也存在较多问题。目前最直接有效的方式，就是依托一些技术先进的企业，通过购买服务的方式实施网络监测。

（2）开发通知自动受理、鉴别和发送技术。建立网络侵权信息预警和通知代理机制，把通知移除规定落到实处。

（3）创新技术保护措施，强化权利人对权利的控制能力。

（4）推动作品网上登记和授权使用、转让合同备案，加快版权资源的数字化转换。建立云空间国家版权资源信息体系。

（5）开发网络信息自动识别和过滤技术。从源头上杜绝未经许可上传、链接他人作品的行为。

（七）云空间服务的司法保护

1. 实现行政处罚和刑事处罚的有效衔接

从1991年著作权法施行后二十多年的实践看，仅有行政处罚手段是远远不够的。必须更多地使用比较严厉的刑事处罚手段，才能有效遏制侵权盗

版行为。要达到这个目的，首先要建立行政机关和司法机关联动机制。

（1）版权行政部门应当为著作权刑事处罚提供案源和专业支持。

（2）进一步规范涉嫌侵犯著作权罪案件行政移送制度。

2. 实现民事审理和刑事处罚的有效衔接

目前版权民事诉讼中以赔代刑问题比较突出。相当一批民事诉讼案件的侵权行为，已经达到了刑事追诉标准。但民事法庭是按照民事诉讼程序审理案件，并不管当事人的行为是否触犯了刑律。因此，多年来，鲜见民事法庭移送著作权侵权案件，从而使我们轻易地丧失了一个以较低成本追诉侵权刑事责任的宝贵资源。立法机关应当在著作权法、行政处罚法、民事和刑事诉讼法等法律的修法过程中，把关于移送涉嫌犯罪案件的规定更加系统化，使法律规范之间具有明确的可衔接性和不可逆性，并在条件允许的情况下，尽快推进三审合一制度的试点工作。

3. 进一步提高办理新型技术犯罪案件的能力

我国著作权刑事司法保护的起步阶段，恰好处于从传统案件向网络案件的过渡时期。尤其近几年来，随着云空间服务、移动互联网和深度连接等网络技术的快速发展，新型侵权案件不断涌现。这些案件一般都具有专业性和技术性强、线索和关系复杂、证据量巨大且梳理提取困难等特点，从而使得办理著作权刑事案件的难度也在不断加大。为此，公安机关应当着力推动经侦、网监等相关部门主动介入网络版权案件。公检法机关均应加快调整内部专业分工，设立专门的知识产权机构，培养一批具有专业水准的侦查、检察和审判人员，进一步提高办理新型技术犯罪案件的能力，以不断加大网络版权刑事司法保护力度。

（八）立法建议

1. 重构著作权财产权项划分，设立网络传播权

从近十多年来的网络版权保护实践看，把信息网络传播权单列保护的做法弊大于利。建议设置大范围的网络传播权，强化网络版权的有效保护。

信息网络传播权是信息网络时代产生的一种新型权利，不能直接适用著作权法原有的保护规则。在著作权法律体系没有改变的情况下，另起炉灶单搞一套规范，势必和著作权法母体发生脱节，客观上成为一个游离于著作权法之外的独立规范，从而影响了网络版权保护的有效实施。尽管目前各国版权法对财产权种类的划分不尽相同，但财产权在本质上可以归结为复制权、发行权、公开传播权和演绎权四大种类。我国著作权法表述的信息网络传播权和广播权、表演权、放映权、展览权等均可归属于公开传播权。

从21世纪初以来国际上的版权立法走向看，大多是在研究传统权利在网络环境中适用的基础上，调整原有的公众传播权。把网络传播权融入其中加以控制和保护。

建议根据国情，重组著作权法原来的财产权项划分。设立统一的，包括网络传播权、广播权等在内的更大范围的网络传播权项。重新设定其控制范围，设置统一的保护规则，取消《信息网络传播权保护条例》。

2. 明确法律概念定义，完善版权侵权规则体系

版权保护的依据不仅仅是著作权法，还涉及民法、刑法等法律规范。著作权法是民法体系的一个分支。《民法通则》《侵权责任法》等均为著作权法的上位法。著作权立法首先要考虑与这些上位法的一致性。

（1）明确法律概念定义。保证著作权法的有效实施

据不完全统计，著作权法和民法通则、侵权责任法、刑法、司法解释和行政法规中涉及版权的法律概念定义至少有数百个。其中一些概念定义存在不一致或不明确的问题，还有相当一批概念没有定义。

建议一，著作权和民法立法必须统筹兼顾，加强沟通，而不能各行其是，要尽量做到概念定义的统一。这主要是立法机关的协调责任。

建议二，著作权立法一定要在法律文本中对重要概念和常用概念一一做出尽可能详尽、清晰的定义，其他概念也可以在实施条例中定义。不要怕烦琐和麻烦。我国实施的是成文法制度。法律概念不清将影响法律的有效实施，影响版权保护的效果。

（2）完善版权侵权规则体系。有效制止网络侵权行为

目前，著作权法和民法通则、侵权责任法、刑法和信息网络传播权保护条例等行政法规中列举的侵权行为有几十种，主要指向是有主观过错的侵权

责任。其中涉及避风港规定的网络服务提供者主观过错认定标准最为复杂。主要问题是网络服务提供者是否履行了合理注意义务。

鉴于主观过错认定是判定侵权行为和侵权程度的重要前提。在基于"善良管理人"理念制定的民法一般侵权规则中，对注意义务的要求均比较高。例如侵权责任法第三十六条第三款规定，"网络服务提供者知道网络用户利用其网络服务侵害他人民事权益，未采取必要措施的，与该网络用户承担连带责任"。这和人们理解的避风港规定中网络服务提供者不负有主动审查义务的认知形成较大的落差。

建议一，著作权立法应当根据上位法的规定设置和描述侵权行为。尽可能和上位法的描述相一致。

建议二，将信息网络和云空间出现的新型侵权行为和方式融入现有的侵权行为中。不能融入的，应当予以增加单列。例如，互联网直播中对知识产权的侵犯以及云空间可能涉及的各种直接间接侵权行为。

建议三，立法机关应当有效协调民法通则、侵权责任法、著作权法等法律的修订工作，使网络服务提供者对网络侵权行为的注意义务要求尽可能趋于一致。鉴于我国目前网络侵权行为形势严峻的现实情况，应当适当抬高网络服务提供者的主动注意义务。当然，这种抬高一定要适度。以不阻碍技术的使用和发展为前提。尤其要提倡网络服务提供者积极利用技术手段去防范侵权行为的发生。

3. 修改刑法著作权犯罪的规定，实现著作权法与刑法的有效衔接

（1）尽快修订刑法著作权犯罪的规定，改变依据司法解释追究网络著作权犯罪行为的不正常局面

追究著作权刑事犯罪现行有效的依据，是第八届人大五次会议于1997年3月14日颁布的刑法修订版。该版第二百一十七条的规定侵犯著作权行为，仍然停留在未经著作权人许可，复制发行其作品的年代。根据罪刑法定原则，这些规定都无法直接适用于网络著作权刑事犯罪行为。在刑法相对滞后的情况下，为了解决著作权法与刑法的有效衔接问题，最高人民法院和最高人民检察院先后于2004年和2007年颁布了两个《关于办理知识产权刑事案件具体

应用法律若干问题的解释》。2011 年 1 月，最高人民法院、最高人民检察院、公安部又联合发布了《关于办理侵犯知识产权刑事案件适用法律若干问题的意见》。从 2004 年到 2011 年，用了近七年的时间，就网络侵犯著作权案件的"复制发行"行为的认定问题、营利模式和非法经营额的计算问题、追诉标准问题、网络证据的效力和取证方式等问题做出司法解释。一直到现在，我们仍然是适用这些司法解释来追究网络侵犯著作权犯罪行为，从而严重地影响了国家运用刑事手段制止网络侵权盗版行为的努力。例如，为了把信息网络传播权保护纳入刑法范围，司法解释将通过信息网络擅自向公众传播他人作品的行为"视为"刑法第二百一十七条规定的"复制发行"。这样的解释是有悖基本法律常识的。因为传统的复制发行工艺与网络的数字化制作传播并不是一回事。因此我们呼吁国家立法机关尽快修改刑法关于著作权犯罪的规定。尽早结束适用司法解释来追究网络侵犯著作权犯罪行为的不正常的局面。

另外，目前刑法关于侵犯著作权犯罪的法定最高刑设置明显偏低。这一直广受国内外舆论的诟病。建议修订刑法时提高法定最高刑期，至少应当设定在十五年左右，才能有效震慑侵犯著作权犯罪行为。

关于目前司法解释设定的侵犯著作权罪追述标准，社会上普遍认为已经很低了。违法所得在三万元以上和复制品数量在五百张（份），原则上无需再降低。但应当根据复制品价值再进行细分，有涨有降。五百张报纸和五百部电影的生产成本是不能相提并论的。起刑标准太高，不利于追究著作权刑事犯罪。起刑标准太低，则挤压了行政处罚和民事诉讼的空间。

（2）设置网络版权侵权事实有条件推定规定

2010 年修订的著作权法第五十三条设置了举证责任倒置的规定，即复制品的出版者、制作者不能证明其出版、制作有合法授权的，应当承担法律责任。这种推定责任的方式，在行政处罚的实践中已被广泛应用。但在刑事诉讼中应用则缺少法理依据。按照传统的做法，在刑事案件中，涉案作品必须经权利人一一认证，才能作为定罪量刑的证据使用。这在涉案作品品种单一、数量较少，权利人比较明晰的案件中是可以做到的。但在网络著作权案件中，涉案作品往往种类复杂，数量众多，权利人分散。要求每一个作品都经过权利人认证，是十分困难的。2011 年最高人民法院、最高人民检察院、公安部在《关于办理侵犯知识产权刑事案件适用法律若干问题的意见》中提出了"有证据证明涉案复制品系非法出版、复制发行的，且出版者、复制发行者不能提供获得著作权人许可的相关证明材料的，可以认定为'未经著作权人许可'"的意见。这个意见虽然是以非法出版、复制为前提，但它毕竟把侵权事实推定原则引入了刑事诉讼程序，对审理侵权刑事案件具有明显的实用意义。在 2011 年北京市朝阳区人民法院审理天线视频网站侵权案中，即先把经过权利人认证的 2000 部作品作为定罪依据。对嫌疑人不能提供授权文件的其他 3000 部作品，则通过推定的方式认定侵权事实存在。这种做法值得我们思考和提倡。刑事诉讼遵循无罪推定原则，这在法理上是不能改变的。但面对纷繁复杂的网络刑事案件，我们的传统思维也应当有所改变。建议刑法和刑事诉讼法修订时，引入有条件推定的规定。

4. 明确避风港规定的适用条件，设置三振出局规则

避风港规定源自美国千年数字版权法案。其基本设计理念是在实施网络版权保护时，为网络服务提供者提供一种有条件的免责空间，以避免网络服务提供者因提供网络技术服务而承担法律责任。按照这个规定，提供自动传输、自动存储、信息存储空间和搜索、链接服务的网络服务提供者，在符合法定条件情况下提供技术服务，应当履行通知和移除义务，即根据权利人的通知，及时删除用户上传的侵权信息或断开指向侵权信息的链接，即可不承担赔偿责任。建议在著作权法修订时对避风港规定的适用条件做出比较细致的规定。

（1）设定红旗标准。强化网络服务提供者的合理注意义务

明确网络服务提供者在应知或明知的情况下不适用避风港规定。根据公众常识列举行为和判断标准，明确应知或明知的界限。这既限制网络服务提供者因故意实施侵权行为而承担法律责任，也有利于其强化合理注意义务。建议在著作权法修订时把一些根据公众常识应知或明知的情况写入法条进行定义。

（2）设定三振出局规则，有效保护权利人的合法权益

三振出局（3 - strikes and out）原是棒球运动中的一个术语，近年来在

国际上被移植到维权领域,即网络服务提供者根据权利人的通知,应当移除用户上传或要求链接的涉嫌侵权的信息。权利人的通知以两次为限。如果权利人第三次告知网络服务提供者该用户涉嫌侵权,那么网络服务提供者应当终止与该用户间的服务协议,停止为其提供服务。网络服务提供者如果没有按上述要求停止服务,则应当承担帮助侵权的责任。从我国的基本情况出发,中国如不实行三振出局立法,将很难正确地使用避风港规定来有效维护网络版权市场的正常秩序。

5. 创新作品授权使用机制,促进作品的使用和传播

版权的合法使用有合理使用、法定使用、授权使用和转让三种基本情形。各国版权法也大体上按照这个思路去设定版权使用的法律规范。但鉴于国情差别,各国的版权法对版权使用方式的掌握尺度不尽相同,范围宽窄不一。比如我国的著作权法就被一些西方国家指称合理使用范围太宽泛且不合理。当世界进入信息网络时代,面对信息爆炸性的增长和开放的网络传播环境,人们不得不重新审视原有使用方式的利弊得失,探讨如何创新授权使用方式,以适应网络版权合法使用的客观要求。本文从我国网络版权保护实际出发,提出以下几点建议。

(1)调整合理使用范围,加强对权利的保护。

(2)适当扩大法定使用的范围,促进作品的使用和传播。

(3)扩大权利人声明的范围,强调限制商业性使用的原则。

6. 修改版权自动保护原则,实施作品登记和版权许可使用、转让合同登记制度

在我国确立版权保护制度的初期实行自动保护原则,是一个自然的选择。但自动保护原则的局限性是权利的产生未经明确的法律程序确认,权属关系不甚清晰,容易造成版权纠纷。随着经济的发展和社会的进步,寻求版权保护的社会需求越来越大。尤其在现代网络传播形式广泛、迅捷、多样的环境下,自动保护原则的局限性越来越显露出来。

近几年来,我国版权登记的数量不断攀升。北京、上海、广东等版权较发达地区均已设置了专门的版权登记机构,已经基本上具备了实行登记保护的条件。如果我们能够在实行登记保护制度中同时包括版权许可使用和转让登记，将有效地理清版权原始权利和流转状态。对促进版权信息资源共享，预防版权纠纷，保护权利人合法权益，维护版权交易秩序都具有重要意义。

7. 提高法定赔偿和行政处罚上限，设置惩罚性赔偿规定

1990 年我国制定著作权法时，鉴于当时社会发展水平的限制，法定赔偿标准和行政处罚上限都比较低，也没有惩罚性赔偿的规定。法定赔偿标准实行"添平"原则，即以权利人实际损失和侵权人的违法获利作为赔偿标准。实际损失和违法获利难以计算的，法院可以酌情判决 50 万元以下赔偿。行政处罚罚款的额度是违法经营额 3 倍以下罚款。违法经营额难以计算的，可酌情处以 10 万元以下罚款。但随着社会和技术的发展，这样的标准已经不能适应信息网络时代版权保护的要求。即便 2010 年调整到 25 万元，但仍然偏低。较低的赔偿标准和罚款额度降低了违法成本，不能有效发挥遏制侵权行为的警示作用。建议在此次修订著作权法时，提高法定赔偿标准和罚款额度。法定赔偿标准至少应提高到 200 万元。法定罚款额度亦应提高到 10 倍和 100 万元。

赔偿标准应当包括精神赔偿、名誉损失等其他间接因素。只有使违法者因侵权行为付出高昂的代价，才能有效遏制侵权行为的发生。

参考文献

李明德：《知识产权法》，法律出版社，2008。

孟祥娟：《版权侵权认定》，法律出版社，2001。

〔美〕劳伦斯·莱斯格：《思想的未来：网络时代公共知识领域的警世喻言》，中信出版社，2004。

〔美〕罗纳德·V. 贝蒂格：《版权文化——知识产权的政治经济学》，沈国麟、韩绍伟译，清华大学出版社，2009。

伏琰：《基于云计算的数字资源整合技术研究》，《农业图书情报学刊》2015 年第 4 期。

王忠：《500 强企业的云计算之路——企业私有云解决方案》，《物联网技术》2011 年第 9 期。

阮卫华：《云计算技术在互动电视的实践与探索》，《电脑知识与技术》2011 年第 7 期。

B.10
体育赛事网络转播画面的
知识产权保护研究

林子英*

摘　要： 体育赛事的转播是现代体育发展的基础动力，未经授权的现场体育赛事的网络转播行为，即网络盗版行为日益突出，严重损害了相关权利人的经济利益。英美法系国家已经对体育赛事版权的保护制定了相应的对策，但是我国相关立法仍是空白，应尽快完善立法、规范授权并加强自律。

关键词： 体育赛事　网络转播　知识产权保护

随着体育赛事转播产业的迅猛发展，涉及体育赛事节目的纠纷不断出现，并在执法上存在不同的认知，其法律保护问题成为理论界、司法界、产业界关注的焦点。

一　概念、产业现状与保护意义

（一）体育赛事与体育赛事转播画面

本文所述的体育赛事，是指由专业体育机构组织或举办的各种大型综合

---

* 林子英，北京市朝阳区人民法院专职审判委员会委员、知识产权庭庭长，全国审判业务专家，北京市审判业务专家，最高人民法院知识产权司法保护研究中心研究员。

运动会、热门项目的职业化联赛、各项目的商业性比赛和各种以获取经济收益为目的的体育比赛和体育表演。商业性是体育赛事的一大特点。普通大众或教育机构单纯为娱乐健身或教学活动而进行的体育比赛及活动不属于本文所讨论体育赛事的范畴。

体育赛事转播画面，是对正在进行的体育赛事进行录制，且进行剪切制作后呈现给电视观众及网络用户用于欣赏的画面（包括声音）。该画面内容包括回看、特写，场内、场外，全场、局部的画面，以及全场解说。为了叙述方便，以下均表述为赛事画面。这里，需要说明的是为什么没有使用"体育赛事节目"这种表达，是考虑这种表达可能会联想到"模式"这个概念。① 为了避免误解，本文使用赛事画面进行表述。

赛事画面是以体育比赛为主要内容的图像和伴音的集合，可以通过电视、网络等媒体被观众欣赏。体育赛事画面按制作播出的实时性分为赛事直播、赛事录播、赛事集锦；按照媒体的传输方式分为有线电视、无线电视、卫星直播电视以及互联网视频、手机视频、IPTV 等新媒体方式。体育赛事画面有别于体育赛事本身。关于体育赛事本身因其过程与结果的偶然性，故不属于著作权或邻接权的客体，对此学界观点较为一致。本文要着重讨论的是通过网络传播体育赛事画面的著作权属性以及保护模式。体育赛事画面与节目信号二者既有联系亦有区别，对此将在下文详述。

（二）产业现状及保护意义

1. 经营模式

从销售视频流的内容上，大致分两种情形：一种是将制作后的图像、声

---

① 北京市高级人民法院民三庭在 2015 年 4 月 15 日出台的《北京市高级人民法院关于审理涉及综艺节目著作权纠纷案件若干问题的解答》（以下简称《解答》）中，如何理解本《解答》中的综艺节目？答：本《解答》中的综艺节目，主要是指以娱乐性为主的综合性视听节目，包括但不限于婚恋交友类、才艺竞秀类、文艺汇演类等类型。综艺节目可以区分为现场综艺活动和综艺节目影像。本《解答》仅对综艺节目影像作出相关规定。综艺节目模式是否受《著作权法》的保护？答：综艺节目模式是综艺节目创意、流程、规则、技术规定、主持风格等多种元素的综合体。综艺节目模式属于思想的，不受《著作权法》的保护。

音捆绑在一起进行销售；另一种是仅销售图像，购买方配上自己的声音讲解进行播放。从销售的权利上分为直播、点播、录播、延播、回播。从转播媒介上分为门户网站、电视台、视频网站。从互联网播放形式上分为 PC 端、移动端（其又分为手机端、PAD 端）。以场次来分为普通场次、晋级场次、半决赛场次、决赛场次。

以中超足球为例。从源头上看，权利归属于中国足协。中国足协授权中超公司进行授权。中超按照媒介不同进行分销：门户网站由其自行分销，电视、视频网站由其授权下属的体奥动力公司进行分销。中超公司将门户网站的播放权独家许可给新浪网[①]。以此，我们可以看到，被传播的体育赛事画面内容的主体，不只是传统的电视台等广播组织，大量的网络平台服务商也通过购买取得相应权利。而此点也是在对其进行法律方面的保护的挑战。

2. 盈利方式

从目前来看，赛事的转播方用以盈利的方式：①直播，付费；②广告收益，免费场次插播广告；③增值服务，针对球迷开发产品。[②]

3. 产业的投入状况

体育赛事画面版权是体育产业市场化运作的核心权益，一贯受到行业内外的高度重视和严格保护。它是一项投资高、能够催生巨大经济价值的商业成果。每年在欧洲和美洲都有全球最大的体育节目版权交易盛会 SPORTEL。赛事转播权利是多数体育赛事组织最大的收入来源，以奥运会为例，其转播费的收入占赛事全部总收入的 50% 以上。[③] 以目前国内主流视频网站乐视、腾讯为例，其每年对于商业体育赛事转播的版权投入都以亿元计算。腾讯体育购买美国男子职业篮球联赛的转播权 5 年（2015～2019 年）支付 5 亿美元、PPTV 购买体育西甲 6 年（2015～2020 年）支付 2.8 亿美元、新英体育购买英超 7 年（2013～2019 年）1.5 亿美元、乐视体育购买亚足联所有赛

---

① 详见北京市朝阳区法院（2015）朝民（知）初字第 40334 号判决书。
② 详见 2015 年 5 月 12 日北京市朝阳区法院"体育赛事节目法律问题研讨会"会议纪要。
③ 详见《赛事节目及直播法律保护研究》，2012 年广电总局法规司委托研究课题成果，项目负责人马晓刚。

事 4 年（2017～2020 年）支付 1.1 亿美元①，可见其成本之大。

4. 产业的传播方式、途径

随着科技的发展，移动互联网技术的兴起使得体育赛事转播从原有的单一模式——电视播放发展为在互联网上播放，进而又从传统的互联网模式发展到移动互联模式，使互联网的发展获得了新的渠道。而客户端轻小、便携以及满足受众差异化需求的特点，使得以电视、传统互联网为平台的转播模式的垄断地位受到极大挑战。2016 年 1 月 27 日，乐视体育收购了我国目前规模最大的网络体育视频直播平台——章鱼 TV，进一步促进了我国网络体育视频直播产业的发展。

5. 企业的需求

（1）赛事制作行业的态度

体育赛事的转播，只有通过现场摄制、制作才能到达供观众、网民欣赏的水平。而对这一过程，付出劳动的制作方，对其投入的心血所赋予的法律属性非常重视。

赛事节目（画面）显然是一个具有独创性的而且可复制性的智力成果的表达，因此，它应该受著作权保护。它的表现都是由一系列有伴音伴映的画面组成，也是可以借助适当方式传播，因此应当被当做作品保护。体育赛事转播有一个很大的特点，它是在直播的过程中实现价值，如果我们不能有一个清晰明确的认定保护机制的话，对产业的冲击将会非常大。②

（2）产业界的态度③

体育赛事的转播产业已形成规模，网络平台服务商通过许可、授权获得播放赛事的网络权利。它们的投资，反过来推动了体育产业的发展。因此，它们对获得许可授权的赛事播放对应的权利属性尤为关注。

---

① 武传玺、许彩明：《我国网络体育视频直播产业的发展现状与对策》，《体育成人教育学刊》第 32 卷第 4 期。
② 武传玺、许彩明：《我国网络体育视频直播产业的发展现状与对策》，《体育成人教育学刊》第 32 卷第 4 期。
③ 武传玺、许彩明：《我国网络体育视频直播产业的发展现状与对策》，《体育成人教育学刊》第 32 卷第 4 期。

"体育赛事节目（画面）与一般作品区别在于时效性较强，主要靠直播"。"体育赛事节目（画面）已经内容大于形式，它的投入、制作已经内容大于形式，应当按照内容来保护。如果只是按照制品来保护，就要怀疑要不要这么大的投入来做这件事，法律保护的力度可以直接鼓励或者遏制这个行业的发展"。

"网络赛事的转播应该作为作品而不是制品来保护。原因在于：一是制品的话，很难覆盖直播的权利，不能保护赛事经营者；二是范围较小，制品没有汇编权，我们制作花絮没有保护；三是作品可以诉前进行保护，可以保护极易受侵害的直播，制品则很模糊；四是诉前禁令，制品无法申请。还有就是作品保护力度大于制品，更有利于体育赛事的全面保护"。

针对依据《著作权法》还是《反不正当竞争法》保护的问题，有行业代表提出，"《反不正当竞争法》第 5 条至 15 条很难涵盖这个行业产生的纠纷，用基本原则调整的话，规则抽象，操作难。依据《反不正当竞争法》保护存在的问题是举证难，著作权则举证容易。不正当竞争首先要举证证明主体是竞争关系的经营者，目前侵权方式出现了云技术，通过'个人+云盘+播放器'来侵权是可以实现的，但这是个人行为，不能依据《反不正当竞争法》来调整。即便是经营者，还要证明有竞争关系，也要证明其违反诚实信用、基本商业道德，标准太抽象，举证难度很大。所以依据《反不正当竞争法》保护力度不如《著作权法》强，权利人举证负担较重"。

体育赛事的转播是现代体育发展的基础动力，更是体育竞赛收入的支柱来源，以此收入来支持承办重大体育赛事、翻新体育馆以及为基层体育运动发展做出贡献。一项赛事的形成、产生和影响有其自身发展的规律，需要投入财力、人力和其他众多相应资源，如果没有合理预期和回报，比赛无法如期进行下去，比赛的质量和等级水平只会逐渐走向没落。

与此相对，未经授权的现场体育赛事的网络转播行为，即网络盗版行为日益突出，严重损害了相关权利人的经济利益，进而影响整个体育经济行业的健康发展。加大对体育赛事网络转播权的知识产权保护力度势在必行。

二 国际上对体育赛事转播的保护模式

（一）英美法系国家

由于美国基本未作著作权与邻接权的区分，对于体育赛事大都以"视听作品"和"广播节目"得到著作权法的直接保护。美国1976年《国会报告》中对于"即时制作和录制"的内容是否可获得版权的问题，给予了肯定的答案，并将其归入电影作品的行列："当一场足球赛被四台电视摄像机覆盖，并且有导演指导四台摄像机的活动、选择将摄像机拍摄的哪些电子图像、以怎样的顺序呈现在观众面前时，毫无疑问这些摄像师和导演所从事的工作具有了'可版权性'"。根据国会报告的论述，"（在此等比赛节目中）当被广播的图像和声音是首先录制后被传送的，被录制的作品应当被视为'电影'，而当节目内容在即时向公众传送的同时被录制时，也应亦然"。该报告在此后美国篮球协会诉摩托罗拉案、20世纪福克斯诉iCraveTV案、Live Nation Motor Inc. 诉 Robert Davis 案等案件中屡屡被援引。① 英国1988年颁布了《版权、设计和专利法案》，其中第一部分"版权"中规定作品的形态包括"录音、电影、广播和有线节目"。在2006年欧洲足球联盟及天空电视台等诉 KEITEH BRISOCMB 等案中，原告诉称被告未经授权转播原告组织和播出的欧洲足球冠军联赛，侵犯了原告在欧冠联赛节目中的版权。该案 Lindsay 法官判决指出，原告不仅对现场电视转播享有著作权，对其附属作品也享有著作权。"附属作品"定义为"UEFA 冠军联赛全球节目中统一采用的那些创造性元素，比如视频播放顺序、屏幕上的图案、标志和特别制作的音乐，包括节目内容表、短片剪辑、UEFA 星球标志和特制背景音乐、欧冠赛音乐等"。法院审查了一系列具体证据，这些证据体现出现场电视转播中包含了极其多样化的附属作品，

---

① 详见《赛事节目及直播法律保护研究》，2012年广电总局法规司委托研究课题成果，项目负责人马晓刚。

法院最终判决被告侵权成立。① 类似判决在加拿大关于冰球赛事直播节目、澳大利亚关于板球赛事直播的案件中都有所体现。

（二）大陆法系国家

在德国所有的电视画面图像作为通过摄影及相似方法创作的作品均享有法律保护。此保护同样适用于在物理上还不存在，但通过接收器屏幕播放的第一次出现在人们眼前的图片，即所谓的现场直播。② 在法国，对于广播组织通过广播组织权利保护"广播节目"，但对于节目制作者则通过视听节目和录像制作者权利进行保护。法国的视听作品包括电影作品以及"其他由连续画面组成的作品"，且保护"一切智力作品的著作权，而不问作品的体裁、表达形式、艺术价值或功能目的"。因此，法国知识产权法典中对于作品的要求是"独创性之有无"而非"独创性之多寡"。德国著作权法下有"录音制品者权利"的规定，但并无关于"录像制品者"的规定。对于"不作为电影著作保护的连续画面或者连续音像"能否对公众提供以及如何对公众提供方面，录像制作者的权利与电影作品制作者的权利是一致的。日本区分著作权和邻接权，但其并未如我国一样将"录像制作者"归入"著作邻接权"，其仅认为录音制品制作者享有邻接权权利。在日本法下，只要能产生类似电影效果的视觉或听觉效果，即可归为电影作品而直接受到电影作品的保护。

三　我国的保护现状及困境

（一）立法空白

我国现行现有的法律框架下没有涉及对体育赛事转播的定性及规制的规定。具体到专门法，《著作权法》及相关实施条例、法律解释等均未对体育赛事转播

---

① 宋海燕：《论中国如何应对体育赛事转播的网络盗版问题》，《网络法律评论》。
② 德国联邦最高法院—IZR118/60，1962年2月27日。

进行过特别规定。涉及画面、声像的保护，在现行的《著作权法》保护体系中，有作品和制品两类保护对象。在作品上，反映为电影或以类似摄制电影的方式创作的作品（以下简称"类电作品"），权利人享有著作权；在制品上反映为录像制品，权利人享有邻接权。划分属于作品还是制品的唯一标准在于独创性的高低，但法律并未对该标准做进一步的规定，故二者界限并不清晰。

涉及网络转播（直播）行为，亦尚无具体法律明确规定。根据《著作权法》第十条第一款第（十一）项的规定，"广播权"指以无线方式公开广播或者传播作品，以有线传播或者转播的方式向公众传播广播的作品，以及通过扩音器或者其他传送符号、声音、图像的类似工具向公众传播广播的作品的权利。通过该定义可以看出，广播权所规制的行为主要指以无线的方式广播或者传播作品，以及通过其他有线的方式传播广播的作品。但根据2001年全国人大常委会法律委员会对修订《著作权法》报告的说明，通过互联网进行转播的行为并不包含在广播权所规制范围之列。"信息网络传播权"系2001年《著作权法》修改时新增加的概念。根据现行《著作权法》第10条第1款第（十二）项规定，信息网络传播权指以有线或者无线方式向公众提供作品，使公众可以在其个人选定的时间和地点获得作品的权利。由此定义可知"交互式"是信息网络传播权所控制的网络传播行为的核心特点。故对于公众无法选择观看时间的定时网络直播或转播行为，亦无法纳入信息网络传播权调整的范围。在邻接权方面虽然《著作权法》第四十二条规定的录像制作者权权利内容中使用了"通过信息网络向公众传播"的表述，但该表述亦系信息网络传播权的内容，同样仅调整"交互式"的网络传播行为。

（二）司法审判执法不统一

虽然体育赛事转播的网络盗版愈演愈烈，但真正启动诉讼程序进行维权的案件并不多。我国法院目前受理的涉及体育赛事转播保护的相关案例数量较少，究其原因是法律不明确，导致执法尺度不统一，主要问题反映在定性上。

从判决结果来看，主要处于个案把握、总结摸索阶段。

在体奥动力（北京）体育传播有限公司诉上海全土豆网络科技有限公司网络侵权上诉案中，"针对上诉人以物权作为其权利基础的主张"，法院认为，"因我国目前并无相关法律规定可以作为物权的客体，因此，上诉人主张的该项权利难以受到《物权法》的保护。而上诉人在二审中提出涉案视频为动产的主张，因动产为有体物，其具有一定的有形载体，从被上诉人网站上的涉案视频的性质和形态来看，其应属于电子文件而非有体物，故上诉人主张涉案视频为动产缺乏法律依据"，法院不予支持。①

在北京我爱聊网络科技有限公司与央视国际网络有限公司侵害著作权及不正当竞争纠纷上诉一案中法院认为，CCTV5 等涉案电视频道转播的体育竞赛节目非以展示文学艺术或科学美感为目标，亦不构成著作权法意义上的作品。同时，该判决还指出，"通过互联网转播电视节目的行为未被纳入《著作权法》第四十五条的调整范围，上述条款调整的范围仅限于以无线方式、有线方式转播广播电台、电视台节目的行为，而未将广播组织权的保护范围扩展至互联网环境下"。"在《著作权法》及我国参加的相关国际条约均未将广播组织权的保护范围扩展至网络环境时，不能仅仅因为新技术的产生或发展给权利人带来新的挑战，就超越立法时的权利边界对我国著作权法体系中的广播组织权做扩大性解释"。"通过互联网转播中央电视台相关频道的节目内容"，"并不构成《著作权法》第四十五条所规定的'转播'行为"。②

在原告央视国际网络有限公司诉被告北京暴风科技股份有限公司侵害录音录像制作者权纠纷一案中法院认为，"涉案电视节目系通过摄制者在比赛现场的拍摄，并通过技术手段融入解说、字幕、镜头回放或特写、配乐等内容，且经过信号传播至电视等终端设备上所展现的有伴音连续相关图像，可以被复制固定在载体上；同时，摄制者在拍摄过程中并非处于主导地位，其对于比赛进程的控制，拍摄内容的选择，解说内容的编排，以及在机位设

---

① 详见（2013）沪一中民五（知）终字第 59 号民事判决书。
② 详见（2014）一中民终字第 3199 号民事判决书。

置、镜头选择、编导参与等方面，能够按照其意志做出的选择和表达非常有限，因此由国际足联拍摄、经央视制作播出的'2014巴西世界杯'赛事电视节目所体现的独创性，尚不足以达到构成我国著作权法所规定的以类似摄制电影的方法创作的作品的高度，但是符合我国著作权法关于录像制品的规定，应当认定为录像制品"。①

（三）学理争议

学理上对体育赛事转播的性质及保护模式存在明显分歧。从著作权保护的角度，大致可以分为"广播组织权说""制品说""作品说"。从法律调整的角度，又分为著作权法和反不正当竞争法两种学说。

1. 从著作权保护的角度

（1）"广播组织权说"的意见是，②"从法律解释方法的角度看，如果赛事直播画面本身就是作品，可以直接用著作权保护，则大陆法系国家对广播组织权的意义就不大了"。

"对体育赛事直播画面的保护，最终还是要靠广播组织权的完善"。

赛事转播内容就是广播组织的一个邻接权客体，从广播组织本身来说，播自己制作的节目，可能构成作品。但从整个广播电视组织在著作权法中的地位来说，只是一个邻接权地位。现在播出的是信号，保护的是信号，作品按著作权保护，但是赛事转播的内容节目应当按邻接权来保护客体。

（2）"制品说"，一些学者认为，赛事的制作没有达到类电作品的高度，应以制品来保护。

（3）"作品说"，这类观点比较集中的意见如下。③

在录播的过程中存在可以固定的介质，除机械录制外、体育赛事摄制的

---

① 详见（2015）石民（知）初字第752号民事判决书。
② 武传玺、许彩明：《我国网络体育视频直播产业的发展现状与对策》，《体育成人教育学刊》第32卷第4期。
③ 武传玺、许彩明：《我国网络体育视频直播产业的发展现状与对策》，《体育成人教育学刊》第32卷第4期。

复杂程度显然高于 KTV，应当作为作品保护。司法中坚守法律规定的独创性标准，借鉴电影和类电影作品的独创性标准判断。

一方面，体育赛事节目（画面）是否作为作品认定不在于是否使用各种机械，而在于其是否讲述了一个故事；另一方面，体育赛事节目（画面）制作过程中的镜头切换、配音、字幕制作等，向观众呈现了不同的东西，从这个角度也可以构成独创性。

赛事的制作，完全是在创作一个作品。就同一场赛事，即使比赛过程、结果相同，但不同电视台播放的内容和解说内容是不一样的，不同的台侧重点都是不一样的，应当认为有独创性在里面。

赛事描述不是客观机械的记录，是一个故事的描述，感人不仅是比赛感人，而且是赛事节目（画面）的描述更加感人。描述的故事，现场是看不到的，不同于赛事本身，每个人经历不同、价值观不同、欣赏水平不一样，故事就不一样，这是一种创作，是一个作品。体育赛事节目（画面）性质属于作品，至于归为哪类作品，如何称呼并不重要。

2. 从法律调整的角度

从法律调整的角度，分为著作权法和反不正当竞争法两种学说。有观点认为赛事转播的画面，不适合用反不正当竞争法来调整，"放在反不正当竞争法中，名不正言不顺"。而有些观点则认为在现有的法律框架下，"不正当竞争法保护是较为合理的方法"。[1]

3. 其他说

在上述观点外，还有学者认为，依据国际公约及我国著作权法的立法精神，对于网络直播体育赛事的行为，不一定要套用兜底条款，现行法有歧义可以找世界知识产权组织的解释。世界知识产权组织在 2003 年出版的管理条约指南中在解释 WCT 第八条时提到该内容是对伯尔尼公约不同形式传播条款进行的保障性补正，依据该条款以及伯尔尼公约第十一条，对现行著作

---

[1] 武传玺、许彩明：《我国网络体育视频直播产业的发展现状与对策》，《体育成人教育学刊》第 32 卷第 4 期。

权法下的广播权范围予以扩大性的解释，可以实现对网络转播、体育赛事转播进行规制。还有观点认为，"将体育赛事节目作为娱乐节目，将转播权作为一般的民事权利来理解更为合理"①。另外，在上面的审判实例中，看到有观点将网络播放权设置在物权范畴内。②

上述各种观点也有交锋，有观点认为，"不能简单借鉴国际公约将网播权拓展到无线之外来解释广播权"；对适用广播组织权来保护的观点，有观点则认为"现在著作权法中也没有将网播规定在广播电视组织权中"。③

四 关于体育赛事画面保护的思考

（一）信号与图像（视听画面）

在我国现行知识产权司法体系下，对体育赛事画面进行法律性质的认定直接决定对其保护的标准和模式。

赛事转播的画面制作过程，表现为活动的画面和声音，然后通过专业传输合成为信号。所有，首先应当承认赛事画面在转播过程中，确实存在对信号的传输。但应当说明，信号是传输画面的载体，包括活动的画面和声音。因而，对信号的保护不等于对画面的保护，对信号的保护也不能取代对画面的保护。信号的保护是对广播组织者的保护，不同于对赛事转播画面（包括声音）的保护；后者是对赛事转播制作与投资的保护。信号的权利属于广播组织，而画面的权利则属于制作画面的持权方。两者的不区别对待，即如果将体育赛事转播内容仅视为信号，则无疑会归入邻接权中广播组织权保

---

① 武传玺、许彩明：《我国网络体育视频直播产业的发展现状与对策》，《体育成人教育学刊》第 32 卷第 4 期。
② 详见（2013）沪一中民五（知）终字第 59 号民事判决书。
③ 武传玺、许彩明：《我国网络体育视频直播产业的发展现状与对策》，《体育成人教育学刊》第 32 卷第 4 期。

护的范畴。

　　广播组织权的客体是广播组织播放的节目信号，广播组织权是指广播组织就自己播放的节目信号享有的专有权利，其权利的取得所依据的是节目的播放而非节目的制作。单纯从技术上对信号的定义来说，网络转播行为不论其信号来源于电视信号的转化抑或直接来源于其他网络主体，应受到信号来源方的控制与制约。故如果对体育赛事网络转播行为能通过信号进行保护，则便绕过关于体育赛事转播画面本身独创性的考察使问题简单化。然而在现行法律体系下是否可实现？我国《著作权法》就广播组织仅规定了广播电台和电视台，《广播电视管理条例》第八条第二款规定，本条例所称广播电台、电视台是指采编、制作并通过有线或者无线的方式播放广播电视节目的机构。参考该定义以及我国立法背景，广播组织权的主体并不包含网播组织。再看广播组织权所控制的行为，我国《著作权法》第四十五条规定，广播电台、电视台有权禁止未经其许可将其播放的广播、电视传播的行为，有权禁止将其播放的广播、电视录制在音像载体上以及复制音像载体。依据该规定广播组织权的内容为转播权以及录制、复制权。显然，广播组织的权利中不涵盖互联网转播行为。根据2001年全国人大常委会法律委员会对修订《著作权法》报告的说明，《著作权法》中广播组织的"转播权"可以控制以有线和无线方式进行的传播，但尚不能控制通过互联网进行的转播。① 故无论是对电视信号的网络转播还是对其他网播组织信号的转播，均无法通过广播组织权进行控制。在现有法律体系下，无法通过对信号的保护，来规制网络传播行为。对于广播组织权和体育赛事节目信号保护是否冲突的问题，欧广联知识产权部主任 Heijo 先生②的意见是："广播里的作品是否固定的问题与对广播组织权的保护无关的原因"，"对广播组织的邻接权保护独立于对广播内容的保护是至关重要的，尤其是对于体育与新闻节目，就此而

---

① 详见王维澄（全国人大常委会法律委员会前主任）2001年10月27日所作的关于修改著作权法的决定的报告。
② 他是整个欧洲范围内关于广播组织权的最顶级专家。

言其真正的价值在于排他的首次传输"。① 可以看出他的态度非常鲜明。

从另一个角度考虑，事实上现在实施转播的权利人绝大多数是网络平台服务商，这也正是症结所在。它们不是传统意义上的广播组织。因此，仅从广播组织权的角度考量是不够的。网络平台商的权利不同于广播组织权，也不应比照广播组织权来衡量。其应有属于作为民事主体享有的相应权利，包

---

① Heijo 先生的咨询意见 "To your questions：

(1) The reason for the broadcaster's neighbouring right is NOT based on a (possible) gap in the copyright protection for the broadcast content for the lack of (sufficient) creativity.

Such reason would make no sense：otherwise, to fill all possible gaps in protection we would need to draft a large set of new laws. If a work does not have sufficient creativity, this implies the work is simply banal and should be in the public domain (as a work).

The broadcaster' neighbouring right has its own reasons, notably to protect the broadcasters' investment in assembling its programmes and transmitting them to the public. This represent an extensive technical, organizational and financial undertaking. Exactly the same reason for the producer of a phonogram-as the producer will be protected whether the recorded material itself is protected or not. The protection of the broadcast content is then indirectly, but only to the extent the broadcast is protected；if the content as such is not protected it remains always "free". Typical example is a film in the public domain：the broadcast thereof will be protected, but the film itself can be used by everyone.

(2) The issue of "live" broadcast content is related with another requirement, notably that for works to be eligible for protection, a country may (if it so wishes, but is not obliged to do so) require the work to be "fixed" in tangible form. Article 2 (2) of the Berne Convention allows countries to apply this requirement (for all works), and a few countries (like the US) do require such fixation. However, in other countries without such requirement, any non-fixed work (such as choreography) will be protected (if sufficiently creative).

Here again, the broadcasters' neighbouring right is completely independent of this requirement. The Rome Convention does not have such condition (and that would have been particularly awkward as the RC protects wireless signals against fixation) and live broadcasts are protected in the same manner as any other broadcast. And the reason for this is the same as stated above. That is why the question whether the underlying "work" is fixed or not, is without relevance for the broadcasters' right.

(3) The independence of the br. neighbouring right from its content is absolutely vital：Especially for sports and news programmes, where the real value lies in the exclusive first transmission, speed of legal action is crucial. In reality, one of the major practical advantages of the broadcasters' neighboring right is precisely the fact that there is no need for the broadcaster to prove that the content of the broadcast itself is protected under a copyright or a neighboring right, and/or why and how it was actually entitled to carry out a given broadcast (eg a football match played in a foreign country). Exactly the same reason for a producer of a phonogram who does not need to prove that it has permission to record the work (s) on its phonogram/CD".

括著作权。而是否在转播过程中享有著作权，仍应考量其是否符合著作权的构成要件。

笔者认为对于体育赛事的转播，应通过画面（图像）来进行，即将信号和画面区分开来，可以实现更为充分的保护。直播的体育赛事画面其载体为信号，录播或延播的体育赛事转播画面其载体为各类存储器。如该画面（图像）构成作品则相关权利人可享有著作权的保护，即使仅构成录像制品相关权利人亦可控制交互式的网络传播行为。

（二）作品与制品

根据独创性高低的程度，我国著作权法将需要保护的客体分别通过著作权和邻接权进行调整。邻接权是指作品的传播者和作品之外劳动成果的创作者对其劳动成果享有的专有权利的总和。其产生的原因，是某些有价值的非物质劳动成果，由于不具备"独创性"而无法受到狭义著作权的保护。[①] 而依照法律规定，具有独创性并能以某种有形形式复制的智力成果，则构成我国著作权法所保护的作品。具体到体育赛事转播的画面而言，因其属于有伴音或无伴音的影像，对此类客体依据现行著作权法可分别归属为电影、以类似摄制电影的方法创作的作品或录像制品。

持作品说的观点认为，体育赛事转播节目的制作是一项集科学技术、人文情感和艺术效果为一体的竞赛场面的真实还原，是人类各类大型集体活动的艺术大片，涉及转播规划、信号制作的系统工程。赛事转播节目制作的原则首先遵循某项赛事或运动传统形成的制作方式，集合最新的运动技术发展，采用最新的科技设备手段呈现运动员不断超越运动极限的激情、精彩完美的技术动作，记录每一个不可复制又瞬间即逝的难忘的瞬间。赛事信号的转播制作是一项对所有竞赛和非竞赛场馆进行认真仔细勘查，严密设计规划，研究各个单项竞赛规则，最后实施转播的艰难工程。场馆转播（信号）制作是针对某一个单项比赛进行节目直播制作的具体实施工作。通过制作可

---

① 王迁：《知识产权法教程（第四版）》，中国人民大学出版社，第 194 页。

以使观看转播的观众产生身临其境，甚至优于现场观众的奇特观看效果。该制作有别于一般电视节目的制作，随着通信技术的发展，现场采集和拍摄制作的手段越来越多，以突出现场的实时同步效果，并使用慢动作回放、虚拟图形、超级慢动作等现代电视技术提升转播效果的极佳手段。随着技术的进步，特别是20世纪70年代以后电子现场制作转播模式的运用和发展，观众在家观赏的节目往往已经不是"原汁原味"的对比赛现场的客观录像，而是由制作者精心选择和编排的结果。① 所以，无疑体育赛事转播画面构成著作权法所规定的作品。目前体育赛事组织者、行业权利方及部分学者持此观点。

持制品说的观点认为，对于体育比赛的现场直播画面而言，其中的大部分可能都是常规性的，独创性程度较低。这是因为对于体育比赛，观众对于在何种时刻看到何种角度拍摄的画面有较为稳定的预期。对于技术熟练的体育比赛现场导播而言，对于在哪一种场景中应当采用从哪一个角度拍摄的画面，是有规律可循的。如果有十名达到一定技术水准的导播面对相同的、从不同角度拍摄的比赛画面进行即时的选择，差距可能并不会太大。画面的选择是有一定规律的。在导播达到一定水准的情况下，不同导播之间个性化的差异不会太突出，这就降低了直播比赛画面的独创性。导播的工作是有常规可循的。在一个特定的比赛时刻，应当播放从哪个角度拍摄的画面或制作的慢镜头是基本确定的。如果没有播放这个画面或慢镜头，则会被认定为是水平差。这就印证了体育比赛的现场直播画面，在多数情况下，很难鲜明地反映导播的个性，其独创性程度是比较低的。同时，由于体育比赛的现场直播画面是连续拍摄和播出的，反而降低了其独创性。② 基于此观点，体育赛事转播画面绝大多数达不到作品独创性的要求，录制的常规体育赛事转播画面应构成录像制品。该观点支持目前法律

---

① 详见《赛事节目及直播法律保护研究》，2012年广电总局法规司委托研究课题成果，项目负责人马晓刚。
② 武传玺、许彩明：《我国网络体育视频直播产业的发展现状与对策》，《体育成人教育学刊》第32卷第4期。

架构的稳定性，目前立法和司法界持该观点的较多，部分学者亦同意该观点。

对这个问题的观点，笔者认为，从赛事的转播、制作的整体层面上看，赛事的转播、制作是通过设置不确定的数台或数十台固定的、不固定的录制设备作为基础进行拍摄录制，形成用户、观众看到的最终画面，但固定的机位并不代表形成固定的画面。用户看到的画面，与赛事现场并不完全一致，也非完全同步。这说明了其转播的制作程序，不仅包括对赛事的录制，还包括回看的播放、比赛及球员的特写、场内与场外、球员与观众、全场与局部的画面，以及配有的全场点评和解说。而上述画面的形成，是编导通过对镜头的选取，即对多台设备拍摄的多个镜头的选择、编排的结果。而这个过程，不同的机位设置，不同的画面取舍、编排、剪切等多种手段，会导致不同的最终画面，或者说不同的赛事编导，会呈现不同的赛事画面。就此，尽管法律上没有规定独创性的标准，但应当认为对赛事录制镜头的选择、编排，形成可供观赏的新的画面，无疑是一种创作性劳动，且该创作性因不同的选择、不同的制作，会产生不同的画面效果恰恰反映了其独创性。赛事录制形成的画面，构成我国著作权法对作品独创性的要求，应当认定为作品。通过摄制、制作的方式，形成画面，以视听的形式给人以能够取得不同欣赏体验的视听感应，应构成作品。①

（三）作品的类型

我国著作权法第三条规定了九种作品形式，除前八项为具体明确的形式外，还规定了第九项"其他作品"。该第九项，尽管是为了考虑文化和科学技术的发展而留有的空间，但其适用必须是在法律、行政法规规定的前提下，即限定了适用的范围。

从绝大多数主张赛事转播的画面应认定为作品的观点中可以看到，主张作品类型为"类电"作品的居多。

---

① 详见（2014）朝民（知）初字第 40334 号民事判决书。

对于电影作品、类电作品给予保护的门槛比较高。尽管法律没有对其作出特殊的要求，但我们不难看出相比于其他作品形式，如摄影作品等而言，电影作品以及类电作品，是需要有一定的美感且连续的、贯通的画面组成的；它包含了导演、演员、服装、道具、灯光、后期制作等大量的、繁杂的工作。一些画面、影像达不到电影作品的高度，却又具有一定的独创性的作品则无法完全归入该作品下。在《著作权法》第三次修订稿中就解决了上述问题。在该修改稿第三条第（六）项中对作品形式的规定为，"电影作品和其他视听作品"①。"视听作品"，指创作者以任何方式摄制、制作并储存在一定介质上的有伴音或者无伴音的连续影像。② 从上述内容可以看出，视听作品区别于电影作品，其内涵大于现行法律中的类电作品，其保护水准又低于电影作品。但在现有法律框架下并没有设定该作品。

具体到赛事转播的画面，其具有的时效性，使得制作过程不及电影作品的复杂、精细；考虑到其画面有回放、特写等镜头的切入，故该画面达不到实质性的，或者说是绝对的"连续"，而达不到电影作品或者类电作品的高度。但其不失"有伴音或者无伴音的连续影像"，从而构成"视听作品"。在此，同意有关学者的观点，不要拘泥于作品的类别。从上述判决中我们没有看到有关作品的类型，但从其最终的表述"通过摄制、制作的方式，形成画面，以视听的形式给人以能够取得不同欣赏体验的视听感应"，不难看出该作品应是界定在"视听作品"的范畴。此种表达，一是要在现有的法律框架下适用；二是从独创性上判断符合法律的规定；三是这种表达符合社会及法律的发展需求（试听作品）。

（四）网络赛事转播权利的确定

著作权法第十条规定了著作权包括的十七项权利。涉及网络的权利是第（十二）项的"信息网络传播权"③，即以有线或无线方式向公众提供

---

① 《〈著作权法〉专家建议稿说明》，法律出版社，2012，第2页。
② 《〈著作权法〉专家建议稿说明》，法律出版社，2012，第212页。
③ 由于前面已论述了广播权，在此就不再赘述。

作品，使公众可以在其个人选定的时间和地点获得作品的权利；同时，该条款还设定了兜底条款，即第（十七）项：应当由著作权人享有的其他权利。同样，具体到赛事的转播，也称直播，是对赛事比赛的同步播放，其播放时间是提前确定的。网络赛事的转播行为，"尽管是在信息网络的条件下进行，但不能以交互式使得用户通过互联网在任意的时间、地点获得，故该行为不属于我国著作权法所确定的信息网络传播权的范畴，但仍应受我国著作权法的保护，即属于'应当由著作权人享有的其他权利'"。就是说，网络赛事转播的权利，适用著作权法第十条第（十七）项予以保护。

五 建议

（一）完善立法

应以《著作权法》第三次修订为契机，将"视听作品"的形式予以确定，明确该作品形式的内容。在著作权权项中明确网络转播（直播）界定。

（二）规范体育赛事播放授权环节

将体育行政管理与体育商业行为严格分开。规范体育赛事播放的授权行为，明确权利界限，尤其是互联网上的相关权利，避免一权多授，引发市场混乱与纠纷。

（三）加强网络行业的自律

体育赛事网络盗版侵权现象日渐凸显，严重损害了体育赛事产业的发展。一方面需要政府的干预、管理，加大打击力度、加强行政执法；另一方面则需要行业的自律。不侵权、不盗版，净化网络环境是网络运营商诚信经营的要求，也是赛事转播产业发展的要求。

参考文献

王迁：《知识产权法教程》（第四版），中国人民大学出版社，2014。

最高人民法院知识产权审判庭：《最高人民法院知识产权审判案例指导》（第 8 辑），中国法制出版社，2016。

肖延高、范晓波、万小丽、翁治林：《知识产权管理：理论与实践》，科学出版社，2016。

傅宏宇、谭海波：《知识产权运营管理法律实务与重点问题诠释》，中国法制出版社，2017。

B.11
聚合经营的性质及其法律责任研究

韩志宇*

摘　要：　近两年来，聚合经营方式在互联网上快速发展，在业内引起
　　　　　强烈争议。本文试从聚合经营的作品来源、技术方式和经营
　　　　　性质等方面，分析这种经营方式的合法性。

关键词：　聚合经营　深度链接　服务器标准　非存储提供

聚合经营是近几年引发业内强烈争议的一种经营方式。所谓聚合，当然是指内容聚合，是通过非授权方式获得他人作品资源并向用户提供的一种经营方式。

所谓聚合平台，是坊间称呼那些专门提供某一类作品集合的客户端播放器的统一称谓。目前网络上的聚合平台基本上都是播放器平台。

客户端播放器是一种相对于网站平台的技术方式。早期互联网主要是采用网站方式开展经营活动。用户通过登录网站获取信息。随着网络技术的发展，网络服务商发现，集中提供某一类信息，更有利于吸引、黏住特定的用户群体。而集中某一类信息的最好方式，就是通过播放器窗口提供作品。播放器是一种可以主动推送到用户桌面上的浏览方式，能够让用户更方便地、经常性地集中浏览某一类信息。于是，以客户端播放器构筑信息平台，就逐渐形成了一种网络商业经营模式。在业内被称为播放器经营方式。

---

* 韩志宇，首都版权产业联盟秘书长，发表或撰写《快播播放器的经营方式及其法律责任分析》《聚合经营的性质及其法律责任辨析》《云空间服务版权监管研究》等上百篇版权保护论文和调研报告。

客户端播放器包括 PC 端、APP 端和 OTT 端（机顶盒和网络电视）几大类。现在使用 PC 端播放器的情形已经很少见。而使用 APP 端播放器的情形则越来越普遍。

目前网络上经营型的播放器平台基本上分为两大类。其中一类是门户网站和专业网站经营的客户端播放器，如爱奇艺播放器等。它们通过集中推送自有的和以授权方式获得的某一类作品资源来吸引和培养特定的用户群体。这种播放器并不是我们所说的聚合平台。只有那些自己没有版权资源，但为了维持经营需要，通过非授权方式聚合他人作品资源的播放器，才被业内视为聚合平台。

一 聚合经营的性质及其法律责任

在现有的技术条件下，聚合平台通过吸引用户上传或主动链接等方式，可以非常便捷地聚合网上的各类作品资源，既不需要经过许可，也无须支付版权费用，属于典型的"拿来主义"和"吃百家饭"方式。这本身就带有先天性的违法经营基因。

授权使用是著作权法的一项基本规则。除法律另有规定外，使用作品必须通过权利人许可。未经授权即为侵权。以此规则衡量，这种非授权方式的聚合，实质上是侵权使用作品的代名词和同义语。

根据 2016 年 6 月北京网络版权监测中心对 10 家 APP 端、OTT 端聚合平台的跟踪监测和调查比对结果，这些平台向用户提供的作品至少 70% 是未经授权的。其中，一家新闻类聚合平台的正版率最高，约在 70%。两家音乐类聚合平台的正版率均在 50% 以下。目前正版率最低的是视频聚合平台。三家 APP 端视频聚合平台和一家微信公众号平台的正版率基本为 0。一家 OTT 端视频聚合平台的正版率在 50% ~ 60%。值得注意的是，这家 OTT 端平台自己本来拥有一部分合法的作品资源，同时也经常通过非授权方式聚合一部分其他视频网站的热门作品资源，以维持自己的用户流量和市场份额。这在聚合平台中具有一定的代表性。

二　聚合平台的性质及其法律责任

明确聚合平台的性质，对于确定其法律责任意义重大。若聚合平台是一个内容服务平台，它就应该承担内容服务商的法律责任。若聚合平台只是一个技术服务平台，它就不应该承担内容服务商的法律责任。这个问题看似简单。但在司法实践中显得颇为复杂。每当遇到版权纠纷，聚合平台往往都以技术服务或避风港规定为其行为辩护。而司法机关对于这个问题的认识也不尽一致。仅举两个典型案例供大家分析。

快播播放器和快看影视都是以移动端播放器方式运营的视频聚合平台。它们都是通过非授权方式聚合他人作品资源，以深度链接方式向用户提供作品。

在 2016 年 1 月北京市海淀区人民法院对快播播放器一案的公开审理中，该服务商坚称快播播放器是一款提供链接服务的播放软件。自己只是一个软件开发商或技术服务商，不应承担内容提供商的法律责任。但实际情况如下。

根据快播播放器官网 2012 年 6 月发布的信息，该播放器已被下载 7.5亿次。经常用户已达数千万，累计用户达到 2 亿多，是当时国内经营规模最大、使用频率最高的视频播放器之一。根据调查结果，2013 年快播播放器的广告和会员费收入为 1.4 亿元。2013 年 6 月用户通过快播播放器可以在线收看的影视作品有 5 万部左右。其中绝大部分是未经授权的作品。

2014 年 5 月 26 日，深圳市市场监管局以快播播放器未经许可、擅自向公众传播他人影视作品、侵犯权利人信息网络传播权为由，予以行政处罚。处以罚款 2.6 亿元。这是中国版权保护史上历年来开出的最大罚单。2016年 9 月 13 日，北京市海淀区人民法院一审判决快播播放器主管人员王欣犯传播淫秽物品牟利罪，处有期徒刑 3 年 6 个月，罚金 100 万元。

事实最终证明，快播播放器是经营性的内容提供平台。利用播放器窗口向用户提供作品，与利用网站形式向用户提供作品并无本质区别。依据著作权法，除法律另有规定外，通过信息网络传播他人作品，应当遵守授权使用规定。擅自向用户提供未经授权的作品，则须依法承担侵权责任。

2016 年初，北京市海淀区人民法院在对快看影视一案的审理中，该服务商虽然不否认采取技术措施直接抓取并向用户提供作品的事实，但辩称这只是一种链接行为。以此来规避其作为内容提供商的法律责任。但海淀法院强调了快看影视作为内容提供平台的性质。一审判决其侵犯了原告方涉案作品的信息网络传播权。快看影视不服一审判决，上诉至北京知识产权法院。

2017 年初，北京知识产权法院二审撤销了一审判决。认定快看影视的链接行为不构成对涉案作品信息网络传播权的直接侵犯。判决中虽未直接论及快看影视平台的性质问题，但传达给外界的印象是否定了快看影视是一个内容服务平台。

跟踪监测的结果表明，目前网络上的聚合平台大都像快看影视一样，是利用播放器方式构筑的信息平台。它们通过在线方式适时向用户提供作品，使得用户可以随时随地获得作品，因而对用户具有持续的控制能力。其特征无疑应属于内容提供平台。

近年来的行政、司法案例也告诉我们，内容服务始终是聚合平台的主要经营业务。其主要收入大都来源于网络广告联盟提供的广告分成。即便一些处于初创时期、暂时没有广告收入的聚合平台，其长远预期也是以获得经营收入为目的。

快播播放器和快看影视都不是专业的搜索引擎，并不以提供信息定位服务为经营业务。它们提供链接服务，是为了通过其播放器窗口直接向用户提供作品。无论从哪个角度分析，都无法否认它们作为内容提供平台的性质。

除此之外，还有一些聚合平台声称其属于信息存储空间，应当适用避风港规定。依据《信息网络传播权保护条例》第二十二条的规定，信息存储空间服务商在不知道用户上传的作品侵权的情况下，只要履行了通知移除义务，即不承担赔偿责任。但在明知或应知的情况下，则应当承担侵权责任。所有的聚合平台在以非授权方式聚合他人作品时，都明知自己并没有获得合法授权，主观故意明显，当然不能适用避风港规定。

三 深度链接的性质及其法律责任

搜索链接的法律定位，应当是一种网络信息定位服务，即搜索引擎根据用户指令，通过爬虫方式搜索网上的信息并提供随机链接。其合理界限是搜索、链接、跳转三部曲。这在 PC 端表现得最明显。搜索引擎只提供了路径、地址和链接服务。跳转之后，是被链网站直接向用户提供作品。因此，搜索引擎虽然帮助用户获取信息，但由于不直接提供内容服务，仍被视为网络技术服务提供者。

一般来说，搜索链接的接入点可以是被链网站的根目录，进入某平台首页。也可以是其下层目录，进入该网站的栏目。甚至是文件标题。无论以上哪种情形，只要最后实现了跳转，就是信息定位服务。没有跳转，就可能演变为直接提供作品。在这里，跳转就是一个合理的界限。这是目前人们的基本共识或最大公约数。

深度链接和搜索链接的界限问题是一个困扰人们多年的问题。甚至直到现在还有人说，法律法规没有这方面的规定。这完全是一种误解。《信息网络传播权保护条例》第二十三条的规定，"网络服务提供者为服务对象提供搜索或者链接服务，在接到权利人的通知书后，根据本条例规定断开与侵权的作品、表演、录音录像制品的链接的，不承担赔偿责任；但是，明知或者应知所链接的作品、表演、录音录像制品侵权的，应当承担共同侵权责任"。

很明显，上述规定中的搜索或链接，应当理解为提供信息定位的搜索链接，而不是深度链接。在这里，明知或者应知就是合理的界限。超过这个界限的链接就是深度链接。

所谓深度链接，是相对搜索链接而言，即指超过合理界限的链接。目前网络上的聚合平台大都采用深度链接方式获得作品资源，其中包括直接链接和定向链接两种主要方式。

所谓直接链接，是指设链者以普通用户身份登录被链网站，通过抓包解析获取作品文件地址，通过破解、修改被链网站网络传输协议的方式，绕开被链网站设定的链接入口，屏蔽被链网站的广告，把作品直接链接给用户的方式。

由于直接链接方式涉及故意避开或破坏他人网络技术措施，并借用被链网站存储、传输和服务资源。设链者既不需要支付版权费用，也无须承担服务器、带宽等基础设施成本，故而被业内人士称为盗链。

直接链接的对象大多为通过授权方式购买版权的门户网站和专业网站。在用户的感知中，他登录的是设链者的平台，而不是被链网站。其后果，就可能实质上替代用户对被链网站的访问。在没有获得授权的情况下，设链者实际上是在非法行使权利人的权利。不仅如此，鉴于被链网站目前收回版权成本的主要方式是广告收入，为此，它们在播出作品的同时，自然要设置广告播出机制，而不会公开作品链接。直接链接恰好是绕开被链网站的广告播出，让用户直接去访问作品，从而直接侵害了被链网站的经济权益。在这里，设链者实际上是在阻碍权利人行使权利。因此，无论是根据民法、侵权责任法还是著作权法的规定，这种直接链接行为都属于一种直接侵权行为。

所谓定向链接，即设链者通过事前设定的程序，固定地连接一批目标源文件网址。为用户提供这些网址上的文件。被链对象一般是一个存储、播放作品的第三方网站，或者是一个提供作品分享的信息存储空间，如云存储、分享空间、公众号平台及贴吧、看吧等。

定向链接是前几年比较流行的侵权形式。设链者的目的是把大量未经授权的作品转移存储到第三方平台上展现，以规避自己的法律责任，因此被链对象大多是那些侵权小网站。但由于近年来网络基础设施不断完善，云空间服务和移动互联技术的快速发展，直接链接方式已经逐渐成为聚合平台获取作品的主要手段。但定向链接云盘存储空间、共享空间的情况还依然存在。不法分子出于规避法律责任的需要，把未经授权的他人作品转移存储到云盘账户上，通过一个网站或播放器定向链接这些账户并向用户提供作品。

综上所述，直接链接、定向链接已经不具有信息定位服务的搜索功能和随机链接性质，而是演变为一种直接提供作品的方式。随着网络技术方式的演化，直接链接和定向链接的作用已经交织在一起。它们之间的界限也变得越来越模糊。由于都是一种故意实施的链接行为，明显属于法律规定的应知或明知的情形，因而不能适用避风港规定。

四 非存储提供的性质及其法律责任

目前网络上的聚合平台大多是采用非存储提供方式向用户提供作品。所谓非存储提供方式，是指通过直接链接、定向链接等深度链接技术向用户提供作品的方式。

根据北京知识产权法院对快看影视案二审判决阐述的理由，其主要依据是服务器标准，即上传（存储）就是提供。非存储提供行为不构成信息网络传播行为。但目前信息网络上的实际情况是，同一行为人既存储又提供的对应关系依然存在。而不同行为人分别实施存储和提供的非对应关系则越来越普遍。这就是网络传播的一个明显特性。无数人在上传，无数人在传播。并且这些上传或传播又错综复杂地交织在一起。每个信息网络参与者既可以是上传者，又可以是传播者和获得者。上传固然是传播行为，但转发、转播这样的间接行为依然是一种传播行为。

快看影视现象之所以能够发生，其根本原因是网络传播方式已经发生了深刻的改变。例如，行为人为了规避法律责任，租用境外服务器，利用云盘或社交空间，定向链接第三方网站，或者服务器使用虚拟化、碎片化存储方式，或者采用深度链接的方式等。在上述情况下，行为人本地的服务器上均无须存储作品。这就是问题的症结所在。

这种上传（存储）即提供的思维方式，实际上已经把网络版权保护逼进了一条死胡同。快看影视由于没有版权成本和经营成本的负担，在与被链网站竞争中处于压倒性的优势地位。如果聚合经营成为一种合法的经营方式，那么，还有谁会再去花费巨资购买版权，授权使用规则安在？

我们可以做一个假设，如果聚合平台按照被链网站设定的传输入口，把用户直接提供给被链网站，这就在事实上形成了跳转。由于广告播出获得保障，被链网站的经济利益没有受到损害，并借此扩大了用户流量。因而它们会接受这样的链接服务。但遗憾的是，聚合平台的初始动机就是利用被链网站的版权资源。只有屏蔽原来广告播出，用户才会登录聚合平台。它们才会获得自己的广告收入。否则，用户会转而登录被链网站获取作品。

一个是规规矩矩的合法经营方式，一个是带有偷盗性质的违法经营方式。两者的碰撞形成了一个无法解开的死结。只有打开这个死结，网络版权秩序才能得以维系。打开这个死结的思路，就是合理拓展现有法律的覆盖范围，把非存储提供行为纳入信息网络传播行为予以规范。这样做，符合民法、侵权责任法和著作权法的立法宗旨，并没有大的法理障碍。

当然，网络传播方式毕竟和传统传播方式有明显不同的特点。要规范非存储提供这种新型的网络传播方式，不能操之过急，基本思路是兼顾技术发展、版权保护和公众需求之间的利益平衡。在现阶段，我们不能把普通用户实施的海量非存储提供行为统统视为侵权行为。但应当把已经发生实质性侵害结果和商业性使用这两种明显有悖授权使用规则的行为纳入侵权规则体系。前者是指非存储提供行为已经能够实质性替代用户对被链网站访问的直接侵权行为。后者是指以经营为目的向用户提供作品的商业性使用行为。因为在上述情况下，区别其提供的作品是不是行为人上传的，已经没有任何意义。

参考文献

王迁：《著作权法学》，北京大学出版社，2007。

吴汉东：《著作权合理使用制度研究》，中国政法大学出版社，1996。

王迁：《网络环境中的著作权保护研究》，法律出版社，2011。

〔日〕中山信弘：《多媒体与著作权》，张瑞玉译，专利文献出版社，1997。

〔英〕洛克：《政府论》，叶启芳、瞿菊农译，商务印书馆，1964。

李超：《Web 3.0 环境下个性化信息服务研究》，《科技情报开发与经济》2011 年第 21 期。

熊文聪：《司法裁量中的价值取舍与修辞技艺——以著作权法为例证》，《知识产权》2012 年第 11 期。

陈惠珍：《网络服务提供者著作权侵权责任辨析》，《东方法学》2009 年第 1 期。

游闽键：《从"〈疯狂的石头〉"案"看网络服务提供商侵权责任认定》，《东方法学》2009 年第 1 期。

邓社民：《严厉的法律 举步维艰的网络产业——对〈侵权责任法〉第 36 条的质疑》，《时代法学》2011 年第 9 期。

薛虹：《网络服务提供者中介责任"避风港"的比较研究》，《中国版权》2011 年第 4 期。

刘晓海：《〈侵权责任法〉"互联网专条"对网络服务提供者侵犯著作权责任的影响》，《知识产权》2011 年第 9 期。

B.12
著作权行政保护问题研究

赵红仕 *

摘　要：　　著作权行政保护是我国著作权制度的重要组成部分，具有鲜明的中国特色。不少研究者对我国现行著作权行政保护模式提出了尖锐的批评，认为我国应当与国际接轨，进一步弱化或者取消著作权行政保护工作。

本文从著作权行政保护的价值取向入手，分析了著作权保护的价值目标以及著作权制度建立的积极意义。在分析我国当前著作权行政保护的现状和取得的成绩基础上，进一步分析当前围绕著作权行政保护模式存在争议的焦点问题，指出问题背后存在的深层次原因。建立在计划经济时代的著作权"弱保护"模式已经不能适应我国经济社会的发展需要。我国需要进一步完善著作权保护机制，建立严格的著作权司法保护体系，尽快建立著作权侵权惩罚性赔偿机制，扩大著作权刑事保护范围、大幅度降低刑事保护门槛。在司法保护机制得到完善并有效发挥作用以前，著作权行政保护模式仍将长期存在并发挥积极作用。

关键词：　著作权　行政保护　保护机制

---

* 赵红仕，现任北京市新闻出版广电局政策法规处处长，长期从事版权政策法规研究工作，在《中国版权》《科技与出版》《中国新闻出版广电报》《中国知识产权报》《光明日报》等报刊发表版权方面的文章40多篇。

一 著作权行政保护的概念与价值取向

著作权行政保护，顾名思义，是指动用国家行政执法力量对著作权实施保护的行为，这是从"著作权保护"① 这一概念派生出来的子概念，一般特指行政执法机关对侵犯著作权违法行为进行查处的具体行政行为②。

依据我国著作权法相关规定，侵犯著作权的违法行为一旦确认，行为人根据其侵权违法情节和性质不同，需要承担民事侵权责任、行政法律责任、刑事责任三种不同的法律责任。其中民事责任、刑事责任是由国家司法机关依据司法程序进行追究，这种保护机制统称为著作权的司法保护。

而行政法律责任，则是由国家行政机关对著作权侵权行为进行立案调查，并根据调查情况对侵权行为作出认定，给予侵权行为人行政处罚的一种责任追究方式。这种保护方式一般被称为"著作权行政保护"。比如，我国现行著作权法第四十八条规定，对于一定形式的侵权盗版行为，可以由著作权行政管理部门责令停止侵权行为，没收违法所得，没收、销毁侵权复制品，并可处以罚款；情节严重的，著作权行政管理部门还可以没收主要用于制作侵权复制品的材料、工具、设备等。

上述三种不同的保护方式，目的都是保护著作权，维护著作权保护制度的有效性，本质上都是动用国家强制力对侵犯著作权违法行为给予一定制裁，只是法律依据、执法主体、执法程序和责任后果存在一定的差异而已。

所以，著作权行政保护与著作权司法保护的价值取向是一致的，都是通

---

① 通说认为，著作权保护的法定途径有三种，即著作权民事司法保护、行政保护与刑事司法保护。
② 也有的研究者认为，著作权行政保护，包括著作权的行政管理和行政执法。著作权行政管理，是指著作权的行政确权及相关的管理、著作权争议调解等。著作权行政执法，是指行政执法机构依据著作权法律规范查处著作权侵权案件的行政行为。

过对侵犯著作权行为的制裁来维持著作权保护制度的有效性，进而实现著作权保护制度的目标。为了说明这个问题，有必要探讨一下人类社会设定著作权保护制度的价值考量。

创作是人类的天性。古往今来，无数名士贤君创作了大量的优秀诗歌、小说、绘画、音乐等作品，优秀的作品犹如天上的繁星照耀着夜空，给人类以启迪，在精神和物质两个层面造福人类社会。只是，在著作权保护制度出现以前，这种创作活动更多地体现为作者个人璀璨灵魂的释放和创作天性的表达，优秀作品在给整个人类带来福祉的同时，往往并不能给创作者本人带来直接的物质回报，更难以从制度上保障、激励优秀的作者创作出更多更好的作品。

随着人类社会的发展，人们逐渐懂得运用特定的制度安排，赋予作者对其创作的作品享有一定的专有控制权，以此保障创作者的特定权益，激励作者创作出更多更好的作品，以增进人类社会整体福祉。这种对于作品使用的"专有控制权"就叫著作权，它能够给作者带来精神和经济上的利益。对于这种权利的保护就叫做著作权保护。

有鉴于此，我国著作权法第一条开宗明义就讲了著作权法的立法目的：为保护文学、艺术和科学作品作者的著作权，以及与著作权有关的权益，鼓励有益于社会主义精神文明、物质文明建设的作品的创作和传播，促进社会主义文化和科学事业的发展与繁荣，根据宪法制定本法。

这种制度设计的精妙之处就在于，通过授予并保护创作者个体的著作权，达到鼓励更多优秀作品的创作、传播的目的。可以说，著作权保护制度的本质在于保护创造、鼓励创新，它事关人类社会整体福祉，事关社会公共利益。为了实现保护创造、鼓励创新的目的，必须采取措施对侵害著作权的行为予以制裁，否则，著作权保护制度就会形同虚设。所以，建立著作权制度的首要目的，就是要通过法律的方式，运用国家强制力对著作权给予保护。

从这个意义上讲，任何侵犯他人著作权的行为，都不仅仅是对著作权人个体权利的侵害，也是对著作权保护制度的挑战和对社会公共利益的损害①。特别是那些主观故意、基于商业目的侵犯他人著作权的行为，在世界各国都被列为著作权法重点打击的对象。

在惩处方面，一定要使得侵权行为人付出足够的代价，不仅要剥夺其因侵权活动获得的一切不当利益，而且要让其承受因破坏著作权保护制度、违反社会管理秩序而应当遭受的惩罚。概言之，侵权行为人遭受的惩罚越大，对其侵权行为付出的代价越高，越能够起到阻吓潜在违法行为人的作用，著作权保护制度的有效性越高。

二 我国著作权行政保护的现状和特点

依照我国著作权法的相关规定，国务院著作权行政管理部门主管全国的著作权管理工作；各省、自治区、直辖市人民政府的著作权行政管理部门主管本行政区域的著作权管理工作②。对于同时损害社会公共利益的著作权的违法行为，由著作权行政管理部门立案查处。根据违法情节，可以对侵权行为人作出：警告；罚款；没收违法所得；没收侵权制品；没收安装存储侵权制品的

---

① 从这个意义上讲，我国现行著作权法第48条关于"同时损害公共利益"的规定，从立法技术上，显然是多余的。因为，凡是构成现行著作权法第48条规定的侵权行为，实际上都会造成对公共利益的损害，只是损害不同而已。作为行政处罚条款，加上了"同时损害公共利益"的表述，就成了行政处罚的构成要件。严格地说，行政执法机关除了证明行为人从事了第48条规定行为以外，还需要证明该行为同时损害了社会公共利益才能给予行政处罚。实践中，有的侵权行为人以自己的行为只侵犯了著作人的权益，但是未侵犯社会公共利益为由对行政机关提起行政诉讼。不少研究者也提出，既然立法强调"同时损害公共利益"，那么，符合第48条规定的行为就一定有不损害社会公共利益的情况，所以，在个案查处中，著作权行政管理部门有义务对符合第48条的侵权行为如何损害了社会公共利益进行说明并提供证据。这些情况，在实践中给著作权行政执法带来了相当多的困扰。这在本质上也反映了当时的立法者对于著作权保护制度的社会价值认识不足，片面强调了著作权的私权利性质，而没有注意到著作权保护制度本身的社会公共利益属性。令人欣慰的是，我国著作权法第三次修订工作，将删去关于"同时损害公共利益"字样的表述。（参见国务院法制办公布的《中华人民共和国著作权法（修订草案送审稿）》）。
② 当前，我国正处于文化体制改革的过程当中，许多地区成立了文化综合执法机构，集中行使辖区内文化、文物、新闻出版广电、版权行政管理部门的行政检查、行政强制、行政处罚职能。当文化综合执法机构行使著作权行政处罚职能的时候，其就成了事实上的著作权行政管理部门，或者说是具有行政处罚职能的著作权行政管理部门。

设备；没收主要用于制作侵权制品的材料、工具、设备等不同形式的处罚决定。当发现侵权行为可能涉嫌犯罪的，还可以依法移送司法机关追究刑事责任。

对于著作权人依法维权来说，民事司法程序固然是法定途径，但是客观上存在"取证难、立案难、诉讼维权成本高、维权周期长"等特点。与民事司法保护相比，我国著作权行政保护具有"行政主导，简便、高效，维权及时、省钱省力"等显著特点①。

根据《著作权法》《行政处罚法》相关法律法规，著作权行政管理依法行使对侵权盗版案件的查处职能，案件来源是多方面的，可以接受著作权人或者社会公众的投诉、举报，也可以通过日常执法检查自行发现案件线索，并立案查处。

为了加大著作权保护力度，国务院著作权行政管理部门和许多地方机构都设置了著作权违法行为的举报受理机制，对于举报或者协助查处侵权盗版案件有功的单位和个人，还要根据案件大小给予一定的奖励。

如国家版权局成立了反盗版举报中心，设立 12390 举报电话和举报查处奖励基金，专门组织编写了《著作权行政投诉指南》，方便著作权人投诉侵权行为；为了动员社会力量广泛参与打击侵权盗版的行动，还公布了《国家版权局举报、查处侵权盗版行为奖励暂行办法》，每年拨付 500 万元左右的专项资金用于奖励举报、查处案件有功的单位和个人。

国务院著作权行政管理部门还经常联合"扫黄打非"、公安、工商、工信、网信甚至是最高人民法院、最高人民检察院等部门联合开展声势浩大的专项执法行动。每次专项执法行动都会以查办、破获一批重大典型案件，依法严厉惩处一批侵权盗版分子为重点目标。

比如，针对网络领域侵权盗版蔓延恶化的势头，自 2005 年开始，国家版权局联合公安、工信等部门连续十二年开展打击网络侵权盗版专项治理行动——"剑网行动"，集中打击网络侵权盗版行为。据统计，2005～2016 年，全国各级著作权行政执法部门共办理行政处罚案件 7.63 万件，移送司法机关案件 3362

---

① 徐铭勋：《论我国著作权行政保护的特点》，《法学杂志》2010 年第 2 期。

件，移送追究刑事责任 4000 多人，收缴各类侵权盗版制品超过 4.7 亿件，沉重打击了侵权盗版分子的嚣张气焰，有效维护了著作权人的合法权益。

从实际执法保护效果上看，我国现行著作权行政保护制度显然是十分有效的。实践中受到著作人和权利人组织的高度关注和追捧，著作权人都希望自己投诉的案件能够尽快进入行政执法程序，获得行政保护。我国著作权行政保护工作的成效不仅受到国内外著作权人和有关国际组织、社会公众的充分肯定，而且为维护我国的国际形象做出了突出贡献，为我国的国际交往、对外经贸谈判与合作营造了良好的著作权保护氛围。

三　关于我国著作权行政保护模式的争议

虽然，我国现行著作权行政保护模式在实践中发挥着巨大作用，但是理论界一直对这种模式的合理性存在争议。一些学者认为，由于国际社会大多数国家都采用司法保护的措施，很少有国家像我国这样，设立专门的著作权行政管理部门对著作权侵权行为进行这种形式的"行政保护"[1]，还有一些学者认为，对著作权采取行政保护是我国特有的制度[2]，这种特有制度不符合国际著作权保护工作的潮流。甚至还有不少研究者提出，我国应当取消当前采取的"行政保护"和"司法保护"的双轨制，顺应国际趋势，采用单一的司法保护模式[3]。

反对著作权行政保护的主要理由是，采用司法保护是当前国际通行的著作权保护方式，国际上很少有国家专门成立著作权行政管理部门负责查处侵权盗版行为；著作权作为一种民事权利，是私人权利，设立国家专门机关，动用国家行政力量保护这种私人权利是公共资源的浪费和错配，国家不应当为了维护著作人的权益而动用公共资源[4]；当前我国政府部门为了打击侵权

---

[1]　李顺德：《对加强著作权行政执法的思考》，《知识产权》2015 年第 11 期。

[2]　李明德：《知识产权法》，社会科学文献出版社，2007。

[3]　文宁：《关于著作权行政保护的思考》，《商业时代》2006 年第 35 期。

[4]　王洪友：《版权制度异化研究》，西南政法大学 2015 年博士论文。

盗版投入了巨大的人力物力，耗费了大量的公共资源，但是国际社会（包括国外著作权人）不仅不给予理解和感谢，反而无端指责我国版权保护不力，要求我国政府承担更大的版权保护责任①，既然如此，不如干脆取消著作权行政保护，一律采用司法保护。这样一来，无论是国内还是国外著作权人，遇到侵权纠纷一律到法院起诉，由法院根据司法独立的原则进行审理，政府既不需要耗费公共资源打击盗版，也不需要承担打击盗版不力的责任了，反而堵住了西方国家指责我国版权保护不力的口实②。

应当说，上述观点很有市场。首先，它占据了理论高点。著作权属于私权，"私法自治"，公权力特别是行政权力不宜过多介入民事纠纷，这是理论界通行的基本观点。其次，它占据了道义高地，站在维护国家利益的道德高地，仿佛加强著作权行政保护就是为了迎合或者屈从国外压力，取消才符合国家利益。最后，它还带有"国际通行"的标签。既然别的国家都不采用行政保护，我们还有什么理由保留这种费力不讨好的制度？

为了回应这种取消或者弱化著作权行政保护的声音，特别是针对"著作权行政保护是我国特有制度，违背国际通行做法"的指责，一些研究者将行政保护的范围进行了扩大解释，将行政立法、行政确认、行政登记、行政许可、行政检查、行政查处、行政处罚、行政调解、行政裁决、行政奖励等多种行政行为统统纳入著作权行政保护的范围。

这样解释的目的就是说明，"著作权行政保护"不是我国独有的制度，而是国际通行做法，因为，著作权行政确认、行政登记、行政检查等著作权保护措施确实是当今世界比较通行的做法，包括美国、日本、欧盟在内都广泛采取这种著作权管理措施。所以，把著作权行政保护范围扩大解释，把行政机关依法对著作权事务进行行政管理的行为统称为"著作权行政保护"，在一定程度上有助于解释我国著作权政保护制度的合理性。

据此，许多研究者认为著作权行政保护的概念有广义和狭义之分③，广

---

① 李顺德：《对加强著作权行政执法的思考》，《知识产权》2015年第11期。
② 孙彦：《著作权行政管理体制研究》，《科技与法律》2016年第3期。
③ 徐铭勋：《论我国著作权的行政保护》，中国政法大学2010年硕士论文。

义的概念包括著作权行政管理（查处案件以外的著作权管理工作）和著作权行政执法（特指查处著作权侵权案件），狭义的概念专指著作权行政执法（查处著作权侵权案件）①。

当然，也有部分学者试图从实证角度论证，即便从狭义的著作权行政保护的概念出发，对著作权实施行政执法和司法保护并行的"双轨制"，也是国际通行的做法②。如中国科学院大学的李顺德教授提出，通过对世界上一些有代表性的国家和地区知识产权执法状况进行研究，发现美国、英国、德国、意大利、加拿大、澳大利亚、俄罗斯、日本、印度、新加坡、泰国、巴基斯坦、马来西亚、菲律宾、韩国、以色列、黎巴嫩等国家和我国香港、澳门、台湾地区都存在知识产权行政执法。所以他认为，世界上许多国家在知识产权方面通行的做法都是行政执法与司法平行的"双轨制"。知识产权的行政执法与司法"双轨制"是尺有所短、寸有所长，这将会相辅相成、长期共存③。但他同时也认为，我国著作权行政管理部门直接行使执法权的保护模式不符合国际潮流，应当改由知识产权综合执法或者由公安、海关等行政执法专门机构行使著作权行政保护职能。

---

① 邓菊花：《我国著作权行政保护问题研究》，江西师范大学2012年硕士论文。
② 李顺德：《对加强著作权行政执法的思考》，《知识产权》2015年第11期。
③ 李顺德：《对加强著作权行政执法的思考》，《知识产权》2015年第11期。作者在该文中提出"知识产权的行政执法与司法双轨制，是国际通行的做法，是尺有所短、寸有所长，将会相辅相成、长期共存"这一观点的同时，对我国现行著作权行政执法模式提出严厉的批评。他认为"这种做法使得我国政府直接承担了过重的知识产权行政执法负担，需要动用大量社会公共资源用于为少数知识产权权利人维护权利。这不符合法律保护知识产权等私权的基本原则，而且给其他国家国民传递了一个错误的信号，使他们在遇到知识产权纠纷问题时往往放弃正常的司法救济，一味要求我国知识产权行政管理机关负责，甚至直接通过其政府向我国政府施加压力，要求我国政府直接干预立法、司法等具体法律事务。一些外国政府也把对知识产权这种私权的保护完全看作是我国政府的义务，当该国知识产权人在我国境内出现权利争议等民事纠纷时，不顾其国民是否主动通过我国的司法途径解决争议，动辄指责我国政府保护知识产权不力，一再以此损害我国政府的国际形象"。据此，作者提出，解决我国当前著作权执法模式的弊端是变更执法主体，即著作权行政处罚职权交由专业的行政执法机关，或者成立知识产权综合执法机构。但是，从逻辑关系上讲，这一解决方案根本无助于解决作者提出的问题，反而会通过加强行政执法，进一步强化"使得我国政府直接承担了过重的知识产权行政执法负担，需要动用大量社会公共资源用于为少数知识产权权利人维护权利"等问题。这一逻辑矛盾，也显示出作者对于我国现行著作权行政保护模式的批判属于"无病呻吟"之举。

笔者认为，著作权行政保护只是国家动用强制力对著作权实施保护的一种方式。如果从著作权保护工作的有效性衡量，无须过多纠结于著作权行政保护工作到底是属于国际通行的做法，还是我国特有的制度，只要它是实践证明能够有效发挥著作权保护作用的，就是适合我国的好制度。我国著作权行政保护制度的形成和建立，具有它自身深刻的时代背景和现实的国情需要，我们实在没有必要为了论证它的合理性，而将著作权行政保护制度说成是国际通行的做法；更没有必要仅仅因为一些西方国家没有采取著作权行政处罚的保护模式，就急于否定我国现行工作模式的价值。看不到我国著作权行政保护制度在著作权保护方面起到的巨大作用，看不到我国著作权行政保护制度背后深刻的时代背景和现实国情需要，只是空泛地从形而上的角度评判现行制度的优劣得失，是肤浅且无益于实际工作的。对此，我们应该有清醒的认识和充分的制度自信。

四　我国著作权行政保护模式的形成背景与发展态势

关于我国著作权行政保护模式存在的必要性，研究者主要从以下角度进行论证，如"行政保护相对于民事司法保护具有特殊优势、我国公民著作权意识不强、著作权司法保护不力、著作权侵权案件不断增加、著作权保护工作形势严峻等"①。笔者认为，上述理由只是反映了我国著作权保护工作的表象，而没有分析这些表象背后存在的深层次原因，当然也就不能准确地揭示我国著作权行政保护模式形成的时代背景、特殊国情以及制度根源，更不可能准确评价我国著作权行政保护工作的历史地位以及发展方向。

（一）我国著作权行政保护模式建立的时代背景

1949 年新中国成立以后，我国长期实行计划经济体制，在计划经济体

---

① 　王华芳：《版权行政保护研究》，广西师范大学 2006 年硕士论文。

制下，社会经济生活处于高度的计划状态，产品的生产、运输、销售、分配都处于国家的直接控制之下，特别是作为意识形态领域的精神文化产品，更是处于国家的高度控制之下。这种状况下，根本不存在个人或者非国有经济侵权盗版的空间，整个社会生活也不需要著作权法。事实上，新中国成立以后我们的确长期没有著作权法，也不存在著作权保护制度。无论是理论界还是实务界，对于著作权保护制度建立的必要性，以及著作权保护制度对于鼓励创新、增进人类福祉方面的认识都处于空白状态。

改革开放以后，为了适应国际交往的需要，从 1979 年 1 月中美双方签订的《中美高能物理协定》开始，我国逐步开始探索建立著作权保护制度。直到 1990 年第七届全国人大常委会第十五次会议审议通过了《著作权法》，标志着我国的著作权保护工作走上了法治轨道[①]。

但是，在著作权法立项、起草、论证、通过的时期，我国实行的仍然是计划经济体制[②]，以图书出版为例，当时我国根本不存在图书出版产业，而只有出版事业。从图书选题、创作、编辑、出版、印刷、发行、零售，各个环节都处于国家高度管理控制之下，非国有经济不能染指图书选题策划、出版编辑、印刷发行的任何环节。这种情况下，加强对图书著作权人的保护，除了增加国有经济的运营成本以外，几乎看不到任何社会作用。对于我国国内发展需求来说，无论是从经济发展模式的角度，还是从产业发展需要以及社会治理的角度，都不需要建立著作权保护制度。所以，在这种情况下建立的著作权保护制度，并不是我国自身产业发展的需要，而是适应国际交往规则的需要。对于侵犯著作权行为给我国相关产业发展、社会诚信体系及创新型社会建设方面等造成的社会危害性认识不足，片面强调了保护著作权只是应对国际交往的权宜之计、只是一种工具。

但是为了适应国际交往的需要又不得不建立这样的一套制度，再加上我国行政体系在社会生活中一贯起着主导作用，我们习惯于为某一方面的社会

---

① 秦伟：《论建国后我国著作权保护制度的沿革与发展》，山东艺术学院 2011 年硕士论文。

② 刘日新：《中国不能搞市场经济》，《宏观经济研究》1990 年第 1 期。

事务安排一个行政主管部门。所以，就在客观上形成了对侵权盗版活动的治理，主要是通过民事诉讼和行政处罚两种途径。在很长一段时期，都没有将侵犯著作权行为列为需要追究刑事责任的犯罪行为。在这种状况下，就逐步形成了著作权民事司法保护和行政保护双轨制的格局。

（二）我国著作权行政保护模式在维护著作权制度的有效性方面发挥着巨大作用

如前文所述，著作权保护制度的精妙在于通过对个体权益的保护，起到保护创新、鼓励创作，增进人类社会福祉的作用。侵害著作权的行为，不仅是对著作权人"私人权利"的侵害，还破坏了"保护创新、鼓励创作"的激励机制，违反了国家对著作权实施保护的社会管理秩序，应当运用国家强制力予以制裁。制裁的手段主要有民事司法保护、刑事司法保护和行政保护三种。

由于民事司法程序遵循不告不理、谁主张谁举证的基本规则，民事司法保护的启动需要著作权人主动作为。著作权人需要收集整理证据，到人民法院提起诉讼，并付出相应的时间、经济成本，还要承担诉讼失败的风险。如果著作权人需要支付的成本大于或者等于民事诉讼的可得收益，著作权人主动维权的积极性将大大降低。这在客观上起到放纵或者鼓励侵权盗版活动的效果。

我国20世纪90年代著作权立法方面一个鲜明的特点就是整体上倾向于对著作权给予较弱的保护[1]，特别是对于作为个体的著作权人合法利益的保护力度较弱，对侵权盗版行为的惩处力度不够。从民事角度来看，对于侵害著作权的民事法律责任，仅限于"填平损失"，没有建立侵害著作权的"惩罚性赔偿机制"。对于侵权盗版者，其承担民事法律责任最严重的后果也无非就是将自己本不应该得到的非法获利退还给受侵害人。对于受害者来说，其花费大量的时间、精力、取证诉讼成本，得到的往往只是非常微不足道的赔偿数额，经常是赢了官司，却输了钱。这种局面，极大地抑制了著作权人

---

[1] 刘海蓉：《著作权刑事保护研究——以"弱保护"为视角》，中国政法大学2008年硕士论文。

对侵权盗版行为提起诉讼的积极性。这就使得，著作权保护机制当中，通过个体积极维权实现整体保护水平提高的制度目标落空了。

在刑事保护方面，1994 年全国人大颁布《惩治侵犯著作权罪的决定》以后，几类严重侵犯著作权的违法行为纳入刑事追究范围，但是在主观目的、违法情节、侵权数量、违法所得等方面设置了较高追究门槛①，使得一般的侵权行为难以纳入刑事打击的范畴，一方面是给行政保护工作留下工作空间②，另一方面，立法者并不希望过多的动用刑事手段制裁侵权盗版行为，不希望看到有大量的人员因从事盗版活动而被定罪量刑。反而认为，通过行政机关的查处、处罚就可以起到惩戒违法分子、保护著作权的目的③。为了与行政保护案件处罚标准相区别，我国刑法虽然规定了侵犯著作权罪的刑事责任，却设置了较高的追究门槛④，使得在实践中，追究侵犯著作罪成为一件十分困难的事情⑤。

---

① 赵红仕：《谈我国打击"销售侵权复制品"类违法行为的刑事政策变迁》，《中国版权》2006 年第 3 期。

② 元明：《论侵犯著作权犯罪法律的完善》，《知识产权》2011 年第 1 期。

③ 实际上，属于我国著作权行政处罚范围的侵权行为，在许多国家都是应当追究刑事责任的。只是我国在立法制度上将其设计为承担行政法律责任而已。

④ 这也是我国著作权刑事保护制度与当前国际社会主流国家的普遍做法不一致的方面，在国际社会中，无论是英美法系还是大陆法系国家，对于侵犯著作权刑事制裁方面都设置了较低入罪门槛。一般来讲，只要是具有主观故意、商业性目的的侵权行为，就达到了追究刑事责任的标准。对于侵权的违法所得数额多少、侵权产品的数量、非法经营额的大小等等，只是量刑标准的不同，即便是有些作为犯罪的构成要件的国家，一般也是规定较低的数额标准。而我国刑事保护制度却一直坚持自己的特色，将"以营利为目的、违法所得、侵权数量、非法经营额"等内容作为犯罪构成的法定要件，致使实践中对侵权盗版的刑事制裁非常困难。这也是有关国家及国际组织对我国著作权保护制度进行诟病的主要方面。为适应我国对外开放和承担相应国际义务的需要，2004 年 12 月 8 日，最高人民法院、最高人民检察院出台《关于办理侵犯知识产权刑事案件具体应用法律若干问题的解释》，其中对侵犯著作权犯罪的相关情节作出明确规定，降低了侵犯著作权犯罪的入罪门槛。2007 年 4 月 5 日，最高人民法院、最高人民检察院再次出台《关于办理侵犯知识产权刑事案件具体应用法律若干问题的解释》（二），进一步明确侵犯著作权犯罪的定罪处罚标准，再次降低侵犯著作权犯罪的入罪门槛。2011 年 1 月 10 日，最高人民法院、最高人民检察院、公安部联合颁布《关于办理侵犯知识产权刑事案件适用法律若干问题的意见》，对司法实践中争议较大的部分问题进行了明确，实质上对侵犯著作权罪的认定标准进一步放宽了条件。

⑤ 赵红仕：《"侵犯著作权罪"认定中的几多窘境》，《中国知识产权报》2007 年 7 月 20 日。

在著作权民事司法和刑事司法都存在严重的制度性缺陷和保护能力不足的情况下，如果没有著作权行政保护的力量，我国著作权保护工作将出现巨大的空白，著作权保护制度的有效性难以维持。

（三）我国著作权行政保护发展趋势

我国著作权行政保护模式的形成，不仅具有深刻的时代背景，也有现实的国情需要。立法者根据我国自身的需要，在立法制度安排上，就设计了司法和行政并行的保护模式，并且通过立法条款设计，使得司法保护和行政保护分别都给对方留下了足够的空间。如果取消了行政保护，那么现在属于行政处罚领域的行为，应当纳入刑事保护范围，实质上仍然需要动用国家公权力予以保护，而且，由于刑事保护程序的复杂性，需要耗费更多的公共资源。所以，那种认为，我国著作权行政保护制度的存在没有价值，是过多承担了著作权保护的国际义务的看法，是非常肤浅片面的，也是不符合实际的①。

当前，我国正在进行著作权法修订工作，这是自1990年立法以来的第三次修订，自1990年至今已经27年了，我国的经济、社会发展取得了举世瞩目的成就，经济社会的发展、管理模式也发生了翻天覆地的变化。

---

① 按照我国参加的有关国际公约的规定，我国有义务对包括著作权在内的知识产权侵权行为予以制裁。应当提供简便快捷的执法程序，确保侵权盗版活动受到追究。特别是对于具有商业规模的蓄意侵权行为要予以刑事制裁。这是国际条约规定最低标准。以美国为首的西方发达国家多次以我国提供的刑事保护不足、刑事追究门槛过高为由对我国进行指责，还曾经于2007年就这一问题向WTO组织提出了针对中国的申诉。我国在答辩应对过程中，运用大量的行政处理案例和数据，说明我国提供的行政保护程序已经在客观上起到了"著作权轻罪"处罚的效果，中国当前的刑事程序当中，对于侵权数量等刑事程序门槛的限制并没有违反国际义务。如果没有实践中行之有效的行政保护程序，我国势必要大幅度降低甚至取消当前刑事保护关于侵权盗版数量等的门槛限制。如TRIPS协议第六十一条规定，"各成员应规定至少将适用于具有商业规模的蓄意假冒商标或盗版案件的刑事程序和处罚。可使用的救济应包括足以起到威慑作用的监禁和/或罚金，并应与适用于同等严重性的犯罪所受到的处罚水平一致。在适当情况下，可使用的救济还应包括扣押、没收和销毁侵权货物和主要用于侵权活动的任何材料和工具。各成员可规定适用于其他知识产权侵权案件的刑事程序和处罚，特别是蓄意并具有商业规模的侵权案件"。可以看出，TRIPS协议对侵犯知识产权犯罪的定罪门槛是相当低的，处罚是相当严厉的。

随着社会主义市场经济体制的确立，市场在资源配置中起决定性作用；我国的科技、文化产业也从无到有，获得了蓬勃发展；尊重劳动、尊重知识、尊重创造、鼓励创新已经成为全社会的共识；切实加强知识产权保护，建设创新型国家已经上升为国家战略①。我们对于著作权保护制度的功能、价值也有了正确的认识。加强著作权保护已经成为促进我国相关产业发展、建设创新型国家的内生性选择②，而绝不仅仅是为了国际交往的需要了。

特别是随着科技的进步和现代信息网络传播技术的广泛应用，作品的使用、传播方式发生了翻天覆地的变化，而我国著作权保护刑事条款却历经 30 余年未做修改，已经严重滞后于社会经济生活，难以发挥著作权刑事打击的震慑效果③。在民事维权和刑事保护都存在先天不足，不能适应著作权保护工作的实际需要的情况下，著作权行政保护就不可避免地充当了弥合剂的作用，将大量的应当采用民事诉讼或者刑事司法手段解决的著作权侵权问题纳入行政执法的工作范围，以维护著作权保护制度的整体有效性，适应我国相关产业发展和实施知识产权国家战略的需要。

在这种情况下，如果要弱化或者取消我国著作权行政保护制度，就必须从提高著作权民事司法效率、加大惩罚性赔偿力度入手，激励著作权人积极维护权利；同时，进一步大幅度降低著作权刑事保护门槛，扩大刑事保护的权利种类，只有这样，才能从民事保护和刑事保护两个维度弥合司法保护的不足，让司法保护有效承接行政保护的工作范围，填补著作权保护的真空地

---

① 2007 年 10 月 15 日，党的十七大报告中明确提出"实施知识产权战略"。2008 年 4 月 9 日，国务院常务会议审议并原则通过《国家知识产权战略纲要》。2008 年 6 月 5 日，国务院发布《国家知识产权战略纲要》。

② 2015 年 12 月 18 日，国务院印发《关于新形势下加快知识产权强国建设的若干意见》，明确提出要实行严格的知识产权保护制度，加大对侵权行为的惩处力度。2016 年 11 月，中共中央、国务院联合发布《关于完善产权保护制度依法保护产权的意见》，提出"加大知识产权侵权行为惩治力度，提高知识产权侵权法定赔偿上限"。

③ 赵红仕：《避风港困境与对策研究》，《中国版权》2011 年第 5 期。

带，维护著作权制度的有效性。在司法保护体系完善以前，著作权行政保护机制应当加强而不是削弱，并且仍将在相当长一段时期内，发挥着难以替代的作用①。

---

① 著作权行政保护与司法保护都是著作权保护的具体手段而不是目的，二者相比并没有天然的高低贵贱之分，只要能够有效保护著作权，适合国家的实际发展需要，就是好的制度。

案 例 篇

Case Reports

B.13

盗版网站的搜索和链接：国家版权局处罚快播公司案评析

李明德*

一 基本案情

本案的当事人是深圳市快播科技有限公司（以下简称"快播公司"），经营和提供了一种"快播播放器软件视窗"，通过第三方网站播放他人享有著作权的电影作品。而第三方网站绝大多数都是小网站，没有获得相关作品的授权。这样，快播公司就通过提供软件和视窗的方式，未经权利人许可大量播放了电影作品和其他作品。

本案的第三人是乐视网信息技术（北京）股份有限公司（以下简称

---

* 李明德，中国社会科学院知识产权中心主任，中国社会科学院研究生院博士生导师，中国知识产权法学研究会常务副会长，国家知识产权专家咨询委员会委员。

"乐视公司"），就《高举爱》《大学新生》《新天生一对》《潜伏》《隋唐英雄》《急速特警》《机械师》《女人如花》《青盲》《那样芬芳》等影视作品享有著作权。2013 年的某一天，乐视公司向国家版权局投诉，诉称快播公司未经自己的许可，通过其经营的快播播放器软件，向公众传播其拥有著作权的多部影视作品，浏览量巨大，给权利人造成了巨大损失。

国家版权局接到投诉以后，对快播公司的侵权行为进行了调查，并在相关事实和证据的基础之上，决定依据《著作权法》《著作权法实施条例》和《行政处罚法》，对快播公司给予行政处罚。2013 年 12 月 9 日，国家版权局向快播公司送达了著作权行政处罚事先告知书，说明了快播公司的违法事实和拟作出的行政处罚决定，并告知快播公司有陈述和申辩的权利，以及申请听证的权利。但快播公司表示不提交申辩意见，不申请听证。

到了 2013 年 12 月 27 日，国家版权局做出了针对快播公司的《著作权行政处罚决定书》。国家版权局在《著作权行政处罚决定书》中指出，关于本案的事实，有投诉人提交的投诉书、权利证明、侵权事实公证书、调查询问笔录、著作权行政处罚事先告知书、送达回执等材料为证。《著作权行政处罚决定书》进而指出，快播公司在应当知道存在侵犯乐视公司影视作品信息网络传播权的情形下，仍然通过快播播放器，与其内设的搜索网站进行设链，已经构成侵权，且持续时间长、社会影响大，损害了公共利益，应当予以处罚。

最后，国家版权局依据《著作权法》第 48 条第 1 项、《著作权法实施条例》第 36 条、第 37 条第 2 款，以及《行政处罚法》，对快播公司做出了以下两点处罚：责令快播公司停止侵权，立即停止通过信息网络传播侵权作品；罚款人民币 25 万元。

国家版权局在《著作权行政处罚决定书》中还指出，如果快播公司不服本处罚决定，可以在收到本决定书之日起 60 天内向国家版权局申请行政复议，或者在收到本决定书之日起 3 个月内依法提起行政诉讼。在行政复议和行政诉讼期间，上述行政处罚措施不停止执行。然而，国家版权局做出《著作权行政处罚决定书》以后，当事人快播公司既没有申请行政复议，也没有提起行政诉讼。

二　法律问题

"国家版权局处罚快播公司"是一个比较简单的案例。其中快播公司提供播放器软件，进入第三方网站播放他人享有著作权的影视作品。而且，国家版权局做出处罚决定之后，快播公司既没有申请行政复议，也没有提起行政诉讼。从著作权法的角度来看，国家版权局的《著作权行政处罚决定书》，主要涉及了网络服务商的责任和侵权者的主观状态，即是否有主观上的故意或者过失。下面分别论述。

（一）快播公司的侵权责任

作品在网络环境中的传播，需要借助于一系列网络服务的提供者。首先是网络传输服务者提供网络通信服务，如布设通信线路（包括有线和无线线路），设立服务器，保障信号或者信息的流通。其次是内容服务提供商提供相关的信息，例如提供让社会公众可以获得的数据、作品等等。最后是信息定位服务商，例如提供相关网站、内容、数据的链接或者搜索服务。除此之外，还有一些服务商向社会公众提供各种用于观看、聆听和演示各种信息数据、作品、内容的软件，例如播放器、放大器、信号转换器等等。

在通常的情况下，网络传输服务提供者，就其提供网络传输服务来说，不会发生侵犯他人著作权的问题。因为，这类网络服务提供者，如中国网通公司、中国移动公司等，仅仅提供传输通道的服务。而通过传输通道传播的作品，可能既有合法传输的作品，也有非法传输的侵权作品。只要网络传输服务提供者没有发起、选择和改变被传输的内容，就不会有侵权的问题。当作品在网络上传输的时候，最有可能发生侵权的是内容服务提供商。因为，当这类服务者未经许可而将他人享有著作权的作品上载到网络上、提供给社会公众的时候，就有可能侵犯了他人著作权。至于存储空间的提供者和链接服务的提供者，在明知或者应知他人侵权的情况下仍然提供存储服务或者链接、搜索服务，则有可能构成侵权。这种侵权可以称为帮助侵权，即帮助他人实施了侵权活动。除此之外，如果软件提供者提供的软件，例如播放器、放大器、信号转换器等等，专门用于或者主要用于侵权活动，软件的提供者也应当承担侵权的责任。

在"国家版权局处罚快播公司"一案中，不涉及网络传输服务提供者，但是涉及了内容服务提供者和链接、搜索服务提供者。其中，那些提供内容服务的小网站，未经许可上载、传播了他人享有著作权的作品，包括第三人乐视公司享有信息网络传播权的影视作品。至于当事人快播公司，则是提供了对于盗版网站的链接和搜索服务。具体说来，国家版权局经过调查发现，当事人的快播播放器软件视窗，通过漂浮文字向用户推荐影视作品，并且设置搜索框。用户点击作品名称或者在搜索框中搜索《高举爱》等影视作品名称后，就会自动跳转到某一影视作品搜索网站。而且按照常识，这些小网站明显不会获得相关作品的授权。正是从这个意义上说，快播公司以提供链接和搜索服务的方式，帮助了他人的侵权活动，从而构成了侵权。

在"国家版权局处罚快播公司"一案中，快播公司还提供了专门用于侵权活动的播放器软件。根据案情，快播公司不仅提供了帮助侵权的链接和搜索的服务，而且在提供给社会公众的快播播放器软件中，内设了与那些侵权小网站的定向地址链接。只要用户点击搜索框内的作品名称，或者搜索了相关作品的名称后，就会通过播放器软件中内设的定向链接，跳转到提供盗版作品的小网站。同时，为了在这些小网站上下载和观看影视作品，用户又必须下载和安装快播播放器软件。这表明，快播播放器软件是专门用于侵权活动的软件。

正是基于快播公司既提供帮助侵权的链接和搜索服务，又提供专门用于侵权活动的播放器软件，国家版权局认定快播公司构成了侵权。

（二）侵权人的主观过错

按照帮助侵权的理论，侵权者在帮助、引诱、教唆他人实施侵权活动的时候，应当具有主观上的故意或者过失。其中的故意，是指侵权者明知自己提供的服务、产品或者其他条件，有可能促成侵权的实施，仍然提供了相关的服务、产品或者其他条件。其中的过失，是指侵权者应当知道自己提供的服务、产品或者其他条件，有可能促成侵权的实施，仍然提供了相关的服务、产品或者其他条件。通常，只要侵权者提供了专门用于侵权活动的服务、产品，无论其主观上知道或者应当知道，就可以认定已经构成了侵权。

在"国家版权局处罚快播公司"一案中，快播公司的主观故意是从两个方面得到证明的。第一，快播公司提供了专门用于播放盗版影视作品的播放器。根据案情，社会公众必须通过快播播放器搜索和链接提供侵权影视作品的小网站，并且只能通过快播播放器观看由此链接的侵权影视作品。而且，为了方便或者促成快播软件的使用者进入盗版网站，当事人还在快播服务器软件中设置了特定的链接。这表明，当事人提供的快播播放器软件，是专门用于帮助他人实现侵权活动的工具。第二，当事人对于搜索的结果进行了修改和整理。根据案情，快播公司提供的播放器软件，在其视窗上通过漂浮文字向用户推荐视听作品，或者让用户通过搜索框搜索相应的视听作品名称。同时，当事人对于搜索的结果，例如有关作品的信息进行了修改、编辑和整理，以方便用户了解相关的盗版作品的信息，进而使用快播播放器加以观看。

国家版权局在《著作权行政处罚决定书》中指出，根据上述的编辑、整理，根据定向搜索、链接的行为可知，快播公司应当知道，快播播放器软件与搜索网站共同实施的搜索行为，链接了侵权作品。与此相应，快播公司具有明显的主观过错，应当承担侵权责任。国家版权局还认为，快播公司通过快播播放器的侵权活动，持续时间长，社会影响大，不仅损害了著作权人的利益，而且损害了社会公共利益，依法应当予以处罚。正是由此出发，国家版权局的行政处罚决定责令当事人立即停止侵权，并处以 25 万元人民币的罚款。

三　专家评析

（一）网络服务商的侵权责任

在传统的作品传播模式下，权利人通常都会追究直接侵权人的责任。例如未经许可而出版、发行他人作品，未经许可而改编他人作品，未经许可而表演、展览他人作品，权利人都会直接追究出版发行者、改编者、表演者、展览者的侵权责任。在某些特殊的情形下，权利人也会追究共同侵权者或者帮助侵权者的责任。例如在文字作品抄袭侵权的条件下，著作权人除了追究抄袭者的侵权责任，还可以追究出版发行者，例如出版社、报社、杂志社的责任。因为，出版社、报社、杂志社通过出版、发行的行为，促成或者帮助了抄袭者的侵权，并且获得了一定的经济收益。

然而，随着互联网络时代的到来，侵权、追究侵权者责任的场景发生了巨大的变化。一方面，计算机技术和互联网络技术使得作品得以空前的传播，可以让权利人获得更多的利益。另一方面，未经许可而将他人的作品上载、传播也更容易发生，而且同样可以加以广泛的传播。在这种情况下，可能会有很多的人，未经许可而将权利人的作品上载和传播。如果说在传统的作品传播条件下，权利人还有可能通过追究直接侵权人的方式，制止对于自己权利的侵犯，那么在网络传播的时代，权利人已经很难以通过追究直接侵权者的方式，有效地制止侵权和维护自己的利益。在这种情况下，依据传统的共同侵权或者帮助侵权的理论，追究网络服务商的责任，就成了有效制止版权侵权的途径。

例如在"国家版权局处罚快播公司"一案中，未经许可而将乐视公司享有信息网络传播权的影视作品上载到网站上，并且加以传播的是那些不知名的小网站。这些小网站属于直接侵权者。然而，如果乐视公司针对一个个的小网站发起侵权诉讼，不仅成本很高，而且难以有效制止侵权行为发生。但是，如果乐视公司将制止侵权的矛头指向某些网络服务商，例如链接服务提供者、播放器软件提供者，则有可能相对有效地制止侵权，维护自己的利益。例如，通过法院或者行政执法机关的禁令，关闭相关的链接服务，责令不得提供相关的播放器软件，则小网站的侵权活动也就限定在了一定的范围之内。正是基于这样的认识，本案中的乐视公司并没有直接针对侵权的一个个小网站发起诉讼或者提起投诉，而是针对提供链接、搜索服务的快播公司，针对提供专门用于侵权活动软件的快播公司提起投诉。

正如本案所显示的那样，随着国家版权局责令快播公司立即停止侵权，包括立即停止提供相关的搜索、链接服务，立即停止提供快播播放器软件，乐视公司也就在很大的程度上维护了自己的权利和利益。当然，如果乐视公司要杜绝侵权，还必须针对那些提供侵权作品的小网站提起诉讼或者向行政管理部门提起投诉。

（二）共同侵权者或者帮助侵权者的主观状态

在通常的情况下，知识产权的侵权构成，包括著作权侵权的构成，都适用无过错原则。按照这个原则，无论侵权人是否知道自己的行为侵权，也无论侵权人是否具有主观上的故意或者过失，只要发生了侵权的事实，就可以认定为构成了侵权。否则，如果以故意或者过失作为侵权构成的要件，就会发生不知者不为过，而且还可以继续相关侵权行为的荒谬现象。

当然，知识产权侵权的无过错原则，包括著作权侵权的无过错原则，是指在判定是否构成侵权的问题上，不考虑侵权者的主观状态。与此相应，只要构成侵权，侵权人应当承担立即停止侵权的责任。然而在损害赔偿数额的确定上，则应当考虑侵权者的主观状态。大体说来，无辜侵权者、不知而侵权者，可以少支付损害赔偿，甚至可以不支付损害赔偿。而对于那些故意侵权者，以及那些恶意侵权者、反复侵权者，则可以要求他们多支付损害赔偿，甚至加倍支付损害赔偿。目前，我国《商标法》已经规定，而且正在修订的《著作权法》《专利法》都会规定的惩罚性损害赔偿，就是针对恶意侵权和反复侵权而制定的。

尽管在直接侵犯著作权的情况下应当适用无过错责任，但在追究间接侵权者的责任的时候，则要考虑侵权者的主观故意或者过失。这是因为，直接侵权者是未经许可直接使用了他人的作品，而间接侵权者则是通过提供方便条件的方式，或者通过引诱、教唆的方式，帮助他人实现了侵权的结果。所以，在间接侵权的构成上，应当考虑侵权人的主观意图。如果被控侵权人不知道而且也没有理由知道自己的行为侵犯了他人的著作权，可以不追究侵权责任，包括不支付损害赔偿。但如果是知道或者应当知道自己的行为有可能侵犯他人的著作权，仍然实施了某种行为，则应当追究其侵权责任，包括责令停止侵权和支付损害赔偿。

在计算机技术和网络技术的条件下，由于侵权者众多，权利人就将制止侵权的矛头更多地对准了网络服务商，包括内容服务提供商、存储空间服务提供商、链接服务提供商和搜索服务提供商。然而，如果让网络服务商像传统的出版商一样承担共同侵权或者帮助侵权的责任，又会造成一系列网络服务难以生存和发展的局面。最终不仅损害了网络服务商和社会公众的利益，而且损害了版权所有人的利益。与此相应，如何平衡版权所有人和网络服务商的利益，划出网络服务商承担或者不承担侵权责任的界限，也就成了各国的立法者、司法者和专家学者必须妥善解决的问题。

例如在美国 1993 年的"花花公子"一案中，有人未经许可将原告的摄影作品上传到公告板上，原告不仅针对上传者而且针对公告板主（网络服务商）提起了侵权诉讼。法院则依据传统的侵权理论，认定公告板主与用户一道侵犯了原告的版权。显然，这个判决没有将用户的行为与网络服务商的行为区别开来，进而对公告板主的网络服务判处了"死刑"。不过，法院通过这个判例也敏锐地认识到，为了让网络服务具有一定的生存和发展空间，应当在某些特定的情形下减免网络服务商的侵权责任。例如在 1995 年的"宗教技术"一案中，法院就采取了另外一个思路。在这个案件中，同样是一些用户未经许可在公告板上张贴了原告的作品，而原告不仅针对上传作品的用户，而且针对公告板主和网络运营商提起了侵权诉讼。法院虽然认定用户的上传行为侵犯了原告的版权，但是免除了网络运营商的责任。因为，网络运营商仅仅提供传输通道的服务，不可能知道网络用户的侵权行为。而且，即使知道也不可能在不影响其他使用者的前提下，断开公告板的网络传输服务。法院还认为，本案中的公告板主，只有在知道他人侵权，并且以引诱、帮助的方式参与侵权的情况下，才有可能承担责任。显然，这是为网络服务提供者和内容服务提供者开辟了一个避风港，让他们得以生存和发展。

到了 1998 年，美国制定《数字化时代版权法案》，明确规定了网络服务商的避风港例外。根据规定，提供网络传输、系统缓存、信息存储和信息定位的网络服务商，可以在一定的条件下免除版权侵权的责任。例如，在网络传输和系统缓存的情况下，相关的服务商通常不承担侵权责任，除非故意更改了传输的路径或者进行了缓存。又如，在信息存储和信息定位的情况下，相关的服务商只有在故意引诱、帮助他人侵权，并且从他人的侵权活动中获得利益的情况下，才承担侵权责任。

除了美国，很多国家和地区也对网络服务商做了类似于避风港的规定。例如，欧盟于 2000 年发布的《电子商务指令》规定，网络传输服务提供者，只要没有发起、选择和改变被传输的内容，不承担侵权的责任；信息缓存服务提供者，只要没有改变、编辑和技术干预被传输的内容，不承担侵权的责任；信息存储服务提供者，在不知他人侵权并且在接到权利人的通知后迅速删除侵权客体的，可以不承担侵权责任。

在这方面，我国 2006 年制定的《信息网络传播权保护条例》也在相关的条文中，针对网络传输服务提供者、存储空间服务提供者、搜索或者链接服务提供者，分别规定了不同的责任。例如，《信息网络传播权保护条例》第 20 条规定，网络传输服务提供者，在通常情况下不承担侵权责任，除非故意选择或者改变了被传输的作品、表演和录音录像制品。又如，《信息网络传播权保护条例》第 22 条规定，"网络服务提供者为服务对象提供搜索或者链接服务，在接到权利人的通知书后，根据本条例规定断开与侵权的作品、表演、录音录像制品的链接的，不承担赔偿责任；但是，明知或者应知所链接的作品、表演、录音录像制品侵权的，应当承担共同侵权责任"。

在"国家版权局处罚快播公司"一案中，国家版权局认定，快播公司提供专门用于播放盗版影视作品的播放器软件，并且在播放器软件内设定了与盗版网络的链接；快播公司还对于搜索的结果进行了修改、编辑和整理，以方便用户了解相关的盗版作品的信息，进而使用快播播放器加以观看。由此出发可以看出，快播公司在明知小网站提供盗版影视作品的情况下，仍然提供专门用于播放盗版影视作品的播放器软件和关于盗版网站的链接，属于明知或者应知而从事相关的行为，应当承担共同侵权的责任。

B.14

深度链接是否侵犯信息网络传播权：
《宫锁连城》信息网络传播权
侵权案评析

杨祝顺*

一 基本案情

本案中，原告腾讯公司是电视剧《宫锁连城》信息网络传播权的独占许可权利人，授权乐视网在其乐视 APP 中在线播放《宫锁连城》电视剧。乐视网在其网页中声明禁止任何第三方对其进行视频盗链，并对其全部视频内容采取了反盗版和防盗链的技术措施，同时添加、设置了权利管理电子信息。被告易联伟达公司经营快看 APP 视频聚合平台，未经许可对乐视网中的《宫锁连城》电视剧设置了深层链接，使用户点击其快看 APP 界面中的链接，即可播放乐视网中的《宫锁连城》电视剧。同时，被告屏蔽了乐视网对《宫锁连城》电视剧设置的前置广告、暂停广告和"乐视网"水印，并在快看 APP 界面中对《宫锁连城》电视剧的观看模式、集数布局做了调整。但在快看 APP 界面的网址来源一栏显示相关视频的来源是乐视网，而非直接存放于快看 APP 的服务器。

原告认为，被告播放的《宫锁连城》电视剧不可能有任何合法来源，并对涉案作品的链接内容进行了编辑和处理，破坏了乐视网的技术保护措施，其行为具有主观故意。同时，被告故意引诱用户使用其应用，未支付任

---

* 杨祝顺，中国社会科学院研究生院博士研究生。

何版权、广告、宣传等成本，却提供《宫锁连城》电视剧的点播和下载服务，侵犯了其享有的信息网络传播权。遂向北京市海淀区人民法院提起著作权侵权之诉，一审法院判定被告构成信息网络传播权侵权〔（2015）海民（知）初字第 40920 号民事判决书〕。被告不服，向北京知识产权法院提起上诉，二审法院推翻了一审法院的判决，判定不构成信息网络传播权侵权〔（2016）京 73 民终 143 号民事判决书〕。

二 法律问题

本案中，一审法院和二审法院主要探讨了两个问题，即侵权演绎作品的保护问题和被告设置深度链接的行为是否构成信息网络传播权侵权问题。下面我们将结合一审判决和二审判决对上述两个法律问题进行具体说明。

（一）侵权演绎作品的保护问题

被告指出，北京市高级人民法院已经在"琼某诉于某"案中终审判定《宫锁连城》电视剧侵犯了琼某的著作权〔（2015）高民（知）终字第 1039 号民事判决书〕，故《宫锁连城》电视剧为侵权演绎作品，不受到法律保护，原告腾讯公司享有的信息网络传播权存在重大权利瑕疵，其权利不应受到法律保护。

对于这个问题，一审法院认为，虽然北京市高级人民法院的终审判决认定《宫锁连城》电视剧侵犯了琼某的著作权，但这并不意味着相关拍摄方、信息网络传播权人对《宫锁连城》这一演绎作品不再享有任何权利，他人对《宫锁连城》电视剧的信息网络传播权亦不能随意侵犯。

二审法院维持了一审法院的该项判定。二审法院指出，侵权作品是否可以获得著作权法保护取决于其是否具有独创性表达，与其是否侵权并无直接关联。只要作品中具有独创性部分，作者对该独创性部分就依法享有著作权，有权禁止他人使用。只是对其中存在侵权的部分，无权自行使用并禁止他人使用。《宫锁连城》电视剧既包括对他人作品的抄袭部分，亦包括作者的独创性部分，对于涉案作品的独创性部分，著作权人仍然享有著作权，有权禁止他人以著作权控制的方式使用该部分，且所获得的保护水平与其他作品并无不同。

（二）被告是否侵犯原告享有的信息网络传播权

原告认为，被告未经许可，通过信息网络非法向公众提供《宫锁连城》电视剧的在线播放，且播放时无显示来源，直接进入播放页面，并屏蔽了涉案作品播放的前置广告、暂停广告以及乐视网水印等信息，侵犯了其所享有的信息网络传播权。被告抗辩认为，涉案作品并非在快看影视上播放，而是在具有合法授权的乐视网 APP 上播放，自己只提供设链服务，并非信息存储空间，并未侵犯原告享有的信息网络传播权。

对于这个问题，一审法院认为，判定被告的设链行为是否侵犯信息网络传播权，应当综合考虑独家信息网络传播权人分销授权的商业逻辑、影视聚合平台经营获利的商业逻辑、影视聚合平台是否仅提供单纯链接服务、影视聚合平台盗链行为的非法性及主观过错、影视聚合平台盗链行为不属于合理使用五个因素。

在此基础上，一审法院判定，被告经营的快看影视 APP 并非仅提供链接技术服务，还存在选择、编辑、整理、专题分类等行为，主观上存在积极破坏他人技术措施、通过盗链获取不当利益的过错。被告的一系列行为相互结合，实现了在其聚合平台上向公众提供涉案作品播放等服务的实质性替代效果，对涉案作品超出授权渠道、范围传播具有一定控制、管理能力，导致原告本应获取的授权利益在一定范围内落空，侵犯了原告享有的信息网络传播权。

二审法院推翻了一审法院的判决。二审法院认为，确定信息网络传播行为的认定标准是本案的首要问题，当前存在"服务器标准""用户感知标准""实质性替代标准"。二审法院认为，"服务器标准"是信息网络传播行为认定的合理标准。按照"服务器标准"，信息网络传播行为是指将作品置于向公众开放的服务器中的行为。"服务器"泛指一切可存储信息的硬件介质，包括网站服务器、个人电脑、手机等。"用户感知标准"不应作为信息网络传播行为的认定标准。按照"用户感知标准",信息网络传播行为以网络用户的感知作为判定标准,具有较强的主观性和不确定性,无法确保客观事实认定的确定性,与信息网络传播行为所具有的客观事实的特性并不契合。

"实质性替代标准"同样不应作为信息网络传播行为的认定标准。按照"实质性替代标准",因选择、编辑、整理等行为,破坏技术措施行为以及深层链接行为对著作权人所造成的损害和为行为人所带来的利益,与直接向用户提供作品的行为并无实质差别,上述行为构成信息网络传播行为。"实质性替代标准"并未对选择、整理、编辑行为,为设置链接而实施的破坏或避开技术措施的行为进行清晰的划分,有违信息网络传播行为的客观事实标准。同时,该标准采用了竞争案例的审理思路,混同了著作权利益与经营利益、合同利益。此外,采用"实质性替代标准",众多深层链接将会落入信息网络传播权的控制范围,无论是对网络用户还是互联网产业的发展均产生不利影响。

在此基础上,二审法院运用"服务器标准"对被告的设链行为进行认定,判定被告并未实施将《宫锁连城》电视剧置于向公众开放的服务器中的行为,其虽然实施了破坏技术措施的行为,但该行为仍不构成对《宫锁连城》电视剧信息网络传播权的侵犯。

三 专家评析

本案涉及的是视频聚合平台深度链接的侵权问题。近年来,围绕视频聚合平台设置深度链接的行为,司法实践中出现了一系列案例,有的案例判定深度链接侵犯著作权人的信息网络传播权,而有的案例则判定不构成著作权侵权,还有的案例判定构成不正当竞争。应该说,此类案件的关键问题是如何认定深度链接的性质。正是在此基础上,本案二审判决对信息网络传播行为的认定标准做了详细分析论述。同时,本案的一个特殊之处在于,相关终审判决判定《宫锁连城》电视剧侵犯了他人著作权,对于侵权的演绎作品,是否受到保护的问题，也成为一个焦点问题。下面，我们将从侵权演绎作品的保护和我国信息网络传播权的保护两个方面对本案进行评析。

（一）侵权演绎作品的保护

演绎作品，是在已有作品的基础上，经过重新创作或改编而形成的作品，其中既包括原有作品的部分，也包括演绎者具有独创性的部分。作者对其作品享有演绎权，演绎者在他人已有作品的基础上创作演绎作品，应当获得原作品作者的许可。如果演绎者并未获得原作品作者的演绎许可，那么演绎而形成的演绎作品就属于侵权演绎作品。

对于侵权演绎作品的保护问题，不同国家存在一定的差异。一些国家的著作权法规定，未经许可的演绎行为属于侵权行为，侵权行为人没有资格获得著作权法保护，故侵权演绎作品无著作权可言。例如，美国版权法第103条第（1）款就规定，"版权法第102条列举的版权客体包括汇编作品和演绎作品（compilations and derivative works），但对于一件使用享有版权的材料而创作的作品的保护，并不延伸至非法使用此类材料的作品的任何部分"。美国众议院的立法报告还指出，"法案防止了侵权者通过版权保护而从非法行为中获利，但又保留了对作品中未使用已有作品的那些部分的保护"。根据该规定，如果未经许可而创作的演绎作品完全建立在他人享有版权的材料之上，那么由此而产生的演绎作品并不能获得版权保护。当然，如果演绎作品中仍然包含其他并未使用已有作品的部分，演绎者仍然享有版权保护。

而大多数国家的著作权法则规定，虽然未经许可的演绎行为是侵权行为，但演绎者在演绎过程中付出了智力劳动，在原有作品基础上形成了具有独创性的表达，它与不劳而获的复制权侵权行为完全不同。虽然演绎者未经许可而从事演绎行为，侵犯了原作品作者的演绎权，应当承担侵权的民事责任，但并不影响其对演绎作品享有著作权。例如，《瑞士著作权法》第4条第1款就规定，"翻译或改编一件作品的人，或将该作品转化为其他文学或艺术形式的人，应当对新形式的作品享有版权，但他利用作品的权利应当受到原作品版权的限制（subject to the copyright in the original work）"。又如，

1973 年的《巴西著作权法》第 6 条曾规定，演绎作品的保护以获得原作品权利人的许可为条件，但 1998 年新修订的《巴西著作权法》删除了该规定。此外，英国、德国、西班牙和加拿大等国家均做出了类似的规定。

我国《著作权法》第 12 条规定，"改编、翻译、注释、整理已有作品而产生的作品，其著作权由改编、翻译、注释、整理人享有，但行使著作权时不得侵犯原作品的著作权"。从该条的规定来看，我们并没有像美国版权法那样，明确否定侵权演绎作品的著作权保护。由此，对于侵权演绎作品，我国著作权法与大多数国家的著作权法态度一样——未经许可的演绎作品仍然可以获得著作权的保护，有权禁止未经许可而使用演绎作品的行为。但由于演绎作品中同时包括原作品的部分和作者演绎形成的独创性部分，故侵权演绎作品的使用，应当获得演绎作品著作权人和原作品著作权人的双重许可。

具体到本案，由于"琼某诉于某"案的生效判决判定《宫锁连城》剧本和电视剧侵犯了琼某对《梅花烙》剧本及小说的改编权和摄制权，说明电视剧《宫锁连城》属于侵权演绎作品。但正如以上所论述的，侵权演绎作品在我国仍然能够获得著作权法的保护，他人未经许可使用演绎作品的行为，仍然会落入侵权演绎作品著作权的控制范围。原告作为《宫锁连城》电视剧信息网络传播权的独占许可权利人，有权禁止他人未经许可而使用该作品。一审法院和二审法院判定《宫锁连城》有权获得著作权法保护，不予支持被告关于《宫锁连城》电视剧不受著作权法保护的抗辩，就是非常正确的。

（二）我国信息网络传播权的保护

随着互联网的日益发展，互联网日益成为作品传播的重要渠道。与之相应，为应对互联网对已有版权制度提出的挑战，在 1996 年日内瓦召开的外交会议上，世界知识产权组织主持缔结了两个重要的国际条约，即《版权条约》（WIPO Copyright Treaty）和《表演与录音制品条约》（WIPO Performances and Phonograms Treaty）。两个国际条约规定了著作权人通过信息网络向公众传播作品、表演、录音的权利。《版权条约》第 8 条"向公众传播权"（right of communication to the public）规定，在不损害《伯尔尼公约》相关条款的前提下，"文学和艺术作品的作者应享有专有权利，以授权将其作品以有线和无线方式向公众传播，包括将其作品向公众提供，使公众中的成员在其选定的地点和时间可以获得这些作品"。《表演与录音制品条约》对表演者和录音制品制作者也规定了大体相同的权利。这样，通过信息网络向公众传播作品、表演、录音的行为就成为著作权人的控制范围。

我国 2001 年修订的《著作权法》第 10 条亦规定了类似的经济权利——信息网络传播权，即以有线或者无线方式向公众提供作品，使公众可以在其个人选定的时间和地点获得作品的权利。《著作权法》还规定，表演者和录音制品制作者对其表演和录音也享有信息网络传播权。同时，为保护著作权人和邻接权人的信息网络传播权，国务院于 2006 年还颁布了《信息网络传播权保护条例》，并于 2013 年重新对该条例做了修订。此外，为正确审理侵害信息网络传播权民事纠纷案件，最高人民法院于 2012 年还颁布了《关于审理侵害信息网络传播权民事纠纷案件适用法律若干问题的规定》。这样，通过信息网络向公众提供作品、表演、录音的行为也成为我国著作权人和邻接权人的控制范围。

信息网络传播权属于一项法定权利，其侵权判定的关键在于，判定相关行为是否构成信息网络传播行为，进而落入信息网络传播权的控制范围。未经许可直接将他人作品上传至互联网，是典型的侵犯著作权人信息网络传播权的行为。但在司法实践中，行为人往往并不会明目张胆地从事这种侵权行为，因为这种侵权手法过于简单明了。更多的情况是，行为人通过破坏他人网站的技术措施进而设置链接的方式，使用户无须访问被链接的网站，在行为人经营的网站或客户端就直接获得作品。在这种情况下，设立链接的行为是否构成信息网络传播行为就显得至关重要：如果构成信息网络传播行为，则设链行为构成直接侵权，著作权人可获得禁令和损害赔偿的有效救济；如果并不构成信息网络传播行为，则著作权人只能退而求其次，追究行为人破坏技术措施、共同侵权或不正当竞争的责任，但后者的救济效果显然不及前者更为直接有效。

围绕设链行为是否构成信息网络传播行为，司法实践出现了不同的认定标准，包括"服务器标准""用户感知标准""实质呈现标准"。根据"服务器标准"，构成信息网络传播行为应当以将作品置于向公众开放的服务器为要件。"服务器标准"比较直观，如果行为人未经许可将作品上传至向公众开放的服务器，那么其行为构成信息网络传播行为，构成直接侵犯信息网络传播权；相反，则并不构成信息网络传播行为。在"服务器标准"下，设链网站并没有将作品上传服务器的行为，向公众提供作品的仍然是被链接网站，故设链行为并不构成信息网络传播行为，自然就不构成信息网络传播权的直接侵权。本案中，二审法院即采用"服务器标准"，正如二审法院指出的，"因任何上传行为均需以作品的存储为前提，未被存储的作品不可能在网络中传播，而该存储介质即为服务器标准中所称'服务器'……任何链接行为本身均不会使用户真正获得作品，无法如初始上传行为一样，满足信息网络传播权定义中有关使用户'获得作品'的要求"。

根据"用户感知标准"，设链行为是否构成信息网络传播行为，以设链行为的外在表现形式作为判定标准。相关外在表现形式包括设链网站是否标注被链接网站的网络地址、是否标注相关作品来源于被链接网站、是否存在页面跳转等。如果相关外在表现形式使网络用户认为，相关作品直接来源于设链网站，那么设链行为构成信息网络传播行为；相反，如果网络用户认为设链网站仅仅是提供链接服务，并非作品的直接提供者，则设链行为并不构成信息网络传播行为。"用户感知标准"下，设链行为可以落入信息网络传播权的控制范围，为法院判定设链行为侵犯信息网络传播权提供了可能。但由于"用户感知标准"过于强调网络用户的感知，设链网站通过简单提示相关作品来源于被链网站，就可以规避信息网络传播行为的认定。正如本案二审判决指出的那样，"越来越多的深层链接提供者会在提供链接服务时，采用各种足以使用户认知的方式明确表明其链接者的身份。这一情形的出现使得即便按照用户感知标准，越来越多的深层链接行为亦不会被认定属于信息网络传播行为"。正因为如此，"用户感知标准"常常受到学界和司法实践的批判。

　　根据"实质呈现标准"，设链行为是否构成信息网络传播行为，以设链网站是否实质性呈现了相关作品作为判定标准，网络用户是否能够认识到设链行为的存在无关紧要。如果通过设链行为，使网络用户无须进入被链接网站，而在设链网站就可以获得相关作品，那么这等于设链网站实质性地向网络用户呈现了作品，那么该设链行为即构成信息网络传播行为，进而落入信息网络传播权的控制范围。"实质呈现标准"强调设链行为是否导致实质呈现作品的结果，设链网站是否合理提示相关作品来源于被链接网站已无关紧要。同时，即便设链行为获得了被链接网站的许可，著作权人仍然能够追究设链网站的侵权责任，被链接网站是否遭受损害亦无关紧要。可见，"实质呈现标准"强调实质呈现相关作品的客观行为，弥补了"用户感知标准"主观性的缺陷。正是由此出发，本案二审法院指出，"实质性替代标准属于用户感知标准的升级版。该标准的适用并不需要考虑用户是否认识到该行为是链接行为，而仅考虑提供链接者的获益及对著作权人的损害……因此，根据实质性替代标准，具有经营性质的深层链接行为必然属于信息网络传播行为"。

　　参照司法实践的相关案例，上述"服务器标准""用户感知标准""实质呈现标准"均在相关判决中有所体现。由于"用户感知标准"将信息网络传播行为这一客观事实的判定建立在具有主观性的网络用户感知基础上，强调网络用户是否发生"混淆可能性"，混淆了著作权法和商标法的侵权判定标准，故"用户感知标准"基本上没有得到学界和司法实践的普遍认可。且随着 2012 年《最高人民法院关于审理侵害信息网络传播权民事纠纷案件适用法律若干问题的规定》的出台，"用户感知标准"基本上没有了市场。当前，学界和司法实践的争议主要集中在"服务器标准"和"实质呈现标准"。从法律适用的角度而言，"服务器标准"似乎更符合相关司法解释的字面规定。正是在此基础上，二审法院判决详细论证了"服务器标准"的合理性，并得出结论："服务器标准与信息网络传播行为的性质最为契合，《最高人民法院关于审理侵害信息网络传播权民事纠纷案件适用法律若干问题的规定》虽未采用服务器标准的概念，但其对作品提供行为的判断标准实质上与服务器标准并无差别。"

笔者认为，在对"服务器标准"和"用户感知标准"评判之前，我们有必要回到问题的起点，审视信息网络传播权，乃至著作权法的目的。著作权法通过对著作权人的保护，使之能够控制作品的使用方式和传播范围，并以此获得相关收益，达到鼓励更多文学和艺术作品创作的目的。具体到信息网络传播权，它是为应对互联网对版权制度的挑战而产生的权利，通过赋予著作权人和邻接权人控制作品、表演、录音在互联网中的使用和传播，保护著作权人和邻接权人的利益。应该说，从信息网络传播权设立的目的来看，所有未经许可而通过信息网络向公众提供作品的行为，都属于信息网络传播权的控制范围。信息网络传播权关注的核心是通过信息网络向公众提供作品的"行为"，而非通过信息网络向公众提供作品的"技术"或"工具"。我国《著作权法》对信息网络传播权的界定，落脚点也正是"向公众提供作品"这一行为。

由此出发，不难发现，无论是普通链接，还是深度链接，抑或是加框链接等，都属于作品传播的"技术"或"工具"，本身并不是信息网络传播权的调整对象。但如果相关链接产生无须进入被链接网站，在设链网站内即可直接播放被链接网站作品的效果，设链者就实际上扮演了提供作品的角色，就已经在实质上构成了向公众提供作品的行为，显然应当落入信息网络传播权的控制范围。至于实际上是哪个服务器在播放作品，仅仅是一个技术层面的问题，并不影响"向公众提供作品"的行为判定。事实上，具有实质性呈现作品效果的设链行为，使著作权人丧失了作品传播方式和传播范围的控制能力，严重损害了著作权人的利益。试想，如果那些具有实质性呈现作品的设链行为被排除在信息网络传播权的控制范围之外，那么导致的后果必然是，大量网络服务提供者不会选择耗费巨资而购买影视作品的著作权，而直接选择设链的方式"免费"播放被链接网站中的作品。这样的结果将严重影响文学和艺术作品的创作动力，与著作权法的目的相背离。

"服务器标准"将关注的焦点集中在通过信息网络传播作品"技术"层面，而并未聚焦通过信息网络传播作品"行为"的本质层面。虽然通过服务器向公众提供作品的行为构成信息网络传播行为，但信息网络传播行为并不必然建立在服务器的基础之上，只要网络用户通过相关网站获得了作品，那么相关网站就实施了向公众提供作品的行为。事实上，通过服务器向公众提供作品，与非通过服务器向公众提供作品，除了二者在提供作品的"渠道"、"工具"或"技术"方面存在差别外，在向公众提供作品的效果方面并没有实质性的区别。"实质呈现标准"将关注的焦点放在行为人是否实质性向公众提供作品这一行为，从最终效果角度来评价设链行为的性质，体现了《著作权法》对信息网络传播权规定的本质特点——向公众提供作品。在"实质呈现标准"标准下，著作权法规制的是未经许可而实质性地提供或呈现作品的行为，链接技术，抑或是未来可能出现的互联网"新技术"本身并不会被贴上侵权的标签，这些互联网技术仍然可以被广泛运用，体现了"技术中立"的立法原则。

可见，从著作权法的宗旨出发，从设置信息网络传播权的目的出发，从信息网络传播权控制向公众提供作品的行为本质出发，实质性呈现或提供作品的设链行为落入了信息网络传播权的控制范围，侵犯了著作权人的信息网络传播权。

具体到本案，被告未经许可，通过破坏乐视网采取的技术保护措施、设置链接、屏蔽被链接网站广告和水印等行为，在客观上使得网络用户无须进入被链接的乐视网，即可在被告经营快看 APP 客户端直接点播《宫锁连城》电视剧，已经在实质上通过互联网向公众提供了涉案作品。显然被告的行为已经侵犯了原告对电视剧《宫锁连城》享有的信息网络传播权。由此，笔者认为，二审判决采用"服务器标准"判定被告并不构成信息网络传播权侵权，有欠妥当。一审判决虽然采取"实质呈现标准"判定被告构成信息网络传播权侵权，但其相关说理并不充分，并没有将相关理由和论证聚焦到被告通过其网站实质性向公众提供了作品的行为之上。

本案二审法院在判决中还表达了适用"实质呈现标准"的担忧，即"如依据实质性替代标准……将有相当数量会落入信息网络传播权控制的范围……从而使得行为人在提供上述服务时将必须经过著作权人许可……这一结果对于网络用户以及互联网行业整体发展所造成的负面影响无须多言"。笔者认为，虽然我国当前大力发展"互联网＋"产业，但这并不意味着互联网产业的发展可以建立在侵犯他人著作权的基础之上。对于那些运用互联网技术，肆意分割著作权人利益的侵权行为，不能容许其凭借技术的外衣而逃避侵权的指控。事实上，优秀影视作品的创作需要投入巨大的成本，如果允许网络服务提供者未经授权而运用互联网技术免费提供著作权人的作品，必然使得著作权人无法得到应有的回报，挫败优秀影视作品的创作热情，不利于互联网产业的可持续发展，也背离了著作权法的基本初衷。与其维持缺乏法律依据的现状，倒不如通过"实质呈现标准"的采纳，引导网络服务提供者树立起版权意识，诚实守信地开展正版影视作品的经营，进而鼓励优秀文学艺术作品的创作，为互联网产业的可持续发展培育新的动力。

B.15
体育赛事节目能否构成作品：
新浪互联公司诉天盈九州
公司著作权案评析

李菊丹*

一　基本案情

依据《国际足联章程》和《中国足球协会章程》的规定，中国足球协会是中超联赛所产生的所有权利的拥有人。中国足球协会与中超联赛有限责任公司（简称"中超公司"）签订合同，授权其独家代理开发经营中超联赛的电视、广播、互联网及各种多媒体版权，以及其他各种无形资产，包括对上述资源在全球范围内的市场开发和推广，接洽、谈判及签署相关协议等，有权经中国足球协会备案后在本授权范围内进行转委托。上述授权的有效期为十年，即 2006 年 1 月 1 日至 2015 年 12 月 31 日。

2012 年 3 月 7 日，中超公司与本案原告新浪互联公司签订协议，约定中超授权新浪互联公司在 2012 年 3 月 1 日至 2014 年 3 月 1 日期间，享有在门户网站领域独家播放中超联赛视频，包括但不限于比赛直播、录播、点播、延播；中超不得再以任何形式与包括但不限于腾讯网、搜狐、网易、凤凰网、TOM、人民网、新华网等门户网站合作，并确保上述门户网站，不得以任何形式，包括但不限于直接盗用电视信号直播或录播中超赛事以及制作点播信号，以跳转链接的方式，公然虚假宣传其拥有或者通过合作获得直

---

* 李菊丹，法学博士，中国社会科学院法学研究所副研究员，中国知识产权法学研究会理事，研究方向为知识产权法。

播、点播中超赛事的权利。有效期届满后本授权自动终止。2013 年 12 月 24 日，中超公司向新浪互联公司出具授权书。

中超公司还与体奥动力签订协议书，约定在 2012 年 2 月 1 日至 2014 年 12 月 31 日期间，体奥动力获得中超联赛的电视转播权、电视产品权、网络视频权、手机应用软件开发权、大陆境外的电视转播权和网络视频权；并拥有将网络视频权独家授予第三方网站或互联网机构播出的权利，但无权授予门户网站等网络；中超公司保留授权门户网站等中超联赛网络视频权的权利；如被授权门户网站运营商涉及信号传输费用，由被授权方与乙方另行协商。2012 年 3 月 15 日，中超公司向体奥动力出具授权书，载明中超公司与体奥动力在中超联赛地方台广播电视转播、非门户网络视频版权、手机应用软件、海外电视转播、海外网络视频开发方面进行合作，协议有效期至 2014 年 12 月 31 日。

2012 年 3 月 15 日，体奥动力向 PPLive Corporation Limited（聚力传媒技术有限公司，简称"聚力公司"）出具授权证明，授权聚力公司 2012～2014 赛季中超联赛所有比赛的独家信息网络传播权及分销权，包括直播、延播、点播及制作集锦。

2013 年 4 月 19 日，聚力公司与乐视网、乐视网信息技术（香港）有限公司签订 2013～2014 赛季中超联赛内容许可协议书，授权乐视网在自运营网站（仅限于域名为 www. letv. com 的网站）上，以个人计算机（包括 PC 网页端及 PC 客户端，不包括手持移动设备、PAD、手机、电视机等）为终端，向公众播放 2013～2014 赛季中国足协超级联赛之赛事节目。未经聚力公司许可，乐视网不得以链接、共建合作平台等方式，与第三方合作或授权第三方使用授权节目。

2013 年 8 月 1 日，原告新浪互联公司发现被告天盈九州公司在凤凰网（www. ifeng. com）上中超频道首页，在网址为"ifeng. sports. letv. com"的页面下的"体育视频直播室"提供比赛的直播：①鲁能 VS 富力（8 月 1 日）②预告——19：35 视频直播申鑫 VS 舜天（8 月 1 日）。凤凰网（www. ifeng. com）为天盈九州公司所有并负责运营，页面域名（www. ifeng. sports. letv. com）

由第三人乐视网信息技术（北京）股份有限公司［简称"乐视公司"，系视频网站乐视公司（www. letv. com）的经营者］与天盈九州公司合作共建。

为此，原告新浪互联公司向北京市朝阳区法院起诉被告天盈九州公司著作权侵权及不正当竞争。朝阳区人民法院受理后，被告提起管辖异议申请，被法院驳回，被告不服该裁定，上诉至北京市第三中级人民法院。北京市第三中级人民法院于2014年12月12日终审裁定"驳回上诉，维持原裁定"。在诉讼中，朝阳区人民法院依据民事诉讼法第56条第2款之规定，通知乐视公司作为第三人参加诉讼。

原告新浪互联公司诉称，天盈九州公司未经合法授权，在网站上设置中超频道，非法转播中超联赛直播视频，其享有以类似摄制电影方式创作的涉案体育赛事节目的作品著作权；同时认为，赛事组织者的赛事转播的授权制度是一种值得法律保护的正当的竞争秩序，天盈九州公司的行为破坏了这种商业模式构成的竞争秩序和其所体现的商业道德，构成了不正当竞争。请求判令天盈九州公司承担停止侵权，赔偿经济损失1000万元，并在其经营的凤凰网首页及《中国电视报》上发表声明，消除侵权及不正当竞争行为造成的不良影响。

被告天盈九州公司辩称：一、新浪互联公司诉求不明；二、其起诉于法无据，足球赛事不是著作权法保护对象，对体育赛事享有权利并不必然对体育赛事节目享有权利；三、新浪互联公司不适格，其未获得作者授权，且其获得的授权有重大瑕疵；四、新浪互联公司起诉的被告不正确；五、其主张的赔偿数额缺乏依据。

第三人乐视公司述称，其有权使用涉案赛事的转播权；其与天盈九州公司曾就涉案域名（www. ifeng. sports. com）有过合作，但就涉案赛事没有与其合作，转播赛事并非来源于乐视公司网站，不构成共同侵权。

在审理过程中，被告天盈九州公司就该案向本院提起管辖异议申请，本院以"驳回被告北京天盈九州网络技术有限公司对本案管辖权提出的异议"作出裁定。天盈九州公司不服该裁定，上诉于北京市第三中级人民法院。北京市第三中级人民法院终审裁定"驳回上诉，维持原裁定"。

针对被告天盈九州公司提出的新浪互联公司未获得授权，且其获得的授权有重大瑕疵的抗辩，北京市朝阳区人民法院认为，中超公司经中国足球协会独家授权，有权代理中国足球协会开发经营中超联赛的电视、广播、互联网及各种多媒体版权；可以对上述资源进行全球范围内的市场开发和推广，有权进行接洽、谈判及签署相关协议等，有权经中国足球协会备案后在本授权范围内进行转委托；且该授权为，可以认定 2013 年 12 月 24 日中超公司向新浪互联公司出具的授权书，具有法律效力。对被告的抗辩不予支持。

对于乐视公司的陈述，根据涉案转播赛事的网络地址设置以及涉案赛事网页显示的入口状态，同时乐视公司不能就其与凤凰网播出的涉案赛事的页面内容的不一致进行举证，法院对乐视公司提出其对凤凰网播放涉案赛事行为并不知晓的述称，不予支持，认定凤凰网转播涉案赛事的信息源系由乐视网决定并输出。天盈九州公司实施的链接行为已经不是单纯的网络服务行为，而是以链接为技术手段与乐视公司分工协作，属于未经许可共同向网络用户提供涉案赛事的转播，侵犯了同为门户网站的新浪网就涉案赛事享有的转播权利，应停止侵权。

针对新浪互联公司提出的涉案转播的赛事呈现的画面属于我国著作权法保护的作品范畴的观点，法院认为，对赛事录制镜头的选择、编排，形成可供观赏的新的画面，是一种创作性劳动，且该创作性从不同的选择、不同的制作，会产生不同的画面效果反映了其独创性，即赛事录制形成的画面，构成我国著作权法对作品独创性的要求，应当认定为作品。因此，法院认定乐视公司、天盈九州公司以合作方式转播的行为，侵犯了新浪互联公司对涉案赛事画面作品享有的著作权，即属于"应当由著作权人享有的其他权利"。

对于原告新浪互联公司就天盈九州公司的行为同时提起的不正当竞争诉讼，法院认为新浪互联公司作为赛事转播授权一方，其权利受到的侵害，在本案中已通过著作权法的保护得到救济补偿，无须再以反不正当竞争法进行规制，驳回对新浪互联公司涉案提起的不正当竞争行为的诉请。

根据上述分析，法院于 2015 年 6 月 30 日作出如下判决：（一）判决被告天盈九州停止播放中超联赛 2012 年 3 月 1 日至 2014 年 3 月 1 日期间的比赛；（二）判决被告于本判决生效之日起 30 日内履行在其凤凰网首页连续 7 日登载声明的义务，消除不良影响；（三）判决被告赔偿原告经济损失 50 万元，于本判决生效之日起 10 日内给付；（四）驳回原告北京新浪互联信息服务有限公司其他诉讼请求。

一审判决宣判后，凤凰网不服上诉北京知识产权法院。北京知识产权法院于 2016 年 8 月 18 日上午公开开庭审理了此案，双方围绕体育赛事节目是否构成作品等焦点问题进行了激烈辩论。该案正在进一步审理过程中。

二　法律问题

本案由北京市朝阳区人民法院于 2015 年 6 月 30 日作出一审判决，部分支持原告诉讼请求，并驳回其同时就天盈九州在凤凰网上播放中超联赛构成不正当竞争行为的诉讼请求。该案主要涉及体育赛事转播中形成的画面是否构成作品、互联网上的侵权案件的管辖权确定、损害赔偿数额的确定三个主要的法律问题。下面，我们将结合北京市朝阳区人民法院所作的一审判决，说明这三个问题。目前，本案已经上诉于北京知识产权法院进行二审。

（一）体育赛事转播中形成的画面是否构成作品

原告新浪互联公司诉称被告天盈九州公司擅自将电视台正在直播的中超比赛的电视信号，通过信息网络同步向公众进行转播的行为，侵犯了原告享有以类似摄制电影方式创作的涉案体育赛事节目的作品著作权，认为涉案转播的赛事呈现的画面应属于受到我国著作权法保护的作品范畴。

被告天盈九州公司辩称，足球赛事不是著作权法保护对象，对体育赛事享有权利并不必然对体育赛事节目享有权利。法院认为，依照法律规定，具有独创性并能以某种有形形式复制的智力成果，才可构成我国著作权法所保护的作品。是否具有独创性，成为法院判断涉案赛事转播画面是否构成作品的关键。

法院在判决书中分析认为，对体育赛事的转播画面，不是由固定摄像机直接录制的结果，而是经过了编导的制作程序。观众看到的画面不仅是对赛事的录制，还包括回看的播放、比赛及球员的特写、场内与场外、球员与观众、全场与局部的画面，以及配有的全场点评和解说。这是编导通过对镜头的选取，即对多台设备拍摄的多个镜头的选择、编排的结果。对赛事录制镜头的选择、编排，形成可供观赏的新的画面，是一种创作性劳动，且该创作性从不同的选择、不同的制作，会产生不同的画面效果，构成我国著作权法对作品独创性的要求。因此，涉案转播赛事呈现的画面满足了作品的创造性要求，即通过摄制、制作的方式，形成画面，以视听的形式给人以视觉感应、效果，构成作品。因此，乐视公司、天盈九州公司以合作方式转播的行为，侵犯了新浪互联公司对涉案赛事画面作品享有的著作权。本案中的转播行为，尽管是在信息网络环境下进行，但不能以交互式使得用户通过互联网在任意的时间、地点获得，此种转播行为不是侵犯我国著作权法上信息网络传播权，而是侵犯了"应当由著作权人享有的其他权利"。根据上述分析，法院支持了原告提出天盈九州公司侵犯其著作权的主张，判决被告天盈九州公司停止侵权、赔偿经济损失及消除影响。

（二）管辖权的确定

本案被告天盈九州公司在诉讼过程中提出管辖权异议，其理由是天盈九州公司住所地位于北京市海淀区，本案应移送至北京市海淀区人民法院审理。北京市朝阳区人民法院作出（2014）朝民（知）初字第 40334 号管辖权异议民事裁定，认为被告所提管辖权异议不成立，驳回原审被告对本案管辖权提出的异议。其理由是对法人或者其他组织提起的民事诉讼，由被告住所地人民法院管辖。法人的住所地是指法人的主要营业地或主要办事机构所在地。法院根据凤凰网网站底端"企业信用评级证书"显示的信息、天盈九州公司工作人员名片中登载的公司地址以及天盈九州公司向一审法院提交的《授权委托书》明确记录"住所地"均为"朝阳区望京启阳路 4 号中轻大厦 16 层"，因此确认上述地址为天盈九州公司的主要营业地或主要办事机构所在地。

天盈九州公司不服一审裁定向北京市第三中级人民法院提起上诉，上诉理由是天盈九州公司住所地位于北京市海淀区海淀路 165 号凤凰会馆 605号，根据公司工商登记公开信息以及其他相关证照，均显示天盈九州公司住所地系上述地址。"朝阳区望京启阳路 4 号中轻大厦 16 层"是凤凰网办公地址。诉讼管辖应以企业住所地为准，而不是企业的办公地址，办公地址可能有多个。因此，本案应由北京市海淀区人民法院管辖。被上诉人新浪互联公司认为，其提供的天盈九州公司在北京市朝阳区实际办公的照片以及《企业信用评级证书》和已经生效的法律文书均证明天盈九州公司实际办公地址在北京市朝阳区，并且本案侵权行为地亦在北京市朝阳区，朝阳区人民法院对本案具有管辖权。

北京市第三中级人民法院经审查认为，该案系新浪互联公司以不正当竞争纠纷为由，起诉要求天盈九州公司停止侵害等。因侵权行为提起的诉讼，由侵权行为地或者被告住所地人民法院管辖。

本案审理中，上诉人天盈九州公司认可其是域名 www.ifeng.com 的经营者，经现场勘察认定北京市朝阳区郎家园 6 号院郎园 vintage8 号楼是凤凰网的实际办公地点，认定本案的侵权行为地位于北京市朝阳区，一审法院有管辖权。同时，针对天盈九州公司认为北京市朝阳区郎家园 6 号院郎园 vintage8 号楼系其公司无线办公客户端项目，非 ifeng.comPC 客户端项目之抗辩，法院认为，无线应用客户端项目及 PC 客户端项目系天盈九州公司内部部门管理事项，对外并不具有公开性，不足以否定该地址作为侵权行为实施地的事实。因此，法院裁决上诉理由不成立，驳回上诉，维持原裁定。

（三）损害赔偿数额确定

在本案中，原告新浪互联公司认为被告在其门户网站播放中超联赛节目的行为，侵犯其拥有的中超联赛视频的独占传播、播放权，并构成不正当竞争，要求赔偿经济损失 1000 万元。被告天盈九州公司认为，原告主张的赔偿数额缺乏依据。法院认为，新浪网的转播行为产生的服务器、宽带、机架、硬件折旧，包括广告等费用损失都具有其合理性，但其损失是以 2013 年赛季作为赔偿依据，与涉案转播两场中超赛事有较大差距。本案中的损害赔偿应以涉案两场转播赛事为考量的基础确定涉案损失，最后判决被告北京天盈九州公司赔偿原告北京新浪互联公司经济损失 50 万元。

三　专家评析

在"北京新浪互联公司诉被告北京天盈九州公司著作权侵权及不正当竞争纠纷"案中，案件的起因在于被告北京天盈九州公司未经许可，擅自在其所属的凤凰网上播放中超联赛直播。该项权利原本属于获得中超公司独家授权的新浪互联公司。对于被告的这一行为，原告认为体育赛事转播节目构成作品，天盈九州公司未经许可擅自在凤凰网上播放，侵犯了其对于体育赛事转播节目的著作权，并构成不正当竞争，向北京市朝阳区人民法院起诉，要求停止侵权，消除影响，并赔偿损失 1000 万元。北京市朝阳区人民法院经审理认为体育赛事的转播画面是编导通过对镜头的选取，即对多台设备拍摄的多个镜头的选择、编排的结果，属于著作权法上的作品。被告在其门户网上擅自转播中超联赛直播的行为侵犯了原告对该作品享有的"应当由著作权人享有的其他权利"，判决被告天盈九州公司停止侵权、赔偿经济损失 50 万元及消除影响。被告北京天盈九州公司不服该判决向北京知识产权法院提起上诉。在本案审理过程中，被告曾提出管辖权异议，认为本案应由被告公司住所地的北京市海淀区人民法院审理，不应由公司办公地点之一的北京市朝阳区人民法院管辖。北京市朝阳区人民法院驳回被告的管辖权异议。被告不服，上诉至北京市第三中级人民法院，又被驳回上诉，维持原裁定。在本案一审的整个诉讼过程中，法院和双方当事人讨论的核心问题是体育赛事节目是否构成作品，这同样是二审法院公开审理中双方当事人辩论的关键问题。同时，在本案的一审审理过程中，还特别讨论了本案的管辖权确定问题。此外，本案中原告提出的损害赔偿数额为 1000 万元，法院最终确定 50 万元，因此损害赔偿数额的确定问题同样也备受关注。下面，我们仅就上述三个法律问题的核心，即体育赛事节目能否获得著作权保护、管辖权的确定以及损害赔偿数额的确定，逐一进行讨论。

（一）体育赛事直播节目能否获得著作权保护

著作权的客体是作品。根据《著作权法实施条例》第 2 条的界定，作品是指"文学、艺术和科学领域内具有独创性并能以某种有形形式复制的智力成果"。从这个定义来看，著作权法上的作品至少应符合以下条件：（1）作品必须是智力成果；（2）作品属于文学、艺术和科学领域内的成果；（3）作品必须具有独创性；（4）作品必须能以某种有形形式复制。其中关于第（4）要件，从字面意思上理解有作品"固定"的意思，即作品必须具有可被感知的外在表达，还部分隐含了"著作权不保护思想，只保护思想观念表达"的意思。

本案主要涉及第（3）要件的讨论，即独创性。这是一个作品能否受到著作权保护的必要条件，也是作品区别于其他人类劳动成果的关键，具有非常丰富的内涵。作品的独创性，又称作品的原创性，是指作者在创作作品的过程中投入了某种智力性劳动，创造出来的作品具有最低限度的创造性。作品的独创性主要包括以下两层含义。

第一，作品是由作者独立创作的，而非抄袭的，也就是作品必须是来自作者。这里要求的"独立创作"是指作者对相关思想观念的表达必须是新的或者是原创的，是来自作者自己的表达，而不是复制或者抄袭他人的表达。著作权法没有要求受著作权法保护的作品所表达的主题或者思想观念是新的，即使对于某些人尽皆知的思想主题，比如"三人行必有我师""少年强则中国强"等，如果作者对这些众人熟悉的主题用与众不同的方式、不同的情境等来表达，均可满足"独立创作"的要求。甚至在某些情况下，不同的作者采用了相同的表达，均属于各自独立的创作，同样也符合作品的"独立创作"要求。也就是说，著作权法上作品表达的"独立创作"与"专利法"上的"新颖性"要求是不同的。著作权法上的"独立创作"要求，可以理解为，一部后来的作品，即使与原先的作品相同，只要是独创，不是抄袭的，就符合独立创作要求。经典的例子是"有两位诗人互不相知，但创作了相同的诗。两部作品都不是新颖的，但都是独创的，因而都可以获得版权"。由上可见，著作权法上的"独立创作"要求作品必须是源于作者自己的思想情感而创造出的表达，而不仅仅是借用他人的表达。

第二，作品必须具有最低限度的创造性，达到智力创作的高度。

对于作品"创造性"的判断，是一个较为复杂的问题。从本质上来说，英美法系国家和大陆法系国家对作品"创造性"的判断和理解是有区别的。对于英国版权法以及以英国版权法作为参考来源的美国、加拿大、澳大利亚、新加坡等国家来说，通常只要作品中含有作者"独立的艰苦劳动"并具有实际价值，就可以满足版权法对作品独创性的要求。曾经的"额头冒汗"理论是英美法系国家对作品独创性要求的经典解释，尽管美国在1991年有关电话号码簿的 Feist 案中否定了关于"额头冒汗"独创性标准，而将"最低限度的智力创造性"作为作品获得版权保护的条件，但与坚持"作品是作者人格或精神的外延"的大陆法系国家相比，仍然明显有所不同。什么样的"最低限度的智力创造性"才能达到版权保护的要求呢？德国著作权法学家雷炳德在其著作《著作权法》中强调，"创作必须更多地属于在自己的作品类型领域比人们所期待的普通的智力劳动能带来更多的活动"，"那些运用普通人的能力就能做到的东西，那些几乎每个人都可以做成的东西，即使这些东西是新的，也不能作为作品受到保护"。因此，总体来说，大陆法系国家对"最低限度的智力创造性"的理解，要更加注重作者的人格或精神在作品中的体现。也正是出于这样的原因，英美法系国家通常只将版权视为财产性权利，而大陆法系国家的著作权中则包含着作者的精神权利和经济权利。

通过上述对作品独创性的讨论，本案的关键问题"体育赛事节目能否获得著作权保护"，实际上可以转化为"体育赛事节目"是否达到了"最低限度的智力创造性"这一问题。当然，"体育赛事节目"本身是一个比较广泛的概念，在实践中可以将所有体育赛事有关的节目均称为"体育赛事节目"，既包括对体育赛事的进展和对运动员所进行的访谈，也可以只是对体育赛事的直播节目。应该说不同类型的体育赛事节目包含不同的独创性，无法进行统一的判断。本案所涉及的体育赛事节目，实际是以体育赛事的进展为主体的直播节目。

体育赛事直播节目能获得什么样的知识产权保护，实践中有三种不同的观点。第一种观点认为"对赛事录制镜头的选择、编排，形成可供观赏的新的画面，是一种创作性劳动，且该创作性从不同的选择、不同的制作，会产生不同的画面效果，构成我国著作权法对作品独创性的要求"。持这种观点的代表是本案的一审法院。第二种观点是对体育赛事的录制构成录像制品。第三种观点认为可以通过反不正当竞争法进行保护。

作品是作者人格或精神的外延，表明作者在创造作品的过程中融入了自己的思想情感和精神特质。在体育赛事直播的过程中，体育赛事的录制者虽然在摄像机的架设和录制镜头的选择、编排方面投入了部分源于自己的创意，并且直播节目中通常会穿插赛事解说员的解说以及某些特写镜头，但是这种对摄像机位置的安排是以尽可能地记录整个赛事的进展为目的，对体育赛事的解说是以对赛事进展的描述为主要内容，某些特写镜头也是为了让观众更好地了解体育比赛中的某些动作，所有这些看似创意的设计本身都不是录制者和解说员表达自己的思想情感，而是为了更加真实地记录赛事。因此，可以说，主导体育赛事直播节目的灵魂不是体育赛事节目的制作者，而是体育赛事本身。从此种意义上来说，体育赛事直播节目实际上还无法达到作品获得著作权保护的独创性要求。从上述分析也可看出，与其说体育赛事直播节目是作品，不如说是录像。

根据《著作权法》（2010 年）第 42 条规定，"录音录像制作者对其制作的录音录像制品，享有许可他人复制、发行、出租、通过信息网络向公众传播并获得报酬的权利"，体育赛事直播节目制作者对其制作的体育赛事直播节目享有录音录像制作者权的保护。在本案中，原告能否通过主张这一权利，要求被告损害赔偿呢？答案是否定的。因为被告通过信息网络直播体育赛事的行为，是一种定时的单向的播放行为，不属于信息网络传播权所控制的通过信息网络向社会公众提供的交互行为，因此本案原告无法通过主张录音录像制作权的方式来获得被告的赔偿。

本案原告能否通过反不正当竞争法来阻止被告通过网络直播体育赛事节目呢？根据《反不正当竞争法》的相关规定，与本案有关联的是第五条"经营者不得采用下列不正当手段从事市场交易，损害竞争对手"："（二）擅自使用知名商品特有的名称、包装、装潢，或者使用与知名商品近似的名称、包装、装潢，造成和他人的知名商品相混淆，使购买者误认为是该知名商品；（三）擅自使用他人的企业名称或者姓名，引人误认为是他人的商品"。《反不正当竞争法》对不正当竞争行为具有明确的规定，未经许可盗播体育赛事节目的行为，不属于该法规定的任何一项不正当竞争行为。当然，在本案中，有一点值得注意，即凤凰网上出现了"中超联赛"频道。这种对"中超联赛"字样的使用，足以误导观众以为凤凰网对体育赛事的播送行为已经合法许可。这种行为是《反不正当竞争法》第五条第（二）（三）所规范的行为。《反不正当竞争法》该条规范的凤凰网使用"中超"标志行为，但仍然不能对未经许可转播体育赛事直播的行为进行规范。也有人认为凤凰网的这一行为违反了《反不正当竞争法》第二条"一般条款"的规定，原告可以通过主张被告的行为违反了诚实信用原则而要求被告赔偿。根据《反不正当竞争法》第二条后半段的规定，"本法所称的不正当竞争，是指经营者违反本法规定，损害其他经营者合法权益，扰乱社会经济秩序的行为"，这意味着《反不正当竞争法》所规范的不正当竞争行为都是其所明确规定的，没有明确的，就不应属于该法的规制范围。李明德教授在《关于反不正当竞争法的几点思考》一文中早就明确指出，"试图将一般条款凌驾于法律规定的具体事例，或者将法律没有明确规定的行为纳入违反诚实信用的范畴，是没有法律依据和理论依据的"。

很多人认为，对于像凤凰网未经许可播放体育赛事直播节目的行为，似乎必须要受到惩罚才算公平。对于这样的观点，李明德教授给出了不同的回答，"对于我国《反不正当竞争法》没有明确予以制止的行为，应当采取一种宽容的态度，不必计较这些行为可能或者已经对他人造成了这样或者那样的损害，这样才能最大限度地避免将新型的竞争模式和技术方案以不正当竞争的名义扼杀在摇篮之中"。同样地，很多人认为体育赛事直播节目具有很大的经济效益，必须给予知识产权保护。在对这一问题进行回答的时候，必须回到著作权保护的起点，获得著作权保护的条件不是因为相关创作物具有经济效益，而是因为相关作品具有独创性。所有不符合独创性要件的作品，所有不属于作品的创作物，即使具有经济价值，仍然不能获得著作权保护，这是由著作权制度本身的逻辑所决定的。

（二）管辖权的确定

管辖权确定的问题也是本案一审涉及的关键问题之一。本案属于公司企业间的侵权诉讼。根据《民事诉讼法》的规定，对法人或者其他组织提起的民事诉讼，由被告住所地人民法院管辖，因侵权的行为提起的诉讼，由侵权行为地或者被告住所地人民法院管辖。本案可以由侵权行为地或者被告住所地人民法院进行管辖。什么是被告住所地，根据《最高人民法院关于适用〈中华人民共和国民事诉讼法〉的解释》规定，法人或者其他组织的住所地是指法人或者其他组织的主要办事机构所在地。关于侵权行为地的界定，上述司法解释规定民事诉讼法第二十八条规定的侵权行为地，包括侵权行为实施地、侵权结果发生地。信息网络侵权行为实施地包括实施被诉侵权行为的计算机等信息设备所在地，侵权结果发生地包括被侵权人住所地。

在本案中，被告天盈九州公司的住所地位于北京市海淀区，因为其法人的主要营业地或主要办事机构所在地在海淀区。因此，被告要求朝阳区人民法院将案件移送至北京市海淀区人民法院管辖。朝阳区人民法院则根据凤凰网网站底端"企业信用评级证书"显示的信息、天盈九州公司工作人员名片中登载的公司地址，以及天盈九州公司向一审法院提交的《授权委托书》等确定被告"住所地"为"朝阳区望京启阳路4号中轻大厦16层"，作出驳回管辖权异议的决定。事实上，一审法院没有解决如何确定法人住所地标准的问题，具体来说就是没有回答"为什么作为工商登记的海淀区没有作为法人住所地进行认定"这一问题。被告不服一审法院的驳回管辖权异议的决定，上诉至北京市第三中级人民法院。北京市第三中级人民法院没有沿着通过被告住所地确定管辖的思路，而是采用侵权行为地的标准来确定案件的管辖权。法院认为上诉人天盈九州公司认可其是域名 www.ifeng.com 的经营者，凤凰网的实际办公地点是经现场勘察认定的北京市朝阳区郎家园6号院郎园 vintage8 号楼。这是上诉人实施侵权行为的地点，因此认定本案的侵权行为地位于北京市朝阳区，并认为一审法院有管辖权，驳回管辖权异议的上诉。二审法院对侵权行为地的确定，完全符合《最高人民法院关于审理涉及计算机网络著作权纠纷案件适用法律若干问题的解释》第二条"网络著作权侵权纠纷案件由侵权行为地或者被告住所地人民法院管辖。侵权行为地包括实施被诉侵权行为的网络服务器、计算机终端等设备所在地。对难以确定侵权行为地和被告住所地的，原告发现侵权内容的计算机终端等设备所在地可以视为侵权行为地"的规定。这是关于网络著作权侵权诉讼中对侵权行为地最为具体的界定。

（三）损害赔偿数额确定

本案是作为著作权侵权之诉为法院所受理的。对于著作权侵权损害赔偿的计算，《著作权法》明确规定，"侵犯著作权或者与著作权有关的权利的，侵权人应当按照权利人的实际损失给予赔偿；实际损失难以计算的，可以按照侵权人的违法所得给予赔偿。赔偿数额还应当包括权利人为制止侵权行为所支付的合理开支。权利人的实际损失或者侵权人的违法所得不能确定的，由人民法院根据侵权行为的情节，判决给予五十万元以下的赔偿"。上述规定表明，我国著作权侵权赔偿有三种计算方法：（1）以被侵权人的实际损失为依据；（2）以侵权人的违法所得为依据；（3）法定赔偿。这三种关于损害赔偿的计算方式，不是可以由权利人随意选择的，而是必须遵守先后顺序，只有前一种损害赔偿的计算方式不能适用时，才能选择适用后一种损害赔偿的计算方式。

在本案中，原告新浪互联公司首先选择了"以被侵权人的实际损失为依据"的损害赔偿计算方式，但其提供的损害赔偿依据不够精确，缺乏合理的计算依据，被一审法院所否定。由于双方没有提出采用"以侵权人的违法所得为依据"计算损害赔偿，最后由法院以涉案两场转播赛事为考量的基础确定涉案损失，判决被告北京天盈九州公司赔偿原告北京新浪互联公司经济损失 50 万元。这里的 50 万元的损害赔偿数额，是法院依职权作出的法定赔偿数额。

B.16
民间文学艺术的保护：安顺市文化和体育局诉新画面公司等著作权案评析

李菊丹[*]

一　基本案情

　　"安顺地戏"是贵州省安顺地区历史上"屯田戍边"将士后裔屯堡人为祭祀祖先而演出的一种傩戏，是一种地方戏剧。2006 年 6 月，国务院将"安顺地戏"列为国家级非物质文化遗产。2005 年，北京新画面影业有限公司和香港精英集团（2004）企业有限公司共同摄制电影《千里走单骑》，该影片编剧、导演为张艺谋，制片为张伟平。影片放映至 6 分 16 秒时，影片画面为戏剧表演《千里走单骑》，画外音为"这是中国云南面具戏"。影片中戏剧表演者有新画面公司从贵州省安顺市詹家屯"三国戏曲演出队"所聘请的演员，影片片尾字幕列有演职员名单，其中标有"戏曲演出：贵州省安顺市詹家屯三国戏队詹学彦等八人"字样。

　　本案原告贵州省安顺市文化和体育局（以下简称"安顺市文化和体育局"）认为安顺市詹家屯的詹学彦等八位地戏演员在电影《千里走单骑》中表演的是"安顺地戏"传统剧目中的《战潼关》和《千里走单骑》，但该影片将其称为"云南面具戏"，且上述三被告没有在任何场合为影片中"云南面具戏"的真实身份正名，以至观众以为影片中的面具戏的起源地、传承地就在云南，歪曲了"安顺地戏"这一非物质文化遗产和民间文学艺术，

---

　　* 李菊丹，法学博士，中国社会科学院法学研究所副研究员，中国知识产权法学研究会理事，研究方向为知识产权法。

侵犯了"安顺地戏"的署名权，违反《著作权法》的相关规定，并在事实上造成误导中外观众前往云南寻找影片中的面具戏的严重后果，向北京市西城区人民法院起诉，要求张艺谋、张伟平、新画面公司分别在《法制日报》《中国日报（英文）》中缝以外版面刊登声明消除影响；新画面公司在以任何方式再使用影片《千里走单骑》时，应当注明"片中的'云南面具戏'实际上是'安顺地戏'"。

本案被告张艺谋、张伟平、新画面公司原审辩称：（1）影片《千里走单骑》的出品人是新画面公司，出品人是电影作品的所有人，故要求驳回安顺市文化和体育局对张艺谋、张伟平的诉讼请求；（2）《千里走单骑》拍摄于 2004 年 11 月，上映于 2005 年 12 月，而"安顺地戏"被列为国家级非物质文化遗产是在 2006 年 5 月，安顺市文化和体育局无权追溯主张署名权；（3）《千里走单骑》是一部虚构的故事片，而非一个专门介绍傩戏、面具戏或地戏的专题片或纪录片，安顺市文化和体育局不能要求作为艺术创作者的被告承担将艺术虚构与真实存在相互对接的义务。因此，请求法院驳回安顺市文化和体育局的诉讼请求。

北京市西城区人民法院（以下简称"原审法院"）经审理认为，"安顺地戏"作为我国非物质文化遗产项目之一，应当依法予以高度的尊重与保护，但涉案电影《千里走单骑》使用"安顺地戏"进行一定程度创作虚构，不违反我国《著作权法》的规定，于 2011 年 5 月 24 日判决驳回安顺市文化和体育局的诉讼请求。原告安顺市文化和体育局不服，于法定期限内向北京市第一中级人民法院提起上诉。上诉理由如下：①"安顺地戏"是国家级非物质文化遗产，属于《著作权法》第六条规定的民间文学艺术作品，涉案电影中将"安顺地戏"称为"云南面具戏"，侵犯了这一民间文学艺术作品的署名权；②原审判决认定事实及适用法律错误。原审被告坚持原审诉讼中的答辩意见。被上诉人张艺谋、张伟平、新画面公司坚持原审诉讼中的答辩意见。

北京市第一中级人民法院确认了一审法院查明的事实，另外查明上诉人认为原审被告在影片《千里走单骑》中把"安顺地戏"说成是"云南面具戏"，是侵犯了"安顺地戏"的署名权，不是原审判决中的"侵犯了原告的署名权"这一表述。北京市第一中级人民法院经审理认为，本案主要涉及四个焦点问题，具体包括：（1）安顺市文化和体育局是否有资格提起本案诉讼；（2）张艺谋、张伟平、新画面公司是否应为被控侵权行为承担民事责任；（3）涉案电影中对"安顺地戏"的使用是否构成对"安顺地戏"署名权的侵犯；（4）上诉人安顺市文化和体育局认为原审判决认定事实及适用法律错误的上诉理由是否成立。对于上述四个问题，北京市第一中级人民法院分别作出了回答。对于第一个问题，安顺市文化和体育局虽然并非"安顺地戏"的权利人，但依据《非物质文化遗产法》规定，安顺市文化和体育局作为"安顺地戏"的管理及保护机关，有资格代表安顺地区的人民就他人侵害"安顺地戏"的行为主张权利并提起诉讼，因此，安顺市文化和体育局有权提起本案诉讼。对于第二个问题，本案中，上诉人安顺市文化和体育局指控的侵权行为系涉案电影《千里走单骑》中将"安顺地戏"错误地称为"云南面具戏"，却不对其予以澄清的行为，由于电影作品的著作权归电影作品的制片者享有，制片者有权就电影作品对外行使著作权并获得利益，本案中的制片者就是出品人，因此，电影《千里走单骑》被控涉嫌侵权，应由其制片者新画面公司作为被告，而不应由张艺谋、张伟平承担民事责任。对于第三个问题，根据《著作权法》署名权是作者就其创作的作品所享有的表明其身份的权利，"安顺地戏"作为一个剧种，是具有特定特征的戏剧剧目的总称，不属于著作权法中定义的作品。涉案电影将"安顺地戏"称为"云南面具戏"，属于艺术创作时对使用的艺术元素进行相应虚构的行为，不构成对"安顺地戏"署名权的侵权。对于第四个问题，原审法院适用法律正确，上诉人的上诉理由不能成立。因此，二审法院于2011年9月14日判决驳回上诉，维持原判。

二　法律问题

本案由北京市西城区人民法院于2011年5月24日作出一审判决，驳回原告诉讼请求。原告安顺市文化和体育局不服一审判决，向北京市第一中级人民法院提起上诉，请求撤销原审判决，支持上诉人在原审中提出的全部诉讼请求。北京市第一中级人民法院经审理于2011年9月14日判决，驳回上诉，维持原判。该案主要涉及安顺市文化和体育局是否有资格提起本案诉讼，张艺谋、张伟平、新画面公司是否应共同作为被告，以及涉案电影中对"安顺地戏"的使用是否构成对"安顺地戏"署名权的侵犯这三个法律问题。下面我们将结合上述两个法院的判决说明这三个问题。

（一）安顺市文化和体育局是否有资格提起本案诉讼

根据《中华人民共和国民事诉讼法》第108条规定，民事案件的适格原告应是与案件有直接利害关系的公民、法人和其他组织。本案中，"安顺地戏"系国家级非物质文化遗产，依据《非物质文化遗产法》，县级以上地方人民政府的文化主管部门负责本行政区域内非物质文化遗产的保护、保存工作，安顺市文化和体育局作为"安顺地戏"所在地的县级以上地方人民政府的文化主管部门，是"安顺地戏"的管理及保护机关，有资格代表安顺地区的人民就他人侵害"安顺地戏"的行为主张权利并提起诉讼。

（二）张艺谋、张伟平、新画面公司是否应共同作为被告

原告诉称由张艺谋导演、张伟平担任制片，新画面公司出品的电影《千里走单骑》在影片中将"安顺地戏"称为"云南面具戏"，违反了《著作权法》的相关规定，侵犯了非物质文化遗产和民间文学艺术"安顺地戏"的署名权。因此将张艺谋、张伟平以及新画面公司共同列为被告，起诉其侵权，并承担民事侵权责任。一审法院认为被控侵权不成立，因此判决驳回原告的诉讼请求。原告不服向北京市第一中级人民法院提起上诉，并坚持将张艺谋、张伟平与新画面公司共同列为被上诉人。二审法院认为，张艺谋、张伟平是否承担相应的侵权责任是本案审理的焦点之一。根据《著作权法》第15条规定，电影作品和以类似摄制电影的方法创作的作品的著作权由制片者享有，但编剧、导演、摄影、作词、作曲等作者享有署名权，并有权按照与制片者签订的合同获得报酬。也就是说，电影作品的著作权归电影作品

的制片者享有，制片者有权就电影作品对外行使著作权并获得利益。编剧、导演等民事主体虽享有署名权，但其并非电影作品的著作权人，无权就电影作品对外行使著作权并获益。虽然张伟平在涉案电影中标注为"制片人"，但这与《著作权法》意义上的制片者不同。本案中，作为出品人的新画面公司才有资格享有权利并对外承担法律责任，是本案被控侵权行为的民事责任承担主体。因此，张艺谋、张伟平均非本案被控侵权行为的民事责任承担主体，不应对被控侵权行为承担民事责任。

（三）涉案电影中对"安顺地戏"的使用是否构成对"安顺地戏"署名权的侵犯

电影《千里走单骑》在影片中将"安顺地戏"称为"云南面具戏"，安顺市文化和体育局认为电影的这　行为违反了《著作权法》对于民间文学艺术作品署名权保护的相关规定，侵犯了"安顺地戏"这一民间文学艺术作品的署名权。一审法院认为，"安顺地戏"作为国家级非物质文化遗产，应当依法受到国家的保护、保存，任何非法侵占、破坏、歪曲和毁损等侵害和不利于非物质文化遗产保护、保存、继承和弘扬的行为都应当予以禁止和摒弃。涉案电影《千里走单骑》将真实存在的"安顺地戏"作为一种文艺创作素材在影片中进行使用，此种演绎拍摄手法符合电影创作的规律，与不得虚构的新闻纪录片有区别。而且，被告在主观上并无侵害非物质文化遗产的故意和过失，从整体情况看，也未对"安顺地戏"产生法律所禁止的歪曲、贬损或者误导混淆的负面效果。因此，一审法院驳回原告的诉讼请求。

一审原告即上诉人安顺市文化和体育局主张，"安顺地戏"是国家级非物质文化遗产，属于《著作权法》第六条规定的民间文学艺术作品，涉案电影中将"安顺地戏"称为"云南面具戏"，却未在任何场合对此予以澄清，其行为构成对"安顺地戏"这一民间文学艺术作品署名权的侵犯，违反《著作权法》对于民间文学艺术作品署名权保护的相关规定。

二审法院认为，根据《著作权法》规定，"署名权，即表明作者身份，在作品上署名的权利"。署名权中的"名"指的是权利主体（作者）的名称，而非权利客体（作品）的名称，他人只有在使用作品而未署"作者"的名称时，其行为才可能构成对署名权的侵犯。上诉人安顺市文化和体育局将署名权理解为对"作品"名称的标注，与《著作权法》的相关规定不符。在本案中，"安顺地戏"作为一个剧种，是具有特定特征的戏剧剧目的总称，是对戏剧类别的划分，不属于受《著作权法》保护的作品，任何人均不能对"安顺地戏"这一剧种享有署名权。涉案电影中将"安顺地戏"称之为"云南面具戏"，属于对于特定剧种名称的使用，其不是对署名权权利主体（作者）的标注，亦不是对权利客体（作品）的标注，仅仅是涉案电影在进行艺术创作时对使用的艺术元素进行的相应的虚构，具有其合理性，不构成侵权。

二审法院还指出，由于上诉人安顺市文化和体育局明确主张构成作品且享有署名权的是"安顺地戏"，而非其中的"具体剧目"，故仅针对"安顺地戏"这一剧种是否构成作品进行认定，不涉及其中的"具体剧目"。对于"安顺地戏"中的具体剧目（如涉案电影中使用的《千里走单骑》等剧目），因相关剧目属于对于思想的具体表达，可以认定构成受《著作权法》保护的作品，属于民间文学艺术作品，民事主体可以针对具体剧目主张署名权。

三 专家评析

在"安顺市文化和体育局诉新画面公司等侵犯著作权纠纷"案中，案件的起因在于被告新画面公司摄制的电影《千里走单骑》中将"安顺地戏"称为"云南面具戏"。作为"安顺地戏"所在地县级以上地方人民政府的文化主管部门，安顺市文化和体育局负责当地非物质文化遗产的保存和保护工作，认为电影《千里走单骑》的行为，构成了对"安顺地戏"署名权的侵权，因此将张艺谋、张伟平以及新画面公司共同列为被告，起诉其侵权，并令其承担民事侵权责任。一审法院北京市西城区人民法院审理认为，尽管"安顺地戏"作为我国非物质文化遗产项目之一，但涉案电影《千里走单骑》在电影中使用"云南面具戏"代替"安顺地戏",属于合理的文学创作,不违反我国《著作权法》的规定,判决驳回安顺市文化和体育局的诉讼请求。原告不服向北京市第一中级人民法院提起上诉。二审法院针对上诉人的上诉请求,重点分析了本案涉及的三个关键问题,原告的起诉资格问题,被告张艺谋、张伟平是否需要单独承担侵权责任以及民间文艺的署名权问题,经审理,最终维持原判,驳回上诉。下面就与上述问题相关的三个法律问题逐一进行讨论。

(一)安顺市文化和体育局的起诉资格

《民事诉讼法》第108条规定,起诉必须符合下列条件:(一)原告是与本案有直接利害关系的公民、法人和其他组织;(二)有明确的被告;(三)有具体的诉讼请求和事实、理由;(四)属于人民法院受理民事诉讼的范围和受诉人民法院管辖。其中,原告必须是与本案有直接利害关系的公民、法人和其他组织,就相关民事主体作为原告的资格。在本案一审中,本案被告就质疑原告的起诉资格,认为《千里走单骑》拍摄于2004年11月,上映于2005年12月,而"安顺地戏"列为国家级非物质文化遗产是在2006年5月,安顺市文化和体育局无权追溯主张署名权。如何判断本案的原告安顺市文化和体育局是与"安顺地戏"存在直接利害关系,是其具有起诉资格的关键。非物质文化遗产保护与著作权保护,前者主要是行政保护,后者主要是民事保护,这两种是完全不同的法律关系。从原告安顺市文化和体育局的本意来说,主张的是非物质文化遗产的保护,安顺市文化和体育局是否有资格就被控侵权行为提起诉应适用非物质文化遗产保护方面的法律法规。

我国于2011年2月25日正式颁布《非物质文化遗产法》,于2011年6月1日起施行。本案一审判决于2011年5月24日作出,二审判决于2011年9月14日作出。两个判决正好处于《非物质文化遗产法》的实施前后。这意味着,原告起诉资格的确定以及案件中相关权利义务的法律依据将可能根据不同的法律规范进行确定。在《非物质文化遗产法》颁布之前,文化部于2006年10月25日颁布《国家级非物质文化遗产保护与管理暂行办法》。因此，本案一审主要应依据《国家级非物质文化遗产保护与管理暂行办法》来确定原告的资格，二审法院则明确根据《非物质文化遗产法》确定原告资格。根据《国家级非物质文化遗产保护与管理暂行办法》第四条第三款规定，"国家级非物质文化遗产项目所在地人民政府文化行政部门，负责组织、监督该项目的具体保护工作"。安顺市文化和体育局作为"安顺地戏"这一国家级非物质文化遗产所在地的人民政府文化行政部门，其有权组织、监督该项目的具体保护工作，因此有权对被控侵权行为提起诉讼。本案二审的审理正好在《非物质文化遗产法》实施之后，因此，二审法院以《非物质文化遗产法》为法律依据。根据该法第七条规定，"国务院文化主管部门负责全国非物质文化遗产的保护、保存工作；县级以上地方人民政府文化主管部门负责本行政区域内非物质文化遗产的保护、保存工作"，安顺市文化和体育局同样享有起诉的资格。

本案被告还质疑《千里走单骑》拍摄于 2004 年 11 月，上映于 2005 年 12 月，而"安顺地戏"被列为国家级非物质文化遗产是在 2006 年 5 月，言外之意是电影上映拍摄时"安顺地戏"还未列入国家级非物质文化遗产名录中，因此没有对当时还没有作为国家级非物质文化遗产的"安顺地戏"造成不良影响，安顺市文化和体育局无权起诉。事实上，电影《千里走单骑》上映后一直处于不断被观众观赏的可能性中，也就是说在"安顺地戏"被列为国家级非物质文化遗产之后，《千里走单骑》对安顺地戏地理来源的误导行为一直存在，也就是被控侵权行为一直存在，一直处于诉讼时效之中，所以安顺市文化和体育局可以针对这一行为提起诉讼。

（二）电影作品著作权侵权责任的承担

电影作品是一种典型的法人作品，由法人组织主持，代表法人意志创作，并由法人承担责任。根据国家广播电影电视总局电影事业管理局于 2004 年 11 月 11 日颁发的中外合作摄制电影许可证，影片《千里走单骑》由北京新画面影业有限公司和香港精英集团（2004）企业有限公司合作摄制。同时，国家广播电影电视总局电影事业管理局于 2005 年 7 月 14 日颁发的电影公映许可证，载明电影《千里走单骑》的出品人为新画面公司。此外，根据《著作权法》规定，"电影作品和以类似摄制电影的方法创作的作品的著作权由制片者享有，但编剧、导演、摄影、作词、作曲等作者享有署名权，并有权按照与制片者签订的合同获得报酬。电影作品和以类似摄制电影的方法创作的作品中的剧本、音乐等可以单独使用的作品的作者有权单独行使其著作权"。可见，涉案电影《千里走单骑》是新画面公司负责拍摄，并由其承担责任的作品，其著作权也归属于该公司。也就是说，电影公映许可证中的出品人就是《著作权法》中的制片人。鉴于电影作品制作过程中需要投入巨额资本，并有可能血本无归的风险，为了激励更多的公司投入电影创作，《著作权法》明确规定了电影作品的著作权归属，属于制片人所有。但根据电影行业的惯例，投入电影创作资本的公司通常被称为出品人，而由某个特定的个人担任电影"制片"或者"制片人"。正如二审法院在判决中认定的那样，"因《著作权法》中对于作为著作权人的'制片者'在电影作品中的标注形式并无要求，实践中亦存在多种标注方式，故对制片者身份的认定应结合案件具体事实予以考虑，而不能仅依据电影作品中的标注形式予以确定"。在本案中，尽管该电影的片头字幕显示张伟平为制片，但真正属于承担拍摄电影的法律责任的主体是新画面公司。所以，电影《千里走单骑》将"安顺地戏"称为"云南面具戏"被诉侵权，该被控侵权行为的实施者和相关责任的承担者是新画面公司。

尽管影片片头字幕显示的相关制作人员包括编剧、导演张艺谋，制片张伟平等，但是根据《著作权法》的相关规定，这些人员享有署名权，并有权按照与制片者签订的合同获得报酬。可见，这些人员与公司的关系或者是公司的内部职工，或者是合同关系，属于内部的工作关系，只有新画面公司有权利对外行使有关电影产生的权利，承担与电影相关的法律责任。所以，在本案中，只有新画面公司才是适格的被告，张艺谋和张伟平不应当作为被告。

（三）民间文学艺术的知识产权保护

近年来，传统知识、民间文学艺术表达及遗传资源的保护已经成为全球共同关注的话题。自 1998 年以来，世界知识产权组织已为此召开一系列国际会议，并在 2000 年成立一个专门的政府间委员会"知识产权与遗传资源、传统知识及民间文学艺术表达政府间委员会"来研讨相关问题。WTO 成员也开始考虑在 WTO 框架内解决 TRIPS 协议与传统知识、民间文学艺术表达及遗传资源保护方面的关系问题。到目前为止，一些国家或地区以及相关国际组织已经就上述问题，或者进行了国内立法，或者达成了相关协议。其中，民间文学艺术保护方面的《突尼斯著作权样板法》、《保护民间文学艺术表达形式、防止不正当利用及其他侵害行为的国内示范法》、非洲法语国家的《班吉协定》等尤其值得关注。郑成思教授就中国提高知识产权保护水平，特别是"自有知识产权"拥有及利用道路问题指出，"力争把中国占优势而国际上还不保护（或者多数国家尚不保护）的有关客体纳入国际知识产权保护的范围，以及提高那些现有知识产权制度仅仅给予弱保护而中国占优势的某些客体的保护水平"是目前中国可以行得通的道路。2008 年 6 月中国颁布的《国家知识产权战略纲要》在"专项任务"部分也明确提到有关传统知识、民间文学艺术表达及遗传资源的保护、开发和利用问题。《著作权法》第 6 条规定保护民间文艺作品，同时又规定保护办法由国务院另行规定。这表明，民间文艺是一种特殊的受保护对象。严格说来，《著作权法》第 6 条用"民间文艺作品"的表达是不准确的，因为既然是作品，即使是利用民间文艺作为素材的作品，同样也应适用《著作权法》。《著作权法》第 6 条实际应该是指对民间文学艺术或者是民间文学艺术表达的保护应由国务院另行制定保护办法。2007 年开始，国家版权局开始制定《民间文学艺术作品保护条例》，目前已经公布征求意见稿。从目前国际实践看，虽然对民间文艺进行保护的必要性和迫切性均已达成广泛共识，但就如何进行保护、利用和开发，以及如何与现有的知识产权制度相协调仍然没有解决。

1. 运用现行知识产权制度保护民间文学艺术的可行性分析

民间文学艺术的保护，其保护的客体当然是"民间文学艺术"，但从相关的国际文件以及各国的立法状况看，人们对民间文艺的内涵和外延至今尚未形成统一的界定，仅在其所能涵盖的社会现象上达成共识。然而，对这些现象的区分和判断是选择恰当保护方式的关键。"民间文学艺术表达（expression of folklore）"，有的也称民间文学艺术（folklore），实际上是"传统知识"的下位概念，也是传统知识中最早明确采用法律制度保护的内容。根据唐广良教授的研究，其主要指文学艺术领域里的传统知识，即由特定群体通过代代相传，尤其是以口传的方式流传下来的文学、文化、艺术、工艺特征、风格、形式及方法。这种特征、风格、形式及方法可能通过一系列与版权保护的作品相类似的表达予以体现。这些表达包括故事与传说、叙事诗、曲艺、舞蹈、服饰与装束、礼仪与仪式、手工艺品与其他实用艺术品、乐器、绘画与雕刻等。

　　要解决"选择怎样的方式来保护、开发和利用民间文学艺术"这一问题，首先必须回到最早提出保护民间文学艺术的根源。对民间文艺最早提出保护的源头与传统知识的保护有关。尽管关于传统知识和民间文学艺术的保护议题早在二十世纪六七十年代就开始了，然而真正引起发展中国家特别关注的是，自印度学者发现某些发达国家的医药化学公司将印度的传统药品，几乎未加更多改进就申请了专利这一事实之后。因为现有的知识产权制度仅对符合专利、商标、版权、商业秘密等保护条件的智力活动成果给予保护，并赋予相关权利人以排他性的专有权利，而将其他的智力活动成果，包括传统知识和民间文学艺术等均排除在保护范围之外。这就意味着同样作为智力活动成果的传统知识与民间文学艺术被理所当然地视为公有领域的文化资源，可以任人免费使用，民间文艺相关的创作人得不到任何回报。但是，一些发达国家的跨国公司，特别是医药化工方面的公司，凭借手中较为先进的技术以及巨额资本，对这些传统知识或民间文艺元素加以改进，通过知识产权保护机制，就可以获得相关的知识产权，进行营利。鉴于此，发展中国家强烈呼吁应给予传统知识与民间文学艺术来源地创作群体以相关的权利。这种权利的保护到目前为止主要停留在以国家公权力为主导的静态消极保护的层面上，而私权层面，特别是知识产权层面的保护、开发和利用还远远不足。究其原因，一是由于发达国家出于自身利益的考虑不愿意作出这样的让步，二是由于传统知识与民间文学艺术和现有知识产权制度所保护的客体区别甚大。

那么，传统知识与民间文学艺术到底能否纳入知识产权体系进行保护呢？发达国家与发展中国家对这一问题基本上作了两种截然相反的回答。发达国家基本持否定态度，其中最为关键的理由是它们认为所谓的传统知识与民间文学艺术由某一社会群体共同创作、共同拥有，无法区分特定的权利人，因而被视为是公有领域的知识，一旦对这些知识提供知识产权方面的保护将会严重影响文化与科技的创新，进而损害知识产权制度建立的基础。发展中国家则严格坚持需要纳入知识产权保护的立场，而至于如何保护的问题，从过去的经验来看，还有待进一步研究。

从理论上说，将传统知识与民间文学艺术的保护纳入知识产权体系是可以得到解释的。首先，知识产权理论体系的起点就是为人类的智力劳动成果提供保护以鼓励创新。尽管知识产权的体系随着社会的科技进步而不断得到拓展，其宗旨与目标在不同时代也有所变化，但这一起点至今仍未有任何改变。传统知识与民间文学艺术毫无疑问属于人类的智力活动成果，符合知识产权理论体系的起点要求。其次，传统知识和民间文学艺术符合知识产权所强调的创新条件。正如传统知识概念所确定的那样，传统知识并不意味着这些知识来自古代，而是特指这些知识与相关群体的生活特征紧密相连，并且处于不断的创新积累过程中。从这个意义上看，传统知识是一种处于不断创新状态的知识流。再次，从知识产权制度的宗旨看，除了鼓励创新外，还必须考虑到公共利益与私人利益的平衡。正如郑成思教授所说，现代知识产权制度在保护今天的各种智力创作与创造之"流"时，在长时间里忽略了对以传统知识、民间文学艺术等为代表的"源"保护，不得不说是一种缺陷。所以，将作为创作或创造之"源"的创新活动纳入知识产权制度的保护，不仅有利于全面促进社会的智力劳动成果的创新，还有利于真正平衡创作之"流"与创作之"源"的利益。

也许有的学者还在考虑由于知识产权制度的垄断与专有，对创作之"源"的知识产权保护将会对文化和科技创新与交流形成阻碍，但知识产权制度本身就是一项神奇的设计，不仅以权利专有的方式促进和保护创新，而且以设定权利保护期限的方式将创新的成果推往公共领域，从而促进社会的发展和进步。也就是说，知识产权制度所保护的创造越多，将来进入公有领域的创造就越多。因此，将传统知识与民间文学艺术的保护纳入知识产权制度是可行的选择。

2. 民间文学艺术应当采用"特别权"的保护制度

正如前文分析，将民间文学艺术纳入知识产权体系保护符合知识产权制度的理论基础，但以何种知识产权模式保护是一个有待解决的问题。在这一保护模式中所要解决的关键问题是设计一种怎样的知识产权制度来解决民间文学艺术的创造群体与使用群体之间的利益分配问题。

从国际经验来看，采用何种模式保护包括传统知识与民间文学艺术在内的传统资源，是一个至今仍未达成一致的话题。根据管育鹰教授的研究，《突尼斯著作权样板法》和《班吉协定》试图将著作权制度引入民间文学艺术领域的保护范畴，从实践看，运作得不太成功。1982 年 WIPO 与 UNESCO 共同颁布的《保护民间文学艺术表达形式、防止不正当利用及其他侵害行为的国内示范法》则试图为传统知识的保护提出一种"特别权利"的保护模式，2000 年颁布的巴拿马特别法与 2002 年通过的《太平洋地区保护传统知识和文化表达形式的框架协议》尽管规定的保护措施有所不同，但基本遵循"特别权利"保护模式的理念。为了防止传统知识被专利误用的行为发生，印度专门于 1999 年建立传统知识数字图书馆（TKDL），采用包括北印度语在内的五种国际语言，通过筛选和对照公共领域可得到的知识，把包括印度草医学在内的传统知识的现有文献整理成数字形式，供全球的专利审查员检索与 TK 有关的信息。印度还于 2002 年修改专利法，要求涉及生物材料与传统知识有关的专利进行来源披露，增加有关传统知识破坏新颖性、创造性的问题。

国内学者对于传统知识的保护模式问题，目前尚未达成相对统一的意见。有的学者认为只要将传统知识与民间文学艺术直接规定为知识产权即可，也有的学者认为应当改造现有的知识产权制度，如将版权制度延伸至民间文学艺术领域，将专利制度增加某些披露要求与事先知情同意以及惠益分享机制，或者建立传统知识集体性专利权等等，还有的提出采用"知识产权＋特别权利＋反不正当竞争"的综合保护模式，尤其强调"特别权利"机制的作用空间。当然，这里的"知识产权"指的是以专利、商标、版权及商业秘密为主的传统知识产权保护制度，事实上，整个综合保护模式依然都是在知识产权的框架内加以讨论的。所以，要强调的是"传统知识与民间文学艺术特别权保护制度"本身就是未来知识产权制度的组成部分。这种"特别权"保护制度作为一项知识产权的特别制度，专门用于解决保护、开发和利用传统知识与民间文学艺术的问题，应该说是一种比较恰当的选择。

首先，传统知识与民间文学艺术所具有的特征与传统的知识产权客体存在明显不同，如果将传统知识与民间文学艺术生硬纳入现有的知识产权保护体系，势必引起具体制度设计上的冲突与执行上的困难。例如，传统知识和民间文学艺术均由某一群体共同拥有、共同创造，并处于不断的创造过程中，而现行知识产权的客体必须是已经完成的智力活动成果，并由某一个体或组织专有。直接运用版权制度保护民间文学艺术表达，或者直接创制传统知识集体性专利权将会损害现有版权制度和专利制度的内在统一。这也是《突尼斯著作权样板法》遭受国际社会冷落的原因之一。其次，相对于印度对传统知识采用数据库公布的消极保护而言，特别权制度的保护显得更为积极，不仅解决传统知识的保护问题，还涉及传统知识的开发和利用。印度的传统知识数字图书馆在一定程度上可为运用传统知识破坏专利新颖性提供丰富的材料和证据，但是也为那些跨国医药公司提供了丰富的发明素材，还有可能涉及泄露某些珍贵信息。最后，特别权制度专门针对传统知识与民间文学艺术的保护特点而设计，能更好地解决传统知识与民间文学艺术的保护、利用和开发问题，特别是这些知识的创造群体与使用群体之间的利益分享问题。

3. 民间文学艺术"特别权"的设定与利用规则

在设定民间文学艺术的特别权方面，尤其要注意以下问题。

关于特别权的客体。以版权制度为代表的传统知识产权制度所保护的

"作品"不同，民间文学艺术特别权所保护的是"民间文学艺术"，它们往往由不特定的人参与创造或创作，通常没有固定的表现方式，其内容与创造群体的生活紧密相关，在一定范围内相对公开并共同拥有。"民间文学艺术"，确切地说是"民间文学艺术表达"，涵盖了特定群体在文学艺术领域所展示的所有元素，这些元素本身就是这一群体生活的艺术表达，是一种"活"的艺术。一旦这些表达"固定"，就只能视为"具有民间文学艺术特征的作品"，而不是"民间文学艺术"本身。因此，"民间文学艺术"的保护与"民间文学艺术作品"的保护具有本质的区别，后者完全可以纳入版权制度的保护。至于到底哪些民间文学艺术表达元素可以设定"特别权"，则需要在司法实践中通过个案不断积累，逐渐形成统一的保护目录。当然，这一保护目录是开放型的，可以在实践中不断增加。

关于特别权的归属与权限。相关民间文学艺术的权利归属与权限是该特别权制度必须要解决的问题之一。2000年的巴拿马特别法首先承认了原住民对其创造和保有的传统文化享有相关经济利益的权利，《南太平洋示范法》也同样赋予了"传统所有人"在习惯法范围之外对传统知识和传统文化表达享有任何利用的控制权，包括署名和禁止歪曲的权利。我国民间文化艺术特别权保护制度也应确认相关民间文学艺术的创造与保有群体所享有的经济利益，以及要求信息披露与禁止歪曲方面的权利。这些权利可由相关民间文学艺术的创造或保有群体中的任何一员或委托相关机构行使，经济方面的收益应由全体成员享有。特别权利的保护期限具有永久性，相关使用费的支付，不因利用民间文学艺术完成的发明或作品的保护期的终止而停止。也就是说，对民间文学艺术的保护与相关作品的保护是相互独立的。

关于开发与利用的规则。对于民间文学艺术的使用，一般来说，包括原生境使用与非原生境的使用。特别权利保护制度主要是用于规制非原生境的使用行为。所谓非原生境使用系指由产生并自然传承了特定民间文学艺术之群体以外的任何人所为的使用。这种非原生境的使用最好采取"获取自由＋信息披露＋惠益分享"规则。"获取自由"确保了传统知识与民间文艺开发和利用的自由空间，符合保持文化多样性以及促进创新的目标。"信息披露"是指要求使用人必须在相关作品中对其所利用的民间文学艺术的来源进行披露，体现了使用人对民间文学艺术创造群体的尊重。"惠益分享"强调的是"分享"，也就是相关的经济收益不得完全私人占有，必须用于提高特定群体的生活和生产水平。这种"分享"从另一角度也说明了"特别权保护制度"更强调的是利益的平衡，而不是完全出于对创新的激励和追逐。

在本案中，"安顺地戏"从本质上来说属于民间文艺的一种。但是在我国，民间文艺如何进行保护尚没有定论。本案原告在某种程度上只能将"安顺地戏"作为"国家级非物质文化遗产"进行保护。二审法院曾分析"安顺地戏"本身作为一个剧种，是具有特定特征的戏剧剧目的总称，是对戏剧类别的划分，不属于著作权法上的"作品"，而只是作品的名称而已。安顺市文化和体育局主张对"安顺地戏"的署名权，其真实的意思是要求电影《千里走单骑》明确说明"安顺地戏"字样，以强调该戏剧来自安顺，而不是云南。本案虽然涉及民间文艺的相关问题，但重点并不在于讨论对民间文艺的保护问题。

B.17

WAP 搜索、储存服务提供者的刑事责任：北京易查无限信息技术有限公司等犯侵犯著作权刑事案评析

张 鹏[*]

一 基本案情

被告单位易查无限信息技术有限公司成立于 2004 年 2 月，为"易查网"的经营者。该网站设有小说、新闻、美图等多个频道，通过在网页植入广告收取广告收益分成。被告人于某系该公司股东，负责技术工作，并担任法定代表人。自 2012 年起，于某为提高"易查网"的用户数量，通过技术部早已开发的爬虫软件将互联网上发现的小说形成目录索引，用户搜索、点击某小说阅读时，就通过自己开发的程序进行文本样式转码，最后将转码后的小说内容缓存到自己的服务器，从而提高用户的浏览速度；用户访问触发转码，互联网上的小说就自动缓存下来，供移动电话用户在小说频道内免费阅读。

二 法律问题

本案涉及的是一种面向手机用户的新型搜索服务，即"WAP 搜索"服务，从判决书的论证就可以明显地看出受到了王迁教授在 2012 年发表的有

---

[*] 张鹏，法学博士，中国社会科学院法学研究所知识产权研究室助理研究员，主要研究领域为知识产权法。

关"WAP 搜索"服务的著作权法评价的论文的影响。本案的论证可谓十分精彩，并且对于"WAP 搜索与储存"行为在何种程度上可以入罪给予了明确的判定标准。上海市浦东新区人民法院（2015）浦刑（知）初字第 12 号刑事判决书判决就"易查网"小说频道提供服务的性质指出，在手机阅读领域，转码技术是指将针对台式机、笔记本电脑等 PC 端设备设计的 HTML格式的网页，转换成适用于手机阅读的网页的一种技术。该技术解决了因手机屏幕小、多媒体处理能力弱而难以访问 HTML 格式网页或访问中用户体验不佳的问题。在网页转码技术中，HTML 格式的网页内容需存储在服务器内存或硬盘上才能进行处理转换，该过程必然涉及对网页中作品的"复制"。若搜索引擎在将转码后的网页传输给手机用户后，即自动删除了在内存或硬盘中临时存储的内容，则该过程所涉及的瞬间、短暂的"复制"行为属于转码技术的必要组成部分，且没有独立的经济价值，不属于侵犯他人复制权或信息网络传播权的行为。但若经营者在使用转码技术的过程中实施了超出上述必要过程的行为，则有可能因踏入他人著作权的禁止权范围而构成侵权。

本案中，根据鉴定意见所反映的事实，鉴定人在使用"易查网"服务器所搭建的网络环境中，可以在线阅读涉案小说，并从服务器硬盘中下载到涉案小说。可见，"易查网"在将其所谓"临时复制"的内容传输给触发"转码"的用户后，并未立刻将相应内容从服务器硬盘中自动删除，被"复制"的小说内容仍可被其他用户再次利用。因此，易查公司的小说服务模式构成对作品内容的直接提供，在此情形下，即便"易查网"设置了所谓的删除机制，也不改变其行为的性质。对提供搜索及转码服务的经营者而言，当用户点击搜索结果后，地址栏中显示的网址一般为"搜索引擎网址＋被链网页网址"的混合网址形式。但在本案中，小说阅读页面的地址栏仅显示了"易查网"的网址，也可佐证"易查网"并非提供网络服务。

其中对于出入罪的标准给出了明确的判断，即对网页的转码过程必然导致对其中作品的存储，该存储是否侵权取决于经营者在转码过程中所实施的具体行为。若经营者将转码后的内容传输给触发转码的用户的同时，将其从服务器中自动删除，该内容不能被其他用户再次利用，则该过程中涉及的复制是短暂的或附带性的、构成转码技术内在及必要的组成部分，其唯一目的在于使手机用户对网页中作品的合法利用成为可能，没有独立的经济价值，故不构成对复制权的侵权。

若经营者将转码后的内容传输给触发转码的用户后，还将该内容存储在自己的服务器中供其他用户直接获取，则该存储行为并未随着用户浏览网页这一技术过程的结束而终结，具有独立的经济价值，属于对他人作品的复制和信息网络传播，构成侵权。

对判决书与王迁教授提及的上述判断标准笔者也是十分赞同，但是对于临时复制到底是认为其归入复制权范围，还是将临时复制纳入复制权范围同时针对某些情况设置限制与例外仍存在学理上的争议。此外，也有必要针对搜索引擎提供的一系列服务类型，如网页快照、缩略图等与"WAP 搜索和存储"进行比较与分析，因此以下笔者将从本案中提取两个相关法律问题进行论述，即"临时复制"是否构成侵犯著作权罪中的"复制"与"WAP搜索和存储"与其他搜索引擎提供的服务的比较，以期进一步明确"WAP搜索和存储"服务在著作权法上的定性。

三 专家评析

（一）"临时复制"是否构成侵犯著作权罪中的"复制"

复制权作为著作权人享有的最基本权利，早已为各国立法所规制。伴随着科技的发展，"复制"的含义也在不断变化，即传统著作权法中的"复制"必须将作品内容持续的再现于有形载体，以供眼见耳闻、复制传播。若仅是单纯地再现作品内容，而未透过有形载体展现，则可能构成其他类型的排他权，例如表演、朗诵、放映、广播、向公众传播等。对于作品内容瞬间即逝的展现亦难谓"复制"。而在数字时代，特别是对于随机存储设备（RAM）中所生之暂时性复制是否属于著作权法中所规制的"复制行为"仍有疑问。对于暂时性复制是否属于复制权规制范围问题,国内有观点认为临时复制不构成复制,同时也有观点认为应该在承认临时复制是复制的基础上,将合法性问题交由合理使用或者默示许可等学说来处理似乎更合理一些。

在最初提出的 WCT 草案第七条中曾规定:"1.《伯尔尼公约》第九条第一款所赋予文学及艺术作品的著作权人享有的授权他人进行复制的专有权利应包括以任何方式或形式,不论是永久或者暂时,直接或者间接复制其作品;2. 依据《伯尔尼公约》第九条第一款之规定,缔约方对于其唯一目的仅在使作品供感知之暂时性复制,或者其复制具有偶然性或附带性的,得以法律限制复制权,但以该复制的发生系著作权人所授权或法律所允许的情况下使用作品为限"。对于 WCT 草案第七条的规定,在外交会议中引起了激烈的争议,最终草案第七条并未成为最终文本。仅在美国代表的坚持下通过了一项议定声明,即"《伯尔尼公约》第九条所规定的复制权及其所允许的例外,完全适用于数字环境,尤其是以数字形式使用作品的情况。不言而喻,在电子媒体中以数字形式存储受保护的作品,构成《伯尔尼公约》第九条意义下的复制"。此项议定声明仅为经由点名表决(a roll-call vote)通过的,而非经由全体缔约方一致同意(adopted by consensus),因此在解释上对于投反对票及弃权票的缔约方不具有法的约束力,临时复制是否构成数字时代上的"复制"问题仍然没有得到确定的解决,留待于各国的实践。

假设认定暂时性复制行为属于复制权规制范围的话,则使用者基于非营利性目的的使用行为,诸如在电脑上执行电脑程序或于网络上下载相关资料、浏览相关网页时势必发生临时性复制,此时使用者能否主张因私人复制例外而免责,而这一例外又面临着是否满足"三步检验标准"义务的约束。欧盟对此早有定见,早在 1991 年《计算机程序保护指令》中就明确指出暂时性的复制计算机程序之一部分或全部于任何载体的,属于著作权人之专属权利。而在《数据库指令》第五条中也指出以任何方式或形式永久或暂时地复制数据库之一部分或全部的,属于数据库权利人之专属权利。特别是在《WIPO 著作权公约》中讨论是否新增暂时性复制规范后,在《欧盟信息社会指令》第二条中也明确表示,"缔约国应赋予著作权人专有许可或禁止以任何方式及形式，全部或部分，直接或间接，暂时或永久复制的权利"。其中暂时复制主要是强调在数字时代各种复制形式皆符合本条所述之复制权范围，具体包括暂时性（transient）或附随性（incidental）复制，包括电脑RAM中暂时且无法以人类视觉识别，而须透过机械读取的形式。《欧盟信息社会指令》在明确规定暂时性复制属于复制权控制范围之内的同时，又在第五条第一款中明确规定了例外情况，即第二条所规定的暂时性复制，如系属于暂时性或附随性，且系技术过程中不可或缺且必要部分，而其唯一目的系为：（a）作为网络上第三者间的传输中介；（b）合法使用且无独立之经济意义的，应被列为第二条所定权利的例外。因此根据该款规定，对于诸如浏览（browsing）与网页快照（caching），以及使得传输系统更加有效率运行的行为等，均构成暂时性复制权的例外而免责。在美国 1993 年 Mai v. Peak 案中，联邦第九巡回法院认定 RAM 中所生之临时复制属于美国版权法中的复制权范围，并认为本案中被告 Peak 公司在帮助客户维修时电脑的电源会开启并持续一段时间，在此段时间中，在客户电脑的 RAM 中所暂时储藏的原告计算机软件作品足以符合"使该作品在非瞬时的期间内，足够永久或稳定地让他人感知、复制或传播"的要求。在其后的《知识产权与国家信息基础设施》白皮书中采纳了 Mai v. Peak 案的见解，认为"将作品放进电脑的 RAM 只要一段短暂的时间，就产生了一个复制件"，在网络上传输的作品已经形成了多个复制件。

王迁教授指出，我国政府在国际上本来就反对将"临时复制"视为著作权法意义上的复制行为，而且国内立法也没有将"临时复制"规定为复制行为，因此可以得出我国并未规制"临时复制"的结论。当然也有不同观点指出，临时复制与永久复制的区别有限，从技术上讲，临时复制的复制件已经具备了相对的稳定性，能够满足用户浏览作品的需要，因此应该在承认临时复制是复制的基础上，将合法性问题交由合理使用或者默示许可等学说来处理似乎更合理一些。临时复制是数字环境下对于作品最为重要的使用方式，如果把数字环境下的临时复制设置为"预设规则"（default rule）的话，网络使用者在每一次利用作品时都需要事先提供其默示许可或合理使用的理由，否则在缺乏著作权人许可的情况下将被视为侵权。对于主张默示许可来说，著作权人可以通过明示排除默示许可的适用，或者对于违法作品再进行临时复制的话本身根本就不构成默示许可的要件。而对于合理使用的主张则需要单独设定个别限制条款，或通过一般条款进行解释，同时面临国际公约中"三步检验标准"的衡量。

（二）"WAP 搜索和存储"与其他搜索引擎提供的服务的比较

数字时代下发展起来的搜索引擎服务大多是通过搜索引擎主动派出"蜘蛛"程序，对一定 IP 地址范围内的网站进行检索，一旦发现新的网站，会自动提取网站的信息和网址，并加入自己的数据库。此种蜘蛛抓取其他网页上涉及著作权内容的行为构成复制行为。此外，根据最终用户的请求，采取网页快照及缩略图快照的行为也可能构成向公众传播行为。同时，如果令蜘蛛抓取摘要与搜索结果表示等行为均需逐一经过著作权人许可的话，将会产生庞大的处理成本，使得效率化的搜索引擎服务难以实现。考虑到网络上层出不穷的信息，如果没有搜索引擎将使用户迷失于信息的汪洋大海，反而使得互联网对人类社会带来的革命性变革难以实现，因此需要通过权利限制规定的设置实现搜索引擎服务的效率化运转。一般来说，美国版权法通过对于合理使用一般性条款的解释，借助"转换性使用"概念灵活地处理了这一问题，而对于大陆法系国家由于个别限制条款中尚未针对此种数字时代商业模式设置新的限制性条款，只能借由"默示同意"解决这一问题。

1. 数字搜索引擎中"缩略图"功能的著作权法评价

传统的搜索引擎通过对于用户欲搜索的文字与既有网络关键词的关联性为用户提供有用信息，而对于图像的搜索来说往往并不能完全发挥功能。为此搜索引擎服务提供商通过蜘蛛的抓取将其他网站的图像进行扫描，并在添加目录、缩小尺寸的基础上予以保存。与原作品相比这种缩小尺寸后抓取的图像一般称为"缩略图"。缩略图技术的采用，使得搜索引擎服务提供商可以便捷地依据用户检索需求提供相应图像，大大提高了图像检索的功能性。从著作权法中的评价上看，尽管搜索引擎服务提供商的行为构成对于原作品的复制行为，但是此种作品利用行为对于原作品本身的市场没有产生任何竞合效果，也就是说对于原作品的经济利益没有任何损害。具体来说，搜索引擎服务所面向的市场包括两种：一种是用户借由互联网搜索相关咨询的市场，另一种是搜索引擎通过刊登企业广告获得利益的市场。而图像著作权人的市场往往集中在图像本身所带来经济利益的市场，特别是通过搜索引擎服务的提供可能使得更多的用户认识到图像的存在，进而更加有利于著作权人在作品本身市场上经济利益的实现。因此可以说搜索引擎通过对于缩略图的使用并未妨害原作品的正常使用，也未给原作品的正当利益带来损害，反而可能增加原作品的正当利益。但是从另一种角度评价搜索引擎提供的缩略图服务的话，则会发现如果认为"三步检验标准"中第二步所指"正常利用"意味着著作权人一切利用作品的形式的话，那么即使是缩略图的利用也妨害了著作权人的"正常利用"，从而难以满足著作权限制规定的要求。除了在理念上的上述两种区别外，在各国不同著作权限制立法模式中对于搜索引擎所提供的"缩略图"是否构成免责也有不同判断方法。在大陆法系个别限制条款下，在"缩略图"服务不构成个别限制条款时，首先会通过类推解释试图将其纳入某一个别限制条款的适用范围，而在此种做法难以成功的情况下则会借助民法上的一般原理为"缩略图"服务提供合理化依据。而在美国合理使用一般条款下，则可以轻松地通过对于第一要素的解释实现"缩略图"服务的免责。

在美国合理使用一般条款下，一般通过"转换性使用"的解释方法论证"缩略图"使用的合理性。在 Perfect 10. Inc. v. Amazon. Inc. 案中联邦第九巡回法院强调了"转换性使用"与否在合理使用各要素中的重要作用。在该案中 Google 公司在其 Google image search 上对于原告拥有著作权的图像进行了缩略图性质的使用，因此原告主张被告行为构成侵权。但是法院认为原告的图像是供娱乐与休闲目的的创作并使用的，而被告的"缩略图"是为了信息搜索而使用的，因此在使用目的上显著地体现出了"转换性"。特别是该案中原告指出其将作品的缩略图出售给手机图片使用商，因此原告在缩略图市场上存在实际经济利益，且手机用户可能从被告搜索引擎中提供的缩略图进行下载，进而不再向原告进行购买，因此被告"对于被使用作品的潜在市场或价值的影响"。但是相比于合理使用的第四要素，法院明显更加重视第一要素的作用。尽管被告的缩略图提供可能给原告的潜在市场造成损害，但是其利用形式具有较强的"转换性"，特别是对于社会公益有促进作用，因此允许此种行为构成合理使用。

与上述美国实践明显相异，在 2010 年德国联邦最高法院做出的 Google image 案中则采取了完全不同的解释手法。德国联邦最高法院另辟蹊径，根据民法中的默示许可制度创设了对于"缩略图"的例外规定，具体来说著作权人在互联网上公开其作品，在一定情况下就意味着其对于搜索引擎通过缩略图的方式使用作品的默示许可。之所以可以对于搜索引擎服务商提供的缩略图服务依据默示许可理论予以免责，其在理论基础上存在争议，有观点认为该理论是依据德国民法中有关意思表示与法律行为的一般理论（Rechtsgeschäftslehre），也有观点认为该理论是依据德国著作权法上的转让目的理论（Zweckübertragungslehre）。不管抽象的理论构成如何，从实质角度看著作权人无偿并不附加任何技术保护措施而在网上公开其作品的做法本身说明了其寄希望于通过互联网更为广泛地传播其作品，而搜索引擎通过缩略图的服务提供了作品在网上广泛传播的便利，从这个角度来讲是有利于著作权人利益的。同时，在现有技术条件下通过技术保护措施的利用，例如事实上在搜索引擎业界存在权利人的"选择退出"机制，也就是在各网站的 HTML 编码内，通过插入 META NAME = "ROBOTS CONTENT" = "NOINDEX，NOFOLLOW"的话，Google 的蜘蛛就不会对该网页内的内容进行抓取。如果插入 META NAME = "ROBOTS CONTENT" = "NOARCHIVE"的话，Google 就不会对该网页进行网页快照。也就是说权利人有手段通过事先声明的形式排除搜索引擎对于网页上作品的利用。而从著作权人的角度看，在网上公开作品的行为如果是经著作权人授权的，由于搜索引擎的存在使得该内容得到链接的机会会大幅增加，而这种情况应当是著作权人所乐见的。默示许可理论也就存在其合理性。但是德国司法实践所采用的默示许可理论仍然存在较多问题。首先如果采用默示许可理论的话，由于著作权人已经通过默示许可承认了用户的作品利用行为，默示许可与合理的报酬请求是不可能同时存在的。而在缺乏合理的报酬的情况下扩大使用默示许可的范围可能会损害著作权人的正当利益，因此有违"三步检验标准"义务。其次默示许可理论的适用可能会与权利人的真实意思表示相抵触。特别是如果推定技术保护措施的使用作为权利人意思表示的途径，权利人未采取某种技术保护措施，就推定其默示许可用户使用其作品的话，将会改变著作权法规范体系下建构的排他权体系。最后对于未经著作权人许可上传到互联网的作品，并经搜索引擎服务商提供缩略图索引的情况，由于作品本身的来源是违法上传，并不是权利人主动授权上传于互联网，无法适用默示许可理论。故而德国司法实践在处理缩略图问题上采取的默示许可理论难以全面应对该问题。而其原因就在于德国著作权法对于权利限制问题采取了个别限制条款的立法模式，并且依法严格解释个别限制条款，从而导致在权利限制条款内部难以解决数字时代的新问题，而只能借助外在的民法规范。

2. 数字搜索引擎中"网页快照"功能的著作权法评价

从著作权人的角度看，在网上公开作品的行为如果是经著作权人授权的，由于搜索引擎的存在使得该内容得到链接的机会大幅增加，而这种情况应当是著作权人所乐见的。就算是违反了其意图，通过默示承诺法理也能解决这个问题。对于未经著作权人许可而在网站上上传其作品的情况，由于搜索引擎服务的存在使得著作权人的损害变大，这种影响是不容忽视的。但是从网页快照提供行为的存在价值看，网页快照在网站服务暂时中断、堵塞、网速过慢、连接更改、内容删除等情况下，可以选取网页快照来达到查询搜索内容的目的，同时在访问原网站出现障碍时，能够了解到原网页曾经存在的内容，抑或通过网页快照来快速定位查找信息。网页快照作为搜索引擎的附带功能，本身并未给网络服务提供者带来更多的技术负担，且其依附于搜索引擎，丰富了搜索引擎的功能。

从比较法的角度看，在美国涉及网页快照著作权问题的典型案例是Field v. Google案。在该案中，法院认定谷歌对于原告作品的网页快照性质的复制与向公众传播构成合理使用。在具体论证中法院认为，对于合理使用的第一要素，由于网页快照具有高度的转换性，有利于谷歌的抗辩；对于合理使用的第二要素，考虑到原告作品的整体可能被浩瀚的终端用户无偿使用，因此可能对于谷歌的抗辩不利；对于合理使用的第三要素，由于转换性使用并未超出对于原告作品利用的必要程度，该要素在侵权判定中较为中立；对于合理使用的第四要素，由于原告并未举证证明对其作品的潜在市场造成损害，有利于合理使用抗辩的认定。在第一要素"作品利用的目的与性质"的判断上，法院指出，谷歌的网页快照仅在原网址不能登录的情况下才向搜索服务请求方提供对于原网址内容的快照，因此不构成对于原作品的替代；正是由于网页快照的存在才使得不同时点的网页内容进行横向比较的需求成为现实，网页快照服务的功能与原网页提供作品的功能并不竞合；网页快照服务在对原网页内容进行表示时通过突出标记显示在原网页内容中用户所欲搜索内容的位置，有利于搜索服务请求者快速定位欲搜索内容，而这一功能是原网页服务所不能提供的；谷歌在提供网页快照服务时为了区别其与原网页的关联，将原网页的网页链接相比于网页快照的网页链接放大表示，因此搜索服务请求者在点击网页快照服务时很清楚自己并不是访问了原网页；网页快照的服务提供者也提供了通过技术手段使得不希望自己网页被快照的主体可以迅速请求撤下快照服务的系统，而且从数亿计快照服务的提供来看，原网页也承认了网页快照服务不与自身服务相冲突。通过上述要素的论证法院肯定了网页快照服务构成转换性使用。

3. 我国著作权法上对数字搜索引擎服务的评价

《最高人民法院关于审理侵害信息网络传播权民事纠纷案件适用法律若干问题的规定》〔法释（2012）20 号〕第 5 条规定，网络服务提供者以提供网页快照、缩略图等方式实质替代其他网络服务提供者向公众提供相关作品的，人民法院应当认定其构成提供行为。前款规定的提供行为不影响相关作品的正常使用，且未不合理损害权利人对该作品的合法权益，网络服务提供者主张其未侵害信息网络传播权的，人民法院应予支持。

该规定对于作为数字搜索引擎服务的网页快照与缩略图行为的侵权及免责作出了原则性的规定，而在司法实践中如何把握该条规定中的"实质性替代"以及"不影响相关作品的正常使用，且未不合理损害权利人对该作品的合法权益"成为关键。在我国网络著作权司法实践中涉及网页快照较早的案件是王路诉雅虎公司侵犯著作权案〔北京市高级人民法院民事判决书（2007）高民终字第1729号〕中，法院认为，"网页快照中通常有标题信息说明其存档时间，并提示用户这只是原网站网页页面的存档资料，是搜索引擎自动从原网站上抓取的快照，搜索引擎将根据原网站的更新速度设置网页快照更新周期，定期对网页快照进行更新"；"抓取、存储涉案网页的过程系基于搜索引擎技术发展的一种技术安排"。但法院同时指出，对利用作品的行为需要进行合理使用的评估："网页快照应当在合理期限内随着原网页的变化而变化，并且，网页快照服务商应当在接到权利人的通知后立即删除涉案侵权网页，否则将超出作为一种基于技术原因而立足的服务所应当允许的界限"。因此以被告没有主观过错，尽到了告知义务且原告没有证据证明被告提供网页快照已经超过了合理期限为由驳回了原告的诉讼请求。该案中是将网页快照的服务提供者作为ISP的一种来看待，而网页快照行为仅是链接行为的一种，在是否承担共同侵权责任时应考察被告的主观状态。

作品快照服务不能不合理地影响著作权人的利益。例如在之后的泛亚诉百度案〔北京市高级人民法院民事判决书（2007）高民初字第1201号〕中，法院认定百度将歌词放置在其服务器上，由用户通过点击百度网站MP3搜索框的"歌词"按钮的方式向用户提供歌词的行为，其提供的歌词"快照"服务并不仅仅是搜索引擎服务，已经构成在互联网上传播作品的行为，因此搜索引擎服务商应该承担侵犯信息网络传播权的直接侵权责任。

在承认网页快照构成信息网络传播权侵权后，则需要考量是否满足著作权限制规定。在网络环境下，搜索引擎为索引或使版权作品的相关信息能为公众所获取，通常使用网络抓取软件复制网页上的信息，为用户快速获取这些信息提供快照服务，并提供作品摘要、缩略图或试听服务。有些搜索结果事前存储在服务提供者的服务器上，就不适用间接侵权的避风港规则，因而其争议焦点便在于其使用行为是否受合理使用保护。在中国音乐著作权协会案〔北京市第一中级人民法院民事判决书（2010）一中民终字第10275号〕

中，法院认为，"百度公司完整直接地将歌词放置在其服务上，使得大多数用户在一般情况下无须再选择点击来源网站的网址以获得歌词，已实际起到了取代来源网站的作用，这种提供（作品的行为）并未得到歌词作者的有效许可，该快照方式非属合理使用服务内容的搜索引擎服务"。

而对于搜索引擎向公众提供缩略图的行为也属于合理使用。在闻晓阳与北京阿里巴巴信息技术有限公司侵犯著作权纠纷案〔北京市第二中级人民法院民事判决书（2009）二中民终字第00010号〕中，搜索引擎在提供搜索链接服务的过程中，提供了不同的分类信息，出现了缩略图，并采用了直接显示被链接内容的链接技术，且其提供上述服务具有一定的营利目的。但是，分类信息仅是为方便用户选择搜索结果的便捷方法，对搜索结果未经人工整理；在搜索照片过程中所形成的涉案照片的缩略图，是为实现照片搜索的特定目的，方便网络用户选择搜索结果的具体方式，不是对涉案照片的复制；涉案照片的缩略图和大图页面中显示了涉案照片的来源，不会使网络用户产生涉案照片来源于阿里巴巴公司网站的误认。

从上述司法解释及司法实践中可以看出，我国通过对于"三步检验标准"后两个步骤的扩大性运用，解决了搜索引擎服务作为著作权限制规定的新问题。其中对于"不影响相关作品的正常使用"与"未不合理的损害权利人对该作品的合法权益"两个要件的解释明显体现出了新的特征。针对"作品的正常使用"要件，对其的传统解释为：这个术语并非单纯指权利人如何利用其作品的一些经验性结论，它其实是一个规范性的条件——如果某一例外涵盖了任何具有或者可能具有重大的重要性的作品利用方式，以至于作者对作品所行使的权利展开经济竞争，则此种例外就已经与作品的正常使用相抵触了。而这里判断的关键就是要看作品的利用方式是否能够对原著作权人行使权利产生经济竞争。而对于网页快照行为与来源网页相比，网页快照与其差别就在于在来源网页外进行了加框，该加框中仅显示有其来源网页等少量信息，并无任何广告等盈利方式，因此网页快照并不影响作品的正常使用。而对于"未不合理的损害权利人的合法权益"要件的解释应当结合对于"选择性退出"制度的理解。在北京搜狗信息服务有限公司与丛

335

文辉侵犯信息网络传播权纠纷案〔北京市第一中级人民法院民事判决书
（2013）一中民终字第12533号〕中如果著作权人已明确向快照提供者发送
通知，要求其删除网页快照，则提供者有义务将其删除，否则将可以合理认
定该行为已对著作权人的利益造成"不合理"的损害。在三面向版权代理
有限公司诉人民网案〔北京市第二中级人民法院民事判决书（2013）二中
民终字第15446号〕中，法院认为，被上诉人三面向公司在发现人民搜索公
司提供的网页快照中包含涉案作品的部分内容时，并未采取及时有效的方式
通知人民搜索公司，且人民搜索公司明确表示如果收到通知将删除涉案网页
"快照"中的文字内容，并且实际已经于三面向公司提起本案诉讼前删除了
涉案网页快照，故人民搜索公司提供涉案网页快照的行为本身，并未不合理
损害权利人对该作品的合法权益。

4. "WAP 搜索和存储"服务在著作权法上的评价

对于"WAP 搜索和存储"服务在著作权法上的评价事实上涉及两个层
面的问题，一个层面是如果认定搜索引擎依据利用者的请求自动转换格式有
利于手机阅读时所形成的临时复制件的行为归入复制权控制的范围的话，是
否也需要类似于网页快照与缩略图一样对其设置相应的限制与例外。当然在
这个层面上如果直接认定了临时复制行为并不纳入复制权控制范围的话，则
限制与例外的讨论也就没有必要了。另一个层面的问题就是如果在搜索引擎
的服务器上针对转换格式后的文本提供了永久性复制件，并可以应利用者的
请求从该储存的文本直接向公众传播的话，那么就涉及对于信息网络传播权
的侵权。对于后者涉及两个法律问题的分析，一是这种向公众传播的过程是
否属于《信息网络传播权保护条例》第 21 条中规定的服务器代理缓存行
为，如果构成的话，搜索引擎就只承担著作权间接侵权责任，而不承担直接
侵权责任；二是如果这一行为被评价为著作权直接侵权行为的话，是否有必
要为其设置限制与例外。

对于前者，王迁教授指出，"系统缓存避风港"针对的"自动存储"，
仅仅发生在信息从目标网站向用户传输的必经通道之中，"WAP 搜索和存
储"并非发生在信息从目标网站至用户的正常传输过程中，因此不构成服

务器代理缓存行为。这样也同样不适用针对间接侵权行为而提供的"避风港"免责，即网络服务提供者为服务对象提供搜索或者链接服务，在接到权利人的通知书后，根据条例规定断开与侵权作品链接的，不承担赔偿责任。但是，明知或应知所链接的作品侵权的，应当承担共同侵权责任。因此本案中，即使被告人于某的辩护人提出，易查网设有法律部门负责处理涉嫌侵权作品的"通知—删除"工作，在收到玄霆公司发来的侵权通知函后即联系对方，要求补充提供侵权链接及版权证明，但未收到任何反馈，玄霆公司的通知函不能构成有效通知，因此易查公司未侵犯玄霆公司对涉案作品享有的著作权。但根据本案证据，易查网作为涉案作品的直接提供者而非链接服务提供者，故并不适用《信息网络传播权保护条例》第 23 条规定的"避风港"规则。易查网即便设置了所谓的删除机制，完成了"通知与移除"程序，也不能免除责任。

对于后者，由于"WAP 搜索和存储"服务明显与网页快照或缩略图不同，并未体现在使用目的上的转换性，这一行为仅仅是单纯再现和利用原作品美感和价值的行为，没有实现与原作品不同的目的或功能，且在经济利益上实现了对于原有网站的替代，因此无法构成著作权限制与例外。

附　　录

Appendices

B.18

2016年北京版权业大事记

1月

3～6日　由北京市新闻出版广电局、北京出版发行业协会主办，北京市新闻出版服务中心承办的"2016北京出版发行产业促进交易会暨出版物订货会"在京隆重举行，共计800余家国营出版单位和民营文化公司参展，带来十余万种图书和电子出版物。

7日　北京开卷信息技术有限公司发布了2015年中国图书零售市场报告。报告公布的全国综合零售市场出版社排名显示，北京联合出版有限责任公司以2.19%的码洋占有率位居第一。

18日　芭蕾舞剧《红色娘子军》著作权归属纠纷案尘埃落定。北京知识产权法院二审维持原判，著作权人梁信将获得中央芭蕾舞团的各项赔偿共计12万元。

19 日 数据显示，2015 年，北京市电影票房收入 31.51 亿元，同比增加 8.65 亿元，增长 37.84%；放映电影 197.99 万场，增长 24.02%；观影人次 7164.21 万元，增长 37.6%，票房收入名列全国各大城市之首。

20 日 北京市新闻出版广电局召开北京全民阅读工作会。会议介绍了 2015 年各区全民阅读开展情况，并对北京全民阅读指数调查工作进行培训。

26 日 北京市石景山区人民法院审结了一起由金庸小说改编网游引发的著作权侵权及不正当竞争纠纷案件，判令广州游爱网络技术有限公司等 3 家公司停止侵权，并赔偿北京畅游时代数码技术有限公司经济损失 35 万余元。

2月

4 日 为鼓励精品出版，策划更多社会效益与经济效益兼具的优秀作品，中国北京出版创意产业园区举办首届"优秀出版成果奖"评选活动。

18 日 北京市海淀区人民法院对腾讯公司诉手机 APP"快看影视"侵犯电视剧《宫锁连城》信息网络传播权纠纷案做出一审判决，"快看影视"侵权成立，赔偿腾讯公司经济损失等共计 3.5 万余元。

24 日 最高人民法院就中国作家维权联盟诉苹果公司著作权侵权一案作出裁定，驳回了苹果公司的再审申请。至此，这场长达 5 年之久的中国作家维权案终于尘埃落定。

24~25 日 2016 年 CPCC 中国版权服务年会在京举办，年会以"尊重原创·传统再造"为主题，针对文化创新发展中的难点、焦点和痛点，共聚版权管理部门官员、金融领域前沿人物、法律界和版权界专家学者、创意产业及著名互联网企业代表等精英探寻应对之道。

26 日 中国音乐著作权协会 2015 年收取音乐作品著作权许可使用费共计 1.7 亿元人民币，较 2014 年增长 24%，再创新高。至此，音著协成立 23 年来，为音乐著作权人收取使用费总额突破 10 亿元大关，达 10.6 亿元人民币。

3月

1 日 中国北京出版创意产业园区首届"优秀出版成果"评选活动圆满结束。

3 日 北京国际电影节组委会与微影时代战略合作签约仪式举行。

11 日 为发挥首都全国文化中心的示范引领作用，促进出版业"走出去"提质增效，北京市设立了提升出版业传播力奖励扶持专项资金，扶持资金总额达到 3000 万元。

17 日 联合国教科文组织统计研究所就全球文化产品和服务贸易发布的最新统计报告显示，中国已经取代美国成为文化产品最大出口国。

28~31 日 由北京市新闻出版广电局、北京市怀柔区人民政府联合主办，首都广播电视节目制作业协会承办的 2016 年春季北京电视节目交易会在北京举行。

4月

14 日 在北京知识产权保护状况新闻发布会上，北京市文化执法总队介绍，开辟绿色通道，对企业的申请——投资较大的电视剧、网络剧进行重点保护。这一机制要求网站就版权信息和播出时间、方式提前沟通，受到业内的欢迎。

16 日 第六届北京国际电影节在北京雁栖湖国际会展中心隆重开幕。

18 日 第六届北京国际电影节主要活动之一中国电影衍生产业高峰论坛在京召开。

19 日 由国家新闻出版广电总局主管、中国音像与数字出版协会主办、中国音数协游戏工委与鲤鱼（上海）文化科技有限公司联合承办的 2016 中国国际 IP 大会于 4 月 19 日在北京国家会议中心举办。

26 日 由国家新闻出版广电总局出版管理司指导、中数协音乐产业促进会和北京市版权局主办、首都版权产业联盟和北京版权保护中心承办，以"使命感大局观新起点——全面迎接互联网音乐付费时代到来"为主题的第六届北京音乐版权保护与产业发展论坛于 4 月 26 日在北京召开。此次论坛受到音乐产业的广泛关注，来自音乐网站、唱片公司，以及国内互联网音乐领域的近 200 位嘉宾参加。

29 日 北京国家数字出版基地与北京青年报社（集团）签署战略合作框架协议，合作成立国数北青数字发展（北京）有限公司，联手打造数字产业平台。

5月

3 日 北京国家数字出版基地与北京青年报社（集团）签署战略合作框架协议，并合作成立国数北青数字产业发展（北京）有限公司。

4 日 北京市召开市属国有企业使用正版软件工作动员部署会上透露，北京市属 700 余家国有二、三级企业预计 2016 年将全面完成使用正版软件工作。

4 日 在中国国家版权局版权管理司司长于慈珂、英国知识产权局版权与执法司司长罗斯·林奇见证下，百度与在华国际出版商版权保护联盟（IPCC）在京签署版权保护合作备忘录。

10 日 华云音乐与 Sony/ATV 在中国版权保护中心举行了战略合作签约仪式。双方将以华云音乐平台为基础，建立音乐版权基础信息库，并与中国版权保护中心携手，在中国标准音像制品编码（ISRC）登记以及数字版权唯一标识符（DCI）体系版权登记方面进行全面的应用合作。

6月

6 日 我国首家"民族特色文化版权保护与展示交易中心"在北京顺义区揭牌落成。

20 日 根据浙江唐德影视股份有限公司的申请，北京知识产权法院作出行为保全裁定，责令上海灿星文化传播有限公司和世纪丽亮（北京）国际文化传媒有限公司在歌唱比赛选秀节目中停止使用包含"中国好声音"、"The Voice of China"字样的节目名称及相关注册商标。

23 日 《视听表演北京条约》签署四周年纪念推广活动在北京举行。活动主要有版权论坛与优秀动漫游戏版权项目展交流会两大板块，旨在宣传《视听表演北京条约》精神，普及版权理念，扩大版权影响力。

27 日 由国家版权局主办的 2016 年全国作品登记工作培训班在京开班。这是近年来，国家版权局首次就作品登记工作召开全国性专题培训。

29 日 中国版权协会艺术品版权工作委员会在北京雅昌艺术中心成立，将为会员提供多种法律服务和援助，以打击侵权盗版，切实维护艺术家权益。

7月

8 日 "第六届书香中国·北京阅读季·北京儿童阅读周暨中国童书博览会"在京开幕。

11 日 《北京市提升出版业传播力奖励扶持专项资金管理办法（试行)》和《北京市提升出版业国际传播力奖励扶持专项资金评审办法（试行)》正式发布，北京市正式设立新闻出版"走出去"专项扶持资金。这是全国省级单位中首家新闻出版"走出去"专项资金。

13 日 北京市新闻出版广电局（北京市版权局）召开"金曲版权工程"培训会议，阿里音乐、网易云音乐、酷我音乐等 15 个音乐网站以及首都版权产业联盟、北京版权监测中心、北京版权信息资源中心等单位参会。

15～16 日 2016 年移动互联网创新大会（MIIC2016）在京举办，其中版权尤为与会人员关注，来自电影界、音乐界等的从业人员就内容创业者如何获得资本的青睐、如何实现版权产业化等话题进行探讨。

29 日 北京市文化执法总队印发通知，决定自 2016 年 7 月至 11 月开展打击网络侵权盗版"剑网 2016"专项行动。

8月

10 日 全国首个文化企业信用促进会——北京市朝阳区文创实验区信用促进会在北京朝阳国家文化产业创新实验区成立。该促进会将创新服务模式，以文化创意企业信用价值为依托，以对接金融服务为目的，积极探索破解文化企业融资难题。

16 日 以"协同联动，共建安全命运共同体"为主题的第四届中国互联网安全大会（ISC 2016）在北京召开，超过 3 万名安全行业人士就世界网络安全形势、网络空间战略、技术创新等进行探讨，来自全球 70 多家相关机构和企业的超过百位代表参会。

16 日 国家版权局通报了"剑网 2016"专项行动第一批网络侵权盗版案件查办情况，包括江苏苏州"风雨文学网"涉嫌侵犯著作权案、重庆"269 小说网"涉嫌侵犯著作权案等 8 起案件，涵盖了侵犯网络文学、游戏软件作品著作权、通过网络平台销售盗版制品等案件类型。

25 日 以"深化出版合作实现文化共赢"为主题的第十四届北京国际图书节"一带一路"高峰合作论坛在京举行。

29 日 中国版权协会与上海冠勇信息科技有限公司在京举办签约仪式，双方就数字网络环境下文字、图片、电影、电视剧、音乐等版权作品在线的监测维权开展战略合作，签署战略合作意向书。

9月

1 日 由中国文字著作权协会（以下简称"文著协"）发起的"2016 剑网行动·原创文字作品保护月"在北京启动，活动为期一个月。

6 日 为深入贯彻落实"巩固和扩大成果，研究建立首都广播影视走出去的长效机制"的要求，推动北京影视剧和中国文化"走出去"，北京市新闻出版广电局和四达时代集团精心组织筹备"2016 北京影视剧非洲展播季"。该活动于 2016 年 9 月到年底在非洲举办。

8 日 中国出版协会少儿读物工作委员会在京牵头成立了少儿出版反盗版联盟。中国出版协会常务副理事长邬书林强调,在建设少儿出版强国的关键时刻,成立联盟是维护少儿出版的重要举措之一。

19 日 由国家版权局指导,中国版权协会承办的"网络文学版权保护研讨会"在北京召开。会上,咪咕数媒、掌阅科技、阅文集团等公司联合发起成立"中国网络文学版权保护联盟"并发布《中国网络文学版权联盟自律公约》。

22 日 "网络文学版权保护研讨会"在京举行,国家版权局在会上发布《关于加强网络文学作品版权管理的通知(征求意见稿)》。由掌阅科技、阅文集团等 30 多家单位共同发起的"中国网络文学版权联盟"正式成立。

28 日 由北京市文联主办的第四届北京文学艺术品展示会将在京开幕。此次展会以"艺术北京、成就梦想"为主题,旨在更好地服务体制外、非京籍、新文艺组织的文艺家和文艺工作者,进一步加强地域文化艺术交流,促进中华文化的传承和传播。

29 日 为解决文化企业的融资难、融资贵等问题,北京文投集团联合中国恒天集团、中国文化产业发展集团等机构成立了国内第一家以文化资产融资租赁为主业的融资租赁公司——北京市文化科技融资租赁股份有限公司,注册资本 21.9 亿元。

10 月

16 日 "2016(第二届)中国互联网法治大会"在京举办。大会主题为"互联网 + 时代的创新与治理"。与会嘉宾呼吁社会各界应大力推进依法治网、依法办网、依法上网,为维护网络空间秩序,推进"互联网 +"法律的进程,共同营造风清气正的网络清朗空间。

24 日 国家新闻出版广电总局正式启动 2016 年度"图书版权输出奖励计划"。该计划将对 2014 年 1 月 1 日至 2015 年 12 月 31 日期间实现版权输出且在海外实际出版发行的纸介质图书给予普遍奖励和重点奖励。

25 日　由北京市新闻出版广电局主办、北京十月文艺出版社承办、光明网协办的"2016 年优秀网络文学原创作品发布活动"在光明网演播室召开专场发布会，发布了《军旅长歌》《守望》等 20 部网络文学原创入围作品。

26 日　由北京市新闻出版广电局和北京电影学院联合主办的第十一届中国北京国际文化创意产业博览会国际电影产业发展研讨会召开。

27 日　第十一届中国北京国际文化创意产业博览会开幕式暨主题报告会在京举行。本届文博会以"激发文化活力，引领产业创新"为主题，将集中展现中国文化产业发展的新面貌、新趋势，力推优质文创项目，提升开放合作水平。

31 日　北京朝阳国家文化产业创新实验区与北京股权交易中心正式签署战略合作协议，北京股权交易中心文创板块正式落地国家文创实验区。这标志着北京专门针对文化创意产业的股权交易平台"文创四板"建设正式启动。

11月

8 日　在国家新闻出版广电总局指导下，由中国传媒大学主办的 2016 第三届音乐产业高端论坛在京举行。

14 日　国家版权局发布了《关于加强网络文学作品版权管理的通知》（以下简称《通知》）。《通知》进一步明确了通过信息网络提供文学作品以及提供相关网络服务的网络服务商在版权管理方面的责任义务，细化了著作权法的相关规定，是国家版权局加强网络文学版权保护的一项重要举措，对规范网络文学版权秩序具有重要的意义。

17～19 日　由北京市新闻出版广电局和怀柔区主办的"2016 年秋季北京电视节目交易会"在京举办。本届秋季北京电视节目交易会参展电视节目制作机构 420 家，动画、纪录片、电视栏目制作机构 30 家，进场参展电视剧节目 800 余部 3 万余集。

25 日　由中国版权协会主办的第九届中国版权年会在京举行。第三届中国版权卓越成就者奖、中国版权最具影响力企业奖颁奖仪式同时举行。国家新闻出版广电总局副局长、国家版权局副局长、中国版权协会理事长阎晓宏作题为"2016 版权回顾与展望"的发言。

29 日　国家新闻出版广电总局电影质检所（以下简称"质检所"）与瑞士 NexGuard 公司签署独家水印保护授权协议，将运用 NexGuard 提供的水印版权检测技术，为片方、发行方及影院方提供版权保护服务。

30 日　国家版权局在京召开"网络广告联盟服务版权保护工作座谈会"，通报了国家版权局规范网络广告联盟版权秩序的有关工作情况，调查确定了第一批侵权盗版网站"黑名单"，大型网络广告联盟发起《网络广告联盟版权自律倡议》。

30 日　北京市规范软件应用市场版权秩序工作会议在京召开，标志着北京市规范软件应用市场版权秩序工作正式启动。会上，北京市版权局发布了《规范软件应用市场版权秩序的通知》。该通知为全国首个规范软件应用市场版权秩序的规范性文件。

30 日　海淀法院官网发布了吴雪岚诉北京紫光顺风投资有限公司、王刚侵害著作权及不正当竞争纠纷二案的审判结果，紫光公司被判赔偿吴雪岚经济损失及合理支出分别共计 50.2 万元和 20 万元。

12月

7 日　北京市出版工作会议在新闻出版大厦召开，会议传达了中宣部图书"走出去"工作座谈会精神，总结了 2016 年北京市出版工作、部署了 2017 年重点任务。

22 日　国家版权局、国家网信办、工信部、公安部在京联合召开"剑网 2016"专项行动总结会。会议认为，通过 5 个月的专项治理，网络文学、影视、音乐等领域大规模侵权盗版现象基本得到遏制，版权秩序进一步规范，网络版权环境进一步净化。

27 日　由中国版权协会主办、腾讯研究院版权研究中心和中国版权杂志社共同承办的第四届中国互联网新型版权问题研讨会在北京举行，本次会议的主题为"数字内容产业发展与网络版权环境治理"。

Contents

I   General Report

Abstract: The copyright industry is regarded as the most promising industry in the era of knowledge economy. At present, China's copyright industry has begun to take shape and form a relatively complete industrial system. With the integration of new technologies and Internet industries, the copyright industry has become a powerful booster of China's economic growth under the new normal state, and has played a huge role inpromoting the construction of an innovation-oriented country. Copyright industry is also an important pillar industry in Beijing, vigorously develop the copyright industry, is the new situation to accelerate the implementation of the capital city of strategic positioning of the inherent requirements.

In 2016, the development of copyright industry in Beijing continued to improve, the pillar position was more stable, the quality of development was effectively improved, the spatial layout was optimized and the market system was improved. The economic growth of the capital was promoted, the economic transformation and upgrading were promoted, and the role of the national cultural center Further highlighted. The report aims to reflect the overall situation of the development of copyright industry in Beijing in 2016, analyze and analyze the new trend of the development of the copyright industry, and put forward the development ideas of the copyright industry in Beijing for the future development goal of the "13th Five-Year Plan" period.

Keywords: Beijing; Copyright; Knowledge Economy

II   Category Reports

B. 2   Report on the Development of Beijing Literature
Copyright in 2016   / 022

Abstract: The literature copyright industry in Beijing shows a healthy development trend. The integration of new literature and traditional literature, policy and financial support, optimization of industrial structure, quality and quantity of works have been greatly improved. In the future, under the guidance of a clear policy and evaluation system, we should focus on the quality and legalization of content, and fully support high-quality copyright through a complete industrial chain.

Keywords: Literature Copyright; Internet Literature; Copyright Industry

B. 3   Film and Television Industry Annual Report on
Copyright Development in 2016   / 051

Abstract: The number of film copyright creation in Beijing has grown rapidly, and the government has provided strong support for the development of the film industry, since 2016. Since 2016, Beijing has not only established the relevant platform for film copyright transactions, but also the revenue of film theaters has been highly innovative. The construction of Beijing copyright law enforcement agency and the reform of the judicial system of intellectual property rights provide a strong support for copyright protection.

Keywords: Film Industry; Copyright; Beijing

B. 4   Report on the Development of Beijing Music

Copyright in 2016   / 069

Abstract: Chinese Music Industry developed rapidly in 2016, the digital music market was growing leaps and bounds while streaming media has become the main engine of the industry. The legalization process of Chinese music copyright market continues to advance while the value of copyright became more and more prominent, music users' payment awareness also get enhanced. Beijing insists on a strong strategy for copyright protection, major projects have continued to advance. Beijing Music Industry faced new opportunities and challenges. For the year to come, it's expected to see sustained protection of music copyright in reaction to new forms of Internet Infringement as while as create more opportunities. Chinese government also needs to establish a more reasonable industrial ecology on the basis of rewarding music creation.

Keywords: Music Industry; Music Copyright; Copyright Protection; Beijing

B. 5   Development Report of Software Industry in Beijing 2016   / 112

Abstract: In 2016, under the superposition of the "Internet +" strategy and innovation-driven development strategy , Beijing's software industry was developed rapidly, Showing the following characteristics: the number of registered a higher proportion of the country, the original level of software to improve, hot software concentration, software-related industries in the proportion of the economy continue to increase. But the software industry also has the following problems: the software development side and the demand side does not match, the development cycle is too long, the software research and development ability is poor, the core ability is weak, the talent reserve is insufficient. China should be from the following aspects to improve: the development of scientific software industry policy, the construction of scientific software research and development mechanism to speed up the integration of software and hardware industry.

Keywords: Copyright Registered; Software Industry Policy; Innovation System

B. 6　Game Copyright Development Report in 2016　　　　／134

Abstract：The report reviewed the 2016 national and Beijing games copyright data, cited 2016 game copyright development present situation, and put forword the game copyright in the application, trading , and human rights, copyright fusion multiple links such as the problems and countermeasures, and the trend of the development of the game against copyright is explained and some suggestions.

Keywords：Games Copyright；Policy；Copyright Protect

B. 7　Annual Report on the Development of Cultural and

　　　Creative in Beijing in 2016　　　　　　　　　　　／155

Abstract：Since the beginning of 2016, the cultural and creative industries in Beijing have shown a steady and steady development trend. The overall growth rate has been steadily maintained. In 2016, the city's cultural and creative industries realized an added value of RMB 358. 1 billion and contributed 14% to the regional GDP. The There are also great progress in the development of cultural and creative industries in the municipal districts. At the same time, there are also great differences between different industry categories and different districts. The main city of cultural and creative industries, the development of good momentum, not only the total amount, and most of the industry are mostly in growth. However, the development of cultural and creative industries in the non-main urban areas and some areas decreased significantly compared with that of the previous year. At the same time, some industries realized a sudden emergence. In order to further promote the development of cultural and creative industries in Beijing, it should take measures from policy support, talent investment and functional area construction.

Keywords：Cultural and Creative；Innovation；Beijing

Abstract: In 2016, the crossover development among film and television, games, publishing, animation and other culture formats continued through copyright operation in whole industry chain. Internet enterprises initiated pan-entertainment strategy and took the leadership in the copyright operation in whole industry chain. More and more traditional entertainment enterprises and start-up companies joined the copyright operation team with a number of successful cases emerging. Meanwhile, some problems still existed such as the low quality of the adaption works, the lack of copyright value development and the controversy of intellectual property protection.

Keywords: Copyright Operation in Whole Industry Chain; Pan Entertainment Strategy; IP

Ⅲ   Special Reports

Abstract: Based on the cloud computing development as the background, the current cloud storage space, infringement of copyright, the legal nature of the situation and regulatory requirements are made a more detailed description, and is the hot problem in the judicial and academic circles debate gave his answer.

Keywords: Cloud Computing; Cloud Storage Space; Judicial Supervision

Abstract: The coverage of sports events is the foundation of modern sports development power, unauthorized broadcast live sporting events network behavior, namely Internet piracy also increasingly prominent, serious damage to the holder of the relevant economic interests. The countries of the Anglo-American law system have formulated corresponding countermeasures for the protection of the copyright of sports events, but the relevant legislation in China is still blank. We should improve legislation, standardize authorization and strengthen self-discipline as soon as possible.

Keywords: Sports Event; Network Broadcast; Intellectual Property Protection

B. 11 Analysis of the Nature and Legal Responsibility of Polymerization Operation / 248

Abstract: In the past two years, the polymerization operation has developed rapidly on the Internet, which has aroused great controversy in the industry. The paper tries to analyze the legality of this mode of operation from the sources of the works, the technical way and the nature of operation.

Keywords: Aggregation Operation; Depth Connection; Server Standard; No Storage

B. 12 Research on Administrative Protection of Copyright / 257

Abstract: Administrative protection is an indispensable part of China's copyright system, which has distinctive Chinese characteristics. Many researchers have given sharp criticism of the administrative protection mode in China. They argue that the administrative protection of copyright should be weakened or eliminated, in order to be consistent with the international community.

Starting from the value orientation of copyright administrative protection, this article analyzes the value of copyright protection and the positive significance of copyright protection system. Then based on the analysis of the present situation of our current administrative protection of copyright and achievements, on the basis of further analysis of the present dispute over copyright administrative protection mode of the focus problems, points out the underlying reasons. The "weak protection" mode of copyright has lagged far behind the development of China. We need to further improve the copyright protection mechanism, establish a strict legal protection system for copyright. Until the judicial protection mechanism is improved and effective, the administrative protection of copyright will continue to exist for a long time, and play a positive role.

Keywords: Copyright; Administrative Protection; Protection System

S 子库介绍
Sub-Database Introduction

中国经济发展数据库

涵盖宏观经济、农业经济、工业经济、产业经济、财政金融、交通旅游、商业贸易、劳动经济、企业经济、房地产经济、城市经济、区域经济等领域，为用户实时了解经济运行态势、把握经济发展规律、洞察经济形势、做出经济决策提供参考和依据。

中国社会发展数据库

全面整合国内外有关中国社会发展的统计数据、深度分析报告、专家解读和热点资讯构建而成的专业学术数据库。涉及宗教、社会、人口、政治、外交、法律、文化、教育、体育、文学艺术、医药卫生、资源环境等多个领域。

中国行业发展数据库

以中国国民经济行业分类为依据，跟踪分析国民经济各行业市场运行状况和政策导向，提供行业发展最前沿的资讯，为用户投资、从业及各种经济决策提供理论基础和实践指导。内容涵盖农业，能源与矿产业，交通运输业，制造业，金融业，房地产业，租赁和商务服务业，科学研究，环境和公共设施管理，居民服务业，教育，卫生和社会保障，文化、体育和娱乐业等 100 余个行业。

中国区域发展数据库

对特定区域内的经济、社会、文化、法治、资源环境等领域的现状与发展情况进行分析和预测。涵盖中部、西部、东北、西北等地区，长三角、珠三角、黄三角、京津冀、环渤海、合肥经济圈、长株潭城市群、关中—天水经济区、海峡经济区等区域经济体和城市圈，北京、上海、浙江、河南、陕西等 34 个省份及中国台湾地区。

中国文化传媒数据库

包括文化事业、文化产业、宗教、群众文化、图书馆事业、博物馆事业、档案事业、语言文字、文学、历史地理、新闻传播、广播电视、出版事业、艺术、电影、娱乐等多个子库。

世界经济与国际关系数据库

以皮书系列中涉及世界经济与国际关系的研究成果为基础，全面整合国内外有关世界经济与国际关系的统计数据、深度分析报告、专家解读和热点资讯构建而成的专业学术数据库。包括世界经济、国际政治、世界文化与科技、全球性问题、国际组织与国际法、区域研究等多个子库。

法 律 声 明

　　"皮书系列"（含蓝皮书、绿皮书、黄皮书）之品牌由社会科学文献出版社最早使用并持续至今，现已被中国图书市场所熟知。"皮书系列"的LOGO（▨）与"经济蓝皮书""社会蓝皮书"均已在中华人民共和国国家工商行政管理总局商标局登记注册。"皮书系列"图书的注册商标专用权及封面设计、版式设计的著作权均为社会科学文献出版社所有。未经社会科学文献出版社书面授权许可，任何使用与"皮书系列"图书注册商标、封面设计、版式设计相同或者近似的文字、图形或其组合的行为均系侵权行为。

　　经作者授权，本书的专有出版权及信息网络传播权为社会科学文献出版社享有。未经社会科学文献出版社书面授权许可，任何就本书内容的复制、发行或以数字形式进行网络传播的行为均系侵权行为。

　　社会科学文献出版社将通过法律途径追究上述侵权行为的法律责任，维护自身合法权益。

　　欢迎社会各界人士对侵犯社会科学文献出版社上述权利的侵权行为进行举报。电话：010 - 59367121，电子邮箱：fawubu@ ssap. cn。

社会科学文献出版社

1997~2017

皮书品牌20年

YEAR BOOKS

皮书系列

2017年

智 库 成 果 出 版 与 传 播 平 台

社会科学文献出版社

SOCIAL SCIENCES ACADEMIC PRESS (CHINA)

伴随着今冬的第一场雪，2017年很快就要到了。世界每天都在发生着让人眼花缭乱的变化，而唯一不变的，是面向未来无数的可能性。作为个体，如何获取专业信息以备不时之需？作为行政主体或企事业主体，如何提高决策的科学性让这个世界变得更好而不是更糟？原创、实证、专业、前沿、及时、持续，这是1997年"皮书系列"品牌创立的初衷。

1997～2017，从最初一个出版社的学术产品名称到媒体和公众使用频率极高的热点词语，从专业术语到大众话语，从官方文件到独特的出版型态，作为重要的智库成果，"皮书"始终致力于成为海量信息时代的信息过滤器，成为经济社会发展的记录仪，成为政策制定、评估、调整的智力源，社会科学研究的资料集成库。"皮书"的概念不断延展，"皮书"的种类更加丰富，"皮书"的功能日渐完善。

1997～2017，皮书及皮书数据库已成为中国新型智库建设不可或缺的抓手与平台，成为政府、企业和各类社会组织决策的利器，成为人文社科研究最基本的资料库，成为世界系统完整及时认知当代中国的窗口和通道！"皮书"所具有的凝聚力正在形成一种无形的力量，吸引着社会各界关注中国的发展，参与中国的发展。

二十年的"皮书"正值青春，愿每一位皮书人付出的年华与智慧不辜负这个时代！

社会科学文献出版社社长
中国社会学会秘书长

2016年11月

社会科学文献出版社简介

社会科学文献出版社成立于1985年，是直属于中国社会科学院的人文社会科学专业学术出版机构。

成立以来，社科文献依托于中国社会科学院丰厚的学术出版和专家学者资源，坚持"创社科经典，出传世文献"的出版理念和"权威、前沿、原创"的产品定位，逐步走上了智库产品与专业学术成果系列化、规模化、数字化、国际化、市场化发展的经营道路，取得了令人瞩目的成绩。

学术出版 社科文献先后策划出版了"皮书"系列、"列国志"、"社科文献精品译库"、"全球化译丛"、"全面深化改革研究书系"、"近世中国"、"甲骨文"、"中国史话"等一大批既有学术影响又有市场价值的图书品牌和学术品牌，形成了较强的学术出版能力和资源整合能力。2016年社科文献发稿5.5亿字，出版图书2000余种，承印发行中国社会科学院院属期刊72种。

数字出版 凭借着雄厚的出版资源整合能力，社科文献长期以来一直致力于从内容资源和数字平台两个方面实现传统出版的再造，并先后推出了皮书数据库、列国志数据库、中国田野调查数据库等一系列数字产品。2016年数字化加工图书近4000种，文字处理量达10亿字。数字出版已经初步形成了产品设计、内容开发、编辑标引、产品运营、技术支持、营销推广等全流程体系。

国际出版 社科文献通过学术交流和国际书展等方式积极参与国际学术和国际出版的交流合作，努力将中国优秀的人文社会科学研究成果推向世界，从构建国际话语体系的角度推动学术出版国际化。目前已与英、荷、法、德、美、日、韩等国及港澳台地区近40家出版和学术文化机构建立了长期稳定的合作关系。

融合发展 紧紧围绕融合发展战略，社科文献全面布局融合发展和数字化转型升级，成效显著。以核心资源和重点项目为主的社科文献数据库产品群和数字出版体系日臻成熟，"一带一路"系列研究成果与专题数据库、阿拉伯问题研究国别基础库及中阿文化交流数据库平台等项目开启了社科文献向专业知识服务商转型的新篇章，成为行业领先。

此外，社科文献充分利用网络媒体平台，积极与各类媒体合作，并联合大型书店、学术书店、机场书店、网络书店、图书馆，构建起强大的学术图书内容传播平台，学术图书的媒体曝光率居全国之首，图书馆藏率居于全国出版机构前十位。

有温度，有情怀，有视野，更有梦想。未来社科文献将继续坚持专业化学术出版之路不动摇，着力搭建最具影响力的智库产品整合及传播平台、学术资源共享平台，为实现"社科文献梦"奠定坚实基础。

经 济 类

经济类皮书涵盖宏观经济、城市经济、大区域经济，提供权威、前沿的分析与预测

经济蓝皮书

2017年中国经济形势分析与预测

李扬 / 主编　2016年12月出版　定价：89.00元

◆　本书为总理基金项目，由著名经济学家李扬领衔，联合中国社会科学院等数十家科研机构、国家部委和高等院校的专家共同撰写，系统分析了2016年的中国经济形势并预测2017年我国经济运行情况。

中国省域竞争力蓝皮书

中国省域经济综合竞争力发展报告（2015～2016）

李建平　李闽榕　高燕京 / 主编　2017年2月出版　估价：198.00元

◆　本书融多学科的理论为一体，深入追踪研究了省域经济发展与中国国家竞争力的内在关系，为提升中国省域经济综合竞争力提供有价值的决策依据。

城市蓝皮书

中国城市发展报告No.10

潘家华　单菁菁 / 主编　2017年9月出版　估价：89.00元

◆　本书是由中国社会科学院城市发展与环境研究中心编著的，多角度、全方位地立体展示了中国城市的发展状况，并对中国城市的未来发展提出了许多建议。该书有强烈的时代感，对中国城市发展实践有重要的参考价值。

人口与劳动绿皮书

中国人口与劳动问题报告 No.18

蔡昉　张车伟 / 主编　2017 年 10 月出版　估价：89.00 元

◆　本书为中国社科院人口与劳动经济研究所主编的年度报告，对当前中国人口与劳动形势做了比较全面和系统的深入讨论，为研究我国人口与劳动问题提供了一个专业性的视角。

世界经济黄皮书

2017 年世界经济形势分析与预测

张宇燕 / 主编　2016 年 12 月出版　定价：89.00 元

◆　本书由中国社会科学院世界经济与政治研究所的研究团队撰写，2016 年世界经济增速进一步放缓，就业增长放慢。世界经济面临许多重大挑战同时，地缘政治风险、难民危机、大国政治周期、恐怖主义等问题也仍然在影响世界经济的稳定与发展。预计 2017 年按 PPP 计算的世界 GDP 增长率约为 3.0%。

国际城市蓝皮书

国际城市发展报告（2017）

屠启宇 / 主编　2017 年 2 月出版　估价：89.00 元

◆　本书作者以上海社会科学院从事国际城市研究的学者团队为核心，汇集同济大学、华东师范大学、复旦大学、上海交通大学、南京大学、浙江大学相关城市研究专业学者。立足动态跟踪介绍国际城市发展时间中，最新出现的重大战略、重大理念、重大项目、重大报告和最佳案例。

金融蓝皮书

中国金融发展报告（2017）

李扬　王国刚 / 主编　2017 年 1 月出版　估价：89.00 元

◆　本书由中国社会科学院金融研究所组织编写，概括和分析了 2016 年中国金融发展和运行中的各方面情况，研讨和评论了 2016 年发生的主要金融事件，有利于读者了解掌握 2016 年中国的金融状况，把握 2017 年中国金融的走势。

农村绿皮书

中国农村经济形势分析与预测（2016～2017）

魏后凯　杜志雄　黄秉信／著　2017年4月出版　估价：89.00元

◆　本书描述了2016年中国农业农村经济发展的一些主要指标和变化，并对2017年中国农业农村经济形势的一些展望和预测，提出相应的政策建议。

西部蓝皮书

中国西部发展报告（2017）

姚慧琴　徐璋勇／主编　2017年9月出版　估价：89.00元

◆　本书由西北大学中国西部经济发展研究中心主编，汇集了源自西部本土以及国内研究西部问题的权威专家的第一手资料，对国家实施西部大开发战略进行年度动态跟踪，并对2017年西部经济、社会发展态势进行预测和展望。

经济蓝皮书·夏季号

中国经济增长报告（2016～2017）

李扬／主编　2017年9月出版　估价：98.00元

◆　中国经济增长报告主要探讨2016~2017年中国经济增长问题，以专业视角解读中国经济增长，力求将其打造成一个研究中国经济增长、服务宏微观各级决策的周期性、权威性读物。

就业蓝皮书

2017年中国本科生就业报告

麦可思研究院／编著　2017年6月出版　估价：98.00元

◆　本书基于大量的数据和调研，内容翔实，调查独到，分析到位，用数据说话，对我国大学生教育与发展起到了很好的建言献策作用。

社 会 政 法 类

社会政法类皮书聚焦社会发展领域的热点、难点问题，
提供权威、原创的资讯与视点

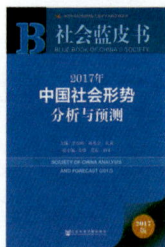

社会蓝皮书

2017 年中国社会形势分析与预测

李培林　陈光金　张翼／主编　2016 年 12 月出版　定价：89.00 元

◆　本书由中国社会科学院社会学研究所组织研究机构专家、
高校学者和政府研究人员撰写，聚焦当下社会热点，对 2016
年中国社会发展的各个方面内容进行了权威解读，同时对 2017
年社会形势发展趋势进行了预测。

法治蓝皮书

中国法治发展报告 No.15（2017）

李林　田禾／主编　2017 年 3 月出版　估价：118.00 元

◆　本年度法治蓝皮书回顾总结了 2016 年度中国法治发展取
得的成就和存在的不足，并对 2017 年中国法治发展形势进行
了预测和展望。

社会体制蓝皮书

中国社会体制改革报告 No.5（2017）

龚维斌／主编　2017 年 4 月出版　估价：89.00 元

◆　本书由国家行政学院社会治理研究中心和北京师范大学中
国社会管理研究院共同组织编写，主要对 2016 年社会体制改
革情况进行回顾和总结，对 2017 年的改革走向进行分析，提
出相关政策建议。

社会心态蓝皮书
中国社会心态研究报告（2017）

王俊秀　杨宜音 / 主编　2017 年 12 月出版　估价：89.00 元

◆　本书是中国社会科学院社会学研究所社会心理研究中心"社会心态蓝皮书课题组"的年度研究成果，运用社会心理学、社会学、经济学、传播学等多种学科的方法进行了调查和研究，对于目前我国社会心态状况有较广泛和深入的揭示。

生态城市绿皮书
中国生态城市建设发展报告（2017）

刘举科　孙伟平　胡文臻 / 主编　2017 年 7 月出版　估价：118.00 元

◆　报告以绿色发展、循环经济、低碳生活、民生宜居为理念，以更新民众观念、提供决策咨询、指导工程实践、引领绿色发展为宗旨，试图探索一条具有中国特色的城市生态文明建设新路。

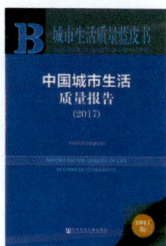

城市生活质量蓝皮书
中国城市生活质量报告（2017）

中国经济实验研究院 / 主编　2017 年 7 月出版　估价：89.00 元

◆　本书对全国 35 个城市居民的生活质量主观满意度进行了电话调查，同时对 35 个城市居民的客观生活质量指数进行了计算，为我国城市居民生活质量的提升，提出了针对性的政策建议。

公共服务蓝皮书
中国城市基本公共服务力评价（2017）

钟君　吴正杲 / 主编　2017 年 12 月出版　估价：89.00 元

◆　中国社会科学院经济与社会建设研究室与华图政信调查组成联合课题组，从 2010 年开始对基本公共服务力进行研究，研创了基本公共服务力评价指标体系，为政府考核公共服务与社会管理工作提供了理论工具。

行 业 报 告 类

行业报告类皮书立足重点行业、新兴行业领域，
提供及时、前瞻的数据与信息

企业社会责任蓝皮书

中国企业社会责任研究报告（2017）

黄群慧　钟宏武　张蒽　翟利峰／著　2017年10月出版　估价：89.00元

◆　本书剖析了中国企业社会责任在2016～2017年度的最新
发展特征，详细解读了省域国有企业在社会责任方面的阶段性
特征，生动呈现了国内外优秀企业的社会责任实践。对了解
中国企业社会责任履行现状、未来发展，以及推动社会责任建
设有重要的参考价值。

新能源汽车蓝皮书

中国新能源汽车产业发展报告（2017）

黄中国汽车技术研究中心　日产（中国）投资有限公司

东风汽车有限公司／编著　2017年7月出版　估价：98.00元

◆　本书对我国2016年新能源汽车产业发展进行了全面系统
的分析，并介绍了国外的发展经验。有助于相关机构、行业和
社会公众等了解中国新能源汽车产业发展的最新动态，为政府
部门出台新能源汽车产业相关政策法规、企业制定相关战略规
划，提供必要的借鉴和参考。

杜仲产业绿皮书

中国杜仲橡胶资源与产业发展报告（2016～2017）

杜红岩　胡文臻　俞锐／主编　2017年1月出版　估价：85.00元

◆　本书对2016年来的杜仲产业的发展情况、研究团队在杜
仲研究方面取得的重要成果、部分地区杜仲产业发展的具体情
况、杜仲新标准的制定情况等进行了较为详细的分析与介绍，
使广大关心杜仲产业发展的读者能够及时跟踪产业最新进展。

企业蓝皮书

中国企业绿色发展报告 No.2（2017）

李红玉　朱光辉 / 主编　　2017 年 8 月出版　　估价：89.00 元

◆　本书深入分析中国企业能源消费、资源利用、绿色金融、绿色产品、绿色管理、信息化、绿色发展政策及绿色文化方面的现状，并对目前存在的问题进行研究，剖析因果，谋划对策。为企业绿色发展提供借鉴，为我国生态文明建设提供支撑。

中国上市公司蓝皮书

中国上市公司发展报告（2017）

张平　王宏淼 / 主编　　2017 年 10 月出版　　估价：98.00 元

◆　本书由中国社会科学院上市公司研究中心组织编写的，着力于全面、真实、客观反映当前中国上市公司财务状况和价值评估的综合性年度报告。本书详尽分析了 2016 年中国上市公司情况，特别是现实中暴露出的制度性、基础性问题，并对资本市场改革进行了探讨。

资产管理蓝皮书

中国资产管理行业发展报告（2017）

智信资产管理研究院 / 编著　　2017 年 6 月出版　　估价：89.00 元

◆　中国资产管理行业刚刚兴起，未来将中国金融市场最有看点的行业。本书主要分析了 2016 年度资产管理行业的发展情况，同时对资产管理行业的未来发展做出科学的预测。

体育蓝皮书

中国体育产业发展报告（2017）

阮伟　钟秉枢 / 主编　　2017 年 12 月出版　　估价：89.00 元

◆　本书运用多种研究方法，在对于体育竞赛业、体育用品业、体育场馆业、体育传媒业等传统产业研究的基础上，紧紧围绕2016 年体育领域内的各种热点事件进行研究和梳理，进一步拓宽了研究的广度、提升了研究的高度、挖掘了研究的深度。

国别与地区类

国别与地区类皮书关注全球重点国家与地区，
提供全面、独特的解读与研究

美国蓝皮书
美国研究报告（2017）

郑秉文　黄平 / 主编　2017 年 6 月出版　估价：89.00 元

◆　本书是由中国社会科学院美国所主持完成的研究成果，它回顾了美国 2016 年的经济、政治形势与外交战略，对 2017 年以来美国内政外交发生的重大事件及重要政策进行了较为全面的回顾和梳理。

日本蓝皮书
日本研究报告（2017）

杨伯江 / 主编　2017 年 5 月出版　估价：89.00 元

◆　本书对 2016 年拉丁美洲和加勒比地区诸国的政治、经济、社会、外交等方面的发展情况做了系统介绍，对该地区相关国家的热点及焦点问题进行了总结和分析，并在此基础上对该地区各国 2017 年的发展前景做出预测。

亚太蓝皮书
亚太地区发展报告（2017）

李向阳 / 主编　2017 年 3 月出版　估价：89.00 元

◆　本书是中国社会科学院亚太与全球战略研究院的集体研究成果。2016 年的"亚太蓝皮书"继续关注中国周边环境的变化。该书盘点了 2016 年亚太地区的焦点和热点问题，为深入了解 2016 年及未来中国与周边环境的复杂形势提供了重要参考。

德国蓝皮书

德国发展报告（2017）

郑春荣 / 主编　2017 年 6 月出版　估价：89.00 元

◆　本报告由同济大学德国研究所组织编撰，由该领域的专家学者对德国的政治、经济、社会文化、外交等方面的形势发展情况，进行全面的阐述与分析。

日本经济蓝皮书

日本经济与中日经贸关系研究报告（2017）

王洛林　张季风 / 编著　2017 年 5 月出版　估价：89.00 元

◆　本书系统、详细地介绍了 2016 年日本经济以及中日经贸关系发展情况，在进行了大量数据分析的基础上，对 2017 年日本经济以及中日经贸关系的大致发展趋势进行了分析与预测。

俄罗斯黄皮书

俄罗斯发展报告（2017）

李永全 / 编著　2017 年 7 月出版　估价：89.00 元

◆　本书系统介绍了 2016 年俄罗斯经济政治情况，并对 2016 年该地区发生的焦点、热点问题进行了分析与回顾；在此基础上，对该地区 2017 年的发展前景进行了预测。

非洲黄皮书

非洲发展报告 No.19（2016 ~ 2017）

张宏明 / 主编　2017 年 8 月出版　估价：89.00 元

◆　本书是由中国社会科学院西亚非洲研究所组织编撰的非洲形势年度报告，比较全面、系统地分析了 2016 年非洲政治形势和热点问题，探讨了非洲经济形势和市场走向，剖析了大国对非洲关系的新动向；此外，还介绍了国内非洲研究的新成果。

地方发展类

地方发展类皮书关注中国各省份、经济区域，
提供科学、多元的预判与资政信息

北京蓝皮书

北京公共服务发展报告（2016~2017）

施昌奎／主编　2017年2月出版　估价：89.00元

◆　本书是由北京市政府职能部门的领导、首都著名高校的教授、知名研究机构的专家共同完成的关于北京市公共服务发展与创新的研究成果。

河南蓝皮书

河南经济发展报告（2017）

张占仓／编著　2017年3月出版　估价：89.00元

◆　本书以国内外经济发展环境和走向为背景，主要分析当前河南经济形势，预测未来发展趋势，全面反映河南经济发展的最新动态、热点和问题，为地方经济发展和领导决策提供参考。

广州蓝皮书

2017年中国广州经济形势分析与预测

庾建设　陈浩钿　谢博能／主编　2017年7月出版　估价：85.00元

◆　本书由广州大学与广州市委政策研究室、广州市统计局联合主编，汇集了广州科研团体、高等院校和政府部门诸多经济问题研究专家、学者和实际部门工作者的最新研究成果，是关于广州经济运行情况和相关专题分析、预测的重要参考资料。

文化传媒类

文化传媒类皮书透视文化领域、文化产业，
探索文化大繁荣、大发展的路径

新媒体蓝皮书

中国新媒体发展报告 No.8（2017）

唐绪军/主编　2017年6月出版　估价：89.00元

◆　本书是由中国社会科学院新闻与传播研究所组织编写的关于新媒体发展的最新年度报告，旨在全面分析中国新媒体的发展现状，解读新媒体的发展趋势，探析新媒体的深刻影响。

移动互联网蓝皮书

中国移动互联网发展报告（2017）

官建文/编著　2017年6月出版　估价：89.00元

◆　本书着眼于对中国移动互联网2016年度的发展情况做深入解析，对未来发展趋势进行预测，力求从不同视角、不同层面全面剖析中国移动互联网发展的现状、年度突破及热点趋势等。

传媒蓝皮书

中国传媒产业发展报告（2017）

崔保国/主编　2017年5月出版　估价：98.00元

◆　"传媒蓝皮书"连续十多年跟踪观察和系统研究中国传媒产业发展。本报告在对传媒产业总体以及各细分行业发展状况与趋势进行深入分析基础上，对年度发展热点进行跟踪，剖析新技术引领下的商业模式，对传媒各领域发展趋势、内体经营、传媒投资进行解析，为中国传媒产业正在发生的变革提供前瞻行参考。

经济类

"三农"互联网金融蓝皮书
中国"三农"互联网金融发展报告（2017）
著(编)者：李勇坚 王弢　2017年8月出版 / 估价：98.00元
PSN B-2016-561-1/1

G20国家创新竞争力黄皮书
二十国集团（G20）国家创新竞争力发展报告（2016~2017）
著(编)者：李建平 李闽榕 赵新力　周天勇
2017年8月出版 / 估价：158.00元
PSN Y-2011-229-1/1

产业蓝皮书
中国产业竞争力报告（2017）No.7
著(编)者：张其仔　2017年12月出版 / 估价：98.00元
PSN B-2010-175-1/1

城市创新蓝皮书
中国城市创新报告（2017）
著(编)者：周天勇 旷建伟　2017年11月出版 / 估价：89.00元
PSN B-2013-340-1/1

城市蓝皮书
中国城市发展报告 No.10
著(编)者：潘家华 单菁菁 2017年9月出版 / 估价：89.00元
PSN B-2007-091-1/1

城乡一体化蓝皮书
中国城乡一体化发展报告（2016～2017）
著(编)者：汝信 付崇兰　2017年7月出版 / 估价：85.00元
PSN B-2011-226-1/2

城镇化蓝皮书
中国新型城镇化健康发展报告（2017）
著(编)者：张占斌　2017年8月出版 / 估价：89.00元
PSN B-2014-396-1/1

创新蓝皮书
创新型国家建设报告（2016～2017）
著(编)者：詹正茂　2017年12月出版 / 估价：89.00元
PSN B-2009-140-1/1

创业蓝皮书
中国创业发展报告（2016～2017）
著(编)者：黄群慧 赵卫星 钟宏武等
2017年11月出版 / 估价：89.00元
PSN B-2016-578-1/1

低碳发展蓝皮书
中国低碳发展报告（2016~2017）
著(编)者：齐晔 张希良　2017年3月出版 / 估价：98.00元
PSN B-2011-223-1/1

低碳经济蓝皮书
中国低碳经济发展报告（2017）
著(编)者：薛进军 赵忠秀　2017年6月出版 / 估价：85.00元
PSN B-2011-194-1/1

东北蓝皮书
中国东北地区发展报告（2017）
著(编)者：朱宇 张新颖　2017年12月出版 / 估价：89.00元
PSN B-2006-067-1/1

发展与改革蓝皮书
中国经济发展和体制改革报告No.8
著(编)者：邹东涛 王再文　2017年1月出版 / 估价：98.00元
PSN B-2008-122-1/1

工业化蓝皮书
中国工业化进程报告（2017）
著(编)者：黄群慧　2017年12月出版 / 估价：158.00元
PSN B-2007-095-1/1

管理蓝皮书
中国管理发展报告（2017）
著(编)者：张晓东　2017年10月出版 / 估价：98.00元
PSN B-2014-416-1/1

国际城市蓝皮书
国际城市发展报告（2017）
著(编)者：屠启宇　2017年2月出版 / 估价：89.00元
PSN B-2012-260-1/1

国家创新蓝皮书
中国创新发展报告（2017）
著(编)者：陈劲　2017年12月出版 / 估价：89.00元
PSN B-2014-370-1/1

金融蓝皮书
中国金融发展报告（2017）
著(编)者：李扬 王国刚　2017年12月出版 / 估价：89.00元
PSN B-2004-031-1/6

京津冀金融蓝皮书
京津冀金融发展报告（2017）
著(编)者：王爱俭 李向前
2017年3月出版 / 估价：89.00元
PSN B-2016-528-1/1

京津冀蓝皮书
京津冀发展报告（2017）
著(编)者：文魁 祝尔娟　2017年4月出版 / 估价：89.00元
PSN B-2012-262-1/1

经济蓝皮书
2017年中国经济形势分析与预测
著(编)者：李扬　2016年12月出版 / 定价：89.00元
PSN B-1996-001-1/1

经济蓝皮书·春季号
2017年中国经济前景分析
著(编)者：李扬　2017年6月出版 / 估价：89.00元
PSN B-1999-008-1/1

经济蓝皮书·夏季号
中国经济增长报告（2016～2017）
著(编)者：李扬　2017年9月出版 / 估价：98.00元
PSN B-2010-176-1/1

经济信息绿皮书
中国与世界经济发展报告（2017）
著(编)者：杜平　2017年12月出版 / 估价：89.00元
PSN G-2003-023-1/1

就业蓝皮书
2017年中国本科生就业报告
著(编)者：麦可思研究院　2017年6月出版 / 估价：98.00元
PSN B-2009-146-1/2

就业蓝皮书
2017年中国高职高专生就业报告
著(编)者：麦可思研究院　2017年6月出版 / 估价：98.00元
PSN B-2015-472-2/2

科普能力蓝皮书
中国科普能力评价报告（2017）
著(编)者：李富 张李群　2017年8月出版 / 估价：89.00元
PSN B-2016-556-1/1

临空经济蓝皮书
中国临空经济发展报告（2017）
著(编)者：连玉明　2017年9月出版 / 估价：89.00元
PSN B-2014-421-1/1

农村绿皮书
中国农村经济形势分析与预测（2016～2017）
著(编)者：魏后凯 杜志雄 黄秉信
2017年4月出版 / 估价：89.00元
PSN G-1998-003-1/1

农业应对气候变化蓝皮书
气候变化对中国农业影响评估报告 No.3
著(编)者：矫梅燕　2017年8月出版 / 估价：98.00元
PSN B-2014-413-1/1

气候变化绿皮书
应对气候变化报告（2017）
著(编)者：王伟光 郑国光　2017年6月出版 / 估价：89.00元
PSN G-2009-144-1/1

区域蓝皮书
中国区域经济发展报告（2016～2017）
著(编)者：赵弘　2017年6月出版 / 估价：89.00元
PSN B-2004-034-1/1

全球环境竞争力绿皮书
全球环境竞争力报告（2017）
著(编)者：李建平 李闽榕 王金南
2017年12月出版 / 估价：198.00元
PSN G-2013-363-1/1

人口与劳动绿皮书
中国人口与劳动问题报告 No.18
著(编)者：蔡昉 张车伟　2017年11月出版 / 估价：89.00元
PSN G-2000-012-1/1

商务中心区蓝皮书
中国商务中心区发展报告 No.3（2016）
著(编)者：李国红 单菁菁　2017年1月出版 / 估价：89.00元
PSN B-2015-444-1/1

世界经济黄皮书
2017年世界经济形势分析与预测
著(编)者：张宇燕　2016年12月出版 / 定价：89.00元
PSN Y-1999-006-1/1

世界旅游城市绿皮书
世界旅游城市发展报告（2017）
著(编)者：宋宇　2017年1月出版 / 估价：128.00元
PSN G-2014-400-1/1

土地市场蓝皮书
中国农村土地市场发展报告（2016～2017）
著(编)者：李光荣　2017年3月出版 / 估价：89.00元
PSN B-2016-527-1/1

西北蓝皮书
中国西北发展报告（2017）
著(编)者：高建龙　2017年3月出版 / 估价：89.00元
PSN B-2012-261-1/1

西部蓝皮书
中国西部发展报告（2017）
著(编)者：姚慧琴 徐璋勇　2017年9月出版 / 估价：89.00元
PSN B-2005-039-1/1

新型城镇化蓝皮书
新型城镇化发展报告（2017）
著(编)者：李伟 宋敏 沈体雁　2017年3月出版 / 估价：98.00元
PSN B-2014-431-1/1

新兴经济体蓝皮书
金砖国家发展报告（2017）
著(编)者：林跃勤 周文　2017年12月出版 / 估价：89.00元
PSN B-2011-195-1/1

长三角蓝皮书
2017年新常态下深化一体化的长三角
著(编)者：王庆五　2017年12月出版 / 估价：88.00元
PSN B-2005-038-1/1

中部竞争力蓝皮书
中国中部经济社会竞争力报告（2017）
著(编)者：教育部人文社会科学重点研究基地
　　　　　南昌大学中国中部经济社会发展研究中心
2017年12月出版 / 估价：89.00元
PSN B-2012-276-1/1

中部蓝皮书
中国中部地区发展报告（2017）
著(编)者：宋亚平　2017年12月出版 / 估价：88.00元
PSN B-2007-089-1/1

中国省域竞争力蓝皮书
中国省域经济综合竞争力发展报告（2017）
著(编)者：李建平 李闽榕 高燕京
2017年2月出版 / 估价：198.00元
PSN B-2007-088-1/1

中三角蓝皮书
长江中游城市群发展报告（2017）
著(编)者：秦尊文　2017年9月出版 / 估价：89.00元
PSN B-2014-417-1/1

中小城市绿皮书
中国中小城市发展报告（2017）
著(编)者：中国社会科学院中小城市经济发展委员会
　　　　　中国城镇化促进会中小城市发展委员会
　　　　　《中国中小城市发展报告》编纂委员会
　　　　　中小城市发展战略研究院
2017年11月出版 / 估价：128.00元
PSN G-2010-161-1/1

中原蓝皮书
中原经济区发展报告（2017）
著(编)者：李英杰　2017年6月出版 / 估价：88.00元
PSN B-2011-192-1/1

自贸区蓝皮书
中国自贸区发展报告（2017）
著(编)者：王力　2017年7月出版 / 估价：89.00元
PSN B-2016-559-1/1

社会政法类

北京蓝皮书
中国社区发展报告（2017）
著(编)者：于燕燕　　2017年2月出版 / 估价：89.00元
PSN B-2007-083-5/8

殡葬绿皮书
中国殡葬事业发展报告（2017）
著(编)者：李伯森　　2017年4月出版 / 估价：158.00元
PSN G-2010-180-1/1

城市管理蓝皮书
中国城市管理报告（2016~2017）
著(编)者：刘林　刘承水　2017年5月出版 / 估价：158.00元
PSN B-2013-336-1/1

城市生活质量蓝皮书
中国城市生活质量报告（2017）
著(编)者：中国经济实验研究院
2017年7月出版 / 估价：89.00元
PSN B-2013-326-1/1

城市政府能力蓝皮书
中国城市政府公共服务能力评估报告（2017）
著(编)者：何艳玲　　2017年4月出版 / 估价：89.00元
PSN B-2013-338-1/1

慈善蓝皮书
中国慈善发展报告（2017）
著(编)者：杨团　　2017年6月出版 / 估价：89.00元
PSN B-2009-142-1/1

党建蓝皮书
党的建设研究报告 No.2（2017）
著(编)者：崔建民　陈东平　2017年2月出版 / 估价：89.00元
PSN B-2016-524-1/1

地方法治蓝皮书
中国地方法治发展报告 No.3（2017）
著(编)者：李林　田禾　2017年3出版 / 估价：108.00元
PSN B-2015-442-1/1

法治蓝皮书
中国法治发展报告 No.15（2017）
著(编)者：李林　田禾　2017年3月出版 / 估价：118.00元
PSN B-2004-027-1/1

法治政府蓝皮书
中国法治政府发展报告（2017）
著(编)者：中国政法大学法治政府研究院
2017年2月出版 / 估价：98.00元
PSN B-2015-502-1/2

法治政府蓝皮书
中国法治政府评估报告（2017）
著(编)者：中国政法大学法治政府研究院
2016年11月出版 / 估价：98.00元
PSN B-2016-577-2/2

反腐倡廉蓝皮书
中国反腐倡廉建设报告 No.7
著(编)者：张英伟　　2017年12月出版 / 估价：89.00元
PSN B-2012-259-1/1

非传统安全蓝皮书
中国非传统安全研究报告（2016～2017）
著(编)者：余潇枫　魏志江　2017年6月出版 / 估价：89.00元
PSN B-2012-273-1/1

妇女发展蓝皮书
中国妇女发展报告 No.7
著(编)者：王金玲　　2017年9月出版 / 估价：148.00元
PSN B-2006-069-1/1

妇女教育蓝皮书
中国妇女教育发展报告 No.4
著(编)者：张李玺　　2017年10月出版 / 估价：78.00元
PSN B-2008-121-1/1

妇女绿皮书
中国性别平等与妇女发展报告（2017）
著(编)者：谭琳　　2017年12月出版 / 估价：99.00元
PSN G-2006-073-1/1

公共服务蓝皮书
中国城市基本公共服务力评价（2017）
著(编)者：钟君　吴正杲　2017年12月出版 / 估价：89.00元
PSN B-2011-214-1/1

公民科学素质蓝皮书
中国公民科学素质报告（2016～2017）
著(编)者：李群　陈雄　马宗文
2017年1月出版 / 估价：89.00元
PSN B-2014-379-1/1

公共关系蓝皮书
中国公共关系发展报告（2017）
著(编)者：柳斌杰　　2017年11月出版 / 估价：89.00元
PSN B-2016-580-1/1

公益蓝皮书
中国公益慈善发展报告（2017）
著(编)者：朱健刚　　2017年4月出版 / 估价：118.00元
PSN B-2012-283-1/1

国际人才蓝皮书
海外华侨华人专业人士报告（2017）
著(编)者：王辉耀　苗绿　2017年8月出版 / 估价：89.00元
PSN B-2014-409-4/4

国际人才蓝皮书
中国国际移民报告（2017）
著(编)者：王辉耀　　2017年2月出版 / 估价：89.00元
PSN B-2012-304-3/4

国际人才蓝皮书
中国留学发展报告（2017）No.5
著(编)者：王辉耀　苗绿　2017年10月出版 / 估价：89.00元
PSN B-2012-244-2/4

海洋社会蓝皮书
中国海洋社会发展报告（2017）
著(编)者：崔凤　宋宁而　2017年7月出版 / 估价：89.00元
PSN B-2015-478-1/1

行政改革蓝皮书
中国行政体制改革报告（2017）No.6
著(编)者：魏礼群　2017年5月出版 / 估价：98.00元
PSN B-2011-231-1/1

华侨华人蓝皮书
华侨华人研究报告（2017）
著(编)者：贾益民　2017年12月出版 / 估价：128.00元
PSN B-2011-204-1/1

环境竞争力绿皮书
中国省域环境竞争力发展报告（2017）
著(编)者：李建平 李闽榕 王金南
2017年11月出版 / 估价：198.00元
PSN G-2010-165-1/1

环境绿皮书
中国环境发展报告（2017）
著(编)者：刘鉴强　2017年11月出版 / 估价：89.00元
PSN G-2006-048-1/1

基金会蓝皮书
中国基金会发展报告（2016~2017）
著(编)者：中国基金会发展报告课题组
2017年4月出版 / 估价：85.00元
PSN B-2013-368-1/1

基金会绿皮书
中国基金会发展独立研究报告（2017）
著(编)者：基金会中心网 中央民族大学基金会研究中心
2017年6月出版 / 估价：88.00元
PSN G-2011-213-1/1

基金会透明度蓝皮书
中国基金会透明度发展研究报告（2017）
著(编)者：基金会中心网 清华大学廉政与治理研究中心
2017年12月出版 / 估价：89.00元
PSN B-2015-509-1/1

家庭蓝皮书
中国"创建幸福家庭活动"评估报告（2017）
国务院发展研究中心"创建幸福家庭活动评估"课题组著
2017年8月出版 / 估价：89.00元
PSN B-2012-261-1/1

健康城市蓝皮书
中国健康城市建设研究报告（2017）
著(编)者：王鸿春 解树江 盛继洪
2017年9月出版 / 估价：89.00元
PSN B-2016-565-2/2

教师蓝皮书
中国中小学教师发展报告（2017）
著(编)者：曾晓东 鱼霞　2017年6月出版 / 估价：89.00元
PSN B-2012-289-1/1

教育蓝皮书
中国教育发展报告（2017）
著(编)者：杨东平　2017年4月出版 / 估价：89.00元
PSN B-2006-047-1/1

科普蓝皮书
中国基层科普发展报告（2016～2017）
著(编)者：赵立 新陈玲　2017年9月出版 / 估价：89.00元
PSN B-2016-569-3/3

科普蓝皮书
中国科普基础设施发展报告（2017）
著(编)者：任福君　2017年6月出版 / 估价：89.00元
PSN B-2010-174-1/3

科普蓝皮书
中国科普人才发展报告（2017）
著(编)者：郑念 任嵘嵘　2017年4月出版 / 估价：98.00元
PSN B-2015-513-2/3

科学教育蓝皮书
中国科学教育发展报告（2017）
著(编)者：罗晖 王康友　2017年10月出版 / 估价：89.00元
PSN B-2015-487-1/1

劳动保障蓝皮书
中国劳动保障发展报告（2017）
著(编)者：刘燕斌　2017年9月出版 / 估价：188.00元
PSN B-2014-415-1/1

老龄蓝皮书
中国老年宜居环境发展报告（2017）
著(编)者：党俊武 周燕珉　2017年1月出版 / 估价：89.00元
PSN B-2013-320-1/1

连片特困区蓝皮书
中国连片特困区发展报告（2017）
著(编)者：游俊 冷志明 丁建军
2017年3月出版 / 估价：98.00元
PSN B-2013-321-1/1

民间组织蓝皮书
中国民间组织报告（2017）
著(编)者：黄晓勇　2017年12月出版 / 估价：89.00元
PSN B-2008-118-1/1

民调蓝皮书
中国民生调查报告（2017）
著(编)者：谢耘耕　2017年12月出版 / 估价：98.00元
PSN B-2014-398-1/1

民族发展蓝皮书
中国民族发展报告（2017）
著(编)者：郝时远 王延中 王希恩
2017年4月出版 / 估价：98.00元
PSN B-2006-070-1/1

女性生活蓝皮书
中国女性生活状况报告 No.11（2017）
著(编)者：韩湘景　2017年10月出版 / 估价：98.00元
PSN B-2006-071-1/1

汽车社会蓝皮书
中国汽车社会发展报告（2017）
著(编)者：王俊秀　2017年1月出版 / 估价：89.00元
PSN B-2011-224-1/1

青年蓝皮书
中国青年发展报告（2017）No.3
著(编)者：廉思 等　2017年4月出版 / 估价：89.00元
PSN B-2013-333-1/1

青少年蓝皮书
中国未成年人互联网运用报告（2017）
著(编)者：李文革 沈杰 季为民
2017年11月出版 / 估价：89.00元
PSN B-2010-156-1/1

青少年体育蓝皮书
中国青少年体育发展报告（2017）
著(编)者：郭建军 杨桦　2017年9月出版 / 估价：89.00元
PSN B-2015-482-1/1

群众体育蓝皮书
中国群众体育发展报告（2017）
著(编)者：刘国永 杨桦　2017年12月出版 / 估价：89.00元
PSN B-2016-519-2/3

人权蓝皮书
中国人权事业发展报告 No 7（2017）
著(编)者：李君如　2017年9月出版 / 估价：98.00元
PSN B-2011-215-1/1

社会保障绿皮书
中国社会保障发展报告（2017）No.9
著(编)者：王延中　2017年4月出版 / 估价：89.00元
PSN G-2001-014-1/1

社会风险评估蓝皮书
风险评估与危机预警评估报告（2017）
著(编)者：唐钧　2017年8月出版 / 估价：85.00元
PSN B-2016-521-1/1

社会工作蓝皮书
中国社会工作发展报告（2017）
著(编)者：民政部社会工作研究中心
2017年8月出版 / 估价：89.00元
PSN B-2009-141-1/1

社会管理蓝皮书
中国社会管理创新报告 No.5
著(编)者：连玉明　2017年11月出版 / 估价：89.00元
PSN B-2012-300-1/1

社会蓝皮书
2017年中国社会形势分析与预测
著(编)者：李培林 陈光金 张翼
2016年12月出版 / 定价：89.00元
PSN B-1998-002-1/1

社会体制蓝皮书
中国社会体制改革报告No.5（2017）
著(编)者：龚维斌　2017年4月出版 / 估价：89.00元
PSN B-2013-330-1/1

社会心态蓝皮书
中国社会心态研究报告（2017）
著(编)者：王俊秀 杨宜音　2017年12月出版 / 估价：89.00元
PSN B-2011-199-1/1

社会组织蓝皮书
中国社会组织评估发展报告（2017）
著(编)者：徐家良 廖鸿　2017年12月出版 / 估价：89.00元
PSN B-2013-366-1/1

生态城市绿皮书
中国生态城市建设发展报告（2017）
著(编)者：刘举科 孙伟平 胡文臻
2017年9月出版 / 估价：118.00元
PSN B-2012-269-1/1

生态文明绿皮书
中国省域生态文明建设评价报告（ECI 2017）
著(编)者：严耕　2017年12月出版 / 估价：98.00元
PSN G-2010-170-1/1

体育蓝皮书
中国公共体育服务发展报告（2017）
著(编)者：戴健　2017年12月出版 / 估价：89.00元
PSN B-2013-367-2/4

土地整治蓝皮书
中国土地整治发展研究报告 No.4
著(编)者：国土资源部土地整治中心
2017年7月出版 / 估价：89.00元
PSN B-2014-401-1/1

土地政策蓝皮书
中国土地政策研究报告（2017）
著(编)者：高延利 李宪文
2017年12月出版 / 估价：89.00元
PSN B-2015-506-1/1

医改蓝皮书
中国医药卫生体制改革报告（2017）
著(编)者：文学国 房志武　2017年11月出版 / 估价：98.00元
PSN B-2014-432-1/1

医疗卫生绿皮书
中国医疗卫生发展报告 No.7（2017）
著(编)者：申宝忠 韩玉珍　2017年4月出版 / 估价：85.00元
PSN G-2004-033-1/1

应急管理蓝皮书
中国应急管理报告（2017）
著(编)者：宋英华　2017年9月出版 / 估价：98.00元
PSN B-2016-563-1/1

政治参与蓝皮书
中国政治参与报告（2017）
著(编)者：房宁　2017年9月出版 / 估价：118.00元
PSN B-2011-200-1/1

中国农村妇女发展蓝皮书
农村流动女性城市生活发展报告（2017）
著(编)者：谢丽华　2017年12月出版 / 估价：89.00元
PSN B-2014-434-1/1

宗教蓝皮书
中国宗教报告（2017）
著(编)者：邱永辉　2017年4月出版 / 估价：89.00元
PSN B-2008-117-1/1

行业报告类

SUV蓝皮书
中国SUV市场发展报告（2016~2017）
著(编)者：靳军　2017年9月出版 / 估价：89.00元
PSN B-2016-572-1/1

保健蓝皮书
中国保健服务产业发展报告 No.2
著(编)者：中国保健协会 中共中央党校
2017年7月出版 / 估价：198.00元
PSN B-2012-272-3/3

保健蓝皮书
中国保健食品产业发展报告 No.2
著(编)者：中国保健协会
　　　　中国社会科学院食品药品产业发展与监管研究中心
2017年7月出版 / 估价：198.00元
PSN B-2012-271-2/3

保健蓝皮书
中国保健用品产业发展报告 No.2
著(编)者：中国保健协会
　　　　国务院国有资产监督管理委员会研究中心
2017年3月出版 / 估价：198.00元
PSN B-2012-270-1/3

保险蓝皮书
中国保险业竞争力报告（2017）
著(编)者：项俊波　2017年12月出版 / 估价：99.00元
PSN B-2013-311-1/1

冰雪蓝皮书
中国滑雪产业发展报告（2017）
著(编)者：孙承华 伍斌 魏庆华 张鸿俊
2017年8月出版 / 估价：89.00元
PSN B-2016-560-1/1

彩票蓝皮书
中国彩票发展报告（2017）
著(编)者：益彩基金　2017年4月出版 / 估价：98.00元
PSN B-2015-462-1/1

餐饮产业蓝皮书
中国餐饮产业发展报告（2017）
著(编)者：邢颖　2017年6月出版 / 估价：98.00元
PSN B-2009-151-1/1

测绘地理信息蓝皮书
新常态下的测绘地理信息研究报告（2017）
著(编)者：库热西·买合苏提
2017年12月出版 / 估价：118.00元
PSN B-2009-145-1/1

茶业蓝皮书
中国茶产业发展报告（2017）
著(编)者：杨江帆 李闽榕　2017年10月出版 / 估价：88.00元
PSN B-2010-164-1/1

产权市场蓝皮书
中国产权市场发展报告（2016~2017）
著(编)者：曹和平　2017年5月出版 / 估价：89.00元
PSN B-2009-147-1/1

产业安全蓝皮书
中国出版传媒产业安全报告（2016~2017）
著(编)者：北京印刷学院文化产业安全研究院
2017年3月出版 / 估价：89.00元
PSN B-2014-384-13/14

产业安全蓝皮书
中国文化产业安全报告（2017）
著(编)者：北京印刷学院文化产业安全研究院
2017年12月出版 / 估价：89.00元
PSN B-2014-378-12/14

产业安全蓝皮书
中国新媒体产业安全报告（2017）
著(编)者：北京印刷学院文化产业安全研究院
2017年12月出版 / 估价：89.00元
PSN B-2015-500-14/14

城投蓝皮书
中国城投行业发展报告（2017）
著(编)者：王晨艳　丁伯康　2017年11月出版 / 估价：300.00元
PSN B-2016-514-1/1

电子政务蓝皮书
中国电子政务发展报告（2016~2017）
著(编)者：李季 杜平　2017年7月出版 / 估价：89.00元
PSN B-2003-022-1/1

杜仲产业绿皮书
中国杜仲橡胶资源与产业发展报告（2016~2017）
著(编)者：杜红岩 胡文臻 俞锐
2017年1月出版 / 估价：85.00元
PSN G-2013-350-1/1

房地产蓝皮书
中国房地产发展报告 No.14（2017）
著(编)者：李春华 王业强　2017年5月出版 / 估价：89.00元
PSN B-2004-028-1/1

服务外包蓝皮书
中国服务外包产业发展报告（2017）
著(编)者：王晓红 刘德军
2017年6月出版 / 估价：89.00元
PSN B-2013-331-2/2

服务外包蓝皮书
中国服务外包竞争力报告（2017）
著(编)者：王力 刘春生 黄育华
2017年11月出版 / 估价：85.00元
PSN B-2011-216-1/2

工业和信息化蓝皮书
世界网络安全发展报告（2016~2017）
著(编)者：洪京一　2017年4月出版 / 估价：89.00元
PSN B-2015-452-5/5

工业和信息化蓝皮书
世界信息化发展报告（2016~2017）
著(编)者：洪京一　2017年4月出版 / 估价：89.00元
PSN B-2015-451-4/5

工业和信息化蓝皮书
世界信息技术产业发展报告（2016~2017）
著(编)者：洪京一　2017年4月出版 / 估价：89.00元
PSN B-2015-449-2/5

工业和信息化蓝皮书
移动互联网产业发展报告（2016~2017）
著(编)者：洪京一　2017年4月出版 / 估价：89.00元
PSN B-2015-448-1/5

工业和信息化蓝皮书
战略性新兴产业发展报告（2016~2017）
著(编)者：洪京一　2017年4月出版 / 估价：89.00元
PSN B-2015-450-3/5

工业设计蓝皮书
中国工业设计发展报告（2017）
著(编)者：王晓红 于炜 张立群
2017年9月出版 / 估价：138.00元
PSN B-2014-420-1/1

黄金市场蓝皮书
中国商业银行黄金业务发展报告（2016~2017）
著(编)者：平安银行　2017年3月出版 / 估价：98.00元
PSN B-2016-525-1/1

互联网金融蓝皮书
中国互联网金融发展报告（2017）
著(编)者：李东荣　2017年9月出版 / 估价：128.00元
PSN B-2014-374-1/1

互联网医疗蓝皮书
中国互联网医疗发展报告（2017）
著(编)者：宫晓东　2017年9月出版 / 估价：89.00元
PSN B-2016-568-1/1

会展蓝皮书
中外会展业动态评估年度报告（2017）
著(编)者：张敏　2017年1月出版 / 估价：88.00元
PSN B-2013-327-1/1

金融监管蓝皮书
中国金融监管报告（2017）
著(编)者：胡滨　2017年6月出版 / 估价：89.00元
PSN B-2012-281-1/1

金融蓝皮书
中国金融中心发展报告（2017）
著(编)者：王力 黄育华　2017年11月出版 / 估价：85.00元
PSN B-2011-186-6/6

建筑装饰蓝皮书
中国建筑装饰行业发展报告（2017）
著(编)者：刘晓一 葛顺道　2017年7月出版 / 估价：198.00元
PSN B-2016-554-1/1

客车蓝皮书
中国客车产业发展报告（2016~2017）
著(编)者：姚蔚　2017年10月出版 / 估价：85.00元
PSN B-2013-361-1/1

旅游安全蓝皮书
中国旅游安全报告（2017）
著(编)者：郑向敏 谢朝武　2017年5月出版 / 估价：128.00元
PSN B-2012-280-1/1

旅游绿皮书
2016~2017年中国旅游发展分析与预测
著(编)者：张广瑞 刘德谦　2017年4月出版 / 估价：89.00元
PSN G-2002-018-1/1

煤炭蓝皮书
中国煤炭工业发展报告（2017）
著(编)者：岳福斌　2017年12月出版 / 估价：85.00元
PSN B-2008-123-1/1

民营企业社会责任蓝皮书
中国民营企业社会责任报告（2017）
著(编)者：中华全国工商业联合会
2017年12月出版 / 估价：89.00元
PSN B-2015-511-1/1

民营医院蓝皮书
中国民营医院发展报告（2017）
著(编)者：庄一强　2017年10月出版 / 估价：85.00元
PSN B-2012-299-1/1

闽商蓝皮书
闽商发展报告（2017）
著(编)者：李闽榕 王日根 林琛
2017年12月出版 / 估价：89.00元
PSN B-2012-298-1/1

能源蓝皮书
中国能源发展报告（2017）
著(编)者：崔民选 王军生 陈义和
2017年10月出版 / 估价：98.00元
PSN B-2006-049-1/1

农产品流通蓝皮书
中国农产品流通产业发展报告（2017）
著(编)者：贾敬敦 张东科 张玉玺 张鹏毅 周伟
2017年1月出版 / 估价：89.00元
PSN B-2012-288-1/1

企业公益蓝皮书
中国企业公益研究报告（2017）
著(编)者：钟宏武 汪杰 顾一 黄晓娟 等
2017年12月出版 / 估价：89.00元
PSN B-2015-501-1/1

企业国际化蓝皮书
中国企业国际化报告（2017）
著(编)者：王辉耀　2017年11月出版 / 估价：98.00元
PSN B-2014-427-1/1

企业蓝皮书
中国企业绿色发展报告No.2（2017）
著(编)者：李红玉 朱光辉　2017年8月出版 / 估价：89.00元
PSN B-2015-481-2/2

企业社会责任蓝皮书
中国企业社会责任研究报告（2017）
著(编)者：黄群慧 钟宏武 张蒽 翟利峰
2017年11月出版 / 估价：89.00元
PSN B-2009-149-1/1

汽车安全蓝皮书
中国汽车安全发展报告（2017）
著(编)者：中国汽车技术研究中心
2017年7月出版 / 估价：89.00元
PSN B-2014-385-1/1

汽车电子商务蓝皮书
中国汽车电子商务发展报告（2017）
著(编)者：中华全国工商业联合会汽车经销商商会
　　　　　北京易观智库网络科技有限公司
2017年10月出版 / 估价：128.00元
PSN B-2015-485-1/1

汽车工业蓝皮书
中国汽车工业发展年度报告（2017）
著(编)者：中国汽车工业协会 中国汽车技术研究中心
　　　　　丰田汽车（中国）投资有限公司
2017年4月出版 / 估价：128.00元
PSN B-2015-463-1/2

汽车工业蓝皮书
中国汽车零部件产业发展报告（2017）
著(编)者：中国汽车工业协会 中国汽车工程研究院
2017年10月出版 / 估价：98.00元
PSN B-2016-515-2/2

汽车蓝皮书
中国汽车产业发展报告（2017）
著(编)者：国务院发展研究中心产业经济研究部
　　　　　中国汽车工程学会 大众汽车集团（中国）
2017年8月出版 / 估价：98.00元
PSN B-2008-124-1/1

人力资源蓝皮书
中国人力资源发展报告（2017）
著(编)者：余兴安 2017年11月出版 / 估价：89.00元
PSN B-2012-287-1/1

融资租赁蓝皮书
中国融资租赁业发展报告（2016～2017）
著(编)者：李光荣 王力 2017年8月出版 / 估价：89.00元
PSN B-2015-443-1/1

商会蓝皮书
中国商会发展报告No.5（2017）
著(编)者：王钦敏 2017年7月出版 / 估价：89.00元
PSN B-2008-125-1/1

输血服务蓝皮书
中国输血行业发展报告（2017）
著(编)者：朱永明 耿鸿武 2016年8月出版 / 估价：89.00元
PSN B-2016-583-1/1

上市公司蓝皮书
中国上市公司社会责任信息披露报告（2017）
著(编)者：张旺 张杨 2017年11月出版 / 估价：89.00元
PSN B-2011-234-1/2

社会责任管理蓝皮书
中国上市公司社会责任能力成熟度报告（2017）No.2
著(编)者：肖红军 王晓光 李伟阳
2017年12月出版 / 估价：98.00元
PSN B-2015-507-2/2

社会责任管理蓝皮书
中国企业公众透明度报告(2017)No.3
著(编)者：黄速建 熊梦 王晓光 肖红军
2017年1月出版 / 估价：98.00元
PSN B-2015-440-1/2

食品药品蓝皮书
食品药品安全与监管政策研究报告（2016～2017）
著(编)者：唐民皓 2017年6月出版 / 估价：89.00元
PSN B-2009-129-1/1

世界能源蓝皮书
世界能源发展报告（2017）
著(编)者：黄晓勇 2017年6月出版 / 估价：99.00元
PSN B-2013-349-1/1

水利风景区蓝皮书
中国水利风景区发展报告（2017）
著(编)者：谢婵才 兰思仁 2017年5月出版 / 估价：89.00元
PSN B-2015-480-1/1

私募市场蓝皮书
中国私募股权市场发展报告（2017）
著(编)者：曹和平 2017年12月出版 / 估价：89.00元
PSN B-2010-162-1/1

碳市场蓝皮书
中国碳市场报告（2017）
著(编)者：定金彪 2017年11月出版 / 估价：89.00元
PSN B-2014-430-1/1

体育蓝皮书
中国体育产业发展报告（2017）
著(编)者：阮伟 钟秉枢 2017年12月出版 / 估价：89.00元
PSN B-2010-179-1/4

网络空间安全蓝皮书
中国网络空间安全发展报告（2017）
著(编)者：惠志斌 唐涛 2017年4月出版 / 估价：89.00元
PSN B-2015-466-1/1

西部金融蓝皮书
中国西部金融发展报告（2017）
著(编)者：李忠民 2017年8月出版 / 估价：85.00元
PSN B-2010-160-1/1

协会商会蓝皮书
中国行业协会商会发展报告（2017）
著(编)者：景朝阳 李勇 2017年4月出版 / 估价：99.00元
PSN B-2015-461-1/1

新能源汽车蓝皮书
中国新能源汽车产业发展报告（2017）
著(编)者：中国汽车技术研究中心
　　　　　日产（中国）投资有限公司 东风汽车有限公司
2017年7月出版 / 估价：98.00元
PSN B-2013-347-1/1

新三板蓝皮书
中国新三板市场发展报告（2017）
著(编)者：王力 2017年6月出版 / 估价：89.00元
PSN B-2016-534-1/1

信托市场蓝皮书
中国信托业市场报告（2016～2017）
著(编)者：用益信托工作室
2017年1月出版 / 估价：198.00元
PSN B-2014-371-1/1

信息化蓝皮书
中国信息化形势分析与预测（2016~2017）
著(编)者：周宏仁　2017年8月出版 / 估价：98.00元
PSN B-2010-168-1/1

信用蓝皮书
中国信用发展报告（2017）
著(编)者：章政 田侃　2017年4月出版 / 估价：99.00元
PSN B-2013-328-1/1

休闲绿皮书
2017年中国休闲发展报告
著(编)者：宋瑞　2017年10月出版 / 估价：89.00元
PSN G-2010-158-1/1

休闲体育蓝皮书
中国休闲体育发展报告（2016~2017）
著(编)者：李相如　钟炳枢　2017年10月出版 / 估价：89.00元
PSN G-2016-516-1/1

养老金融蓝皮书
中国养老金融发展报告（2017）
著(编)者：董克用 姚余栋
2017年6月出版 / 估价：89.00元
PSN B-2016-584-1/1

药品流通蓝皮书
中国药品流通行业发展报告（2017）
著(编)者：佘鲁林 温再兴　2017年8月出版 / 估价：158.00元
PSN B-2014-429-1/1

医院蓝皮书
中国医院竞争力报告（2017）
著(编)者：庄一强 曾益新　2017年3月出版 / 估价：128.00元
PSN B-2016-529-1/1

医药蓝皮书
中国中医药产业园战略发展报告（2017）
著(编)者：裴长洪 房书亭 吴滁心
2017年8月出版 / 估价：89.00元
PSN B-2012-305-1/1

邮轮绿皮书
中国邮轮产业发展报告（2017）
著(编)者：汪泓　2017年10月出版 / 估价：89.00元
PSN G-2014-419-1/1

智能养老蓝皮书
中国智能养老产业发展报告（2017）
著(编)者：朱勇　2017年10月出版 / 估价：89.00元
PSN B-2015-488-1/1

债券市场蓝皮书
中国债券市场发展报告（2016~2017）
著(编)者：杨农　2017年10月出版 / 估价：89.00元
PSN B-2016-573-1/1

中国节能汽车蓝皮书
中国节能汽车发展报告（2016~2017）
著(编)者：中国汽车工程研究院股份有限公司
2017年9月出版 / 估价：98.00元
PSN B-2016-566-1/1

中国上市公司蓝皮书
中国上市公司发展报告（2017）
著(编)者：张平 王宏淼
2017年10月出版 / 估价：98.00元
PSN B-2014-414-1/1

中国陶瓷产业蓝皮书
中国陶瓷产业发展报告（2017）
著(编)者：左和平 黄速建　2017年10月出版 / 估价：98.00元
PSN B-2016-574-1/1

中国总部经济蓝皮书
中国总部经济发展报告（2016~2017）
著(编)者：赵弘　201/年9月出版 / 估价：89.00元
PSN B-2005-036-1/1

中医文化蓝皮书
中国中医药文化传播发展报告（2017）
著(编)者：毛嘉陵　2017年7月出版 / 估价：89.00元
PSN B-2015-468-1/1

装备制造业蓝皮书
中国装备制造业发展报告（2017）
著(编)者：徐东华　2017年12月出版 / 估价：148.00元
PSN B-2015-505-1/1

资本市场蓝皮书
中国场外交易市场发展报告（2016~2017）
著(编)者：高峦　2017年3月出版 / 估价：89.00元
PSN B-2009-153-1/1

资产管理蓝皮书
中国资产管理行业发展报告（2017）
著(编)者：智信资产管理研究院
2017年6月出版 / 估价：89.00元
PSN B-2014-407-2/2

文化传媒类

传媒竞争力蓝皮书
中国传媒国际竞争力研究报告（2017）
著(编)者：李本乾 刘强
2017年11月出版 / 估价：148.00元
PSN B-2013-356-1/1

传媒蓝皮书
中国传媒产业发展报告（2017）
著(编)者：崔保国　2017年5月出版 / 估价：98.00元
PSN B-2005-035-1/1

传媒投资蓝皮书
中国传媒投资发展报告（2017）
著(编)者：张向东 谭云明
2017年6月出版 / 估价：128.00元
PSN B-2015-474-1/1

动漫蓝皮书
中国动漫产业发展报告（2017）
著(编)者：卢斌 郑玉明 牛兴侦
2017年9月出版 / 估价：89.00元
PSN B-2011-198-1/1

非物质文化遗产蓝皮书
中国非物质文化遗产发展报告（2017）
著(编)者：陈平　2017年5月出版 / 估价：98.00元
PSN B-2015-469-1/1

广电蓝皮书
中国广播电影电视发展报告（2017）
著(编)者：国家新闻出版广电总局发展研究中心
2017年7月出版 / 估价：98.00元
PSN B-2006-072-1/1

广告主蓝皮书
中国广告主营销传播趋势报告 No.9
著(编)者：黄升民 杜国清 邵华冬 等
2017年10月出版 / 估价：148.00元
PSN B-2005-041-1/1

国际传播蓝皮书
中国国际传播发展报告（2017）
著(编)者：胡正荣 李继东 姬德强
2017年11月出版 / 估价：89.00元
PSN B-2014-408-1/1

纪录片蓝皮书
中国纪录片发展报告（2017）
著(编)者：何苏六　2017年9月出版 / 估价：89.00元
PSN B-2011-222-1/1

科学传播蓝皮书
中国科学传播报告（2017）
著(编)者：詹正茂　2017年7月出版 / 估价：89.00元
PSN B-2008-120-1/1

两岸创意经济蓝皮书
两岸创意经济研究报告（2017）
著(编)者：罗昌智 林咏能
2017年10月出版 / 估价：98.00元
PSN B-2014-437-1/1

两岸文化蓝皮书
两岸文化产业合作发展报告（2017）
著(编)者：胡惠林 李保宗　2017年7月出版 / 估价：89.00元
PSN B-2012-285-1/1

媒介与女性蓝皮书
中国媒介与女性发展报告(2016~2017)
著(编)者：刘利群　2017年9月出版 / 估价：118.00元
PSN B-2013-345-1/1

媒体融合蓝皮书
中国媒体融合发展报告（2017）
著(编)者：梅宁华 宋建武　2017年7月出版 / 估价：89.00元
PSN B-2015-479-1/1

全球传媒蓝皮书
全球传媒发展报告（2017）
著(编)者：胡正荣 李继东 唐晓芬
2017年11月出版 / 估价：89.00元
PSN B-2012-237-1/1

少数民族非遗蓝皮书
中国少数民族非物质文化遗产发展报告（2017）
著(编)者：肖远平（彝）柴立（满）
2017年8月出版 / 估价：98.00元
PSN B-2015-467-1/1

视听新媒体蓝皮书
中国视听新媒体发展报告（2017）
著(编)者：国家新闻出版广电总局发展研究中心
2017年7月出版 / 估价：98.00元
PSN B-2011-184-1/1

文化创新蓝皮书
中国文化创新报告（2017）No.7
著(编)者：于平 傅才武　2017年7月出版 / 估价：98.00元
PSN B-2009-143-1/1

文化建设蓝皮书
中国文化发展报告（2016~2017）
著(编)者：江畅 孙伟平 戴茂堂
2017年6月出版 / 估价：116.00元
PSN B-2014-392-1/1

文化科技蓝皮书
文化科技创新发展报告（2017）
著(编)者：于平 方凤亮　2017年11月出版 / 估价：89.00元
PSN B-2013-342-1/1

文化蓝皮书
中国公共文化服务发展报告（2017）
著(编)者：刘新成 张永新 张旭
2017年12月出版 / 估价：98.00元
PSN B-2007-093-2/10

文化蓝皮书
中国公共文化投入增长测评报告（2017）
著(编)者：王亚南　2017年4月出版 / 估价：89.00元
PSN B-2014-435-10/10

文化蓝皮书
中国少数民族文化发展报告（2016~2017）
著(编)者：武翠英 张晓明 任乌晶
2017年9月出版 / 估价：89.00元
PSN B-2013-369-9/10

文化蓝皮书
中国文化产业发展报告（2016~2017）
著(编)者：张晓明 王家新 章建刚
2017年2月出版 / 估价：89.00元
PSN B-2002-019-1/10

文化蓝皮书
中国文化产业供需协调检测报告（2017）
著(编)者：王亚南 2017年2月出版 / 估价：89.00元
PSN B-2013-323-8/10

文化蓝皮书
中国文化消费需求景气评价报告（2017）
著(编)者：王亚南 2017年4月出版 / 估价：89.00元
PSN B-2011-236-4/10

文化品牌蓝皮书
中国文化品牌发展报告（2017）
著(编)者：欧阳友权 2017年5月出版 / 估价：98.00元
PSN D 2012-277-1/1

文化遗产蓝皮书
中国文化遗产事业发展报告（2017）
著(编)者：苏杨 张颖岚 王宇飞
2017年8月出版 / 估价：98.00元
PSN B-2008-119-1/1

文学蓝皮书
中国文情报告（2016~2017）
著(编)者：白烨 2017年5月出版 / 估价：49.00元
PSN B-2011-221-1/1

新媒体蓝皮书
中国新媒体发展报告No.8（2017）
著(编)者：唐绪军 2017年6月出版 / 估价：89.00元
PSN B-2010-169-1/1

新媒体社会责任蓝皮书
中国新媒体社会责任研究报告（2017）
著(编)者：钟瑛 2017年11月出版 / 估价：89.00元
PSN B-2014-423-1/1

移动互联网蓝皮书
中国移动互联网发展报告（2017）
著(编)者：官建文 2017年6月出版 / 估价：89.00元
PSN B-2012-282-1/1

舆情蓝皮书
中国社会舆情与危机管理报告（2017）
著(编)者：谢耘耕 2017年9月出版 / 估价：128.00元
PSN B-2011-235-1/1

影视风控蓝皮书
中国影视舆情与风控报告（2017）
著(编)者：司若 2017年4月出版 / 估价：138.00元
PSN B-2016-530-1/1

地方发展类

安徽经济蓝皮书
合芜蚌国家自主创新综合示范区研究报告（2016~2017）
著(编)者：王开玉 2017年11月出版 / 估价：89.00元
PSN B-2014-383-1/1

安徽蓝皮书
安徽社会发展报告（2017）
著(编)者：程桦 2017年4月出版 / 估价：89.00元
PSN B-2013-325-1/1

安徽社会建设蓝皮书
安徽社会建设分析报告（2016~2017）
著(编)者：黄家海 王开玉 蔡宪
2016年4月出版 / 估价：89.00元
PSN B-2013-322-1/1

澳门蓝皮书
澳门经济社会发展报告（2016~2017）
著(编)者：吴志良 郝雨凡 2017年6月出版 / 估价：98.00元
PSN B-2009-138-1/1

北京蓝皮书
北京公共服务发展报告（2016~2017）
著(编)者：施昌奎 2017年2月出版 / 估价：89.00元
PSN B-2008-103-7/8

北京蓝皮书
北京经济发展报告（2016~2017）
著(编)者：杨松 2017年6月出版 / 估价：89.00元
PSN B-2006-054-2/8

北京蓝皮书
北京社会发展报告（2016~2017）
著(编)者：李伟东 2017年6月出版 / 估价：89.00元
PSN B-2006-055-3/8

北京蓝皮书
北京社会治理发展报告（2016~2017）
著(编)者：殷星辰 2017年5月出版 / 估价：89.00元
PSN B-2014-391-8/8

北京蓝皮书
北京文化发展报告（2016~2017）
著(编)者：李建盛 2017年4月出版 / 估价：89.00元
PSN B-2007-082-4/8

北京律师绿皮书
北京律师发展报告No.3（2017）
著(编)者：王隽 2017年7月出版 / 估价：88.00元
PSN G-2012-301-1/1

北京旅游蓝皮书
北京旅游发展报告（2017）
著(编)者：北京旅游学会　2017年1月出版 / 估价：88.00元
PSN B-2011-217-1/1

北京人才蓝皮书
北京人才发展报告（2017）
著(编)者：于淼　2017年12月出版 / 估价：128.00元
PSN B-2011-201-1/1

北京社会心态蓝皮书
北京社会心态分析报告（2016~2017）
著(编)者：北京社会心理研究所
2017年8月出版 / 估价：89.00元
PSN B-2014-422-1/1

北京社会组织管理蓝皮书
北京社会组织发展与管理（2016~2017）
著(编)者：黄江松　2017年4月出版 / 估价：88.00元
PSN B-2015-446-1/1

北京体育蓝皮书
北京体育产业发展报告（2016~2017）
著(编)者：钟秉枢 陈杰 杨铁黎
2017年9月出版 / 估价：89.00元
PSN B-2015-475-1/1

北京养老产业蓝皮书
北京养老产业发展报告（2017）
著(编)者：周明明 冯喜良　2017年8月出版 / 估价：89.00元
PSN B-2015-465-1/1

滨海金融蓝皮书
滨海新区金融发展报告（2017）
著(编)者：王爱俭 张锐钢　2017年12月出版 / 估价：89.00元
PSN B-2014-424-1/1

城乡一体化蓝皮书
中国城乡一体化发展报告·北京卷（2016~2017）
著(编)者：张宝秀 黄序　2017年5月出版 / 估价：89.00元
PSN B-2012-258-2/2

创意城市蓝皮书
北京文化创意产业发展报告（2017）
著(编)者：张京成 王国华　2017年10月出版 / 估价：89.00元
PSN B-2012-263-1/7

创意城市蓝皮书
青岛文化创意产业发展报告（2017）
著(编)者：马达 张丹妮　2017年8月出版 / 估价：89.00元
PSN B-2011-235-1/1

创意城市蓝皮书
天津文化创意产业发展报告（2016~2017）
著(编)者：谢思全　2017年6月出版 / 估价：89.00元
PSN B-2016-537-7/7

创意城市蓝皮书
无锡文化创意产业发展报告（2017）
著(编)者：谭军 张鸣年　2017年10月出版 / 估价：89.00元
PSN B-2013-346-3/7

创意城市蓝皮书
武汉文化创意产业发展报告（2017）
著(编)者：黄永林 陈汉桥　2017年9月出版 / 估价：99.00元
PSN B-2013-354-4/7

创意上海蓝皮书
上海文化创意产业发展报告（2016~2017）
著(编)者：王慧敏 王兴全　2017年8月出版 / 估价：89.00元
PSN B-2016-562-1/1

福建妇女发展蓝皮书
福建省妇女发展报告（2017）
著(编)者：刘群英　2017年11月出版 / 估价：88.00元
PSN B-2011-220-1/1

福建自贸区蓝皮书
中国（福建）自由贸易实验区发展报告（2016~2017）
著(编)者：黄茂兴　2017年4月出版 / 估价：108.00元
PSN B-2017-532-1/1

甘肃蓝皮书
甘肃经济发展分析与预测（2017）
著(编)者：朱智文 罗哲　2017年1月出版 / 估价：89.00元
PSN B-2013-312-1/6

甘肃蓝皮书
甘肃社会发展分析与预测（2017）
著(编)者：安文华 包晓霞 谢增虎
2017年1月出版 / 估价：89.00元
PSN B-2013-313-2/6

甘肃蓝皮书
甘肃文化发展分析与预测（2017）
著(编)者：安文华 周小华　2017年1月出版 / 估价：89.00元
PSN B-2013-314-3/6

甘肃蓝皮书
甘肃县域和农村发展报告（2017）
著(编)者：刘进军 柳民 王建兵
2017年1月出版 / 估价：89.00元
PSN B-2013-316-5/6

甘肃蓝皮书
甘肃舆情分析与预测（2017）
著(编)者：陈双梅 郝树声　2017年1月出版 / 估价：89.00元
PSN B-2013-315-4/6

甘肃蓝皮书
甘肃商贸流通发展报告（2017）
著(编)者：杨志武 王福生 王晓芳
2017年1月出版 / 估价：89.00元
PSN B-2016-523-6/6

广东蓝皮书
广东全面深化改革发展报告（2017）
著(编)者：周林生 涂成林　2017年12月出版 / 估价：89.00元
PSN B-2015-504-3/3

广东蓝皮书
广东社会工作发展报告（2017）
著(编)者：罗观翠　2017年6月出版 / 估价：89.00元
PSN B-2014-402-2/3

广东蓝皮书
广东省电子商务发展报告（2017）
著(编)者：程晓 邓顺国　2017年7月出版 / 估价：89.00元
PSN B-2013-360-1/3

广东社会建设蓝皮书
广东省社会建设发展报告（2017）
著(编)者：广东省社会工作委员会
2017年12月出版 / 估价：99.00元
PSN B-2014-436-1/1

广东外经贸蓝皮书
广东对外经济贸易发展研究报告（2016~2017）
著(编)者：陈万灵　2017年8月出版 / 估价：98.00元
PSN B-2012-286-1/1

广西北部湾经济区蓝皮书
广西北部湾经济区开放开发报告（2017）
著(编)者：广西北部湾经济区规划建设管理委员会办公室
　　　　广西社会科学院广西北部湾发展研究院
2017年2月出版 / 估价：89.00元
PSN B-2010-181-1/1

巩义蓝皮书
巩义经济社会发展报告（2017）
著(编)者：丁同民 朱军　2017年4月出版 / 估价：58.00元
PSN B-2016-533-1/1

广州蓝皮书
2017年中国广州经济形势分析与预测
著(编)者：庾建设 陈浩钿 谢博能
2017年7月出版 / 估价：85.00元
PSN B-2011-185-9/14

广州蓝皮书
2017年中国广州社会形势分析与预测
著(编)者：张强 陈怡霓 杨秦　2017年6月出版 / 估价：85.00元
PSN B-2008-110-5/14

广州蓝皮书
广州城市国际化发展报告（2017）
著(编)者：朱名宏　2017年8月出版 / 估价：79.00元
PSN B-2012-246-11/14

广州蓝皮书
广州创新型城市发展报告（2017）
著(编)者：尹涛　2017年7月出版 / 估价：79.00元
PSN B-2012-247-12/14

广州蓝皮书
广州经济发展报告（2017）
著(编)者：朱名宏　2017年7月出版 / 估价：79.00元
PSN B-2005-040-1/14

广州蓝皮书
广州农村发展报告（2017）
著(编)者：朱名宏　2017年8月出版 / 估价：79.00元
PSN B-2010-167-8/14

广州蓝皮书
广州汽车产业发展报告（2017）
著(编)者：杨再高 冯兴亚　2017年7月出版 / 估价：79.00元
PSN B-2006-066-3/14

广州蓝皮书
广州青年发展报告（2016~2017）
著(编)者：徐柳 张强　2017年9月出版 / 估价：79.00元
PSN B-2013-352-13/14

广州蓝皮书
广州商贸业发展报告（2017）
著(编)者：李江涛 肖振宇 荀振英
2017年7月出版 / 估价：79.00元
PSN B-2012-245-10/14

广州蓝皮书
广州社会保障发展报告（2017）
著(编)者：蔡国萱　2017年8月出版 / 估价：79.00元
PSN B-2014-425-14/14

广州蓝皮书
广州文化创意产业发展报告（2017）
著(编)者：徐咏虹　2017年7月出版 / 估价：79.00元
PSN B-2008-111-6/14

广州蓝皮书
中国广州城市建设与管理发展报告（2017）
著(编)者：董皞 陈小钢 李江涛
2017年7月出版 / 估价：85.00元
PSN B-2007-087-4/14

广州蓝皮书
中国广州科技创新发展报告（2017）
著(编)者：邹采荣 马正勇 陈爽
2017年7月出版 / 估价：79.00元
PSN B-2006-065-2/14

广州蓝皮书
中国广州文化发展报告（2017）
著(编)者：徐俊忠 陆志强 顾涧清
2017年7月出版 / 估价：79.00元
PSN B-2009-134-7/14

贵阳蓝皮书
贵阳城市创新发展报告No.2（白云篇）
著(编)者：连玉明　2017年10月出版 / 估价：89.00元
PSN B-2015-491-3/10

贵阳蓝皮书
贵阳城市创新发展报告No.2（观山湖篇）
著(编)者：连玉明　2017年10月出版 / 估价：89.00元
PSN B-2011-235-1/1

贵阳蓝皮书
贵阳城市创新发展报告No.2（花溪篇）
著(编)者：连玉明　2017年10月出版 / 估价：89.00元
PSN B-2015-490-2/10

贵阳蓝皮书
贵阳城市创新发展报告No.2（开阳篇）
著(编)者：连玉明　2017年10月出版 / 估价：89.00元
PSN B-2015-492-4/10

贵阳蓝皮书
贵阳城市创新发展报告No.2（南明篇）
著(编)者：连玉明　2017年10月出版 / 估价：89.00元
PSN B-2015-496-8/10

贵阳蓝皮书
贵阳城市创新发展报告No.2（清镇篇）
著(编)者：连玉明　2017年10月出版 / 估价：89.00元
PSN B-2015-489-1/10

贵阳蓝皮书
贵阳城市创新发展报告No.2（乌当篇）
著(编)者：连玉明　2017年10月出版 / 估价：89.00元
PSN B-2015-495-7/10

贵阳蓝皮书
贵阳城市创新发展报告No.2（息烽篇）
著(编)者：连玉明　2017年10月出版 / 估价：89.00元
PSN B-2015-493-5/10

贵阳蓝皮书
贵阳城市创新发展报告No.2（修文篇）
著(编)者：连玉明　2017年10月出版 / 估价：89.00元
PSN B-2015-494-6/10

贵阳蓝皮书
贵阳城市创新发展报告No.2（云岩篇）
著(编)者：连玉明　2017年10月出版 / 估价：89.00元
PSN B-2015-498-10/10

贵州房地产蓝皮书
贵州房地产发展报告No.4（2017）
著(编)者：武廷方　2017年7月出版 / 估价：89.00元
PSN B-2014-426-1/1

贵州蓝皮书
贵州册亨经济社会发展报告 (2017)
著(编)者：黄德林　2017年3月出版 / 估价：89.00元
PSN B-2016-526-8/9

贵州蓝皮书
贵安新区发展报告（2016~2017）
著(编)者：马长青 吴大华　2017年6月出版 / 估价：89.00元
PSN B-2015-459-4/9

贵州蓝皮书
贵州法治发展报告（2017）
著(编)者：吴大华　2017年5月出版 / 估价：89.00元
PSN B-2012-254-2/9

贵州蓝皮书
贵州国有企业社会责任发展报告（2016～2017）
著(编)者：郭丽 周航 万强
2017年12月出版 / 估价：89.00元
PSN B-2015-512-6/9

贵州蓝皮书
贵州民航业发展报告（2017）
著(编)者：申振东 吴大华　2017年10月出版 / 估价：89.00元
PSN B-2015-471-5/9

贵州蓝皮书
贵州民营经济发展报告（2017）
著(编)者：杨静 吴大华　2017年3月出版 / 估价：89.00元
PSN B-2016-531-9/9

贵州蓝皮书
贵州人才发展报告（2017）
著(编)者：于杰 吴大华　2017年9月出版 / 估价：89.00元
PSN B-2014-382-3/9

贵州蓝皮书
贵州社会发展报告（2017）
著(编)者：王兴骥　2017年6月出版 / 估价：89.00元
PSN B-2010-166-1/9

贵州蓝皮书
贵州国家级开放创新平台发展报告（2017）
著(编)者：申晓庆 吴大华 李泓
2017年6月出版 / 估价：89.00元
PSN B-2016-518-1/9

海淀蓝皮书
海淀区文化和科技融合发展报告（2017）
著(编)者：陈名杰 孟景伟　2017年5月出版 / 估价：85.00元
PSN B-2013-329-1/1

杭州都市圈蓝皮书
杭州都市圈发展报告（2017）
著(编)者：沈翔 戚建国　2017年5月出版 / 估价：128.00元
PSN B-2012-302-1/1

杭州蓝皮书
杭州妇女发展报告（2017）
著(编)者：魏颖　2017年6月出版 / 估价：89.00元
PSN B-2014-403-1/1

河北经济蓝皮书
河北省经济发展报告（2017）
著(编)者：马树强 金浩 张贵
2017年4月出版 / 估价：89.00元
PSN B-2014-380-1/1

河北蓝皮书
河北经济社会发展报告（2017）
著(编)者：郭金平　2017年1月出版 / 估价：89.00元
PSN B-2014-372-1/1

河北食品药品安全蓝皮书
河北食品药品安全研究报告（2017）
著(编)者：丁锦霞　2017年6月出版 / 估价：89.00元
PSN B-2015-473-1/1

河南经济蓝皮书
2017年河南经济形势分析与预测
著(编)者：胡五岳　2017年2月出版 / 估价：89.00元
PSN B-2007-086-1/1

河南蓝皮书
2017年河南社会形势分析与预测
著(编)者：刘道兴 牛苏林　2017年4月出版 / 估价89.00元
PSN B-2005-043-1/8

河南蓝皮书
河南城市发展报告（2017）
著(编)者：张占仓 王建国　2017年5月出版 / 估价：89.00元
PSN B-2009-131-3/8

河南蓝皮书
河南法治发展报告（2017）
著(编)者：丁同民 张林海　2017年5月出版 / 估价：89.00元
PSN B-2014-376-6/8

河南蓝皮书
河南工业发展报告（2017）
著(编)者：张占仓 丁同民　2017年5月出版 / 估价：89.00元
PSN B-2013-317-5/8

河南蓝皮书
河南金融发展报告（2017）
著(编)者：河南省社会科学院
2017年6月出版 / 估价：89.00元
PSN B-2014-390-7/8

河南蓝皮书
河南经济发展报告（2017）
著(编)者：张占仓　2017年3月出版 / 估价：89.00元
PSN B-2010-157-4/8

河南蓝皮书
河南农业农村发展报告（2017）
著(编)者：吴海峰　2017年4月出版 / 估价：89.00元
PSN B-2015-445-8/8

河南蓝皮书
河南文化发展报告（2017）
著(编)者：卫绍生　2017年3月出版 / 估价：88.00元
PSN B-2008-106-2/8

河南商务蓝皮书
河南商务发展报告（2017）
著(编)者：焦锦淼 穆荣国　2017年6月出版 / 估价：88.00元
PSN B-2014-399-1/1

黑龙江蓝皮书
黑龙江经济发展报告（2017）
著(编)者：朱宇　2017年1月出版 / 估价：89.00元
PSN B-2011-190-2/2

黑龙江蓝皮书
黑龙江社会发展报告（2017）
著(编)者：谢宝禄　2017年1月出版 / 估价：89.00元
PSN B-2011-189-1/2

湖北文化蓝皮书
湖北文化发展报告（2017）
著(编)者：吴成国　2017年10月出版 / 估价：95.00元
PSN B-2016-567-1/1

湖南城市蓝皮书
区域城市群整合
著(编)者：童中贤 韩未名
2017年12月出版 / 估价：89.00元
PSN B-2006-064-1/1

湖南蓝皮书
2017年湖南产业发展报告
著(编)者：梁志峰　2017年5月出版 / 估价：128.00元
PSN B-2011-207-2/8

湖南蓝皮书
2017年湖南电子政务发展报告
著(编)者：梁志峰　2017年5月出版 / 估价：128.00元
PSN B-2014-394-6/8

湖南蓝皮书
2017年湖南经济展望
著(编)者：梁志峰　2017年5月出版 / 估价：128.00元
PSN B-2011-206-1/8

湖南蓝皮书
2017年湖南两型社会与生态文明发展报告
著(编)者：梁志峰　2017年5月出版 / 估价：128.00元
PSN B-2011-208-3/8

湖南蓝皮书
2017年湖南社会发展报告
著(编)者：梁志峰　2017年5月出版 / 估价：128.00元
PSN B-2014-393-5/8

湖南蓝皮书
2017年湖南县域经济社会发展报告
著(编)者：梁志峰　2017年5月出版 / 估价：128.00元
PSN B-2014-395-7/8

湖南蓝皮书
湖南城乡一体化发展报告（2017）
著(编)者：陈文胜 王文强 陆福兴 邝奕轩
2017年6月出版 / 估价：89.00元
PSN B-2015-477-8/8

湖南县域绿皮书
湖南县域发展报告 No.3
著(编)者：袁准 周小毛　2017年9月出版 / 估价：89.00元
PSN G-2012-274-1/1

沪港蓝皮书
沪港发展报告（2017）
著(编)者：尤安山　2017年9月出版 / 估价：89.00元
PSN B-2013-362-1/1

吉林蓝皮书
2017年吉林经济社会形势分析与预测
著(编)者：马克　2015年12月出版 / 估价：89.00元
PSN B-2013-319-1/1

吉林省城市竞争力蓝皮书
吉林省城市竞争力报告（2017）
著(编)者：崔岳春 张磊　2017年3月出版 / 估价：89.00元
PSN B-2015-508-1/1

济源蓝皮书
济源经济社会发展报告（2017）
著(编)者：喻新安　2017年4月出版 / 估价：89.00元
PSN B-2014-387-1/1

健康城市蓝皮书
北京健康城市建设研究报告（2017）
著(编)者：王鸿春　2017年8月出版 / 估价：89.00元
PSN B-2015-460-1/2

江苏法治蓝皮书
江苏法治发展报告 No.6（2017）
著(编)者：蔡道通 龚廷泰　2017年8月出版 / 估价：98.00元
PSN B-2012-290-1/1

江西蓝皮书
江西经济社会发展报告（2017）
著(编)者：张勇 姜玮 梁勇　2017年10月出版 / 估价：89.00元
PSN B-2015-484-1/2

江西蓝皮书
江西设区市发展报告（2017）
著(编)者：姜玮 梁勇　2017年10月出版 / 估价：79.00元
PSN B-2016-517-2/2

江西文化蓝皮书
江西文化产业发展报告（2017）
著(编)者：张圣才 汪春翔
2017年10月出版 / 估价：128.00元
PSN B-2015-499-1/1

街道蓝皮书
北京街道发展报告No.2（白纸坊篇）
著(编)者：连玉明　2017年8月出版 / 估价：98.00元
PSN B-2016-544-7/15

街道蓝皮书
北京街道发展报告No.2（椿树篇）
著(编)者：连玉明　2017年8月出版 / 估价：98.00元
PSN B-2016-548-11/15

街道蓝皮书
北京街道发展报告No.2（大栅栏篇）
著(编)者：连玉明　2017年8月出版 / 估价：98.00元
PSN B-2016-552-15/15

街道蓝皮书
北京街道发展报告No.2（德胜篇）
著(编)者：连玉明　2017年8月出版 / 估价：98.00元
PSN B-2016-551-14/15

街道蓝皮书
北京街道发展报告No.2（广安门内篇）
著(编)者：连玉明　2017年8月出版 / 估价：98.00元
PSN B-2016-540-3/15

街道蓝皮书
北京街道发展报告No.2（广安门外篇）
著(编)者：连玉明　2017年8月出版 / 估价：98.00元
PSN B-2016-547-10/15

街道蓝皮书
北京街道发展报告No.2（金融街篇）
著(编)者：连玉明　2017年8月出版 / 估价：98.00元
PSN B-2016-538-1/15

街道蓝皮书
北京街道发展报告No.2（牛街篇）
著(编)者：连玉明　2017年8月出版 / 估价：98.00元
PSN B-2016-545-8/15

街道蓝皮书
北京街道发展报告No.2（什刹海篇）
著(编)者：连玉明　2017年8月出版 / 估价：98.00元
PSN B-2016-546-9/15

街道蓝皮书
北京街道发展报告No.2（陶然亭篇）
著(编)者：连玉明　2017年8月出版 / 估价：98.00元
PSN B-2016-542-5/15

街道蓝皮书
北京街道发展报告No.2（天桥篇）
著(编)者：连玉明　2017年8月出版 / 估价：98.00元
PSN B-2016-549-12/15

街道蓝皮书
北京街道发展报告No.2（西长安街篇）
著(编)者：连玉明　2017年8月出版 / 估价：98.00元
PSN B-2016-543-6/15

街道蓝皮书
北京街道发展报告No.2（新街口篇）
著(编)者：连玉明　2017年8月出版 / 估价：98.00元
PSN B-2016-541-4/15

街道蓝皮书
北京街道发展报告No.2（月坛篇）
著(编)者：连玉明　2017年8月出版 / 估价：98.00元
PSN B-2016-539-2/15

街道蓝皮书
北京街道发展报告No.2（展览路篇）
著(编)者：连玉明　2017年8月出版 / 估价：98.00元
PSN B-2016-550-13/15

经济特区蓝皮书
中国经济特区发展报告（2017）
著(编)者：陶一桃　2017年12月出版 / 估价：98.00元
PSN B-2009-139-1/1

辽宁蓝皮书
2017年辽宁经济社会形势分析与预测
著(编)者：曹晓峰　梁启东
2017年1月出版 / 估价：79.00元
PSN B-2006-053-1/1

洛阳蓝皮书
洛阳文化发展报告（2017）
著(编)者：刘福兴　陈启明　2017年7月出版 / 估价：89.00元
PSN B-2015-476-1/1

南京蓝皮书
南京文化发展报告（2017）
著(编)者：徐宁　　2017年10月出版 / 估价：89.00元
PSN B-2014-439-1/1

南宁蓝皮书
南宁经济发展报告（2017）
著(编)者：胡建华　2017年9月出版 / 估价：79.00元
PSN B-2016-570-2/3

南宁蓝皮书
南宁社会发展报告（2017）
著(编)者：胡建华　2017年9月出版 / 估价：79.00元
PSN B-2016-571-3/3

内蒙古蓝皮书
内蒙古反腐倡廉建设报告 No.2
著(编)者：张志华　无极　2017年12月出版 / 估价：79.00元
PSN B-2013-365-1/1

浦东新区蓝皮书
上海浦东经济发展报告（2017）
著(编)者：沈开艳　周奇　2017年1月出版 / 估价：89.00元
PSN B-2011-225-1/1

青海蓝皮书
2017年青海经济社会形势分析与预测
著(编)者：陈玮　　2015年12月出版 / 估价：79.00元
PSN B-2012-275-1/1

人口与健康蓝皮书
深圳人口与健康发展报告（2017）
著(编)者：陆杰华　罗乐宣　苏杨
2017年11月出版 / 估价：89.00元
PSN B-2011-228-1/1

山东蓝皮书
山东经济形势分析与预测（2017）
著(编)者：李广杰　2017年7月出版 / 估价：89.00元
PSN B-2014-404-1/4

山东蓝皮书
山东社会形势分析与预测（2017）
著(编)者：张华 唐洲雁　2017年6月出版 / 估价：89.00元
PSN B-2014-405-2/4

山东蓝皮书
山东文化发展报告（2017）
著(编)者：涂可国　2017年11月出版 / 估价：98.00元
PSN B-2014-406-3/4

山西蓝皮书
山西资源型经济转型发展报告（2017）
著(编)者：李志强　2017年7月出版 / 估价：89.00元
PSN B-2011-197-1/1

陕西蓝皮书
陕西经济发展报告（2017）
著(编)者：任宗哲 白宽犁 裴成荣
2015年12月出版 / 估价：89.00元
PSN B-2009-135-1/5

陕西蓝皮书
陕西社会发展报告（2017）
著(编)者：任宗哲 白宽犁 牛昉
2015年12月出版 / 估价：89.00元
PSN B-2009-136-2/5

陕西蓝皮书
陕西文化发展报告（2017）
著(编)者：任宗哲 白宽犁 王长寿
2015年12月出版 / 估价：89.00元
PSN B-2009-137-3/5

上海蓝皮书
上海传媒发展报告（2017）
著(编)者：强荧 焦雨虹　2017年1月出版 / 估价：89.00元
PSN B-2012-295-5/7

上海蓝皮书
上海法治发展报告（2017）
著(编)者：叶青　2017年6月出版 / 估价：89.00元
PSN B-2012-296-6/7

上海蓝皮书
上海经济发展报告（2017）
著(编)者：沈开艳　2017年1月出版 / 估价：89.00元
PSN B-2006-057-1/7

上海蓝皮书
上海社会发展报告（2017）
著(编)者：杨雄 周海旺　2017年1月出版 / 估价：89.00元
PSN B-2006-058-2/7

上海蓝皮书
上海文化发展报告（2017）
著(编)者：荣跃明　2017年1月出版 / 估价：89.00元
PSN B-2006-059-3/7

上海蓝皮书
上海文学发展报告（2017）
著(编)者：陈圣来　2017年6月出版 / 估价：89.00元
PSN B-2012-297-7/7

上海蓝皮书
上海资源环境发展报告（2017）
著(编)者：周冯琦 汤庆合 任文伟
2017年1月出版 / 估价：89.00元
PSN B-2006-060-4/7

社会建设蓝皮书
2017年北京社会建设分析报告
著(编)者：宋贵伦 冯虹　2017年10月出版 / 估价：89.00元
PSN B-2010-173-1/1

深圳蓝皮书
深圳法治发展报告（2017）
著(编)者：张骁儒　2017年6月出版 / 估价：89.00元
PSN B-2015-470-6/7

深圳蓝皮书
深圳经济发展报告（2017）
著(编)者：张骁儒　2017年7月出版 / 估价：89.00元
PSN B-2008-112-3/7

深圳蓝皮书
深圳劳动关系发展报告（2017）
著(编)者：汤庭芬　2017年6月出版 / 估价：89.00元
PSN B-2007-097-2/7

深圳蓝皮书
深圳社会建设与发展报告（2017）
著(编)者：张骁儒 陈东平　2017年7月出版 / 估价：89.00元
PSN B-2008-113-4/7

深圳蓝皮书
深圳文化发展报告(2017)
著(编)者：张骁儒　2017年7月出版 / 估价：89.00元
PSN B-2016-555-7/7

四川法治蓝皮书
丝绸之路经济带发展报告（2016~2017）
著(编)者：任宗哲 白宽犁 谷孟宾
2017年12月出版 / 估价：85.00元
PSN B-2014-410-1/1

四川法治蓝皮书
四川依法治省年度报告 No.3（2017）
著(编)者：李林 杨天宗 田禾
2017年3月出版 / 估价：108.00元
PSN B-2015-447-1/1

四川蓝皮书
2017年四川经济形势分析与预测
著(编)者：杨钢　2017年1月出版 / 估价：98.00元
PSN B-2007-098-2/7

四川蓝皮书
四川城镇化发展报告（2017）
著(编)者：侯水平 陈炜　2017年4月出版 / 估价：85.00元
PSN B-2015-456-7/7

四川蓝皮书
四川法治发展报告（2017）
著(编)者：郑泰安　2017年1月出版 / 估价：89.00元
PSN B-2015-441-5/7

四川蓝皮书
四川企业社会责任研究报告（2016～2017）
著(编)者：侯水平 盛毅 翟刚
2017年4月出版 / 估价：89.00元
PSN B-2014-386-4/7

四川蓝皮书
四川社会发展报告（2017）
著(编)者：李羚　2017年5月出版 / 估价：89.00元
PSN B-2008-127-3/7

四川蓝皮书
四川生态建设报告（2017）
著(编)者：李晟之　2017年4月出版 / 估价：85.00元
PSN B-2015-455-6/7

四川蓝皮书
四川文化产业发展报告（2017）
著(编)者：向宝云 张立伟
2017年4月出版 / 估价：89.00元
PSN B-2006-074-1/7

体育蓝皮书
上海体育产业发展报告（2016～2017）
著(编)者：张林 黄海燕
2017年10月出版 / 估价：89.00元
PSN B-2015-454-4/4

体育蓝皮书
长三角地区体育产业发展报告（2016～2017）
著(编)者：张林　2017年4月出版 / 估价：89.00元
PSN B-2015-453-3/4

天津金融蓝皮书
天津金融发展报告（2017）
著(编)者：王爱俭 孔德昌
2017年12月出版 / 估价：98.00元
PSN B-2014-418-1/1

图们江区域合作蓝皮书
图们江区域合作发展报告（2017）
著(编)者：李铁　2017年6月出版 / 估价：98.00元
PSN B-2015-464-1/1

温州蓝皮书
2017年温州经济社会形势分析与预测
著(编)者：潘忠强 王春光 金浩
2017年4月出版 / 估价：89.00元
PSN B-2008-105-1/1

西咸新区蓝皮书
西咸新区发展报告（2016~2017）
著(编)者：李扬 王军　2017年6月出版 / 估价：89.00元
PSN B-2016-535-1/1

扬州蓝皮书
扬州经济社会发展报告（2017）
著(编)者：丁纯　2017年12月出版 / 估价：98.00元
PSN B-2011-191-1/1

长株潭城市群蓝皮书
长株潭城市群发展报告（2017）
著(编)者：张萍　2017年12月出版 / 估价：89.00元
PSN B-2008-109-1/1

中医文化蓝皮书
北京中医文化传播发展报告（2017）
著(编)者：毛嘉陵　2017年5月出版 / 估价：79.00元
PSN B-2015-468-1/2

珠三角流通蓝皮书
珠三角商圈发展研究报告（2017）
著(编)者：王先庆 林至颖
2017年7月出版 / 估价：98.00元
PSN B-2012-292-1/1

遵义蓝皮书
遵义发展报告（2017）
著(编)者：曾征 龚永育 雍思强
2017年12月出版 / 估价：89.00元
PSN B-2014-433-1/1

国际问题类

"一带一路"跨境通道蓝皮书
"一带一路"跨境通道建设研究报告（2017）
著(编)者：郭业洲　2017年8月出版 / 估价：89.00元
PSN B-2016-558-1/1

"一带一路"蓝皮书
"一带一路"建设发展报告（2017）
著(编)者：孔丹 李永全　2017年7月出版 / 估价：89.00元
PSN B-2011-553-1/1

阿拉伯黄皮书
阿拉伯发展报告（2016～2017）
著(编)者：罗林　2017年11月出版 / 估价：89.00元
PSN Y-2014-381-1/1

北部湾蓝皮书
泛北部湾合作发展报告（2017）
著(编)者：吕余生　2017年12月出版 / 估价：85.00元
PSN B-2008-114-1/1

大湄公河次区域蓝皮书
大湄公河次区域合作发展报告（2017）
著(编)者：刘稚　2017年8月出版 / 估价：89.00元
PSN B-2011-196-1/1

大洋洲蓝皮书
大洋洲发展报告（2017）
著(编)者：喻常森　2017年10月出版 / 估价：89.00元
PSN B-2013-341-1/1

德国蓝皮书
德国发展报告（2017）
著(编)者: 郑春荣　2017年6月出版 / 估价: 89.00元
PSN B-2012-278-1/1

东盟黄皮书
东盟发展报告（2017）
著(编)者: 杨晓强 庄国土
2017年3月出版 / 估价: 89.00元
PSN Y-2012-303-1/1

东南亚蓝皮书
东南亚地区发展报告（2016~2017）
著(编)者: 厦门大学东南亚研究中心　王勤
2017年12月出版 / 估价: 89.00元
PSN B-2012-240-1/1

俄罗斯黄皮书
俄罗斯发展报告（2017）
著(编)者: 李永全　2017年7月出版 / 估价: 89.00元
PSN Y-2006-061-1/1

非洲黄皮书
非洲发展报告 No.19（2016~2017）
著(编)者: 张宏明　2017年8月出版 / 估价: 89.00元
PSN Y-2012-239-1/1

公共外交蓝皮书
中国公共外交发展报告（2017）
著(编)者: 赵启正 雷蔚真
2017年4月出版 / 估价: 89.00元
PSN B-2015-457-1/1

国际安全蓝皮书
中国国际安全研究报告(2017)
著(编)者: 刘慧　2017年7月出版 / 估价: 98.00元
PSN B-2016-522-1/1

国际形势黄皮书
全球政治与安全报告（2017）
著(编)者: 李慎明 张宇燕
2016年12月出版 / 估价: 89.00元
PSN Y-2001-016-1/1

韩国蓝皮书
韩国发展报告（2017）
著(编)者: 牛林杰 刘宝全
2017年11月出版 / 估价: 89.00元
PSN B-2010-155-1/1

加拿大蓝皮书
加拿大发展报告（2017）
著(编)者: 仲伟合　2017年9月出版 / 估价: 89.00元
PSN B-2014-389-1/1

拉美黄皮书
拉丁美洲和加勒比发展报告（2016~2017）
著(编)者: 吴白乙　2017年6月出版 / 估价: 89.00元
PSN Y-1999-007-1/1

美国蓝皮书
美国研究报告（2017）
著(编)者: 郑秉文 黄平　2017年6月出版 / 估价: 89.00元
PSN B-2011-210-1/1

缅甸蓝皮书
缅甸国情报告（2017）
著(编)者: 李晨阳　2017年12月出版 / 估价: 86.00元
PSN B-2013-343-1/1

欧洲蓝皮书
欧洲发展报告（2016~2017）
著(编)者: 黄平 周弘 江时学
2017年6月出版 / 估价: 89.00元
PSN B-1999-009-1/1

葡语国家蓝皮书
葡语国家发展报告（2017）
著(编)者: 王成安 张敏　2017年12月出版 / 估价: 89.00元
PSN B-2015-503-1/2

葡语国家蓝皮书
中国与葡语国家关系发展报告·巴西（2017）
著(编)者: 张曙光　2017年8月出版 / 估价: 89.00元
PSN B-2016-564-2/2

日本经济蓝皮书
日本经济与中日经贸关系研究报告（2017）
著(编)者: 张季风　2017年5月出版 / 估价: 89.00元
PSN B-2008-102-1/1

日本蓝皮书
日本研究报告（2017）
著(编)者: 杨柏江　2017年5月出版 / 估价: 89.00元
PSN B-2002-020-1/1

上海合作组织黄皮书
上海合作组织发展报告（2017）
著(编)者: 李进峰 吴宏伟 李少捷
2017年6月出版 / 估价: 89.00元
PSN Y-2009-130-1/1

世界创新竞争力黄皮书
世界创新竞争力发展报告（2017）
著(编)者: 李闽榕 李建平 赵新力
2017年1月出版 / 估价: 148.00元
PSN Y-2013-318-1/1

泰国蓝皮书
泰国研究报告（2017）
著(编)者: 庄国土 张禹东
2017年8月出版 / 估价: 118.00元
PSN B-2016-557-1/1

土耳其蓝皮书
土耳其发展报告（2017）
著(编)者: 郭长刚 刘义　2017年9月出版 / 估价: 89.00元
PSN B-2014-412-1/1

亚太蓝皮书
亚太地区发展报告（2017）
著(编)者: 李向阳　2017年3月出版 / 估价: 89.00元
PSN B-2001-015-1/1

印度蓝皮书
印度国情报告（2017）
著(编)者: 吕昭义　2017年12月出版 / 估价: 89.00元
PSN B-2012-241-1/1

印度洋地区蓝皮书
印度洋地区发展报告（2017）
著(编)者：汪戎　　2017年6月出版 / 估价：89.00元
PSN B-2013-334-1/1

英国蓝皮书
英国发展报告（2016~2017）
著(编)者：王展鹏　　2017年11月出版 / 估价：89.00元
PSN B-2015-486-1/1

越南蓝皮书
越南国情报告（2017）
著(编)者：广西社会科学院 罗梅 李碧华
2017年12月出版 / 估价：89.00元
PSN B-2006-056-1/1

以色列蓝皮书
以色列发展报告（2017）
著(编)者：张倩红　　2017年8月出版 / 估价：89.00元
PSN B-2015-483-1/1

伊朗蓝皮书
伊朗发展报告（2017）
著(编)者：冀开运　　2017年10月出版 / 估价：89.00元
PSN B-2016-575-1/1

中东黄皮书
中东发展报告 No.19（2016~2017）
著(编)者：杨光　　2017年10月出版 / 估价：89.00元
PSN Y-1998-004-1/1

中亚黄皮书
中亚国家发展报告（2017）
著(编)者：孙力 吴宏伟　　2017年7月出版 / 估价：98.00元
PSN Y-2012-238-1/1

皮书序列号是社会科学文献出版社专门为识别皮书、管理皮书而设计的编号。皮书序列号是出版皮书的许可证号，是区别皮书与其他图书的重要标志。

它由一个前缀和四部分构成。这四部分之间用连字符"-"连接。前缀和这四部分之间空半个汉字（见示例）。

《国际人才蓝皮书：中国留学发展报告》序列号示例

从示例中可以看出，《国际人才蓝皮书：中国留学发展报告》的首次出版年份是2012年，是社科文献出版社出版的第244个皮书品种，是"国际人才蓝皮书"系列的第2个品种（共4个品种）。

社会科学文献出版社

皮书系列

❖ 皮书起源 ❖

"皮书"起源于十七、十八世纪的英国,主要指官方或社会组织正式发表的重要文件或报告,多以"白皮书"命名。在中国,"皮书"这一概念被社会广泛接受,并被成功运作、发展成为一种全新的出版形态,则源于中国社会科学院社会科学文献出版社。

❖ 皮书定义 ❖

皮书是对中国与世界发展状况和热点问题进行年度监测,以专业的角度、专家的视野和实证研究方法,针对某一领域或区域现状与发展态势展开分析和预测,具备原创性、实证性、专业性、连续性、前沿性、时效性等特点的公开出版物,由一系列权威研究报告组成。

❖ 皮书作者 ❖

皮书系列的作者以中国社会科学院、著名高校、地方社会科学院的研究人员为主,多为国内一流研究机构的权威专家学者,他们的看法和观点代表了学界对中国与世界的现实和未来最高水平的解读与分析。

❖ 皮书荣誉 ❖

皮书系列已成为社会科学文献出版社的著名图书品牌和中国社会科学院的知名学术品牌。2016 年,皮书系列正式列入"十三五"国家重点出版规划项目;2012~2016 年,重点皮书列入中国社会科学院承担的国家哲学社会科学创新工程项目;2017 年,55 种院外皮书使用"中国社会科学院创新工程学术出版项目"标识。

中国皮书网

www.pishu.cn

发布皮书研创资讯，传播皮书精彩内容
引领皮书出版潮流，打造皮书服务平台

栏目设置

关于皮书：何谓皮书、皮书分类、皮书大事记、皮书荣誉、
　　　　　皮书出版第一人、皮书编辑部
最新资讯：通知公告、新闻动态、媒体聚焦、网站专题、视频直播、下载专区
皮书研创：皮书规范、皮书选题、皮书出版、皮书研究、研创团队
皮书评奖评价：指标体系、皮书评价、皮书评奖
互动专区：皮书说、皮书智库、皮书微博、数据库微博

所获荣誉

2008 年、2011 年，中国皮书网均在全国新闻出版业网站荣誉评选中获得"最具商业价值网站"称号；

2012 年，获得"出版业网站百强"称号。

网库合一

2014 年，中国皮书网与皮书数据库端口合一，实现资源共享。更多详情请登录 www.pishu.cn。

皮书品牌20年
1997~2017
YEAR BOOKS

更多信息请登录

皮书数据库
http：//www.pishu.com.cn

中国皮书网
http：//www.pishu.cn

皮书微博
http：//weibo.com/pishu

皮书博客
http：//blog.sina.com.cn/pishu

皮书微信"皮书说"

请到当当、亚马逊、京东或各地书店购买，也可办理邮购

咨询/邮购电话：010-59367028　59367070
邮　　箱：duzhe@ssap.cn
邮购地址：北京市西城区北三环中路甲29号院3号
　　　　　楼华龙大厦13层读者服务中心
邮　　编：100029
银行户名：社会科学文献出版社
开户银行：中国工商银行北京北太平庄支行
账　　号：0200010019200365434